PHILOSOPHISCHES KOLLEG

Arbeitsmaterialien für den Philosophieunterricht
Sekundarstufe II

herausgegeben von
Erwin Menne und Werner Trutwin

7

ERKENNTNISTHEORIE

ausgewählt und bearbeitet
von Erwin Menne und Hans Joachim Türk

PATMOS VERLAG DÜSSELDORF

PHILOSOPHISCHES KOLLEG

Heft 1: Wissenschaftstheorie
Heft 2: Einladung zur Philosophie
Heft 3: Ethik
Heft 4: Anthropologie
Heft 5: Sprachphilosophie
Heft 6: Metaphysik
Heft 7: Erkenntnistheorie
Heft 8: Religionsphilosophie

Auflage 5 4 3 2 1 / 85 84 83 82 81
Satz: Dieter Fitzek, Dortmund
Druck: Lengericher Handelsdruckerei, Lengerich
ISBN: 3-491-75507-7

INHALT

IV. Die Lehre von den drei Wissensformen

V. Nichtwissenschaftliches Erkennen

VI. Erkennen innerhalb der Subjekt-Objekt-Relation und über sie hinaus

VORWORT

I.

Philosophieunterricht in der Sekundarstufe II übernimmt die Aufgabe, in die philosophische Reflexionsweise einzuführen. Diese ist als kritisch-konstruktive Denkbewegung grundsätzlich nicht eingrenzbar und abschließbar. Sie problematisiert, was im alltäglichen Denken unbefragt hingenommen wird und das Handeln undurchschaut beherrscht, entlarvt positivistische und technokratische Tendenzen in den Wissenschaften und ihren Anwendungsgebieten und löst dogmatisierte weltanschauliche Konstrukte ideologiekritisch auf. Im Vorstoß zu den Strukturen und Prinzipien der Wirklichkeit sucht sie nach Orientierung in den Grundfragen individuellen und gesellschaftlichen Lebens. Dabei bietet die philosophische Tradition ein geradezu unerschöpfliches Repertoire von Problemen und Problemlösungsversuchen, an das jede weiterführende Reflexion verwiesen ist. Auf Kenntnis elementarer und fundamentaler Probleme, auf ihre begriffliche Klärung und Entfaltung und auf die Einübung der Methoden ihrer Behandlung zielt der Philosophieunterricht. Im Zentrum steht die Problemerörterung in Form des Dialogs, der Diskussion, des Diskurses, als Weg der Wahrheitssuche. Voraussetzung dazu ist die Beherrschung der Regeln rationalen Argumentierens und die Fähigkeit zur angemessenen Interpretation philosophischer Texte. Diese Fähigkeiten werden zwar auch in anderen Fächern geübt, müssen jedoch im Philosophieunterricht systematisch erweitert und vertieft werden. Die Reihe „Philosophisches Kolleg" will Texte für einen so verstandenen und in den bislang vorliegenden Richtlinien und Empfehlungen der einzelnen Bundesländer geforderten Philosophieunterricht bereitstellen. Neben einem Einführungsheft „Einladung zur Philosophie" (Heft 2 der Reihe), das elementare Probleme aus verschiedenen philosophischen Disziplinen behandelt, werden thematische Hefte zu den verschiedenen Sachbereichen und Disziplinen der Philosophie angeboten. Dabei geht es nicht um eine systematische Einführung in die Disziplinen als solche, sondern um die exemplarische Erschließung von Problembereichen, die sich den traditionellen philosophischen Disziplinen zuordnen lassen. Auf die Formulierung von Lehr- bzw. Lernzielen zu den einzelnen Problembereichen wurde verzichtet, weil es richtig erschien, den durch die Richtlinien und Lehrpläne gesteckten Rahmen nicht einzuengen und die Konzeption im einzelnen der Kompetenz des Lehrers bzw. der gemeinsamen Planung durch Schüler und Lehrer zu überlassen.

Die „Einführungen" versuchen, einen Problembereich zu strukturieren. Sie nennen die sachlichen Kriterien, nach denen die Auswahl der Texte vorgenommen wurde, deuten Möglichkeiten der thematischen Zuordnung an und enthalten einen Vorschlag zur Abfolge der Erarbeitung.

Das Textangebot stellt eine Auswahl aus einer Vielfalt möglicher Texte dar. Aufgenommen wurden grundsätzlich solche, die einen Problembereich möglichst umfassend erschließen, individuelle Orientierungsbedürfnisse der Schüler befriedigen, einen Bezug zur gesellschaftlichen Situation unserer Zeit haben oder das große Erbe der Philosophie vergegenwärtigen. Die Vielfalt philosophischer Meinungen und Strömungen wurde in dem Umfang berücksichtigt, der notwendig erschien, um den Problemstand hinreichend zu repräsentieren. Es ging nicht darum, einen eigenen Standpunkt durch die getroffene Auswahl sichtbar zu machen, wenngleich ein solcher durchaus erkennbar sein mag. Maßgebend war vielmehr die Überlegung, daß Lehrern und Schülern ein Spektrum von Stellungnahmen in argumentativen Texten bereitgestellt werden soll, das zur Erarbeitung eigener Stellungnahmen anregt. Damit wird der Gefahr begegnet, daß der Lehrer seinen eigenen Standpunkt indoktriniert. Lehrer und Schüler werden vielmehr in den Stand gesetzt, im intensiven Bemühen um Kenntnisnahme des gegebenen Problemstandes ihr Problembewußtsein zu erweitern. Am Ende eines Lernprozesses im Philosophieunterricht steht wohl selten eine einzige gemeinsame Problemlösung, die den Status eines philosophischen Standpunktes beanspruchen könnte. Gleichwohl kann das zwangsfreie und offene Gespräch, das sich auf Argumente stützt, zu subjektiven Gewißheiten führen, die sich als lebensorientierend erweisen.

Die Hinordnung der Texte auf die exemplarische Erschließung eines Problemfeldes bringt es mit sich, daß die Texte in der Regel nicht repräsentativ für den jeweiligen Autor und sein Werk sein können. Ausschlaggebend für die Aufnahme eines Textes in die Sammlung war das in ihm enthaltene Argument bzw. der jeweilige Argumentationsgang. Dies ermöglichte die Zusammenstellung von relativ kurzen Texten, wie sie sich gerade im Hinblick auf die Erhaltung der Schülermotivation empfehlen. Es wurde jedoch darauf geachtet, daß die Texte in sich geschlossen sind, d. h. Sinneinheiten darstellen, die aus sich heraus verständlich sind. In einigen Fällen werden sich jedoch weitere Informationen zum Autor, zum Werk und Entstehungszusammenhang des Textes durch Lehrer- oder Schülerreferate als notwendig erweisen.

Die Konzentration auf die in einem Text enthaltenen Argumente bedingt auch, daß nicht nur Texte von Philosophen, sondern grundsätzlich alle auf Probleme hinführenden und argumentativ verfahrenden Textsorten Aufnahme finden konnten.

In Berücksichtigung der unterschiedlichen Voraussetzungen, die die Schüler für das Verstehen mitbringen, wurden Texte unterschiedlichen Schwierigkeitsgrades in die Sammlung aufgenommen. Auf „schwierige" Texte wurde nicht verzichtet, weil den Schülern auch die Erfahrung vermittelt werden soll, daß das philosophische „Weiterfragen" nicht mit der Erarbeitung der ihnen leicht zugänglichen Texte beendet sein kann, ein Gegenstandsbereich vielmehr weiterer Problematisierung offen und diese auf keinem erreichten Reflexionsstand abschließbar ist.

Als pragmatisches Auswahlprinzip sei schließlich erwähnt, daß die Texte sich in bisherigen Interpretationsversuchen als Grundlage philosophischer Problemerörterungen bewährt haben.

II.

In den Jahrzehnten nach dem Zweiten Weltkrieg schien sich das Philosophieren, zumal das deutsch- und englischsprachliche, von den traditionellen Problemen der Erkenntnistheorie lautlos verabschiedet zu haben. Die alten Fragen lauteten: Was heißt Erkennen? Was ist wahres und sicheres Erkennen? Welches sind die Kriterien, nach denen Wahrheit und Gewißheit zu rechtfertigen sind? Welche Quellen, welche Reichweite hat unser Erkennen? Was sind die letzten Gründe der Erkenntnis? So gestellt und wie auch immer beantwortet, mußten diese und ähnliche philosophische Fragen und Antworten dem wissenschaftlich geschärften Denken der neuesten Zeit dilettantisch, ungenau, unkontrollierbar erscheinen, im äußersten Fall sogar als sinnlos. „Die neue Situation der Wissenschaft, deren Kennzeichen die radikale Verwissenschaftlichung ist, ist durch den Gang der Wissenschaft selbst entstanden. Innerhalb der Entwicklung ihres eigenen Forschens und nicht von außen her ergab sich die Möglichkeit und Notwendigkeit, die Wissenschaft als eine sich durch sich selbst bestimmende Dimension anzusetzen. Zu diesem Ansatz gehört es, daß die Klärung der Grundbegriffe einer Wissenschaft . . . nun zur Sache der Wissenschaft selbst geworden ist. Die Fundierung der Wissenschaft ist also nicht mehr von der Philosophie zu leisten. Eine Philosophie, die versuchen wollte, allgemeine Schemata zu entwerfen, in die dann die Wissenschaften einzuordnen wären, wäre ein verfehltes Unternehmen."[1] Genau diese Aufgabe glaubte die philosophische Erkenntnislehre[2] von der großen Zeit der Griechen bis in das 19. Jahrhundert hinein erfüllen zu können. Je mehr praktisch verwertbare Erkenntnisse die sich immer mehr spezialisierenden Wissenschaften mit ihren Verfahren liefern konnten, um so höheren Rang gewann im allgemeinen Bewußtsein „wissenschaftliches" Erkennen, so daß „Wissenschaft" und „Erkenntnis" der „Wahrheit" fast synonym wurden. Der Philosophie blieb anscheinend in dieser Lage nichts anderes übrig, wollte sie sich nicht selbst aufgeben oder nur noch ihre eigene Geschichte verwalten, als ihre Erkenntnistheorie oder sich selbst ganz und gar in Wissenschaftstheorie umzuwandeln. Angesichts des Prestiges und der Erfolge der Einzelwissenschaften sahen viele Vertreter der gesellschaftlich erfolglosen Philosophie ihre Aufgabe nur noch darin, die Erkenntnisverfahren der Einzelwissenschaften auf ihre gemeinsamen formalen Strukturen zurückzuführen und so überhaupt zu rekonstruieren, was „Wissenschaft" eigentlich ist und leistet. Dieser Vorgang der Verengung philosophischer Erkenntnislehre oder gar der Philosophie überhaupt auf Wissenschaftstheorie ist nur zu verstehen aus der weit verbreiteten Bewußtseinslage, daß allein das, was sich wissenschaftlich legitimiert, Erkenntnis im wahren Sinne sein kann.

Nun sind mit der Ablösung des Philosophierens durch Wissenschaftstheorie die alten Erkenntnisprobleme keineswegs aus der Welt geschafft worden; die Probleme müssen nur genauer und radikaler gestellt werden. Einige dieser Problemverschärfungen sollen benannt werden.

1. „Dem unleugbaren Versagen der Philosophie zwischen den beiden Weltkriegen vor den von den Wissenschaften sich stellenden Problemen entsprach auf der Seite der von ihr sich distanzierenden Wissenschaftstheorie eine absonderliche Blindheit gegen die eigenen Voraussetzungen und das bedenkliche Versäumnis der Reflexion auf dasjenige, was an impliziten Vorentscheidungen erkenntnistheoretischer und metaphysischer Art in die eigenen neuen Ansätze übernommen wurde."[3] Die vermeintlichen Selbstverständlichkeiten der

1 *Walter Schulz,* Philosophie in der veränderten Welt, Pfullingen 1972, 17ff.

2 Der Name „Erkenntnistheorie" kam erst in der 1.Hälfte des 19. Jahrhunderts auf und wurde in der 2. Hälfte gängig.

3 *Elisabeth Ströker,* Einführung in die Wissenschaftstheorie, WBG Darmstadt 1973, 3ff.

Wissenschaften und der Wissenschaftstheorie bedürfen wiederum einer erkenntnistheoretischen Überprüfung. Sonst macht Wissenschaftstheorie in ihrer Rekonstruktion von Wissenschaftlichkeit die Vorgabe, daß die intuitiven Auffassungen des Wissenschaftlers richtig sind. Wissenschaftstherorie verliert damit das Ferment kritischen Philosophierens und wird deskriptiv und affirmativ.[4] Daß eine wie auch immer geartete Wissenschaftlichkeit, wie sie sich de facto vollzieht, letzter Rechtfertigungsgrund für Erkenntnis sein kann, dürfte uns zur Zeit sehr fragwürdig sein.

2. „Wer der Überzeugung ist, daß die Fragen nach dem menschlichen Wissen sich nicht auf menschliche Subjekte beziehen dürften, weil das ‚eigentliche' objektive Wissen nur in der Wissenschaft, das heißt in der wissenschaftlichen Lehre, in wissenschaftlichen Theorien, gefunden werde, und der Fortschritt der Erkenntnis kein anderer sein könne als der Fortschritt *wissenschaftlicher* Erkenntnis, wer also glaubt, daß die Erkenntnistheorie im wesentlichen mit der Wissenschaftstheorie zusammenfalle, der übersieht, daß das, was über wissenschaftliche Theorien zu sagen ist, nicht unabhängig davon sein kann, was sich über Produzenten, Proponenten und Rezipienten von Theorien sagen läßt."[5] Wissenschaftliches Erkennen ist nur ein Teil des Erkennens von Menschen in ihrer Lebenswelt und muß als in größere Zusammenhänge eingefügt gesehen werden. Zu diesen gehören vor allem das Subjekt, die Geschichte, die Gesellschaft. So ist es an der Zeit, Wissenschaftstheorie nur als Spezialfall von Erkenntnistheorie zu betrachten, diese aber durch die neu gewonnenen wissenschaftstheoretischen Einsichten und Probleme hindurch wieder und zwar radikaler anzugehen. Vielleicht wäre das Gespräch über die Tragweite wissenschaftlicher Erkenntnisse, sei es an Hand des entsprechenden Heftes des „Philosophischen Kollegs", sei es in freier oder selbstgewählter Form, ein didaktisch besonders geeigneter Einstieg in die alten und neuen Fragen einer philosophischen Erkenntnistheorie, die das Ganze nicht aus dem Auge läßt und kritisch bleiben will.

Im einzelnen ist noch auf folgendes zu verweisen:

— Die den einzelnen Texten gegebenen *Überschriften* sind von den Bearbeitern formuliert worden und wollen den Inhalt kurz andeuten; sie richten sich in der Wortwahl nach Möglichkeit an Stellen des Originaltextes aus.

— *Bezifferungen* und *Zwischenüberschriften*, die sich im Original finden, sind gewöhnlich beibehalten worden; nur wo sie den für die Auswahl maßgebenden Zusammenhang stören würden, wurden sie weggelassen. Die Anordnung der *Absätze* entspricht dem Originaltext, desgleichen die *Kursiv*schrift.

— *Anmerkungen* (die meistens bibliographischer Art sind oder einen zusätzlichen Gedanken andeuten) in den Originaltexten wurden hier fortgelassen. Die Anmerkungen der Bearbeiter beschränken sich auf ein Mindestmaß, da sie nie alle Bedürfnisse unterschiedlicher Benutzer befriedigen können und den Gebrauch allgemeiner philosophischer Wörterbücher nicht ersetzen sollen.

— *Biographische* Kurzangaben zu den Autoren der Texte wurden mit den *bibliographischen* Angaben vereint.

4 Vgl. *Jürgen Mittelstraß*, Philosophie oder Wissenschaftstheorie?, in:
Hermann Lübbe (Hrsg.), Wozu Philosophie? Stellungnahmen eines Arbeitskreises. Berlin 1978, 107ff.

5 Rudolf Haller in der Einleitung zu: *Roderick M. Chisholm*, Erkenntnistheorie, München 1979, 9; *Walter Schulz* a.a.O. 88 ff, 143 f.

— Die *Reihung* der Texte entspricht didaktischen Gesichtspunkten, die den Einleitungen zu entnehmen sind. Andersartige didaktische Zusammenstellung von Texten soll ermöglicht werden durch *Arbeitshinweise*, in denen unter ausgewählten Gesichtspunkten Texte anders zusammengestellt sind als im vorliegenden Heft.
— Die Zusammenstellung der Texte des Bandes „Erkenntnistheorie'' erfolgte in der Weise, daß nach einer gemeinsamen Abstimmung des inhaltlichen Gesamtrahmens und Vereinbarungen über die aufzunehmenden Texte die Bearbeitung der ersten drei Abschnitte durch Hans Joachim Türk, die der Abschnitte IV bis VI durch Erwin Menne erfolgte. Auch die Einführungen zu den Abschnitten sind in dieser Weise arbeitsteilig entstanden.

Hamm und Nürnberg im Januar 1981 *Erwin Menne* *Hans Joachim Türk*

I. VOM ERKENNEN ZUM ZWEIFEL, VOM ZWEIFEL ZUR ERKENNTNISTHEORIE

Einführung

Herkömmliche Darstellungen der Erkenntnistheorie gliedern sich — soweit sie nicht dem Gang der Philosophiegeschichte folgen — nach den Teilaspekten einer *Frage*, die sich nicht auf irgendwelche *Gegenstände*, sondern auf den *Erkenntnisvorgang selbst* richtet. In der Geschichte des Forschens und Denkens ging das Fragen nach den Dingen und dem, was hinter diesen sein könnte oder müßte, der Reflexion über das Erkennen voraus. Das Erkennen selbst wird erst dann zum Thema, zum Gegenstand von Erkenntnissen, sobald Gegenstandserkenntnis problematisch geworden ist. In der Antike kam der Anstoß von der Metaphysik, genauer von der Diskrepanz zwischen dem Anschein der Dinge und ihrem wahren Sein; die Neuzeit, besonders das 19. Jahrhundert, gelangte von naturwissenschaftlichen Problemen zur Erkenntnistheorie, während in der Gegenwart auf dem Umweg über kritische Überlegungen hinsichtlich der Tragweite wissenschaftlicher Methoden überhaupt die alte Frage neu aufgeworfen wird (s.Vorwort). Diese wird üblicherweise zerlegt in *Teilfragen* wie: Woher stammen unsere Erkenntnisse („Quellen der Erkenntnis", d.h. Sinne, Verstand, Vernunft, „Herz")? Woran wird Erkenntnis gemessen („Kriterien" oder „Wahrheitstheorien": Evidenz, Experiment, Praxis, Nutzen)? Wieweit reicht Erkenntnis (Sinnliches und Übersinnliches, Natur und Geschichte, Person, Transzendenz)? Wie ist das wechselseitige Verhältnis von Lebenspraxis und Erkenntnis? Auch diese Textsammlung hätte so aufgebaut werden können; den szkizzierten Fragen lassen sich auch unschwer jeweils einige Texte zuordnen. Gegen diese wie auch gegen eine Einteilung nach Richtungen (Empirismus, Positivismus, Realismus, Idealismus, Transzendentalphilosophie usw.) spricht aber die Abstraktheit, Lebensferne und Schülerfremdheit derartiger und in sich inhalts- und umfangreicher Themenstellungen. *Didaktischen* Erwägungen wurde gegenüber *disziplininternen* der Vorzug gegeben. Im ersten Teil soll von der Fragwürdigkeit des scheinbar Selbstverständlichen ausgegangen werden, im nächsten einige „klassische" Positionen vorgestellt und im dritten das gegenwärtig relevant Erscheinende behandelt werden. Zwei weitere Kapitel widmen sich den unterschiedlichen Erkenntnisweisen, zumal der nichtwissenschaftlichen Art zu erkennen, und am Schluß wird die Kernfrage jeder Erkenntnistheorie, die Subjekt-Objekt-Relation nochmals eingehend zum Thema erhoben. Es wechseln also mehr vom Schüler her zugängliche (I, z.T. III, z.T. IV, V) und mehr von dem Rang der Sache her gebildete (II, z.T. III, z.T. IV, VI) Zusammenstellungen.

Die Texte des ersten Teils sind nach *drei Gedankenkreisen* zusammengestellt worden; in der Mitte des *ersten* (1 bis 3) steht der *Zweifel am Herkömmlichen und Alltäglichen.* Es sollte der Sache angemessen sein, diesen durchaus einem jungen Menschen von heute gemäßen *Einstieg* mit *repräsentativen Autoren* zu verknüpfen: zunächst der spätantike, bereits auf lange Geistes- und Kulturgeschichte voller Gegensätze zurückblickende „liberale" Skeptiker, dessen tolerante Nichtfestlegung heute am Ausgang der Neuzeit viele Sympathien finden dürfte (1). Hinzuweisen wäre darauf, daß auch bei dieser undogmatischen Einstellung bestimmte Optionen vorweggenommen sind: die Sinneswahrnehmung als Kriterium statt gedanklicher Spekulationen und die Priorität der Praxis (hier: der Seelenfrieden). Zu diskutieren wäre, ob Lebenspraxis, bei Sextus das befriedete Dasein inmitten der Sinnenwelt, mit grundsätzlicher Skepsis verträglich ist oder nicht vielmehr eine auch grundsätzliche und theoretische Auffassung impliziert. Auch wären die sensualistischen und utilitaristischen Aussagen dieses Textes mit den modernen kritisch-skeptischen Positionen von Popper (3) und Albert (19) zu vergleichen, da letztere ebenfalls keine dogmatischen Letztaussagen machen wollen und lebenspraktische Gesichtspunkte eine Rolle spielen. Popper, den heute weit verbreiteten „Kritischen Rationalismus" vertretend, verübt eine verwandte Zurückhaltung gegenüber allen endgültigen Aussagen, beurteilt die Sinneswahrnehmung und den Alltagsverstand aber erheblich kritischer als Sextus (weitere Texte von Popper finden sich in den Heften „ Wissenschaftstheorie" und „Einladung zur Philosophie"). Zwischen den beiden genannten Autoren steht Descartes (2), der zwar auch mit dem Zweifel anhebt wie die anderen, vor allem aber mit dem Zweifel an den Sinnesdaten, aber auf dem Weg über die (vorausgesetzte und nicht bewiesene) Tragfähigkeit des Verstandes, seiner „klaren und genauen" Einsicht und seinen Schlußfolgerungen zu Gewißheiten der Erkenntnis zu gelangen meint. Strittig müssen bleiben die Lehre von den angeborenen Ideen (vgl. 7 und 9) im Unterschied zu der von Popper „Leere-Kübel-Theorie" genannten Auffassung (vgl. 3,9,10 und 11), von der Beweisbarkeit einer Ich-Substanz und der Existenz Gottes aus seiner Idee. Die Gemeinsamkeiten und die Unterschiede dieser drei Klassiker des kritischen Zweifelns herauszuarbeiten, wäre ein erstes didaktisches Programm, in dem auf jeden Fall die Einsicht gewonnen werden kann, daß nichts, weder Sinnes- noch Verstandeserkenntnisse, selbstverständlich gesichert ist und daß im praktischen Leben ein „totaler Zweifel freilich, á tout prix... — aus Wohltat Plage werdend — noch denkfeindlicher ist als der massivste Köhlerglaube. Hier ist kein Stachel mehr, sondern eine Lähmung...Weil ihre Haltung überall sehr bequem ist, nämlich defaitistisch schlechthin...Der wirkliche Stachel des Zweifelns hingegen ist durchaus nicht in sich beruhigt, ja wirkliche Skepsis ist am wenigsten agnostisch; denn sie will doch gerade erkennen lassen und nicht Ignoranz- statt Erkenntnistheorie betreiben" (Ernst Bloch).[1]

Zweifel als Stachel, nicht als Resignation, treibt die Reflexion in einen *zweiten Gedankenkreis:* Um Mißverständnisse und Verwirrungen zu vermeiden, sind *begriffliche Klärungen* vonnöten. Da mit der Wahl einer Terminologie inhaltlich noch nichts festgeschrieben wird, kann sie nach Belieben gewählt oder geschaffen werden. Die von Bochenski vorgeschlagene (4) hat den Vorteil, nicht willkürlich, sondern Kommunikation stiftend zu sein; so dürfte Zustimmung hier weitgehend möglich sein. Besonders wichtig ist es, den Unterschied von psychologischen und erkenntnistheoretischen Begriffen (und Gegebenheiten) genau zu sehen. Der Begriff der *Wahrheit* (als Eigenschaft eines Satzes) leitet über zu eingehenderen Beschreibungen dieses Begriffes in einen weiteren Text des Autors (5), in dem auch erstmals nach den entsprechenden Implikationen der ersten drei Texte explizit die Positionen von *Realismus, Idealismus, Transzendentalphilosophie* und *Pragmatismus* (vgl.14) dargestellt werden. Zu überprüfen bleiben die Stichhaltigkeit der Argumentation gegen den Pragmatismus und für den Realismus (vgl. 17) sowie die Behauptung, es gäbe keine Kompromisse zwischen Realismus und Idealismus, sondern nur ein Entweder-Oder (dagegen z.B. 3 und 19). Wenn bereits Vorkenntnisse vorhanden sind, könnten auch die terminologischen Festlegungen von Leibniz (9), Locke (10) und Kant (12 a und b) vorweggenommen werden, wobei die Differenzen in den Begriffen Verstand, Vernunft und Idee beachtet werden müssen. Didaktisch bedeutsam könnte die Erarbeitung der Fehldeutungen von der Relativität der Wahrheit bei Bochenski sein, besonders im Vergleich mit ähnlich erscheinenden Relativierungen bei Sextus Empiricus (1), Popper (3), Horkheimer (18), Albert (19) und Strolz (20).

In einem dritten *Gedankenschritt* soll die *Aufgabenstellung der Erkenntnistheorie* genau benannt werden. Um hier nicht schon eine einseitige Bestimmung von Erkenntnistheorie vorzustellen, wird die Einleitung zu einem neueren, sowohl von der Tradition als auch vom wissenschaftstheoretischen Schliff geprägten Lehrbuch von Chisholm (6) zitiert. Zunächst geht der Autor so voran wie z.B. auch Rudolf Carnap: „Die Erkenntnistheorie soll angeben, wie eine vorgebliche Erkenntnis als gültige Erkenntnis gerechtfertigt, begründet werden kann. Diese Rechtfertigung geschieht nicht absolut, sondern relativ: ein Erkenntnisinhalt wird gerechtfertigt durch Bezugnahme auf andere, als gültig unterstellte Erkenntnisinhalte. Es wird also ein Inhalt auf andere 'zurückgeführt', 'erkenntnistheoretisch analysiert'."[2] Diese Rückführung darf nicht verwechselt werden mit einer *logischen* Ableitung, da in der zu rechtfertigenden Erkenntnis etwas Neues enthalten ist, was nicht schon in den Prämissen vorgegeben ist. Die wahrscheinlich häufigste erkenntnistheoretische Rechtfertigungsweise ist die der unmittelbaren oder rückführenden *Evidenz*, die aber psychologisch oft genug in die Irre führt. Wie kann psychische und erkenntnistheoretische Evidenz unterschieden werden? Benötigt Evidenz wiederum eine Rechtfertigung? Rechtfertigt Evidenz bestimmte *Inhalte* (z.B. mathematische Vernunftwahrheiten im Sinne des Rationalismus oder Fakten im Sinne des Empirismus) oder nur die *Kriterien* (z.B. Descartes' „clara et distincta perceptio" oder die positistische Wiederholbarkeit des Experiments)— oder läßt sich die Frage nach Umfang/Inhalt des Erkennens und nach den Kriterien überhaupt nicht trennen? Das wären zu stellende Fragen und Aufgaben. Will man Evidenz bzw. die Rückführung auf

1 Tübinger Einleitung in die Philosophie I, Frankfurt a.M.[2] 1964, 25.
2 Scheinprobleme in der Philosophie. Das Fremdpsychische und der Realismusstreit, Frankfurt a.M. 1966, 9.

diese als letzte Begründung für wahre Evidenz beibehalten, gerät man in den Zirkel des unendlichen Regresses, aus dem keine Erkenntnistheorie herausführen kann, den sie nur ins helle Bewußtsein erheben und in Einzelschritten zwingend überprüfen kann (vgl.3,19,24). Es scheint immer nur möglich zu sein, von einer vorläufig als gesichert angesehenen Position, die schon eingenommen ist, (bei Chisholm selbst ist es der „common sense"), auszugehen und sie im Zusammenhang verschiedener Kriterien zu korrigieren — falls nicht eine empiristische, idealistische usw. Grundeinstellung als „evident" von vornherein bezogen worden ist, deren Richtigkeit ohne Zirkel allerdings nicht zu erweisen ist. Dagegen Jürgen Habermas: „Jede konsequente Erkenntnistheorie verstrickt sich in diesen Zirkel; er läßt sich nicht dadurch vermeiden, daß die Kritik von Voraussetzungen ausgeht, die als vorläufig unproblematisch, aber grundsätzlich problematisierbar dahingestellt werden...Nun ist aber Erkenntnistheorie ihrem philosophischen Anspruch nach ein Unternehmen, das aufs Ganze zielt; ihr geht es um die kritische Rechtfertigung der Bedingungen möglicher Erkenntnis überhaupt. Sie kann auf Radikalität, und das heißt: Unbedingtheit des Zweifels nicht verzichten."[3] Habermas zeigt aber auch keinen Ausweg, wie radikale Erkenntniskritik möglich sein soll, ohne daß das bereits vorausgesetzt wird, was untersucht werden soll: die Zuverlässigkeit von Erkenntnismitteln — es sei denn, man folge Hegel ganz und gar (siehe 13a und b).Bevor aber der Weg zu dieser weisen Beschränkung hinfinden kann, ist wohl eine Musterung der Vorschläge aus der Philosophiegeschichte angebracht, die jeweils ihren Schöpfern und Verfechtern schon evident erschienen waren (Teil II).

3 Erkenntnis und Interesse, Frankfurt a.M. 1968, 15.

1. SEXTUS EMPIRICUS

Die pyrrhonische Skepsis

1. Der oberste Unterschied der Philosophien

Wenn jemand eine Sache sucht, dann ist der zu erwartende Erfolg entweder ihre Entdeckung oder die Verneinung ihrer Entdeckung und das Eingeständnis ihrer Unerkennbarkeit oder die Fortdauer der Suche. Das ist vielleicht auch der Grund, weshalb hinsichtlich der philosophischen Forschungsgegenstände die einen behauptet haben, sie hätten das Wahre gefunden, während die anderen erklärten, es ließe sich nicht erkennen, und die dritten noch suchen. Und zwar gefunden zu haben glauben die Dogmatiker[1] im engeren Sinne, z. B. Aristoteles, Epikur, die Stoiker und einige andere. Für unerkennbar erklärten die Dinge Kleitomachos, Karneades und andere Akademiker.[2] Die Skeptiker aber suchen noch. Daher scheint es vernünftig, daß die obersten Philosophien drei sind: die dogmatische, die akademische und die skeptische.

Über die anderen nun zu reden, mag anderen zukommen. Ich will hier über die skeptische Schule sprechen, und zwar für diesmal im Grundriß. Vorher aber möchte ich bemerken, daß ich von keinem der Dinge, die ich sagen werde, mit Sicherheit behaupte, daß es sich in jedem Fall so verhalte, wie ich sage, sondern daß ich über jedes einzelne nur nach dem, was mir jetzt erscheint, erzählend berichte.

...

3. Die Benennungen der Skepsis

Die skeptische Schule wird auch die „suchende" genannt nach ihrer Tätigkeit im Suchen und Spähen. Sie heißt auch die „zurückhaltende" nach dem Erlebnis, das der Spähende nach der Suche an sich erfährt. Ferner wird sie die „aporetische" genannt, und zwar entweder, weil sie in allem Aporien und Fragwürdigkeiten findet, wie einige sagen, oder, weil sie kein Mittel sieht zur Zustimmung oder Verneinung. Schließlich heißt sie die „pyrrhonische", weil uns scheint, daß Pyrrhon[3] die Skepsis greifbarer und deutlicher angegangen ist als seine Vorläufer.

4. Was Skepsis ist

Die Skepsis ist die Kunst, auf alle mögliche Weise erscheinende und gedachte Dinge einander entgegenzusetzen, von der aus wir wegen der Gleichwertigkeit der entgegengesetzten Sachen und Argumente zuerst zur Zurückhaltung, danach zur Seelenruhe gelangen. „Kunst" nennen wir die Skepsis nicht in irgendeinem ausgeklügelten Sinne, sondern schlicht im Sinne von „können". Unter „erscheinenden Dingen" verstehen wir hier die Sinnesgegenstände, weshalb wir ihnen die geistigen gegenüberstellen. Das „auf alle mögli-

1 So werden hier alle genannt, die positive Behauptungen und Lehren aufstellen.
2 Hier: Schüler und Nachfolger Platons.
3 Griechischer Philosoph 360 — 270 v. Chr.

che Weise" kann sowohl auf die Kunst bezogen werden, um auszudrücken, daß wir das Wort „Kunst", wie gesagt, in einem schlichten Sinn verwenden, als auch auf das „erscheinende und gedachte Dinge einander entgegenzusetzen"; denn da wir diese in vielfältiger Weise einander entgegensetzen, indem wir entweder erscheinende Dinge erscheinenden oder gedachte gedachten oder diese wechselweise einander entgegensetzen, so sagen wir „auf alle mögliche Weise", um alle diese Antithesen zu umgreifen. Oder man liest „auf alle mögliche Weise erscheinende und gedachte Dinge", um auszudrücken, daß wir nicht untersuchen, wie die erscheinenden Dinge erscheinen oder wie die gedachten gedacht werden, sondern daß wir diese Begriffe im schlichten Sinn verwenden. Mit „entgegengesetzten" Argumenten meinen wir nicht unbedingt Verneinung und Bejahung, sondern schlicht „unverträgliche" Argumente. „Gleichwertigkeit" nennen wir die Gleichheit in Glaubwürdigkeit und Unglaubwürdigkeit, so daß keines der unverträglichen Argumente das andere als glaubwürdiger überragt. „Zurückhaltung" ist ein Stillstehen des Verstandes, durch das wir weder etwas aufheben noch setzen. „Seelenruhe" schließlich ist die Ungestörtheit und Meeresstille der Seele. Wie aber die Seelenruhe zusammen mit der Zurückhaltung eintritt, werde ich im Kapitel über das „Ziel" darlegen.

5. Der Skeptiker

Mit dem Begriff der skeptischen Schule ist auch der pyrrhonische Philosoph dem Sinne nach bestimmt: Er ist derjenige, der an dieser Kunst teilhat.

6. Die Prinzipien der Skepsis

Das motivierende Prinzip der Skepsis nennen wir die Hoffnung auf Seelenruhe. Denn die geistig Höherstehenden unter den Menschen, beunruhigt durch die Ungleichförmigkeit in den Dingen und ratlos, welchen von ihnen man eher zustimmen solle, gelangten dahin zu untersuchen, was wahr ist in den Dingen und was falsch, um durch die Entscheidung dieser Frage Ruhe zu finden. Das Hauptbeweisprinzip der Skepsis dagegen ist, daß jedem Argument ein gleichwertiges entgegensteht. Von hier aus nämlich glauben wir schließlich dabei zu enden, daß wir nicht dogmatisieren.

7. Ob der Skeptiker dogmatisiert

Wenn wir sagen, daß der Skeptiker nicht dogmatisiere, dann meinen wir nicht jene Bedeutung von „Dogma", in der einige „Dogma" ganz allgemein die Billigung irgendeiner Sache nennen. Denn den vorstellungsmäßig aufgezwungenen Erlebnissen stimmt der Skeptiker zu. Wenn ihm z. B. warm oder kalt ist, so würde er nicht sagen: „Ich glaube, mir ist nicht warm bzw. kalt." Vielmehr behaupten wir, nicht zu dogmatisieren in dem Sinne, in dem einige „Dogma" die Zustimmung zu irgendeiner der in den Wissenschaften erforschten verborgenen Sachen nennen. Denn keinem der verborgenen Dinge stimmt der Pyrrhoneer zu. Er dogmatisiert jedoch auch nicht, wenn er hinsichtlich der verborgenen Dinge die skeptischen Schlagworte vorbringt, z. B. „Um nichts eher" oder „Ich bestimme nichts" oder eines der übrigen, über die ich später noch reden werde. Der Dogmatisierende nämlich setzt die Sache als wahr, über die er angeblich dogmatisiert, der Skeptiker dagegen setzt diese Schlagworte nicht als unbedingt wahr. Denn wie das Schlagwort „Alles ist falsch'' und ebenso das Schlagwort „Nichts ist wahr'' mit den übrigen Dingen auch sich selbst falsch nennt, so nimmt auch der Skeptiker an, daß das Schlagwort „Um nichts eher'' mit den übrigen Dingen auch sich selbst „nicht eher'' wahr nennt und daß es deswegen zusammen mit den übrigen Dingen sich selbst ausschaltet. Dasselbe bemerken wir auch zu den anderen skeptischen Schlagworten. Wenn also der Dogmatisierende sein Dogma als wahr setzt, der Skeptiker dagegen seine Schlagworte in dem Sinne vorbringt, daß sie potentiell von sich selbst ausgeschaltet werden, dann wird man wohl nicht behaupten, daß er dogmatisiere, wenn er sie vorbringt. Das Wichtigste aber ist, daß er bei der Äußerung dieser Schlagworte nur sagt, was ihm selbst erscheint, und daß er nur sein eigenes Erlebnis undogmatisch kundtut, ohne über die äußeren Gegenstände irgend etwas zu versichern.

8. Ob der Skeptiker eine Lehrmeinung hat

Ebenso verhalten wir uns auch, wenn wir gefragt werden, ob der Skeptiker eine Lehrmeinung habe. Wenn man nämlich „Lehrmeinung'' das Hängen an vielen Dogmen nennt, die untereinander und mit den Erscheinungen in logischem Zusammenhang stehen, und wenn man unter „Dogma'' die Zustimmung zu einer verborgenen Sache versteht, dann behaupten wir, keine Lehrmeinung zu haben. Nennt man „Lehrmeinung'' aber eine Lebensform, die gemäß dem Erscheinenden einer bestimmten Lehre folgt, wobei diese Lehre vorzeichnet, wie es möglich ist, daß man recht zu leben scheine (das „recht'' hier nicht nur in bezug auf Tugend genommen, sondern schlichter), und wenn sich die Lehre auf die Möglichkeit zur Zurückhaltung erstreckt, dann behaupten wir, eine Lehrmeinung zu haben. Denn wir folgen einer bestimmten Lehre, die uns gemäß dem Erscheinenden ein Leben nach den väterlichen Sitten, den Gesetzen, den Lebensformen und den eigenen Erlebnissen vorzeichnet.

...

10. Ob die Skeptiker die Erscheinungen aufheben

Diejenigen, die behaupten, die Skeptiker höben die Erscheinungen auf, scheinen mir nie gehört zu haben, was bei uns gesagt wird. Denn an den Dingen, die uns in einer erlebnismäßigen Vorstellung unwillkürlich zur Zustimmung führen, rütteln wir nicht, wie ich schon oben gesagt habe. Das aber sind die Erscheinungen. Vielmehr, wenn wir fragen, ob der zugrundeliegende Gegenstand so ist, wie er erscheint, dann geben wir zu, daß er erscheint. Wir fragen aber nicht nach dem Erscheinenden, sondern nach dem, was über das Erscheinende ausgesagt wird, und das unterscheidet sich von der Frage nach dem Erscheinenden selbst. Daß uns z. B. der Honig süß zu schmecken scheint, das räumen wir ein; denn wir erhalten ja eine süße Sinnesempfindung. Ob er aber auch süß ist, im Sinne der Aussage, fragen wir und das ist nicht das Erscheinende, sondern das über das Erscheinende Ausgesagte. Falls wir jedoch auch direkt gegen die Erscheinungen argumentieren, dann wollen wir mit der Aufstellung dieser Argumente nicht die Erscheinungen aufheben, sondern nur die Voreiligkeit der Dogmatiker aufzeigen. Denn wenn die Vernunft eine solche Betrügerin ist, daß sie uns beinahe sogar die Erscheinungen unter den Augen entreißt, wie sollen wir ihr da nicht bei den verborgenen Dingen mißtrauen, um nicht in ihrem Gefolge voreilig zu sein?

11. Das Kriterium der Skepsis

Daß wir uns an die Erscheinungen halten, ist klar aus unseren Aussagen über das Kriterium der skeptischen Schule. „Kriterium" heißt zweierlei: einmal dasjenige, welches zur Bestätigung der Wirklichkeit oder Unwirklichkeit herangezogen wird ...; sodann das Kriterium des Handelns, an das wir uns im Leben halten, wenn wir das eine tun und das andere lassen. Von diesem spreche ich hier. Wir sagen nun, das Kriterium der skeptischen Schule sei das Erscheinende, wobei wir dem Sinne nach die Vorstellung so nennen; denn da sie in einem Erleiden und einem unwillkürlichen Erlebnis liegt, ist sie fraglos. Deshalb wird niemand vielleicht zweifeln, ob der zugrundeliegende Gegenstand so oder so erscheint. Ob er dagegen so ist, wie er erscheint, wird in Frage gestellt.

Wir halten uns also an die Erscheinungen und leben undogmatisch nach der alltäglichen Lebenserfahrung, da wir gänzlich untätig nicht sein können. Diese alltägliche Lebenserfahrung scheint vierteilig zu sein und teils aus Vorzeichnung der Natur, teils aus Erlebniszwang, teils aus Überlieferung von Gesetzen und Sitten, teils aus Unterweisung in Techniken zu bestehen. Und zwar aus natürlicher Vorzeichnung, sofern wir von Natur aus die Fähigkeit besitzen, sinnlich wahrzunehmen und zu denken; aus Erlebniszwang, sofern uns Hunger zur Nahrung, Durst zum Getränk führt; aus Überlieferung von Sitten und Gesetzen, sofern wir es für das alltägliche Leben so übernehmen, daß wir die Gottesfurcht als ein Gut, die Gottlosigkeit als ein Übel betrachten; aus Unterweisung in Techniken schließlich, sofern wir nicht untätig sind in den Techniken, die wir übernehmen. Dieses alles meinen wir jedoch undogmatisch.

12. Was das Ziel der Skepsis ist

Im Anschluß hieran wäre auch das Ziel der skeptischen Schule zu behandeln. Das „Ziel" ist dasjenige, um dessentwillen alles andere getan oder gedacht wird, es selbst dagegen um keines anderen willen, oder: das Äußerste alles Erstrebten. Wir sagen nun, bis jetzt sei das Ziel des Skeptikers die Seelenruhe in den auf dogmatischem Glauben beruhenden Dingen und das maßvolle Leiden in den aufgezwungenen. Denn der Skeptiker begann zu philosophieren, um die Vorstellungen zu beurteilen und zu erkennen, welche wahr sind und welche falsch, damit er Ruhe finde. Dabei geriet er in den gleichwertigen Widerstreit, und weil er diesen nicht entscheiden konnte, hielt er inne. Als er aber innehielt, folgte ihm zufällig die Seelenruhe in den auf dogmatischem Glauben beruhenden Dingen. Wer nämlich dogmatisch etwas für gut oder übel von Natur hält, wird fortwährend beunruhigt: Besitzt er die vermeintlichen Güter nicht, glaubt er sich von den natürlichen Übeln heimgesucht und jagt nach den Gütern, wie er meint. Hat er diese erworben, gerät er in noch größere Sorgen, weil er sich wider alle Vernunft und über alles Maß aufregt und aus Furcht vor dem Umschwung alles unternimmt, um die vermeintlichen Güter nicht zu verlieren. Wer jedoch hinsichtlich der natürlichen Güter oder Übel keine bestimmten Überzeugungen hegt, der meidet oder verfolgt nichts mit Eifer, weshalb er Ruhe hat.

Dem Skeptiker geschah dasselbe, was von dem Maler Apelles erzählt wird. Dieser wollte, so heißt es, beim Malen eines Pferdes dessen Schaum auf dem Gemälde nachahmen. Das sei ihm so mißlungen, daß er aufgab und den Schwamm, in dem er die Farben vom Pinsel abzuwischen pflegte, gegen das Bild schleuderte. Als dieser auftraf, habe er eine Nachahmung des Pferdeschaumes hervorgebracht. Auch die Skeptiker hofften, die Seelenruhe dadurch zu erlangen, daß sie über die Ungleichförmigkeit der erscheinenden und gedachten Dinge entschieden. Da sie das nicht zu tun vermochten, hielten sie inne. Als sie aber innehielten, folgte ihnen wie zufällig die Seelenruhe wie der Schatten dem Körper.

2. RENÉ DESCARTES

Methodischer Zweifel und unbezweifelbare Wahrheit

2. Ich hatte seit langem bemerkt, daß man hinsichtlich der Sitten bisweilen sich genötigt sieht, Ansichten zu folgen, von denen man weiß, daß sie recht ungewiß sind, genau so, als ob sie unbezweifelbar wären, wie das oben auseinandergesetzt worden ist. Da ich jetzt jedoch wünschte, mich allein der Erforschung der Wahrheit zu widmen, so hielt ich es für notwendig, genau das Entgegengesetzte zu tun und als unbedingt falsch all das zurückzuweisen, woran ich nur im mindesten zweifeln konnte; um zuzusehen, ob nicht danach etwas in meiner Überzeugung bliebe, was gänzlich unbezweifelbar wäre. Weil nun unsere Sinne uns bisweilen täuschen, so wollte ich annehmen, daß es kein Ding gibt, das so ist, wie wir es auf Grund ihrer vorstellen. Da es ferner Menschen gibt, die sich beim Schließen täuschen, selbst wenn es sich um die einfachsten Materien der Geometrie handelt, und die dabei Trugschlüsse machen, so wies ich, in der Annahme, daß ich ebensosehr wie irgend ein anderer der Täuschung unterworfen, alle die Gründe als falsch zurück, die ich früher als beweisend angesehen hatte. Erwog ich schließlich, daß dieselben Gedanken insgesamt, die wir wachend haben, uns auch während des Schlafes kommen können, ohne daß deshalb auch nur ein einziger wahr ist, so faßte ich demgemäß den Entschluß, zu fingieren, daß alle Dinge, die je in meinen Geist gelangt waren, nicht wahrer seien, als die Trugbilder meiner Träume.

3. Sogleich darauf bemerkte ich jedoch, daß, während ich so denken wollte, daß alles falsch sei, es notwendig erforderlich war, daß ich, der es dachte, etwas sei. Da ich mir nun darüber klar wurde, daß diese Wahrheit. *„ich denke, also bin ich"* so fest und so sicher war, daß selbst die überspanntesten Annahmen der Skeptiker nicht imstande waren, sie zu erschüttern, so urteilte ich, daß ich sie unbedenklich als erstes Prinzip der von mir gesuchten Philosophie annehmen konnte.

4. Sodann untersuchte ich aufmerksam, was ich war und sah, daß ich fingieren konnte, ich hätte keinen Körper, ferner, es gebe weder eine Welt, noch einen Ort, an dem ich wäre. Dagegen konnte ich nicht fingieren, daß darum *ich* nicht war und daß ganz im Gegenteil eben daraus, daß ich daran dachte, an der Wahrheit der anderen Dinge zu zweifeln, in der evidentesten und gewissesten Weise folgte, daß ich sei. Hätte ich hingegen nur aufgehört, zu denken, so hatte ich, wenngleich alles übrige von dem, was ich jemals vorgestellt hatte, wahr gewesen wäre, keinen Grund anzunehmen, daß ich gewesen war. Aus dem allen er-

kannte ich, daß ich eine Substanz war, deren ganze Wesenheit oder Natur nur im Denken besteht und die, um zu sein, keines Ortes bedarf, noch auch von irgend einem materiellen Dinge abhängt. Es ist demnach dieses Ich, d. h. die Seele, durch die ich bin, was ich bin, von meinem Körper gänzlich verschieden und selbst leichter zu erkennen, als er; und wenn es gleich keinen Körper gäbe, so würde sie trotzdem genau das bleiben, was sie ist.

5. Danach betrachtete ich ganz allgemein, was erforderlich ist, damit ein Satz wahr und gewiß ist; denn da ich soeben einen gefunden hatte, von dem ich wußte, daß er so beschaffen war, so dachte ich, ich müsse auch wissen, worin diese Gewißheit besteht. Da ich nun bemerkt hatte, daß in diesem ganzen Satze: *„ich denke, also bin ich"* gar nichts anderes mich dessen versichert, daß ich die Wahrheit sage, als daß ich recht klar sehe, daß man, um zu denken sein muß, so war ich der Ansicht, es als allgemeine Regel aufstellen zu können, daß die Dinge, die wir recht klar und recht deutlich erfassen, durchaus wahr sind. Hierbei blieb dann nur eine gewisse Schwierigkeit, nämlich in der rechten Weise zu bemerken, welches die Dinge sind, die wir deutlich erfassen.

6. Indem ich in der Folge darüber nachdachte, daß ich zweifelte und daß infolgedessen mein Wesen nicht ganz vollkommen war — denn ich sah klar, daß es eine größere Vollkommenheit ist, zu erkennen, als zu zweifeln — so kam ich auf den Gedanken, zu suchen, woher ich es gelernt hatte, an etwas Vollkommeneres als mich selbst zu denken. Ich erkannte nun in einleuchtender Weise, daß das von einer in der Tat vollkommeneren Natur kommen mußte. Was die Gedanken anbetrifft, die ich von einer ganzen Reihe anderer Dinge außer mir hatte, so vom Himmel, von der Erde, vom Licht, von der Wärme und von tausend anderem, so machte es mir nicht so große Mühe, zu wissen, woher sie kamen; denn, da ich in ihnen nichts bemerkte, das sie mir überlegen zu machen schien, so konnte ich annehmen, daß sie, sofern sie wahr seien, Abhängigkeiten von meiner Natur darstellten, insoweit diese eine bestimmte Vollkommenheit hat und daß, wenn sie es nicht waren, ich sie aus dem Nichts entnahm, d. h. sie in mir waren, weil ich mangelhaft war.

7. Es mußte jedoch eine andere Bewandtnis haben mit der Idee eines vollkommeneren Wesens als ich eines bin; denn, sie dem Nichts entnehmen, war etwas offenbar Unmögliches, und da es ebenso widerstreitend ist, daß das Vollkommenere eine Folge und Abhängigkeit des weniger Vollkommenen ist, wie es widerstreitet, daß aus nichts etwas hervorgeht, so konnte ich diese Idee ebensowenig mir selbst entnehmen. Es blieb demnach nur übrig, daß sie in mich durch eine Natur gepflanzt worden, die wahrhaft vollkommener war, als ich, und die selbst alle die Vollkommenheiten in sich hatte, von denen ich eine Idee haben konnte, d. h. um mich in einem Worte zu erklären, die Gott war. Hierzu kam die Einsicht, daß ich, weil ich einige Vollkommenheiten erkannte, die ich nicht hatte, nicht das einzige existierende Wesen war — ich will mich hier, wenn der Leser es erlaubt, nur ruhig der Schulausdrücke bedienen —, daß es vielmehr notwendig ein anderes, vollkommeneres Wesen geben mußte, von dem ich abhing, und von dem ich alles, was ich besaß, erworben hatte. Hätte ich nämlich allein und unabhängig von jedem anderen Wesen bestanden, so daß ich all das Wenige, womit ich an dem vollkommenen Wesen teilnahm, von mir selbst gehabt hätte, so hätte ich aus dem selben Grund auch all das übrige von mir haben können, von dem ich erkannte, daß es mir mangelt und hätte so selbst unendlich, ewig, unwandelbar, allwissend, allmächtig sein und schließlich all die Vollkommenheiten haben können, die ich als in Gott vorhanden bemerken konnte. Denn ich brauchte, gemäß den obigen Er-

wägungen, um die Natur Gottes, sofern die meinige dazu fähig war, zu erkennen, nur in Betracht zu ziehen, ob es, in Betreff aller Dinge, von denen ich in mir eine Idee vorfand, Vollkommenheit besagte oder nicht, sie zu besitzen, und ich war dessen sicher, daß keine derer, die irgendwelche Unvollkommenheit bezeichneten, in ihm sei, dagegen alle übrigen; so wie ich sah, daß Zweifel, Unbeständigkeit, Traurigkeit und dergleichen nicht in ihm sein konnte, da ich mich ja selbst sehr freuen würde, ihrer ledig zu werden. Sodann hatte ich außerdem Ideen von einer Reihe von sinnlich wahrnehmbaren und körperlichen Dingen; denn nahm ich gleich an, daß ich träumte und daß alles, was ich sah oder mir einbildete, falsch sei, so konnte ich trotzdem nicht bestreiten, daß die Ideen hiervon wahrhaft in meinem Bewußtsein seien. Nun hatte ich bereits recht klar erkannt, daß die denkende Natur von der körperlichen verschieden ist, und erwog ich sodann, daß jede Zusammensetzung Abhängigkeit bezeugt und Abhängigkeit offenbar ein Mangel ist, so schloß ich daraus, daß es keine Vollkommenheit in Gott sein konnte, aus diesen beiden Naturen zusammengesetzt zu sein und er dies infolgedessen auch nicht war, daß aber, wenn es irgendwelche Körper in der Welt gäbe oder auch gewisse Intelligenzen oder andere Naturen, die nicht ganz vollkommen wären, ihr Wesen von seiner Macht derart abhängen mußte, daß sie ohne ihn nicht einen einzigen Augenblick weiterbestehen konnten.

8. Danach wollte ich nach anderen Wahrheiten suchen, und so nahm ich den Gegenstand der Geometer vor, den ich als einen kontinuierlichen Körper, oder als einen nach Länge, Breite und Höhe oder Tiefe grenzenlos ausgedehnten Raum dachte, der in verschiedene Teile zerlegbar ist, die verschiedene Figuren und Größen haben und auf alle Arten bewegt oder von der Stelle versetzt werden könnten; — denn die Geometer setzen das alles in ihrem Gegenstand voraus —, und durcheilte einige ihrer einfachsten Beweise. Während ich nun darauf achtete, daß die große Gewißheit, die jedermann diesen zuschreibt, sich nur darauf gründet, daß man sie deutlich denkt — gemäß der oben aufgestellten Regel — achtete ich zugleich auch darauf, daß es nichts in ihnen gab, was mich der Existenz ihrer Objekte versicherte. Ich sah nämlich z. B. sehr wohl, daß, wenn ich ein Dreieck annahm, seine drei Winkel zwei Rechten gleich sein mußten, aber ich sah darum noch nichts, was mich dessen versicherte, daß es in der Welt ein Dreieck gibt. In ganz anderer Weise dagegen fand ich, daß, wenn ich darauf zurückkam, meine Idee von einem vollkommenen Wesen zu untersuchen, die Existenz darin in derselben, oder in selbst noch evidenterer Weise einbegriffen war, als es in der Idee des Dreiecks einbegriffen ist, daß seine drei Winkel zwei Rechten gleich sind oder in der einer Kugel, daß alle ihre Teile von ihrem Mittelpunkte gleich weit entfernt sind. Ich erachtete es infolgedessen zum mindesten für ebenso gewiß, daß Gott, der dieses so vollkommene Wesen darstellt, ist oder existiert, wie irgend ein Beweis in der Geometrie nur gewiß sein kann.

9. Der Grund dafür aber, daß sehr viele sich überreden, es sei schwierig, Gott zu erkennen, und selbst auch, zu erkennen, was ihre Seele ist, ist darin zu suchen, daß sie ihren Geist nie über die Sinnendinge erheben, und daß sie derart daran gewöhnt sind, nichts zu betrachten, ohne es damit gleich der Einbildung zu unterwerfen — die doch nur eine besondere Bewußtseinsart zur Betrachtung der materiellen Dinge ist — daß alles dieser Unzugängliche ihnen auch dem Verstande unzugänglich zu sein scheint. Es zeigt sich das ganz offenbar darin, daß selbst die Philosophen in den Schulen als Grundsatz festhalten, daß es

nichts im Verstande gibt, was nicht zuvor in den Sinnen gewesen ist, wo doch sicherlich die Ideen Gottes und der Seele niemals gewesen sind. ...

10. Wenn es schließlich immer noch Menschen gibt, die durch die von mir vorgebrachten Gründe nicht genügend von der Existenz Gottes und ihrer Seele überzeugt sind, so sollen sie doch wissen, daß alle anderen Dinge, deren sie vielleicht sicherer zu sein glauben, wie daß sie einen Körper haben, daß es Gestirne und eine Erde gibt und dergleichen weniger gewiß sind. Wenngleich es nämlich eine moralische Gewißheit von diesen Dingen gibt, die derart ist, daß man, wie es scheint, ohne überspannt zu sein, daran nicht wohl zweifeln kann, so kann man doch auch, sofern man nicht widervernünftig sein will — wenn es sich um eine metaphysische Gewißheit handelt — nicht bestreiten, daß man genügenden Grund hat, ihrer nicht gänzlich gewiß zu sein, wenn man nämlich darauf geachtet hat, daß man sich genau ebenso im Schlaf vorstellen kann, man habe einen anderen Körper und man sehe andere Gestirne und eine andere Erde, ohne daß etwas davon der Fall ist. Denn woher weiß man, daß die Gedanken, die im Traume kommen, eher falsch sind als die übrigen, da sie diesen ja häufig an Lebhaftigkeit und Ausdrucksfähigkeit nichts nachgeben?

11. Mögen nun auch die fähigsten Köpfe sich darum bemühen, soviel ihnen nur beliebt, so glaube ich doch nicht, daß sie einen Grund angeben können, der genügend wäre, um diesen Zweifel zu heben, wenn sie nicht die Existenz Gottes zuvor schon voraussetzen. Denn erstlich ist selbst das, was ich oben als Regel festgesetzt hatte, daß nämlich die Dinge, die wir recht klar und deutlich denken, ganz wahr sind, nur darum sicher, weil Gott ist oder existiert, weil er ein vollkommenes Wesen ist und alles, was in uns ist, von ihm kommt. Hieraus folgt dann, daß unsere Ideen oder Begriffe, da sie etwas Reales und von Gott Stammendes sind, in all dem, worin sie klar und deutlich sind, wahr sein müssen. Wenn wir also recht häufig Ideen in uns haben, die Falschheit enthalten, so kann das nur bei solchen vorkommen, in denen etwas Verworrenes und Dunkles vorhanden ist, weil sie dabei am Nichts teilhaben, d. h. in uns nur deshalb so verworren sind, weil wir nicht ganz vollkommen sind. Auch ist es offenbar ein ebenso großer Widerspruch, daß die Falschheit oder Unvollkommenheit als solche von Gott, wie daß die Wahrheit oder die Vollkommenheit vom Nichts ausgeht. Wüßten wir jedoch nicht, daß alles, was es in uns an Reellem und Wahrem gibt, von einem vollkommenen und unendlichen Wesen stammt, so hätten wir, so klar und deutlich unsere Ideen auch wären, doch keinen Grund, der uns dessen versicherte, daß sie die Vollkommenheit hätten, wahr zu sein.

3. KARL R. POPPER

Kritik des Alltagsverstandes

Der unsichere Ausgangspunkt: Alltagsverstand und Kritik

Wissenschaft, Philosophie, rationales Denken müssen alle beim Alltagsverstand anfangen. Nicht, als ob der Alltagsverstand ein sicherer Ausgangspunkt wäre: der Ausdruck „Alltagsverstand" ist sehr unscharf, einfach deshalb, weil er etwas Undeutliches und Wechselndes bezeichnet — die Instinkte oder Meinungen vieler Menschen, die oft brauchbar oder wahr, oft abwegig oder falsch sind.

Wie kann etwas so Unscharfes und Unsicheres wie der Alltagsverstand einen Ausgangspunkt abgeben? Meine Antwort ist: weil wir (anders als etwa Descartes, Spinoza, Locke, Berkley oder Kant) kein sicheres System auf dieser „Grundlage" aufbauen wollen. Jede einzelne der vielen Annahmen des Alltagsverstands — man könnte sie unser Alltags-Hintergrundwissen nennen — läßt sich jederzeit in Frage stellen und kritisieren; oft wird eine mit Erfolg kritisiert und fallengelassen (zum Beispiel die Theorie, die Erde sei flach). In solchen Fällen wird entweder der Alltagsverstand verändert, oder er wird verdrängt durch eine Theorie, die manchen Leuten noch für kürzere oder längere Zeit mehr oder weniger „verrückt" vorkommt. Ist eine solche Theorie nur nach einem langen Studium zu verstehen, so wird sie vielleicht nie in den Alltagsverstand übernommen. Doch auch dann können wir verlangen, man müsse versuchen, dem Ideal möglichst nahezukommen: *alle Wissenschaft und Philosophie ist aufgeklärter Alltagsverstand.*

Wir fangen also an einem undeutlichen Ausgangspunkt an und bauen auf unsichere Fundamente. Aber wir können vorankommen: manchmal lehrt uns Kritik, daß wir unrecht hatten; wir können aus der Erkenntnis unserer Fehler lernen.

(Ich werde übrigens später zu zeigen versuchen, daß der Alltagsverstand in der Erkenntnistheorie besonders in die Irre führt. Es scheint nämlich eine Erkenntnistheorie des Alltagsverstands zu geben: es ist die falsche Theorie, daß wir Wissen über die Welt gewinnen, indem wir die Augen aufmachen und hinsehen; allgemeiner gesprochen: durch Beobachtung.)

Meine erste These ist also, daß wir vom Alltagsverstand ausgehen, und daß das mächtige Hilfsmittel des Fortschritts die Kritik ist.

Diese These stößt sofort auf eine Schwierigkeit. Man hat gesagt, wenn man eine Theorie T_1 — eine des Alltagsverstands oder eine andere — kritisieren möchte, brauche man eine weitere Theorie T_2 als Grundlage oder Ausgangspunkt oder Hintergrund für die Kritik an T_1. Nur in dem Sonderfall, wenn T_1 als widerspruchsvoll dargetan werden kann („immanente Kritik": aufgrund von T_1 wird die Falschheit von T_1 gezeigt), kann man anders verfahren, indem man aus T_1 absurde Folgerungen ableitet.

Ich halte die Kritik an der kritischen Methode nicht für durchschlagend. (Sie setzt voraus, daß jede Kritik entweder „immanent" oder „transzendent" sein muß, und daß wir bei „transzendenter" Kritik nicht kritisch vorgehen, weil wir dogmatisch die Wahrheit von T_2 voraussetzen müssen.) In Wirklichkeit ist es doch so. Wollen wir T_1 — wir setzen es als nicht widerspruchsvoll voraus — kritisieren, so zeigen wir entweder, daß aus T_1 Unerwünschtes folgt (es muß nicht unbedingt etwas Widersprüchliches sein), oder wir zeigen, daß es eine konkurrierende Theorie T_2 gibt, die T_1 widerspricht und gegenüber T_1 gewisse Vorteile hat. Das genügt schon: sobald wir konkurrierende Theorien haben, gibt es ein weites Betätigungsfeld für kritische oder rationale Diskussion: wir untersuchen die Konsequenzen der Theorien, und wir suchen besonders nach ihren schwachen Punkten — das heißt, nach Konsequenzen, die wir für falsch halten. Diese kritische oder rationale Diskussion führt manchmal zur klaren Niederlage einer Theorie; öfter legt sie nur die Schwächen beider Theorien bloß und fordert damit zur Aufstellung einer weiteren Theorie auf.

Das Grundproblem der Erkenntnistheorie ist die Klärung und Untersuchung dieses Vor-

gangs, durch den, wie ich behaupte, unsere Theorien sich entwickeln und verbessern können.

. . .

Die falsche Erkenntnistheorie des Alltagsverstandes

Der Alltagsverstand ist, wie ich sagte, stets unser Ausgangspunkt, aber er bedarf der Kritik. Und, wie man erwarten konnte, zeigt er sich nicht von seiner besten Seite, wenn er über sich selbst nachdenken soll. Die Theorie des Alltagsverstands über das Wissen des Alltagsverstands ist in der Tat ein naives Durcheinander. Doch sie bildet die Grundlage selbst der neuesten philosophischen Erkenntnistheorien.
Die Theorie des Alltagsverstands ist einfach. Wenn jemand etwas noch Unbekanntes über die Welt wissen möchte, muß er nur seine Augen aufmachen, ebenso die Ohren, um insbesondere solche Geräusche zu hören, die andere Menschen machen. Unsere Sinne sind also die *Quellen unserer Erkenntnis,* ihre Eingangspforten in unser Bewußtsein.
Diese Theorie habe ich oft die Kübeltheorie des Geistes genannt. Sie läßt sich am besten durch ein Bild darstellen:

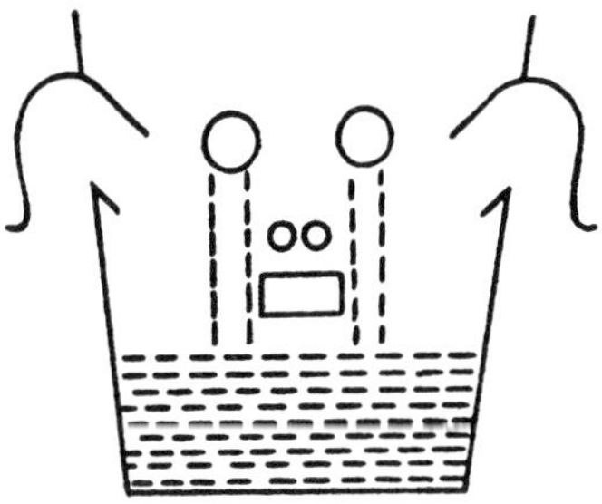

Unser Geist ist ein Kübel, anfangs leer, oder mehr oder weniger leer, und in diesen gelangt Material durch unsere Sinne (oder vielleicht durch einen Schacht zur Füllung von oben), häuft sich an und wird verdaut.
In der Philosophie ist diese Theorie eher unter dem würdigeren Namen der tabula-rasa-Theorie des Geistes bekannt: unser Geist ist eine *leere Schiefertafel,* auf der die Sinne ihre Nachrichten eingraben. Doch der Hauptpunkt der tabula-rasa-Theorie geht über die Kübeltheorie des Alltagsverstandes hinaus: er betont die völlige Leere des Bewußtseins bei der Geburt. Für unsere Diskussion ist das nur eine geringfügige Abweichung zwischen den beiden Theorien, denn es kommt nicht darauf an, ob wir mit ein paar „angeborenen Ideen" in unserem Kübel geboren werden oder nicht — wobei intelligente Kinder vielleicht ein paar mehr, schwachsinnige ein paar weniger haben. Die entscheidende These der Kübeltheorie ist, daß wir so gut wie alles, was wir lernen, durch den Eintritt der Erfahrung in unsere Sinnesöffnungen lernen, so daß *alle Erfahrung aus Informationen bestehen, die wir durch unsere Sinne erhalten haben.*
In dieser Form ist diese grundfalsche Theorie noch sehr lebendig. Sie spielt beispielsweise noch eine Rolle in pädagogischen Theorien oder in der „Informationstheorie", wenn jetzt

auch zugegeben wird, daß der Kübel bei der Geburt nicht leer, sondern mit einem Datenverarbeitungsprogramm ausgestattet ist.
Ich behaupte, daß die Kübeltheorie äußerst naiv und in allen ihren Formen völlig falsch ist, und daß unbewußt Annahmen aus ihr immer noch einen verheerenden Einfluß besonders auf die sogenannten Behaviouristen ausüben, indem sie die immer noch mächtige Theorie des bedingten Reflexes nahelegen, ebenso andere hochangesehene Theorien.

Zu dem vielen Falschen an der Kübeltheorie gehören folgende Punkte:

(1) Das Wissen wird so vorgestellt, als bestünde es aus Dingen oder ding-ähnlichen Gegenständen in unserem Kübel (wie Ideen, Eindrücke, sensa, Sinnesdaten, Elemente, atomare Erfahrungen oder — vielleicht ein wenig besser — molekulare Erfahrungen oder „Gestalten").

(2) Das Wissen ist vor allem *in* uns: es besteht aus Informationen, die uns erreicht haben und die wir aufnehmen konnten.

(3) Es gibt *unmittelbares* oder *direktes* Wissen, das heißt, die reinen, unverfälschten Informationselemente, die in uns gelangt und noch unverdaut sind. Kein Wissen könnte elementarer und sicherer sein als dieses.

Punkt (3) läßt sich folgendermaßen genauer ausführen:

(3a) Jeder Irrtum, jede falsche Erkenntnis kommt gemäß der Theorie des Alltagsverstands durch schlechte geistige Verdauung dieser letzten oder „gegebenen" Informationselemente zustande, durch die sie verfälscht, mißdeutet oder falsch mit anderen Elementen verbunden werden; die Quellen des Irrtums sind unsere subjektiven Zutaten zu den reinen oder gegebenen Informationselementen, die ihrerseits nicht nur fehlerfrei, sondern Maßstab aller Wahrheit sind, so daß es völlig sinnlos wäre, auch nur zu fragen, ob sie vielleicht fehlerhaft sein könnten.

(3b) Wissen, soweit es fehlerfrei ist, ist also wesentlich passiv empfangenes Wissen, während der Irrtum stets von uns aktiv (wenn auch nicht unbedingt absichtlich) erzeugt ist, entweder durch Störung „des Gegebenen" oder durch andere Fehler; das vollkommene Gehirn würde nie irren.

(3c) Erkenntnis, die über die reine Aufnahme der gegebenen Elemente hinausgeht, ist also immer weniger sicher als das gegebene oder elementare Wissen, das der Maßstab der Sicherheit ist. Ist mir das zweifelhaft, so muß ich meine Augen aufmachen, aufmerksam beobachten und alle Vorurteile ausschalten: ich muß meinen Geist von den Quellen des Irrtums reinigen.

(4) Trotzdem gibt es ein praktisches Bedürfnis nach Erkenntnis auf einer etwas höheren Ebene, die über die reinen Daten oder Elemente hinausgeht. Besonders brauchen wir Erkenntnis, die zu Erwartungen führt, indem sie vorhandene Daten mit zukünftigen Elementen verbindet. Diese Erkenntnis höherer Ebene bildet sich durch *Assoziation der Ideen oder Elemente.*

(5) Ideen oder Elemente werden assoziiert, wenn sie zusammen auftreten, und das Wichtigste: *die Assoziation wird durch Wiederholung verstärkt.*

(6) Auf diese Weise bilden wir *Erwartungen* (ist der Gedanke *a* stark mit dem Gedanken *b* assoziiert, so weckt das Vorkommen von *a* eine starke Erwartung hinsichtlich *b*).

(7) Auf die gleiche Weise bildet sich ein *Glaube*. Wahrer Glaube ist Glaube an eine unfehl-

bare Assoziation. Fehlerhafter Glaube ist Glaube an eine Assoziation zwischen Gedanken, die zwar vielleicht ein paarmal in der Vergangenheit zusammen auftraten, aber sich nicht unfehlbar stets zusammen wiederholen.
Ich fasse zusammen: was ich die Erkenntnistheorie des Alltagsverstands nenne, ist dem Empirismus Lockes, Berkeleys und Humes sehr ähnlich und von dem vieler moderner Positivisten und Empiristen nicht weit entfernt.

Kritik der Erkenntnistheorie des Alltagsverstands

An der Erkenntnistheorie des Alltagsverstands ist nahezu alles falsch. Vielleicht der Hauptfehler ist die Annahme, wir seien mit dem beschäftigt, was Dewey die Suche nach Gewißheit nannte.
Diese führt zum Herauslösen von Daten oder Elementen, Sinnesdaten oder Sinneseindrücken oder unmittelbaren Erfahrungen als sicherer Grundlage aller Erkenntnis. Doch das sind sie nicht — sie existieren nicht einmal. Sie sind Erfindungen optimistischer Philosophen, die es fertiggebracht haben, sie den Psychologen aufzuhängen.
Was sind Tatsachen? Als Kinder lernten wir die chaotischen Nachrichten entschlüsseln, die uns aus unserer Umwelt erreichten. Wir lernten, sie zu sortieren, die Mehrzahl von ihnen unbeachtet zu lassen und diejenigen herauszusuchen, die entweder für uns unmittelbar von biologischer Bedeutung sind oder in einer Zukunft, auf die wir durch einen Reifungsvorgang vorbereitet werden.
Das Erlernen der Entschlüsselung der Nachrichten, die auf uns zukommen, ist äußerst kompliziert. Es beruht auf angeborenen Dispositionen. Ich vermute, daß wir angeborenermaßen dazu neigen, Nachrichten auf ein zusammenhängendes und teilweise regelmäßiges oder geordnetes System zu beziehen: die „Wirklichkeit''. Mit anderen Worten, unser subjektives Wissen von der Wirklichkeit besteht aus reifenden angeborenen Dispositionen. (Das halte ich übrigens für eine zu komplizierte Konstruktion, als daß es als starkes unabhängiges Argument für den Realismus verwendet werden könnte.) Wie dem auch sei, wir lernen das Entschlüsseln durch *Versuch und Fehlerbeseitigung;* wir erlangen zwar eine hervorragende Fähigkeit, die entschlüsselte Nachricht als „unmittelbar'' oder „gegeben'' zu empfinden, aber es kommen immer wieder Fehler vor, die gewöhnlich durch besondere Mechanismen von großer Kompliziertheit und beträchtlicher Wirksamkeit korrigiert werden.
Die ganze Geschichte vom „Gegebenen'', von den wahren Daten, denen Gewißheit anhaftet, ist eine falsche Theorie, obwohl sie Teil des Alltagsverstands ist.
Ich gebe zu, daß wir vieles so empfinden, als wäre es uns unmittelbar gegeben, und als wäre es vollkommen gewiß. Das ist unserem hochentwickelten Entschlüsselungsapparat zu verdanken mit seinen vielen eingebauten Kontrollmechanismen, die, um mit Winston Churchill zu sprechen, „Kontrollpeilungen'' vornehmen; dadurch werden sehr viele unserer Entschlüsselungsfehler beseitigt, so daß wir uns in den Fällen, in denen wir unmittelbar wahrnehmen, tatsächlich nur selten irren. Ich bestreite aber, daß diese wohlbearbeiteten Erfahrungen in irgendeinem Sinne mit „gegebenen'' Maßstäben der Verläßlichkeit oder Wahrheit gleichgesetzt werden können. Sie bilden auch faktisch keinen Maßstab der „Unmittelbarkeit'' oder „Gewißheit'', sie zeigen nicht, daß wir uns bei unseren unmittelbaren

Wahrnehmungen nie irren können; wir sind bloß als biologische Systeme unglaublich leistungsfähig. (Ein erfahrener Photograph macht selten schlechte Bilder. Das ist seiner Übung zu verdanken und nicht der Tatsache, daß seine Bilder als „Daten'' oder „Maßstab der Wahrheit'' oder vielleicht als „Maßstab richtigen Photographierens'' zu gelten hätten.)

Wir sind fast alle gute Beobachter. Doch das ist ein Problem für biologische Theorien; es ist keine Grundlage für einen *Dogmatismus* des direkten oder unmittelbaren oder intuitiven Wissens. Und im übrigen machen wir alle gelegentlich Fehler, das dürfen wir nie vergessen.

. . .

Eine kritische Philosophie des Alltagsverstands

Haben wir einmal die Notwendigkeit einer kritischen Philosophie eingesehen, so erhebt sich das Problem des Ausgangspunkts. Wo sollen wir anfangen? Die Frage scheint wichtig, denn es sieht so aus, als könnte ein Fehler am Anfang die ernstesten Konsequenzen haben. Bezüglich des Ausgangspunktes gehen die Ansichten der meisten klassischen und zeitgenössischen Philosophen und die Auffassungen die ich hier als Versuch einer Philosophie des Alltagsverstands vorgeschlagen habe, grundlegend auseinander. Ich möchte versuchen, die Hauptunterschiede in einer Tabelle zusammenzufassen.

Frühere Philosophen	*Meine kritische Auffassung*
(1) Die Wahl unseres Ausgangspunkts ist von entscheidender Wichtigkeit: wir müssen uns davor hüten, gleich am Anfang in einen Fehler zu verfallen.	(1') Die Wahl unseres Ausgangspunkts ist nicht von entscheidender Wichtigkeit, da sie wie alles andere kritisiert und berichtigt werden kann.
(2) Unser Ausgangspunkt sollte nach Möglichkeit wahr und sicher sein.	(2') Es gibt keine Möglichkeit, einen solchen Ausgangspunkt zu finden.
(3) Er läßt sich in der persönlichen Erfahrung des Ich (Subjektivismus) oder in der reinen Beschreibung des Verhaltens (Objektivismus) finden.[1]	(3') Da er sich weder im Subjektivismus noch im Objektivismus finden läßt, ist es vielleicht das beste, mit beiden anzufangen und beide zu kritisieren.
(4) Indem die Philosophen entweder diese Art des Subjektivismus oder diese Art des Objektivismus akzeptieren, akzeptieren sie unkritisch *eine Form der Erkenntnistheorie des Alltagsverstands* — eine Theorie, die man als den schwächsten Punkt des Alltagsverstands ansehen kann.	(4') Es ist angezeigt, beim Alltagsverstand anzufangen, wie unscharf auch seine Vorstellungen sein mögen, aber kritisch gegenüber allem zu sein, was im Namen des Alltagsverstands behauptet wird.

1 Diese Form des Objektivismus wird gewöhnlich „Behaviourismus'' oder „Operationalismus'' genannt; sie wird in der vorliegenden Arbeit nicht genauer diskutiert.

(5) Die von den Subjektivisten angenommene Theorie geht dahin, die sicherste Erkenntnis, die wir haben können, sei die über uns selbst und unsere Beobachtungen und Wahrnehmungen.
(Darin stimmen die Subjektivisten mit den Objektivisten überein.)

(5') Ein wenig kritische Überlegung überzeugt uns davon, daß alle unsere Erkenntnis theoriegetränkt ist und (fast) alle Vermutungscharakter hat.

(6) Es gibt einige harte Tatsachen, auf die die Erkenntnis gegründet werden kann,etwa unsere klaren und deutlichen Empfindungen oder Sinnesdaten: direkte oder unmittelbare Erfahrungen können nicht falsch sein.

(6') Da alle Erkenntnis theoriegetränkt ist, ist sie alle auf Sand gebaut; doch sie kann durch kritisches Tiefer-Graben verbessert werden, nicht dadurch, daß irgendwelche „Daten“ als unproblematisch zugrundegelegt werden.

(7) Das ist ein klares Ergebnis der Erkenntnistheorie des Alltagsverstands.

(7') An diesem Punkt scheitert die Erkenntnistheorie des Alltagsverstands: sie übersieht die Indirektheit und den Vermutungscharakter der Erkenntnis. Selbst unsere Sinnesorgane (nicht zu reden von der Deutung ihrer Meldungen) sind theoriegetränkt und fehlbar, wenn auch bei gesunden Organismen nur gelegentlich.

(8) Doch die Erkenntnistheorie des Alltagsverstands, die immer als eine Form des Realismus anfängt, endet stets im Sumpf entweder des erkenntnistheoretischen Idealismus oder des Operationalismus.

(8') Wir erkennen, daß selbst der Realismus und seine (biologische) Erkenntnistheorie zwei Vermutungen sind; und wir behaupten, daß erstere eine wesentlich bessere Vermutung ist als der Idealismus.

(9) Der Alltagsverstand, der mit dem Realismus angefangen hat und im Subjektivismus geendet hat, widerlegt sich selbst.(Das kann man als Bestandteil von Kants Auffassung ansehen.)

(9') Die Erkenntnistheorie des Alltagsverstands erweist sich als widersprüchlich; doch das trifft nicht die Theorie des Alltagsverstands von der Welt, das heißt, den Realismus.

Der Versuch, die Theorie des Alltagsverstands als Ganzes — Realismus plus Erkenntnistheorie des Alltagsverstands — beizubehalten, ist zum Scheitern verurteilt. Die Methode der Skepsis hinsichtlich des Ausgangspunktes zerlegt die Theorie des Alltagsverstands in mindestens zwei Teile — Realismus und Erkenntnistheorie —, wobei letztere verworfen und durch eine objektive Theorie ersetzt werden kann, die ersteren verwendet.

4. JOSEPH MARIA BOCHEŃSKI

Erkenntnistheoretische Terminologie

Um den Inhalt der zeitgenössischen methodologischen[1] Lehren eindeutig referieren zu können, müssen wir uns einer ihrem Sinne nach genau feststehenden Terminologie bedienen. Aus diesem Grunde ist es notwendig, dem eigentlichen Vortrag einige terminologische Festsetzungen voranzuschicken. Was dabei beabsichtigt wird, sind keine Lehrsätze, sondern Regeln des Gebrauches gewisser Worte und Wendungen; diese Regeln werden öfters auch die Form von Sätzen annehmen, welche an und für sich als Behauptungen über die Dinge verstanden werden könnten: jedoch handelt es sich nur um Erklärungen, wie wir in diesem Buch die betreffenden Worte verstehen.

Unsere Terminologie gehört im Großen und Ganzen zum Gemeingut der Philosophen; jedoch werden gewisse Ausdrücke bei verschiedenen Denkern in verschiedenem Sinne gebraucht. In diesen Fällen war es notwendig, eine einzige Bedeutung zu wählen, und in diesem Sinne ist das, was wir hier vorbringen, konventionell: wir sagen, daß wir den und den Ausdruck so und so verstehen.

ONTOLOGISCHE[2] TERMINOLOGIE. Die Welt besteht aus *Dingen* (Sachen, Substanzen), etwa Bergen, Pflanzen, Menschen usw., die durch verschiedene *Eigenschaften* — z. B. Farben, Formen, Fähigkeiten usw. — bestimmt und durch mannigfaltige *Relationen* miteinander verbunden sind. Der allgemeine philosophische Name für alles, was ist oder sein kann, ist *„Seiendes":* ebensowohl Dinge, wie Eigenschaften und Relationen werden danach „Seiende" genannt. In jedem Seienden kann man zwei Aspekte oder Momente unterscheiden: das, *was* es ist — also sein Wesen, seine Washeit, sein Sosein, seine Essenz —, und das Moment, welches darin besteht, *daß* das Seiende ist — sein Dasein, seine Existenz.

Wenn ein Seiendes so und so beschaffen ist — z. B. wenn ein Ding rot ist, oder eine geometrische Figur eine zweimal größere Fläche hat als eine andere — haben wir es mit einem *Sachverhalt* zu tun: die Sache (hier im allgemeinsten Sinne: also das Seiende) verhält sich, d. h. ist, so und so.

Sachverhalte sind voneinander nicht unabhängig. Vielmehr ist es oft so, daß, *wenn* ein Sachverhalt besteht, *dann* auch ein anderer besteht. Die Welt kann als ein Gefüge von Sachverhalten gedacht werden. Ja, sie ist selbst ein kolossaler, höchst verwickelter Sachverhalt, in welchem alles, was ist oder sein kann, mit allem anderen durch ein unendliches Netz von Beziehungen verbunden ist.

Damit wird natürlich nicht behauptet, daß eine Vermehrung oder Zurückführung der genannten Kategorien nicht möglich sei. Tatsächlich hat man in der Geschichte der Philosophie z. B. behauptet, es gebe keine Dinge, sondern nur Eigenschaften bzw. Relationen; andere Denker haben gelehrt, es gebe nur ein einziges Ding. Es fehlt auch nicht an solchen,

1 Das Buch, dem der Text entnommen ist, handelt von den Methoden des Denkens (*Methodologie:* Lehre von den Methoden).

2 *Ontologie:* Lehre von den allgemeinen Bestimmungen und Bedeutungen des Seins.

die im Gegenteil alles auf die vielen Dinge zurückführen. Man könnte die Liste solcher Lehrmeinungen noch weiterführen.

Vom methodologischen Standpunkt aus sind aber diese Auseinandersetzungen ziemlich belanglos. Es mag sein, daß eine „tiefere'' Analyse eine der genannten Zurückführungen erlaubt. Aber in der Praxis der Wissenschaft gebraucht man ständig alle die genannten Kategorien. Auffallend ist auch, daß wir in Bezug auf diese Kategorien eine weitgehende Übereinstimmung unter den führenden Denkern unseres Kulturkreises finden: Plato, Aristoteles, Plotin, Augustinus, Thomas, Spinoza, Leibniz, Kant, Hegel, Husserl, Whitehead gebrauchen alle eine Sprache, in welcher Namen für unsere Kategorien vorkommen, wie sie auch immer die Welt „an sich'' vorstellen mögen.

PSYCHOLOGISCHE TERMINOLOGIE. Die Methodologie hat es mit dem *Wissen* zu tun. Was nun das Wissen sei, ist eine schwierige und sehr umstrittene Frage. Hier wollen wir nun den Sinn etwas umschreiben, welchen wir dem Wort geben.

(1) Wir fassen das Wissen als etwas *Psychisches,* also als etwas, was in der Seele und nur in ihr zu finden ist; und auch wollen wir hier das Wissen auf das *menschliche* Wissen beschränken. Auch fassen wir es nicht im Sinne eines Aktes, also eines Vorganges, sondern einer *Eigenschaft,* genauer gesagt ist es für uns ein *Zustand.* Wissen ist nämlich das, kraft dessen ein Mensch „Wissender'' genannt wird — genau so, wie die Tapferkeit das ist, weswegen er „tapfer'' genannt wird, und die Stärke das, weswegen man von einem Ochs oder einem Motor sagt, er sei „stark''. Es folgt daraus, daß es in diesem Sinne ein Wissen ‚an sich' — also eines außerhalb der Psyche eines Einzelmenschen — nicht gibt; jedes Wissen ist das Wissen eines individuellen Menschen.

Man spricht freilich in der zeitgenössischen Philosophie ziemlich viel von einem überindividuellen Wissen. Dieser Sprachgebrauch wird aber entweder dadurch bedingt, daß man an den *Gegenstand* des Wissens (in unserem Sinne) denkt, oder aber dadurch, daß man die metaphysische Voraussetzung eines kollektiven Subjektes macht, etwa des hegelschen objektiven Geistes. Für die Methodologie ist aber zweckmäßig das Wissen als psychisches Phänomen von seinem Inhalt terminologisch zu unterscheiden, und die genannte metaphysische (übrigens sehr fragliche) These ist für sie belanglos, da die Methode letzten Endes immer und nur durch einen individuellen Menschen, nicht durch den vermeintlichen objektiven Geist, angewandt werden kann.

(2) Das Wissen hat immer einen *Gegenstand:* das, *was* man weiß. Und zwar ist dieser Gegenstand immer ein *Sachverhalt.* Ein Ding oder eine Eigenschaft bzw. eine Relation kann man, streng genommen, nicht wissen: weiß man etwas, dann weiß man immer, daß das betreffende Ding oder die in Frage stehende Eigenschaft bzw. Relation so und so beschaffen ist, oder einfach ist, also einen Sachverhalt.

(3) Der Gegenstand wird im Wissen gewissermaßen *abgebildet.* Die Dinge, Eigenschaften und Relationen werden in *Begriffen,* die Sachverhalte in *Sätzen* abgebildet. Dem soeben Gesagten entsprechend genügt ein Begriff dem Wissen noch nicht: das Wissen bezieht sich auf Sachverhalte, und diese werden erst durch Sätze abgebildet. Also genügen dem Wissen erst Sätze.

(4) Die genannten Abbilder können entweder subjektiv oder objektiv betrachtet werden. Betrachtet man sie subjektiv, dann handelt es sich um gewisse *psychische Gebilde,* die ei-

nen Teil der menschlichen Psyche ausmachen; objektiv gesehen haben wir es mit ihrem *Inhalt* zu tun, mit dem, *was* die betreffenden Gebilde abbilden. Man könnte nun meinen, daß dieser Inhalt etwas Wirkliches, ein Seiendes, nämlich das gewußte Seiende sei. Aber es ist nicht so. Um dies einzusehen, genügt es, zu bemerken, daß es auch falsche Sätze gibt — und solche Sätze haben offenbar einen Inhalt, sind nicht nur bloß psychische Gebilde, und doch sind sie nicht Abbilder der realen Welt.

Deshalb sind die Ausdrücke „Begriff" und „Satz" zweideutig: man muß unterscheiden den *subjektiven Begriff* und den *subjektiven Satz* — also psychische Gebilde — vom *objektiven Begriff* und *objektiven Satz* — die keine psychischen Gebilde, sondern Inhalte der entsprechenden subjektiven Begriffe bzw. Sätze sind.

(5) Jede Erkenntnis kommt durch einen psychischen Prozeß zustande. Das Wissen ist erst das Ergebnis dieses Prozesses. Dieser Prozeß ist kein Zustand, sondern eine *Tätigkeit* des Subjektes. Wir wollen ihn *„Erkennen"* nennen. Das Erkennen ist danach, genau wie das Wissen, etwas Psychisches, am individuellen Menschen Haftendes. Im Gegensatz zu den objektiven Begriffen und Sätzen gibt es aber kein „objektives Erkennen"; ein solches ist ein Unding.

Das Erkennen im vollen Sinne gipfelt in einem *Urteil,* durch welches ein objektiver Satz behauptet (oder geleugnet) wird. Den entsprechenden „niedrigeren" Erkenntnisprozeß, der zur Bildung des subjektiven Begriffes und zum Begreifen des objektiven Begriffes führt, wollen wir *„Begreifen"* nennen.

Tatsächlich sind im Erkenntnisprozeß beide Akte eng miteinander verbunden; dabei weisen beide eine sehr komplizierte Struktur auf, die uns aber hier nicht weiter interessieren soll. Es sei noch bemerkt, daß manche Denker (so die Scholastiker und Kant) das Wort „Urteil" in dem Sinn gebrauchen, welchen wir dem Wort „Satz" geben. In unserer Terminologie ist aber ein Urteil immer ein Prozeß, während ein Satz ein (objektives oder inhaltliches) Gebilde ist.

(6)Vom Erkennen muß man das *Denken* unterscheiden. Und zwar wollen wir dem Ausdruck „Denken" einen weiteren Umfang geben: wir verstehen darunter eine geistige Bewegung von einem Gegenstand zu einem anderen. Eine solche Bewegung braucht nicht notwendig ein Erkennen zu sein. Man kann z. B. auch so denken, daß man sich in einem Augenblick der Muße an Verschiedenes nacheinander erinnert. Das Erkennen würde danach als ein *erstes Denken* aufzufassen sein, und als ein Denken, welches auf ein Wissen abzielt.

SEMIOTISCHE[3] TERMINOLOGIE. Um unsere Begriffe und Sätze Anderen mitzuteilen und um uns selbst das Denken zu erleichtern, gebrauchen wir *Zeichen,* vornehmlich einer schriftlichen oder mündlichen *Sprache,* die aus Worten oder ähnlichen Symbolen besteht. Dabei sind die zwei folgenden Tatsachen von Belang:

(1) Die Sprache bildet nicht direkt das Seiende ab, sondern die objektiven Begriffe und objektiven Sätze. Wir sprechen nicht das Seiende aus, wie es ist, sondern so, wie wir es denken. Dies ist eine sehr wichtige Feststellung, deren Mißachtung zu schweren Irrtümern führen kann.

(2) Die Sprache bildet auch die objektiven Begriffe und Sätze nicht immer adäquat ab. Vielmehr kommt es vor, daß ein Zeichen der Sprache verschiedene solche objektive Gebil-

3 *Semiotik:* Lehre von den Zeichen.

de abbildet (Vieldeutigkeit), oder umgekehrt, daß mehrere Zeichen dasselbe Gebilde abbilden (Synonymie).

Es besteht eine natürliche — und zwar ganz berechtigte — Tendenz, die Sprache so auszugestalten, daß sie so adäquat wie möglich die objektiven Begriffe und objektiven Sätze abbildet. Das bleibt aber ein Ideal, das nur selten verwirklicht wird. Da nun die Sprache eine überragend große Rolle im menschlichen Erkennen spielt (schon deshalb, weil dieses Erkennen sozial bedingt ist, d. i. durch das, was von anderen Menschen erkannt wurde und vermittelst der Sprache bekannt wird), gehört die Sprachanalyse, die Deutung der Sprache, zu den wichtigsten Stücken der Erkenntnismethode.

Ein Zeichen für einen objektiven Begriff wollen wir *„Namen"* nennen, ein Zeichen für einen objektiven Satz nennen wir *„Aussage"*. Damit erhalten wir die folgende Tabelle, die unsere Terminologie zusammenfaßt:

Gebiet des Realen:	Seiendes	Sachverhalt
Gebiet der Erkenntnisprozesse:	Begreifen	Urteilen
Gebiet der objektiven Gebilde:	objektiver Begriff	objektiver Satz
Gebiet der subjektiven Gebilde:	subjektiver Begriff	subjektiver Satz
Gebiet der Sprache:	Name	Aussage

Dies ist, selbstverständlich, nur eine vorläufige Orientierung, die im Folgenden verschiedenerweise vertieft werden soll.

ERKENNTNISTHEORETISCHE TERMINOLOGIE. Ein objektiver Satz — und deshalb auch ein subjektiver Satz und eine sinnvolle Aussage — ist immer entweder *wahr* oder *falsch*. Wir wollen die Bedeutung dieser Ausdrücke vorläufig in folgender Weise bestimmen: ein Satz ist wahr genau dann, wenn er zutrifft, d. h., wenn der ihm entsprechende Sachverhalt besteht. Er ist falsch genau dann, wenn er nicht zutrifft, d. h., wenn der ihm entsprechende Sachverhalt nicht besteht. Das Wort „Wahrheit" soll also hier soviel bedeuten wie „die Eigenschaft eines Satzes (bzw. einer Aussage), die darin besteht, daß der ihm (ihr) entsprechende Sachverhalt besteht". Analog kann man den Sinn des Wortes „Falschheit" definieren.

Dies ist, selbstverständlich, nur eine der sehr zahlreichen Bedeutungen des Wortes „Wahrheit": denn es hat nicht nur z. B. in kunsttheoretischer Sprache wenigstens ein Dutzend verschiedene Bedeutungen, sondern auch innerhalb der Logik selbst pflegt man es in mehrfachem Sinne zu gebrauchen. Darüber hinaus geben viele Philosophen dem Wort andere, mehr oder weniger legitime (d. h. zweckmäßige) Bedeutungen.

Wir wählen jedoch die oben genannte Bedeutung, weil, erstens, diese in jeder Wissenschaft, wenigstens neben anderen, vorkommt, und zweitens, weil, wie es scheint, alle anderen Definitionen in irgendeiner Weise diese voraussetzen. Sagt man z. B., daß ein Satz wahr ist, welcher der eigentlichen Existenz des Menschen, der ihn annimmt, entspricht, so stellt sich unmittelbar auf einer höheren Stufe die Frage: ist es *wahr*, daß dieser Satz der eigentlichen Existenz usw. entspricht? Und darin kann „wahr'' offenbar nur den obigen Sinn haben. Ja, würde jemand behaupten, jede Wahrheit sei relativ (also dem Wort einen ganz anderen Sinn zuschreiben als wir es tun), dann müßte man doch in *unserem* Sinne fragen: ist das wahr?

Wie dem immer sei: soviel scheint sicher, daß jede Wissenschaft die Aufstellung von wahren Aussagen (im obigen Sinne) anstrebt: sie ist das letzte Ziel des wissenschaftlichen Erkennens. Damit ist natürlich nicht gesagt, daß dieses Ziel immer erreicht wird, ja auch nicht, daß es auf allen Gebieten erreichbar ist; aber die Tendenz dazu bestimmt eindeutig jedes Erkennen — und deshalb ist der von uns hier angenommene Sinn von „Wahrheit'' für die Methodologie grundlegend.

Dieses Ziel kann nun offenbar in zweifacher Weise erreicht werden: (1) dadurch, daß man sich den Sachverhalt (sinnlich oder geistig) ansieht; will man z. B. wissen, ob der Satz „Dieser Tisch hier ist braun'' wahr ist, so genügt es, den Tisch sich anzusehen; ein solches Erkennen wollen wir *direktes Erkennen* nennen; (2) dadurch, daß man nicht den betreffenden Sachverhalt selbst, sondern andere Sachverhalte sich ansieht, und daraus auf den ersten Sachverhalt *schließt*. Diese Art des Erkennens wollen wir *indirektes Erkennen* nennen. Es sei bemerkt, daß jede Deutung von Zeichen ein indirektes Erkennen ist: was wir dabei sehen, sind einerseits materielle Zeichen (etwa kleine Flecken trockener Tinte), anderseits sehen wir (geistig) gewisse allgemeine Zusammenhänge zwischen solchen Zeichen und Sachverhalten. Daraus schließen wir die Bedeutung der Zeichen im konkreten Fall.

Das Phänomen des indirekten Erkennens selbst sieht freilich sehr merkwürdig aus — man versteht zuerst wohl nicht recht, wie ein solches Erkennen möglich sein soll. *Daß* wir aber manches indirekt erkennen — ja, daß, wie es scheint, jedem Erkennen immer ein indirektes Erkennen wenigstens beigemischt ist — steht außer Frage. Das Wesen des indirekten Erkennens stellt auch sehr schwierige erkenntnistheoretische Probleme. Da wir hier aber ausschließlich auf die Methodologie eingestellt sind, wollen wir diese Probleme beiseite lassen und die bloße Tatsache voraussetzen, *daß* es ein solches Erkennen gibt.

5. JOSEPH MARIA BOCHEŃSKI

Die Wahrheit

Was bedeutet es nun, wenn wir sagen, daß ein Satz, ein Urteil wahr ist — oder auch, wenn wir sagen, daß ein Mensch ein wahrer Freund ist? Es ist leicht einzusehen, was man dabei meint: man meint, etwas sei wahr, wenn dieses Etwas *zutrifft*. So sagen wir, Fritz sei ein wahrer Freund, wenn er mit unserem Ideal eines wahren Freundes übereinstimmt, wenn dieses auf ihn zutrifft.

Es ist leicht einzusehen, daß dieses Zutreffen sozusagen in zweifacher Richtung vorkommen kann. Einmal so, daß ein *Ding* einem Gedanken entspricht — so, wenn man sagt: dieses Metall sei wahres Gold, oder: dieser Mensch sei ein wahrer Held. Dann entspricht das Ding dem Gedanken. Diese erste Art des Wahren und der Wahrheit pflegen die Philosophen manchmal „ontologisch'' zu nennen: es handelt sich um die sogenannte ontologische

Wahrheit. In anderen Fällen ist es aber umgekehrt der *Gedanke,* das Urteil, der Satz undsoweiter, die wahr heißen, wenn sie dem Ding entsprechen. Diese zweite Art des Wahren hat ein Kennzeichen, durch welches man sie leicht erkennen kann: wahr sind in diesem zweiten Sinne nur Gedanken, Urteile, Sätze — nicht aber Dinge in der Welt. Diese zweite Art der Wahrheit heißt bei den Philosophen „logische Wahrheit''.

Wir wollen uns hier auf die letztgenannte Art beschränken und die erste, welche besonders schwierige Probleme stellt, nicht berühren.

Was nun die logische Wahrheit ist, kann man an Hand eines Beispieles verstehen. Nehmen wir die Aussage: „Die Sonne leuchtet heute.'' Diese Aussage — also auch der ihr entsprechende Gedanke — ist genau dann wahr, wenn die Sonne heute tatsächlich leuchtet. Man sieht daraus, daß eine Aussage und ein Satz genau dann logisch wahr sind, wenn es so ist, wie sie besagen. Ist es anders als sie sagen, dann sind sie falsch. Das scheint klar und selbstverständlich zu sein. Und doch ist die Sache bei weitem nicht so einfach, wie man zuerst meinen könnte. Es gibt nämlich im Hinblick auf sie zwei große und schwierige Probleme.

Das erste Problem kann in folgender Weise gestellt werden. Ist ein Satz genau dann wahr, wenn es so ist, wie er sagt, dann muß er immer unbedingt wahr oder falsch sein, ganz unabhängig davon, wer ihn aussagt und wann er ausgesagt wird. Anders gesagt, wenn ein Satz wahr ist, so ist er *absolut* wahr, für alle Menschen und alle Zeiten.

Nun erheben sich dagegen verschiedene Bedenken. Diese sind teilweise so gewichtig, daß manche Philosophen und auch manche Nicht-Philosophen zu sagen pflegen, die Wahrheit sei relativ, bedingt, veränderlich undsoweiter. Die Franzosen haben sogar ein Sprichwort, welches sagt: „Wahr diesseits der Pyrenäen, falsch jenseits.'' Und es ist heute fast eine Mode geworden, zu behaupten, die Wahrheit sei relativ. Was sind nun die Gründe für eine solche Auffassung?

Einige dieser Gründe sind oberflächlich und lassen sich leicht widerlegen. So zum Beispiel sagt man, daß der Satz „es regnet heute'' nur relativ wahr sei, weil es in Rom regnet, in München aber nicht; also ist dieser Satz wahr in Rom, aber falsch in München. Oder wie in der indischen Geschichte über die Blinden, deren einer das Bein des Elefanten faßte und sagte, der Elefant sei wie ein Baum, der andere aber den Rüssel faßte und behauptete, er sei wie eine Schlange.

Alles das sind Mißverständnisse. Es genügt, die genannten Sätze voll zu formulieren, klar zu sagen, was gemeint ist, um einzusehen, daß hier von keiner Relativität die Rede sein kann. Wenn jemand sagt, es regnet heute, meint er offenbar, daß es *hier* in München regnet, und zwar an einem bestimmten Tag und zu einer bestimmten Stunde, nicht aber, daß es überall regnet. Sein Satz ist also unbedingt für alle Menschen und Zeiten wahr. Auch die Erfahrung jener Blinden mit dem Elefanten beweist nichts gegen den unbedingten Charakter der Wahrheit. Sie haben sich nur unvorsichtig ausgedrückt; hätte jeder von ihnen gesagt: „Der Elefant ist, sofern es sich um das Glied handelt, welches ich berührt habe, gleich einem Baum'' undsoweiter, so wäre der Satz unbedingt wahr. Die Schwierigkeit stammt hier aus einer unzureichend ausgedrückten Formulierung der Sätze. Sind diese einmal ausdrücklich formuliert, dann zeigt sich, daß sie unbedingt wahr oder unbedingt falsch sind und gar nicht relativ.

Wir kennen aber auch ernstere Bedenken gegen die Unbedingtheit der Wahrheit. Im Gegensatz zur landläufigen Meinung gibt es heute nicht nur eine, sondern mehrere Geometrien: neben jener von Euklid, welche in den Schulen gelehrt wird, bestehen die Geometrien von Rieman, von Lobatschewskij und noch andere. Und zwar ist es so, daß gewisse Sätze, die in einer dieser Geometrien wahr sind, in einer anderen falsch sind. Fragt man also einen heutigen Geometer, ob ein gewisser Satz wahr oder falsch sei, so muß er zuerst fragen: In welchem System? Die geometrischen Sätze sind also in weitem Grad im Hinblick auf das System relativ.

Schlimmer ist noch, daß dasselbe von der Logik gilt. Auch in der Logik gibt es verschiedene Systeme, so daß die Frage, ob ein gewisser logischer Satz wahr ist, ohne Bezug auf ein bestimmtes System gar nicht beantwortet werden kann. Zum Beispiel gilt der bekannte Satz vom ausgeschlossenen Dritten — daß es regnet oder nicht regnet — wohl in der sogenannten klassischen Logik von Whitehead und Russell, aber nicht in der Logik von Professor Heyting. Die Wahrheit der logischen Sätze ist also relativ in dem gesagten Sinne.

Man könnte nun meinen, daß es doch einen Weg geben muß, um zu entscheiden, welches unter allen diesen Systemen richtig ist, ob es stimmt oder nicht. So einfach liegen aber die Dinge nicht. Handelt es sich zum Beispiel um die Geometrie, so sagen die Fachleute, daß die euklidische sich in unserer kleinen Umwelt gut bewährt, daß aber im Weltraum eher eine andere auf die Tatsachen paßt. Es wäre also so, daß ein Satz unter gewissen Umständen wahr, unter anderen aber falsch wäre. Dies ist ein gewichtiges Bedenken.

Nehmen wir nun an, daß es so weit ist, wie diese Kenner es sagen, daß es im Gebiet der Mathematik und der Logik verschiedene Systeme gibt und daß gewisse Sätze in dem einen wahr, in dem anderen falsch sein können. Es entsteht dann unmittelbar die Frage, was veranlaßt uns, das eine und nicht ein anderes unter diesen Systemen zu wählen? Es handelt sich doch nicht um eine reine Willkür. Der Physiker — Einstein zum Beispiel — hat eine bestimmte Geometrie nicht deshalb gewählt, weil das ihm Spaß machte; er hatte dafür ernste Gründe. Welche Gründe? Hier taucht eine Antwort auf, welche von großer philosophischer Bedeutung ist. Diese Antwort sagt, daß der Wissenschaftler und im allgemeinen der Mensch einen Satz oder ein System nicht deshalb als wahr ansieht, weil sie auf die Wirklichkeit zutreffen, sondern deshalb, weil dies ihm *nützlich* ist. So zum Beispiel wählt ein Physiker eine nicht-euklidische Geometrie deshalb, weil er damit leichter, besser, vielleicht überhaupt seine Theorien aufbauen und die Wirklichkeit erklären kann.

Ist es aber so, dann soll man *jene* Sätze als wahr bezeichnen, welche uns nützlich sind. Wahrheit ist Nützlichkeit — so sagt man. Das ist der sogenannte pragmatistische Begriff der Wahrheit, welcher vor allem von William James, dem berühmten und liebenswürdigen amerikanischen Denker, entwickelt wurde und heute viele Anhäger hat.

An dieser Lehre ist nun so viel richtig, daß es ganz sicher Ausschnitte der Wissenschaft gibt, in welchen wir Sätze nur deshalb annehmen, weil sie uns für die weitere Forschung oder für den Aufbau von Theorien nützlich sind. Zwei Sachen sind hier jedoch zu beachten. Zuerst, daß wir in solchen Fällen eigentlich nicht wissen, ob die betreffenden Sätze wahr oder falsch sind; sie sind ja nur nützlich. Und warum sollte man diese Nützlichkeit gerade „Wahrheit" nennen und von der Relativität der Wahrheit sprechen, das ist schwer einzusehen. Zweitens, daß auch, wenn es sich um die Nützlichkeit handelt, wir nicht umhin können, wenigstens einige *wahre* Sätze zu kennen — und ich meine „wahre" im gewöhnlichen Sinn des Wortes. Ein Physiker hat zum Beispiel eine Theorie aufgebaut und meint, sie sei nützlich; wie kann er das begründen? Nur so, daß er sie an den Tatsachen erprobt. Das heißt aber wieder, daß er gewisse Sätze aufstellt, die durch die direkte Beobachtung bestätigt sein sollen. In irgendeinem Laboratorium schreibt dann irgendein Wissenschaftler zum Beispiel den folgenden Satz: „Unter diesen und diesen Umständen stand heute um 10 Uhr 20 Minuten 15 Sekunden der Zeiger des Amperometers auf soundsoviel.'' Nun ist der letztgenannte Satz nur dann wahr, wenn er wirklich *zutrifft,* wenn der Zeiger des Amperometers tatsächlich zu jener Zeit unter den genannten Umständen dort stand und nicht anderswo. Also auch als Pragmatist muß man zugeben, daß es gewisse wahre Sätze gibt im aristotelischen Sinne; die übrigen nenne man aber besser nicht „wahr'', sondern einfach „nützlich''.

Soviel über die erste Frage. Wir wenden uns jetzt der zweiten zu. Sie lautet: Was ist dieses Etwas, mit dem ein Satz übereinstimmen soll, um wahr zu sein? Man könnte meinen, die Lage sei klar: der Satz muß mit der *Sachlage,* mit dem Stand der Dinge, wie sie außer uns sind, übereinstimmen, um wahr zu sein. Aber auch hier gibt es Bedenken.

Nehmen wir zum Beispiel den Satz: „Diese Rose ist rot.'' Wollen wir behaupten, daß er genau dann wahr ist, wenn die Rose wirklich rot ist, dann hören wir, daß es in der äußeren Welt überhaupt keine Röte gibt, denn alle Farben entstehen erst in unseren Sehorganen als Ergebnisse der Wirkungen gewisser Lichtwellen, die auf unsere Augen fallen. Eine äußere Farbe gibt es gar nicht. So lehren unsere Physiologen. Also kann es nicht stimmen, daß unser Satz genau dann wahr ist, wenn er auf die äußere Sachlage zutrifft; denn eine solche gibt es gar nicht. *Worauf* muß also ein Satz zutreffen, um wahr zu sein?

Diese und ähnliche Bedenken haben zahlreiche moderne Denker dazu veranlaßt, eine philosophische Lehre anzuerkennen, die „erkenntnistheoretischer Idealismus'' heißt. Nach ihr gibt es zwar Dinge und unbedingte Wahrheiten, aber alles das ist nicht draußen, sondern in dem einen oder andern Sinne des Wortes *in uns,* in unserem Denken. Natürlich entsteht hier gleich die Frage, wieso wir noch wahre Sätze und wirkliche Dinge von falschen Sätzen und reinen Einbildungen unterscheiden können. Darauf antworten aber die Idealisten, daß der Unterschied auch von ihrem Standpunkte aus vorhanden ist. Alles, was wir erkennen, ist zwar ein Erzeugnis unseres Denkens, ist *in uns;* wir erzeugen einige unter diesen Gegenständen nach *Gesetzen,* andere willkürlich. Das war im wesentlichen die Lehre des großen deutschen Philosophen Immanuel Kant, welchem noch heute einige, obwohl wenig zahlreiche Philosophen folgen.

Um sich diese Lehre etwas zu vergegenwärtigen, wollen wir auf unser Beispiel von der Katze zurückgreifen. Die Katze kommt von links, geht dann hinter meinem Rücken, verschwindet also für eine Weile, dann taucht sie wieder rechts auf und geht weiter. Ich habe in der letzten Meditation gesagt, daß die Sache sich am leichtesten so erklären läßt, daß man eine „äußere'' Katze annimmt, die hinter meinem Rücken weitergeht. Die Idealisten können eine solche Katze nicht anerkennen, denn ein Äußeres gibt es für sie im strengen Sinne des Wortes gar nicht. Sie sagen aber, daß die Katze so weit wirklich ist, daß sie durch mich *nach Gesetzen* gedacht wird. Sie ist deshalb keine Einbildung, sondern Wirklichkeit. Übrigens ist der ganze Raum, in welchem ich mich mit der Katze befinde, mein eigener Körper undsoweiter, auch wirklich, das heißt: nach Gesetzen gedacht.

Es gibt also *zwei* mögliche Deutungen der Wahrheit — die genannte idealistische und die andere, die man *realistisch* nennt. Beide haben ihre großen Schwierigkeiten, und sich für die eine oder die andere zu entscheiden, ist sicher keine leichte Aufgabe. Jene, die meinen, der Idealismus sei einfach Unsinn, möchte ich darauf aufmerksam machen, daß sie ihn gar nicht verstanden haben. Unsinnig wäre, wenn man die Wirklichkeit und die Wahrheit leugnen würde; das tut aber der Idealist gar nicht.

Die meisten heutigen Philosophen sind aber keine Idealisten. Die Entscheidung gegen diese Auffassung der Wahrheit und der Erkenntnis kommt bei ihnen meistens im Laufe einer Überlegung der Frage, was eigentlich die menschliche Erkenntnis ist. Nach dem Idealismus muß man sagen, daß die Erkenntnis *schöpferisch* ist: sie *schafft* ihre Gegenstände. Nun ist es offenbar, daß unser persönlicher, individueller Gedanke nur sehr wenig schaffen kann, höchstens Gedankendinge, Einbildungen, und auch diese bestehen meistens aus Elementen, die nicht neu geschaffen, sondern nur untereinander verbunden sind — so zum Beispiel, wenn ich mir eine Sirene denke: diese besteht nämlich aus einer halben Dame und einem halben Fisch; um die Sirene zu schaffen, muß ich beide irgendwo gesehen haben. Das ist offenbar und sicher.

Deshalb sind die Idealisten gezwungen, ein zweifaches Subjekt, einen zweifachen Gedanken, ein doppeltes Ich anzunehmen: einerseits das sozusagen kleine, persönliche Ich — dieses Ich nennen sie „empirisch" — und ein großes, überpersönliches, *transzendentales* Ich, oder das „Ich überhaupt". Es ist dieses zweite große, transzendentale Ich, welches die Gegenstände schafft; das kleine empirische Ich kann sie nur so nehmen, wie sie durch das große „Ich überhaupt" gegeben sind.

Das alles ist aber, sagen die Gegner, die Realisten, sehr problematisch und kaum glaubwürdig. Was soll dieses transzendentale Ich sein, das eigentlich kein Ich mehr ist, welches sozusagen über mir schwebt? Ein Unding, sagen die Realisten. So etwas gibt es gar nicht und ist auch schwer faßbar. Dazu kommt noch, daß, wenn wir unsere Erkenntnis näher betrachten, offenbar wird, daß wir in ihr Verschiedenes untereinander kombinieren, verbinden, vielleicht hie und da auch etwas schaffen — aber im großen und ganzen besteht sie darin, daß wir einen Gegenstand *erfassen,* der schon in irgendeiner Weise da ist, besteht, und zwar außer der Erkenntnis.

Der Streit zwischen dem Idealismus und dem Realismus ist nun ein Streit über die Auffassung der Erkenntnis: Besteht sie in einem *Schaffen* oder in einem *Erfassen* des Gegenstandes? Entscheidet man sich für die idealistische Lösung, dann hat man mit wahrlich ungeheuren Schwierigkeiten zu kämpfen. Es ist viel besser — so sagen die Realisten —, sich an die erste Meinung zu halten, und dies umso mehr, als sie die Natur der Erkenntnis besser wiederzugeben scheint.

Freilich hat auch die realistische Auffassung ihre großen Schwierigkeiten. Eine habe ich schon genannt — es ist die Schwierigkeit, die aus der wissenschaftlich belegten Tatsache stammt, daß es in der Welt keine Farben zu geben scheint. Es sieht hier so aus, als ob wir, wenigstens in diesem Falle, durch unsere Erkenntnis etwas geschaffen hätten: die Farben. Wir mögen an Hand dieser Schwierigkeit sehen, was die Realisten zu antworten haben.

Sie sagen dazu ein zweifaches. Erstens, sagen sie, darf man die Grenze zwischen dem Erkennenden und der Außenwelt nicht an der menschlichen Haut anlegen. Sie liegt vielmehr dort, wo der Übergang zwischen den physischen und den psychischen Vorgängen zustande kommt. Was der Geist auffaßt, sind die Ereignisse, so wie sie sich im Organismus zeigen. Tragen wir rote Brillen, dann sehen wir die grünen Gegenstände schwarz — jedoch wird niemand behaupten, daß wir diese schwarze Farbe durch unsere Erkenntnis geschaffen haben — im Gegenteil, sie ist ja da als Ergebnis der Wirkung der Brillen. Ähnlich ist es mit den Augen.

Die Realisten sagen zweitens, daß wir in sehr vielen Fällen nicht die Dinge in sich selbst, sondern *auf uns wirkend* erfassen, also erfassen wir dann das Verhältnis zwischen den Dingen und unserem Körper. So zum Beispiel, wenn wir die rechte Hand in heißes, die linke in kaltes Wasser tauchen, dann aber beide in lauwarmes. Wir fühlen dann Kälte in der rechten, Wärme in der linken Hand. Das ist klar — sagen die Realisten. Denn unser Temperatursinn erfaßt den Unterschied zwischen der Temperatur der Haut in einem gegebenen Glied des Körpers und der Außenwelt. Dieser Sinn *erfaßt* aber und schafft gar nicht die Temperatur. Sie ist *gegeben.*

Eine andere, etwas subtilere Schwierigkeit, die öfters seitens der Idealisten hervorgehoben wird, besteht darin, daß dasjenige, was erkannt ist, *in* der Erkenntnis sein muß; also nicht draußen; also können wir von einem Draußen gar nicht sprechen. Darauf antworten aber die Realisten, dies sei ein Mißverständnis und Aberglaube. Man faßt hier die Erkenntnis so, als ob sie eine Schachtel wäre: ein Ding kann nur innerhalb oder außerhalb der Schachtel sein. Nun ist aber die Erkenntnis ganz sicher keine Schachtel. Man kann sie am besten, wie es Edmund Husserl getan hat, einer Lichtquelle vergleichen: fällt ein Lichtstrahl auf ein Ding in der Dunkelheit, so ist dieses Ding im Licht und doch ist es nicht innerhalb der Lichtquelle.

Ich habe mich selbst vor Jahren nach schwerem Ringen für den Realismus entschieden, und je mehr ich darüber nachdenke, desto mehr bin ich überzeugt, diese Auffassung der Wahrheit sei die richtige. Ich weiß, daß nicht jeder dasselbe tun wird; denn die Frage ist schwierig. Ganz unabhängig davon aber, was andere als Lösung annehmen werden, möchte ich vor *einem* Mißverständnis warnen. In diesem Problem muß man sich *ganz* entscheiden. Man muß die *ganze* menschliche Erkenntnis entweder als ein Erfassen oder als ein Schaffen des Gegenstandes verstehen. Jede Kompromißlösung ist falsch. So auch unter anderen jene landläufige, nach welcher wir in der Außenwelt wohl Gestalten und Lichtwellen, aber keine Farben hätten. Man muß entweder sagen, daß es überhaupt keine Außenwelt gibt und daß unser Geist alles schafft, oder im Gegenteil, daß er nichts schafft außer der Kombination von Inhalten und daß alles, was wir erkennen, in irgendeiner Weise außer dem Geist vorhanden sein muß.

6. RODERICK M. CHISHOLM

Grundfragen der Erkenntnistheorie

Die Reflexion über das Wesen unserer Erkenntnis wirft eine Reihe verwirrender Philosophischer Fragen auf. Diese bilden den Gegenstand der Erkenntnistheorie oder Epistemologie. Die meisten dieser Fragen wurden bereits von den alten Griechen behandelt; aber selbst heute herrscht noch wenig Übereinstimmung, wie sie zu lösen sind oder wie man sie los wird.

Die Grundprobleme der Erkenntnistheorie scheinen die folgenden zu sein:

(1) Was ist der Unterschied zwischen Wissen und wahrem Meinen? Wenn ein Mensch glücklich geraten hat („Ich würde sagen, daß es die Karo-Sieben ist''), aber es nicht wirklich weiß, und ein anderer es weiß, aber es nicht sagt, und es auch nicht nötig hat zu raten, so kann man fragen, was es ist (wenn es überhaupt etwas ist), was der letztere hat und der erstere nicht hat? Man könnte natürlich sagen, daß der letztere *Evidenz* hat und der erstere nicht, oder daß dem einen etwas *evident* ist, was dem anderen nicht evident ist. Aber was heißt es, Evidenz zu haben, und wie entscheiden wir in einem bestimmten Fall, ob wir Evidenz haben oder nicht?

Solche Fragen haben ihre Analoga sowohl in der Moralphilosophie wie in der Logik. Was heißt es in bezug auf eine Handlung, *richtig* zu sein, und wie entscheiden wir in einem bestimmten Fall, ob eine Handlung richtig ist oder nicht? Was heißt es in bezug auf einen Schluß, *gültig* zu sein, und wie entscheiden wir in einem bestimmten Fall, ob ein Schluß *gültig* ist oder nicht?

(2) Es scheint, daß unsere Evidenz für einige Dinge darin besteht, daß andere Dinge evident sind. „Meine Evidenz dafür, daß er sein Versprechen halten wird, besteht in der Tatsache, daß er sagte, er würde sein Versprechen halten, besteht in der Tatsache, daß...'' Müssen wir nun von allem, wofür wir eine Evidenz haben, behaupten, daß unsere Evidenz für ein bestimmtes Faktum in der Tatsache besteht, daß wir Evidenz für ein anderes Faktum besitzen?

Wenn wir versuchen, in sokratischer Weise unsere Rechtfertigung für einen bestimmten Wissensanspruch zu formulieren („Meine Rechtfertigung dafür, zu denken, daß ich *A* weiß, besteht in der Tatsache, daß *B*''), und wenn wir in dieser Untersuchung unbarmherzig fortfahren („und meine Rechtfertigung dafür, zu denken, daß ich *B* weiß, besteht in der Tatsache, daß *C*''), dann werden wir früher oder später eine Art von Schlußpunkt erreichen, oder eine Stelle, an der wir halten müssen („aber meine Rechtfertigung dafür, zu denken, daß ich *N* weiß, besteht einfach in der Tatsache, daß *N*''). Ein Beispiel für *N* wäre der Fall, daß ich denke, daß jetzt etwas blau zu sein scheint, oder der Fall, in dem ich mich zu erinnern scheine, bereits hier gewesen zu sein.

Dieser Typus von Schlußpunkt mag in zweierlei und durchaus unterschiedlicher Weise beschrieben werden. Wir könnten einerseits sagen:

„Es gibt einige Dinge (z.B. den Fall, in dem ich mich zu erinnern scheine, bereits hier gewesen zu sein), die mir evident sind, und die derart sind, daß meine Evidenz für sie nicht in der Tatsache besteht, daß es gewisse *andere* Dinge gibt, die mir evident sind.''

Oder wir könnten andererseits sagen:

„Es gibt einige Dinge (z.B. den Fall, in dem ich mich zu erinnern scheine, bereits hier gewesen zu sein), von denen *selbst* nicht gesagt werden kann, daß sie evident seien, die jedoch jenen ähnlich sind, von denen gesagt werden kann, sie seien evident, indem sie nämlich als Evidenz für gewisse andere Dinge fungieren.''

Diese beiden Formulierungen unterscheiden sich — so möchte es scheinen — nur verbal. Benützen wir die erste der beiden, dann können wir sagen, daß einige Dinge *unmittelbar evident* sind.

(3) Jene Fälle, in denen wir gewöhnlich sagen, wir wissen, sind nicht Fälle, von denen wir sagen könnten, daß sie „unmittelbar evident'' wären. Aber indem wir den Wissensan-

spruch irgendeines dieser Fälle rechtfertigen, können wir, in der beschriebenen Weise, auf verschiedene Dinge zurückgeführt werden, die „unmittelbar evident" *sind*. Sollten wir daher behaupten, daß alles, was wir zu irgendeinem gegebenen Zeitpunkt wissen, eine Art von „Struktur" ist, die ihre „Grundlagen" in dem hat, was zu diesem Zeitpunkt unmittelbar evident ist? Wenn wir das behaupten, dann sollten wir auch bereit sein anzugeben, in welcher Weise diese Grundlage dazu in der Lage ist, die übrige Struktur zu stützen. Aber diese Frage ist nicht einfach zu beantworten, denn die Stütze, die die Grundlage gibt, scheint weder deduktiver noch induktiver Natur. Das heißt, es handelt sich nicht um jene Art von Stütze, die die Prämissen eines deduktiven Schlusses ihrer Konklusion verleihen. Denn wenn wir alles, was zu irgendeinem Zeitpunkt unmittelbar evident ist, als unsere Prämisse annehmen und von keiner zusätzlichen Prämisse Gebrauch machen, dann können wir keinen guten deduktiven Schluß und auch keinen guten induktiven Schluß formulieren, in welchem irgend etwas, von dem wir gewöhnlich sagen, wir wüßten es, als Konklusion aufscheint. Es könnte daher sein, daß es zusätzlich zu den „Regeln der Deduktion" und den „Regeln der Induktion" gewisse grundlegende „Regeln der Evidenz" gibt. Der deduktive Logiker versucht, die Regeln des ersten Typus zu formulieren; der induktive Logiker versucht, die Regeln des zweiten Typus zu formulieren, und der Erkenntnistheoretiker versucht das dritte.

4) Man kann zwei verschiedene Fragen stellen. Zuerst: „*Was* wissen wir — was ist die *Reichweite* unseres Wissens?"

Zweitens mag man jedoch auch fragen:„Wie entscheiden wir in irgendeinem besonderen Fall, *ob* wir wissen, das heißt, was sind die *Kriterien* des Wissens, wenn es solche überhaupt gibt?"

Das „Problem des Kriteriums" ergibt sich aus der Tatsache, daß, wenn wir keine Antwort auf das zweite Fragenpaar haben, es wohl auch keinen vernünftigen Weg geben dürfte, eine Antwort auf das erste zu finden. Und wenn wir keine Antwort auf das erste Fragenpaar finden, dann, so möchte es scheinen, dürfte es wohl auch keinen vernünftigen Weg geben, die Antwort auf das zweite zu finden. Man kann das Problem des Kriteriums für verschiedene Gegenstände in jeweils besonderer Weise formulieren, z.B. für unsere Erkenntnis (sofern überhaupt vorhanden) der „Außenwelt", des „Fremdbewußtseins", von „richtig" und „falsch", der „theologischen Wahrheiten". Viele Philosophen untersuchen einige dieser spezifischeren Versionen des Problems des Kriteriums offenkundig ohne zureichenden Grund von einem ganz bestimmten Standpunkt aus, während andere von einem völlig anderen Standpunkt ausgehen.

(5) Unser Wissen (so es ein Wissen ist) von dem, was bisweilen als „Vernunftwahrheiten" bezeichnet wird — die logischen und mathematischen Wahrheiten, und das, was etwa durch Sätze der folgenden Art ausgedrückt wird: „Eine Oberfläche, die gänzlich rot ist, ist nicht auch grün" — liefert uns ein besonders lehrreiches Beispiel zum Problem des Kriteriums. Manche Philosophen meinen, daß jede einleuchtende Erkenntnistheorie der Tatsache gerecht werden müsse, daß einige „Vernunftwahrheiten" zu den Dingen zählen, die wir wissen. Andere Philosophen hingegen formulieren Kriterien des Wissens, die ausschließen, daß die „Vernunftwahrheiten", wie sie in traditioneller Weise verstanden werden, zu den Dingen zählen, die wir wissen. Wiederum andere versuchen das Problem dadurch zu vereinfachen, daß sie behaupten, die sogenannten „Vernunftwahrheiten" würden sich nur

darauf beziehen, wie die Menschen denken, oder darauf, wie sie ihre Sprache gebrauchen. Aber sobald diese Vorschläge präzisiert werden, verlieren sie alle Plausibilität, die sie auf den ersten Blick zu haben scheinen.

(6) Das Problem der „Wahrheit'' scheint zunächst eines der einfachsten Probleme der Erkenntnistheorie zu sein. Wenn wir von jemandem sagen „Er glaubt, daß Sokrates sterblich ist'', und wenn wir hinzufügen „Und mehr noch, sein Glaube ist wahr'', dann ist das, was wir hinzugefügt haben, sicherlich nichts anderes, als daß Sokrates sterblich *ist*. Und „Sokrates ist sterblich'' sagt genauso viel wie: „Es ist wahr,daß Sokrates sterblich ist''. Aber was sagen wir von einem Menschen, wenn wir ausdrücken wollen, daß eine seiner Meinungen wahr ist, ohne Näheres anzugeben, welche Meinung es ist? Welche Eigenschaft würden wir seiner Meinung zuschreiben?

Angenommen wir sagen: „Was er jetzt sagt, ist wahr''; er sagt aber gerade, daß das, was *wir* jetzt sagen, was auch immer es sei, falsch ist. Ist das, was wir in diesem Fall sagen, etwas, das wahr ist, oder sagen wir etwas, das falsch ist?

Schließlich, worin besteht die Beziehung zwischen den Bedingungen der Wahrheit und den Kriterien der Evidenz? Vermutlich haben wir eine gute Evidenz für unseren Glauben, daß es neun Planeten gibt. Diese Evidenz besteht aus verschiedenen anderen Tatsachen, die wir über Astronomie wissen, aber diese Evidenz schließt nicht auch die Tatsache ein, daß es neun Planeten gibt. Es scheint daher logisch möglich, daß ein Mensch für seine Meinung eine gute Evidenz besitzt, und diese Meinung nichtsdestoweniger falsch ist. Heißt das, daß die Tatsache, daß es neun Planeten gibt — wenn es eine Tatsache ist — wirklich etwas ist, das nicht evident sein kann? Sollten wir daher sagen, daß niemand wirklich *wissen* kann, daß es neun Planeten gibt? Oder sollten wir sagen, daß, wenn es auch möglich ist zu wissen, daß es neun Planeten gibt, es doch nicht möglich ist zu wissen, daß wir wissen, daß es neun Planeten gibt? Oder garantiert die Evidenz, die wir für unseren Glauben, daß es neun Planeten gibt, haben, auf irgendeine Weise, daß unser Glaube wahr ist, und dadurch auch, daß es neun Planeten gibt?

Solche Fragen und Probleme also bilden den Gegenstand der Erkenntnistheorie. Eine Reihe von ihnen ist, wie der Leser bereits bemerkt haben wird, nichts anderes als das Ergebnis einer Konfusion; und wenn einmal die Konfusion aufgelöst ist, dann verschwindet auch das Problem. Aber andere dieser Probleme sind . . . etwas schwieriger zu behandeln.

II. ERKENNTNISTHEORIEN DER KLASSISCHEN TRADITION

Einführung

Die ausgewählten Texte dieses Teils sollen solche Theorien repräsentieren, die in dem Sinn „klassisch" heißen können, daß sie von fast allen Seiten als Zeugnisse *grundlegender* und in der Tradition *immer wiederkehrender Standpunkte* anerkannt werden. Als didaktischer Ausgangspunkt wurde hier nicht eine von heutigen jungen Menschen gestellte oder wenigstens unmittelbar nachzuvollziehende Frage, ein aus der persönlichen oder gesellschaftlichen Situation sich ergebendes Problem genommen, sondern die sachliche Notwendigkeit, von einem *Kanon überlieferter Texte* aus die Grundzüge auch *heute möglicher und tatsächlicher Auffassungen* zu zeichnen. Die „klassischen" Theorien besitzen den Vorzug übersichtlicher Struktur; sie kehren auch in den verwickelteren modernen Fassungen wieder. Ohne deren Kenntnis fällt nicht genügend Licht auf gegenwärtige Problemstellungen. Man wird zur Erarbeitung dieses Traditionsstoffes im allgemeinen wohl erst dann schreiten, wenn ein den Schülern näherliegender Einstieg bereits gewonnen worden ist.
Zunächst werden in den Texten alternative Erklärungen der Vorgänge und der Ergebnisse des Erkennens geboten, die sich auszuschließen scheinen; darüber hinaus können einige Auffassungen als Versuche zur Überwindung der gegensätzlichen Positionen verstanden werden. Es empfiehlt sich, mit Texten der ersteren Art zu beginnen.
Unter *mehreren Blickwinkeln* lassen sich in den Texten widerstreitende Grundauffassungen nachzeichnen. Als *erster* Gesichtspunkt bietet sich die *Einschätzung der eigentlichen, „wahren" Wirklichkeit an,* wobei die Position des *„Idealismus"* und des *„Realismus"* von der Antike bis heute sich als Alternative aufdrängen (vielleicht kann von Bocheński in T. 5 ausgegangen werden).
Prototyp des *Idealismus* ist Platon (T.7), der das eine, wahre Sein, das nur vom Geist, nicht von den Sinnen erfaßt werden kann — wie es als erster Parmenides aus Elea (ca. 540—470 v. Chr.) gesehen hat —, mit dem Guten identisch setzte, dieses sich ausdifferenzieren ließ in die wahrhaft seienden Urgestalten, die Ideen, nach denen die wahrnehmbare, sinnenhafte, veränderliche Welt gestaltet ist. „Erkenntnistheoretisch bedeutet dies: Gegenstand wissenschaftlicher Erkenntnis und Kommunikation kann nur das Dauerhafte, mit sich selbst Identische sein, niemals das wandelbar Individuelle. Bei Platon kommt dieses Prinzip zum ersten Male zur Klarheit, und es gilt, recht verstanden, bis auf den heutigen Tag. Nur sprechen wir von Naturgesetzlichkeiten, Abläufen also, die sich wiederholen, wogegen Platon an urbildliche Gestalten denkt, die in einem Kosmos versammelt sind...nur dem Geiste zugänglich, aber ohne jeden Zweifel gegenständlich vorhanden."[1] Daß diese Betrachtungsweise Auswirkungen auf die reale Lebensgestalt zeigt, ergibt sich aus der Parabel des Höhlengleichnisses unmittelbar. Eine solche Theorie vermag im Bereich des Ethischen, Ästhetischen, Mathematischen und Naturgesetzlichen eine Begründung zu liefern, übt damit eine logische und psychologische Funktion aus, muß aber die ontologische Frage nach der Wirklichkeit, dem Rang und der Priorität einer solchen Ideenwelt völlig offen lassen.
Auf die Gefahr des intellektuellen Eskapismus ist ebenso hinzuweisen wie auf die des aktivistischen Totalitarismus, der vom besseren Wissen her die Notwendigkeit ableitet, mit Gewalt alles zum Besseren hin zu verändern. „Aber schon Aristoteles suchte dieses Allgemeine nicht mehr in einer für sich bestehenden Vorbildswelt, sondern im Bereich der Sinnesdinge selbst. Er verstand es als die Wesenheit, auf die hin jedes konkrete Ding angelegt ist und die es zu verwirklichen trachtet, so gut es kann. Die jenseitige Idee verwandelt sich in die 'wahre Natur' in jedem Individuum."[2] Die mit den Sinnen wahrgenommene Realität versteht sich aus sich selbst, wenn man in der Stufenfolge der Einzelwahrnehmung, der gesammelten Wahrnehmungen in der Erfahrung („Empeiria"), der kausalen Frage nach dem Warum bis zur wahren Natur oder Wesenheit fortschreitet (T.8). Zur Erweiterung der *idealistischen* Sichtweise kann hier schon Leibniz herangezogen werden, der die Ideen mit Gott gleich-

1 *Olof Gigon,* Grundprobleme der antiken Philosophie. Sammlung Dalp 66. Bern—München 1959, 251.
2 A. a. O. 252

setzt (wie schon früher Augustinus) und lehrt, daß durch Gott unser Geist alles implizit weiß (T.9); auch findet sich bei Leibniz eine entsprechende Deutung der Lehre Platons, daß alles Erkennen Wiedererinnerung an die Ideenwelt sei, und eine Stellungnahme zu Aristoteles (ebd.). Descartes meint, auf dem Weg über die Ich-Erkenntnis Gott und in diesem alles andere zu erkennen (T.2) und ist darin Leibniz verwandt. Die *realistische* Position erscheint unter einer anderen Fragestellung (s.u.) auch bei Locke (T.11), bei Comte (T.21), im Marxismus (T.17).

Die genannten Texte lassen sich auch unter dem Gesichtswinkel des *Instruments der Erkenntnis* in die Alternative *Rationalismus* und *Empirismus* einteilen, wobei zu beachten ist, daß der neuzeitliche, logisch-naturgesetzliche Rationalismusbegriff für eine Deutung Platons zu eng ist. Platon (T.7), Descartes (T.2), Leibniz (T.9) stehen im Gegensatz zu Sextus (T.1), Locke (T.10), Hume (T.11), zum Marxismus (T.17), während bei Aristoteles (T.8) und bei Kant (T.12 a—c) die Erkenntniskraft nicht einseitig in die Sinneswahrnehmungen oder den Geist (Verstand/Vernunft) verlegt, sondern als vielfältig gegliedert nach Funktion und Reichweite dargestellt werden. Zusätzlich zur jeweiligen Kritik aus der Gegenposition können zur Kritik an einem naiven Empirismus Popper (T.3), Hegel (T.13a), Albert (T.19) und Strolz (T.20) herangezogen werden. Didaktisch ergiebig dürfte die Auseinandersetzung um die *„tabula-rasa-Theorie"* sein (T.8, 10, 11 gegen 2, 3, 9). Einen zusätzlichen Gesichtspunkt könnte das Gegensatzpaar *Erkenntnisoptimismus* und *-pessimismus* beibringen (T.2, 7, 8, 9, 10, 13a-b, 17 gegen 1, 3, in etwa 11, 19, 20). In der Spur Humes, der sich immerhin eine selbstkritische Bescheidung der Aussagekraft empirischer Erkenntnisse auferlegt (T.11), wäre dann auf den *Ansatz Kants* hinzuführen, der die *Einseitigkeiten des naiven Empirismus und des reinen Rationalismus* überwinden will (T.12a-c). Die „Gesamtsituation, der er (Kant) gegenübersteht, ist ... der alte Gegensatz zwischen Rationalismus und Empirismus. Er ist zugleich der Gegensatz zwischen Dogmatismus und Skeptizismus sowie Bejahung und Verneinung der Metaphysik... Und so versucht Kant eine Synthese zwischen Rationalismus und Empirismus. Von ersterem übernimmt er die These, daß Wissenschaft allgemeingültige und notwendige Sätze bieten müsse; von letzterem die These, daß sie die Sinneserfahrung zu befragen habe. Es ist aufschlußreich, Hume und Kant zu vergleichen. Hume überlegt: Erfahrung hat keine Notwendigkeit, der Kausalsatz stammt aus der Erfahrung, also ist er nicht notwendig. Und da es mit den anderen Erfahrungssätzen nicht anders bestellt ist, ist Wissenschaft nur Glaube. Kant überlegt: Erfahrung hat keine Notwendigkeit, der Kausalsatz aber ist notwendig, also stammt er nicht aus der Erfahrung und muß für ihn und analog auch für die anderen Erfahrungssätze nach einem Notwendigkeitsgrund gesucht werden. Und daß er ihn im Geist und seinen Formen findet, war auch zwangsläufig gegeben — für ihn jedenfalls —, nachdem der Weg zu der Objektivität durch den Empirismus versperrt war."[3]

Damit ist das *Apriori*, das gemeinsame Anliegen aller idealistischen und rationalistischen Lehren, in den Empirismus eingebracht; jenes aufzuzeigen, dürfte angesichts des verbreiteten oberflächlichen Positivismus unseres Alltagsbewußtseins ebenso notwendig wie schwierig sein — wie man auch immer des weiteren zu einer metaphysischen Deutung dieses Aprioris im Sinne Platons, Aristoteles und Thomas von Aquins oder Kants stehen mag. „Kant hat versucht, die universell vorausgesetzten und darum nicht frei wählbaren Hinsichten oder Gesichtspunkte der Realitätserfahrung aufzuweisen".[4]

Will man diese nicht auf das Physiologische und Psychologische reduzieren, bleibt ein vorauszusetzendes, wie immer näher zu erklärendes Apriori als Möglichkeitsbedingung des Erkennens, als dessen „transzendentaler" Aspekt. „Es wird zu zeigen sein, daß das Objekt des Erkennens in seiner Strukturbestimmtheit, ja bereits das vermeintliche Unmittelbare, das sinnlich Gegebene, insofern es sukzessiv, als Abfolge von Gegenwärtigkeiten, gegeben ist, Erkennen als Denk- und Verstandeshandlung im Sinne Kants, als intellektuellen Vollzug voraussetzt, der von allen sinnlich perzipierbaren Vorgängen, Ereignisabläufen, Datensukzessionen unterschieden werden muß."[5] Empirismus und Rationalismus sind seitdem in ihrer klassischen Form nicht mehr einzunehmende Positionen, auch wenn Kants Vermittlungsversuch nicht geglückt ist (vgl. dazu Schelers Kritik in T.15, auch Albert in T.19). Anhand

3 *Johannes Hirschberger,* Geschichte der Philosophie, II Neuzeit und Gegenwart. Freiburg—Basel—Wien[4] 1960, 254 ff.

4 *Arend Kulenkampff,* Erkennen, in: Hermann Krings/Hans Michael Baumgartner/Christoph Wild (Hrsg.), Handbuch philosophischer Grundbegriffe. Studienausgabe Bd.2, München 1973, 407.

5 A. a. O. 397.

von Kant ließe sich noch ein anderer Gesichtspunkt zur Scheidung von Theorien finden: Erkennen als *passives Empfangen* und als *aktives Schaffen,* wie Bocheński (T.5) vereinfachend Realismus und Idealismus kennzeichnen wollte (T.8, 10, 15, 17, in gewisser Hinsicht auch 7 und 9, gegen 3, 12a-c, 19, 20).
Wenn der Empirismus und Kants Transzendentalphilosophie verstanden ist, sollte der *Versuch Hegels, über Kant hinauszugelangen,* besprochen werden (13a), um die nunmehr hoffnungslos aufgerissene Kluft zwischen Erscheinung und dem wahren Ding an sich, zwischen dem Subjekt und Objekt zu überwinden (13b); der von Schülern kaum mitzuvollziehende Rückfall in eine idealistische Geist-Metaphysik kann durch Fortführung der Thematik im Teil VI korrigiert werden (T.33-39). Während „der Sinn der Frage nach den Bedingungen der Möglichkeit der Erfahrung'' von der heutigen Kritik „nicht getroffen wird'', da „ nicht die metaphysische, aber die tranzendentale Exposition'' die wissenschaftliche Kritik „überlebt'',[6] dürfte die Gleichsetzung des Wirklichen mit der Vernunft, des Denkens mit dem Sein, des Geistes als Erkenntnismedium und als Erkenntnisgegenstand auch in Hegels dialektischer Weise trotz der Großartigkeit des Entwurfs nicht mehr überzeugen.—
Weitere Texte finden sich im Heft 2 „Einladung zur Philosophie'' des Philosophischen Kollegs: zum Idealismus von Platon (T.52) und von Hegel (T.58), zum Realismus von Thomas von Aquin (T.54), zum Rationalismus von Descartes (T.56), zur Transzendentalphilosophie von Kant (T.58). Zur gesamten Geschichte dieser Lehren gibt es eine Skizze von Stegmüller im Heft 1 „Wissenschaftstheorie'' (T.25).

6 *Carl Friedrich von Weizsäcker,* Die Einheit der Natur. München 1971, 191.

7. PLATON

Das Höhlengleichnis

„Und nun'', fuhr ich[1] fort, „mache dir den Unterschied zwischen Bildung und Unbildung in unserer Natur an dem folgenden Erleben gleichnishaft klar. Stelle dir die Menschen vor in einem unterirdischen, höhlenartigen Raum, der gegen das Licht zu einen weiten Ausgang hat über die ganze Höhlenbreite; in dieser Höhle leben sie von Kindheit, gefesselt an Schenkeln und Nacken, so daß sie dort bleiben müssen und nur gegen vorwärts schauen, den Kopf aber wegen der Fesseln nicht herumdrehen können; aus weiter Ferne leuchtet von oben her hinter ihrem Rücken das Licht eines Feuers, zwischen diesem Licht und den Gefesselten führt ein Weg in der Höhe; ihm entlang stelle dir eine niedrige Wand vor, ähnlich wie bei den Gauklern ein Verschlag vor den Zuschauern errichtet ist, über dem sie ihre Künste zeigen.''
„Ich kann mir das vorstellen'', sagte Glaukon.[2]
„An dieser Wand, so stell' dir noch vor, tragen Menschen mannigfache Geräte vorbei, die über die Mauer hinausragen, dazu auch Statuen aus Holz und Stein von Menschen und anderen Lebewesen, kurz alles mögliche, alles künstlich hergestellt, wobei die Vorbeitragenden teils sprechen, teils schweigen.''

1 D. h. Sokrates, der Lehrer Platons.
2 Bruder Platons.

„Merkwürdig sind Gleichnis und Gefesselte, von denen du sprichst."

„Sie gleichen uns! Denn sie sehen zunächst von sich und den andern nichts außer den Schatten, die von dem Feuer auf die gegenüberliegende Mauer geworfen werden, verstehst du?"

„Natürlich, wenn sie gezwungen sind, ihre Köpfe unbeweglich zu halten ihr Leben lang."

„Dasselbe gilt auch von den vorübergetragenen Geräten, nicht?"

„Gewiß!"

„Wenn sie sich untereinander unterhalten könnten, da würden sie wohl glauben, die wahren Dinge zu benennen, wenn sie von den Schatten sprechen, die sie sehen."

„Notwendigerweise!"

„Wenn nun weiter das Gefängnis ein Echo hätte von der Wand gegenüber, und wenn einer der Vorübergehenden etwas spräche, dann käme — so würden sie glauben — der Ton von nichts anderem als von dem vorübergehenden Schatten, nicht?"

„Ganz so, bei Zeus!"

„Alles in allem: diese Leute würden nichts anderes für wahr halten als die Schatten der Geräte."

„Notwendigerweise!"

„Überlege nun Lösung und Heilung aus Ketten und Unverstand, wie immer das vor sich gehen mag — ob da wohl folgendes eintritt. Wenn etwa einer gelöst und gezwungen würde, sofort aufzustehen und den Kopf umzuwenden, auszuschreiten und zum Licht zu blicken, wenn er bei alledem Schmerz empfände und wegen des Strahlenfunkelns jene Gegenstände nicht anschauen könnte, deren Schatten er vorher gesehen — was, glaubst du, würde er da wohl antworten, wenn man ihm sagte, er habe vorher nur eitlen Tand gesehen, jetzt aber sehe er schon richtiger, da er näher dem Seienden sei und sich zu wirklichen Dingen hingewendet habe; wenn man ihn auf jeden der Vorbeigehenden hinwiese und zur Antwort auf die Frage zwänge, was das denn sei? Würde er da nicht in Verlegenheit sein und glauben, was er vorher erblickt, sei wirklicher als das, was man ihm jetzt zeige?"

„Gewiß!"

„Und wenn man ihn zwänge, ins Licht selbst zu blicken, dann würden ihn seine Augen schmerzen, und fluchtartig würde er sich dem zuwenden, was er anzublicken vermag; dies würde er dann für klarer halten als das zuletzt Gezeigte, nicht?"

„So ist es!"

„Wenn man ihn", fragte ich weiter, „von dort wegzöge, mit Gewalt, den schwierigen und steilen Anstieg hinan und nicht früher losließe, bis man ihn ans Licht der Sonne gebracht hätte, würde er da nicht voll Schmerz und Unwillen sein über die Verschleppung? Und wenn er ans Sonnenlicht käme, da könnte er wohl — die Augen voll des Glanzes — nicht ein einziges der Dinge erkennen, die man ihm nunmehr als wahr hinstellte."

„Nicht sofort wenigstens!"

„Er brauchte Gewöhnung, denke ich, wenn er die Oberwelt betrachten sollte; zuerst würde er am leichtesten die Schatten erkennen, dann die Spiegelbilder der Menschen und der anderen Dinge im Wasser, später sie selbst; hierauf könnte er die Dinge am Himmel und diesen selbst leichter bei Nacht betrachten, aufblickend zum Licht der Sterne und des Mondes — als bei Tag die Sonne und ihr Licht."

„Natürlich!"

„Zuletzt aber könnte er die Sonne, nicht ihr Abbild im Wasser oder auf einem fremden Körper, sondern sie selbst für sich an ihrem Platz anblicken und ihr Wesen erkennen."

„Notwendigerweise!"

„Und dann würde er durch Schlußfolgerungen erkennen, daß sie es ist, die die Jahreszeiten und Jahre schafft und alles in der sichtbaren Welt verwaltet und irgendwie Urheberin ist an allem, was sie gesehen haben."

„Klar, soweit würde er allmählich kommen!"

„Nun weiter! Wenn man ihn dann an seine erste Wohnung, an sein damaliges Wissen und die Mitgefangenen dort erinnerte, würde er sich dann nicht glücklich preisen wegen seines Ortswechsels und die andern bedauern?"

„Gar sehr!"

...

„Und dann überlege noch dies! Wenn ein solcher wieder hinabstiege und sich auf seinen Sitz setzte, hätte er da nicht die Augen voll Dunkelheit, da er soeben aus der Sonne gekommen ist?"

„Und wie!"

„Und wenn er dort wieder im Unterscheiden der Schatten mit jenen immer Gefesselten wetteifern müßte, zur Zeit, da seine Augen noch geblendet sind und sich noch nicht umgestellt haben — und diese Zeit der Gewöhnung wird nicht kurz sein! —, würde er da nicht ausgelacht* werden und bespöttelt, er sei von seinem Aufstieg mit verdorbenen Augen zurückgekehrt; daher sei es nicht wert, den Aufstieg auch nur zu versuchen. Und wenn er sie dann lösen und hinaufführen wollte, würden sie ihn töten, wenn sie ihn in die Hände bekommen und töten könnten!"

„Sicherlich!"

„Dieses Bild*", fuhr ich fort, „mußt du nun, mein lieber Glaukon, als Ganzes mit unseren früheren Darlegungen verbinden. Die Welt des Gesichtssinnes vergleiche mit der Wohnung im Gefängnis, das Feuer in ihr mit der Macht der Sonne. Wenn du dann den Weg hinauf und die Schau der Oberwelt als den Aufstieg der Seele zur Welt des Denkbaren annimmst, dann verfehlst du nicht meine Ansicht, da du sie ja zu hören wünschst. Nur Gott weiß, ob sie auch richtig ist. Das ist nun meine Meinung: in der Welt des Erkennbaren ist die Idee des Guten die höchste und nur mit Mühe erkennbar; wenn man sie aber erkannt hat, dann ergibt sich, daß sie für alles Rechte und Schöne die Ursache ist; sie schafft in der sichtbaren Welt das Licht und seinen Herrn, in der Welt des Denkbaren ist sie selbst die Herrin und hilft uns zu Wahrheit und Einsicht; sie muß jeder schauen, der im eigenen wie im öffentlichen Leben vernünftig handeln will."

„Ich stimme zu, soweit ich es beurteilen kann."

„Wohlan, stimme auch noch im folgenden zu und wundere dich nicht, wenn die Menschen, die einmal diese Höhe erstiegen, sich nicht mehr um die Angelegenheiten der Menschen kümmern wollen; vielmehr drängen ihre Seelen nach oben, um dort immer zu verweilen; denn das ist natürlich, wenn es dem erzählten Gleichnis entsprechen soll."

„Natürlich!"

8. ARISTOTELES

Die Stufen der Erkenntnis

Das Streben nach Wissen ist eine natürliche Veranlagung aller Menschen. Das beweist schon unsere Vorliebe für die *sinnlichen Wahrnehmungen;* denn wir lieben diese, abgesehen von ihrem praktischen Nutzen, um ihrer selbst willen und am meisten von ihnen die Gesichtswahrnehmung. Denn nicht nur, um etwas zu tun, sondern auch ohne jede praktische Absicht ziehen wir das Sehen doch wohl allem andern vor. Die Ursache davon liegt darin, daß dieser Sinn uns am meisten zur Erkenntnis verhilft und uns viele Unterschiede (an den Dingen) klarmacht. Die sinnliche Wahrnehmung nun ist den lebenden Wesen von Natur eigen. Auf Grund derselben bildet sich bei manchen von ihnen ein *Gedächtnis,* bei andern ist das nicht der Fall. Deshalb sind die ersteren verständiger und gelehriger als diejenigen, die keine Erinnerungskraft besitzen. Verständig, aber nicht gelehrig sind solche, die keinen Schall vernehmen können, wie die Bienen, und wenn es etwa sonst noch eine derartige Tiergattung gibt; gelehrig aber sind nur solche, die außer dem Gedächtnis auch noch ein Gehörsorgan besitzen. Die Tiere nun also leben in Vorstellungen und Erinnerungen und erwerben nur geringe Erfahrung; das Menschengeschlecht aber erhält sich durch Kunstfertigkeit und Berechnung. Denn auf Grund der Erinnerung bildet sich bei den Menschen die *Erfahrung;* denn die vielfache Erinnerung an dieselbe Sache erzeugt die Kraft einer einheitlichen Erfahrung. Aus der Erfahrung aber erwächst dem Menschen Wissenschaft und Kunstfertigkeit. Die Erfahrung nämlich erzeugt die *Kunstfertigkeit,* wie Polos[1] ganz richtig sagt, der Mangel an Erfahrung aber liefert das Leben dem Zufall aus. Kunstfertigkeit entsteht aber, wenn aus vielen durch Erfahrung gewonnenen Beobachtungen eine allgemeine Ansicht über gleichartige Erscheinungen sich bildet. Denn die Ansicht, daß dem Kallias und dem Sokrates und so noch vielen andern einzelnen in einer bestimmten Krankheit ein bestimmtes Mittel geholfen hat, ist Sache der Erfahrung; dagegen die Ansicht, daß ein Mittel allen denjenigen Kranken, die unter einer bestimmten Gattung befaßt werden und an einer bestimmten Krankheit leiden, z. B. an Verschleimung oder an einem Gallenübel oder an hitzigem Fieber, helfe, das ist Sache der Kunstfertigkeit.

Im praktischen Leben scheint sich nun die Kunstfertigkeit von der Erfahrung in keiner Weise zu unterscheiden; ja wir erleben es sogar, daß der Mann der Erfahrung das Richtige zuweilen eher trifft als der Theoretiker, wenn dieser keine Erfahrung hat. Der Grund davon liegt darin, daß die Erfahrung die Kenntnis des einzelnen ist, die Kunstfertigkeit sich aber auf das Allgemeine bezieht, während alles Handeln und Wirken auf das einzelne gerichtet ist. Denn nicht den Menschen als solchen macht der Arzt gesund, außer insofern als seine Patienten unter diesen Begriff fallen, sondern den Kallias oder den Sokrates oder wie sie sonst heißen mögen, denen ihrem Wesen nach die Bezeichnung Mensch zukommt. Wenn nun jemand zwar die *Theorie* kennt, aber keine Erfahrung besitzt und die Umstände des einzelnen Falles nicht kennt, so wird er bei der Behandlung oft fehlgreifen; denn zur Behandlung steht der einzelne Fall.

Nichtsdestoweniger sind wir der Meinung, daß Wissen und Verstehen der Kunstfertigkeit in höherem Grade eigen sei als der Erfahrung, und wir halten den Mann der Kunstfertig-

1 *Polos,* ein Schüler des Sophisten Gorgias, der eine Rhetorik schrieb, deren Anfang hier zitiert wird.

keit für sachverständiger als den der Erfahrung in der Überzeugung, daß die Sachverständigkeit immer in höherem Grade mit dem *Wissen* verbunden sei; und zwar deshalb, weil der eine die Ursache kennt, der andere nicht. Denn der Mann der Erfahrung kennt zwar das Daß, aber nicht das Warum; der andere aber kennt das Warum und die Ursache. Deswegen stellen wir auch in jedem Falle den leitenden Künstler höher und setzen bei ihm ein größeres Wissen und größere Sachverständigkeit voraus als bei den Handwerkern, weil er die Ursachen kennt, aus denen die Sache so gemacht wird; er ist also nicht deshalb sachverständiger, weil er ein Mann der Praxis ist, sondern weil er im Besitze der Theorie ist und die Ursachen kennt. Im allgemeinen kennzeichnet den Wissenden die Fähigkeit, sein Wissen zu lehren, und darum schreiben wir der Kunstfertigkeit in höherem Grade den Charakter der *Wissenschaft* zu als der Erfahrung: denn jene besitzt diese Fähigkeit, diese nicht. Auch die sinnliche Wahrnehmung führt nach unserer Meinung nicht zur Sachverständigkeit: denn, so wichtig auch die durch sie gemachten einzelnen Beobachtungen sind, so geben sie uns doch in keinem Falle den Grund an, z. B. warum das Feuer heiß ist, sondern nur, daß es heiß ist.

Es ist natürlich, daß derjenige, der zuerst eine über die allgemeinen Wahrnehmungen hinausgehende Kunstfertigkeit erfand, von den Menschen bewundert wurde, und zwar nicht nur wegen der Nützlichkeit seiner Erfindung, sondern als ein Mann, der etwas versteht und sich vor den übrigen auszeichnet. Als dann aber Kunstfertigkeiten in größerer Zahl erfunden wurden, von denen die einen notwendigen Bedürfnissen, die andern höheren Lebensinteressen dienten, erkannte man natürlich den Erfindern der letzteren größere Klugheit zu als denen jener, weil ihre Wissenschaften nicht dem alltäglichen Bedarf dienten. Deshalb wurden diejenigen Wissenschaften, die nichts mit dem Genuß und den notwendigen Bedürfnissen zu tun haben, erst erfunden, als die diesen dienenden Fertigkeiten schon geläufig waren, und zwar zuerst in solchen Ländern, wo es Leute gab, die Zeit hatten. Darum kamen die mathematischen Wissenschaften zuerst in Ägypten zustande; denn dort gab es einen Priesterstand, der Zeit hatte. Deshalb versteht, wie schon früher ausgeführt wurde, wer Erfahrung besitzt, offenbar mehr als wer nur eine beliebige sinnliche Wahrnehmung macht, der Kunstverständige mehr als der Mann der bloßen Erfahrung, der leitende Künstler mehr als der Handwerker und die *theoretischen Wissenschaften* mehr als die technischen Fertigkeiten. Und so ist es denn klar, daß die *Philosophie* die Wissenschaft ist, deren Gegenstand gewisse Ursachen und Prinzipien bilden.

Da wir nun diese Wissenschaften suchen, so ist weiter zu überlegen, welcher Art die Ursachen und Prinzipien sind, deren wissenschaftliche Erkenntnis den *Inhalt der Philosophie* ausmacht. Dies dürfte vielleicht deutlicher werden, wenn man sich die Vorstellungen vergegenwärtigt, die wir von dem Philosophen haben. Wir nehmen also fürs erste an, der Philosoph wisse alles, soweit dies möglich ist, ohne sämtliche Einzelheiten zu kennen. Ferner halten wir denjenigen für einen Philosophen, der imstande ist, das Schwierige und für den Menschen nicht leicht Erkennbare zu erkennen (denn die bloße sinnliche Wahrnehmung ist eine allgemeine Fähigkeit, daher leicht und hat nichts mit Philosophie zu tun). Ferner schreiben wir in jeder Wissenschaft demjenigen eine größere philosophische Fähigkeit zu, der sich als schärferen Denker und besseren Lehrer erweist. Weiter behaupten wir, daß unter den Wissenschaften diejenige philosophischer ist, die man um ihrer selbst und um der Erkenntnis an sich willen, als diejenige, die man wegen ihrer praktisch verwertbaren Ergebnisse erstrebt, und ebenso diejenige, der eine leitende Stellung zukommt in Vergleich mit einer, die nur eine dienende Rolle spielt. Denn der Philosoph soll sich nicht Vorschriften geben lassen, sondern selbst solche erteilen, und er soll sich nicht einem andern unterordnen, sondern der weniger Einsichtige ihm.

Solcher Art und so viele sind die Vorstellungen, die wir von der Philosophie und den Philosophen haben. Von diesen ist die erste, das alles umfassende Wissen, unerläßlich für den, der die *Wissenschaft vom Allgemeinen* im höchsten Sinne besitzt; denn er weiß gewissermaßen alles, was darunter fällt. Ferner ist das Allgemeinste wohl auch für die Menschen am schwierigsten zu erkennen; denn es liegt am weitesten ab von der sinnlichen Wahrnehmung. Die größte Schärfe des Denkens aber erfordern die Wissenschaften, die es am meisten mit den Prinzipien zu tun haben; denn schärferes Denken braucht man zu den abstrakteren Wissenschaften als zu denen, die mehr konkret sind, wie z. B. zur Arithmetik im Verhältnis zur Geometrie.[2] Aber auch zum Lehren befähigt die Theorie von den Ursachen mehr; denn Aufgabe der Lehrer ist es, für alles einzelne die Ursachen anzugeben. Das Wissen und Verstehen um seiner selbst willen findet aber im höchsten Grade bei derjenigen Wissenschaft statt, die es mit der *höchsten Erkenntnis* zu tun hat. Denn wer das Wissen um seiner selbst willen erstrebt, wird nach der Wissenschaft streben, die dies im höchsten Sinne ist; dies ist aber diejenige, die es mit der höchsten Erkenntnis zu tun hat; Gegenstand der höchsten Erkenntnis aber sind *die ersten Ursachen;* denn vermöge dieser und aus diesen erkennt man das Übrige, nicht (umgkehrt) diese aus dem, was durch sie bedingt ist. Die Königin unter den Wissenschaften aber, der mehr eine leitende Stellung zukommt als den dienenden, ist diejenige, die erkennt, um welches Zweckes willen alles einzelne zu tun ist. Dieser *Zweck* ist in allem Einzelnen *das Gute,* in der Natur als Gesamtheit aber das schlechthin Beste.

Nach allem, was hier ausgeführt wurde, kommt die Bezeichnung Philosophie, deren Wesen wir zu ermitteln suchten, der gleichen Wissenschaft zu; denn sie muß die *Theorie der ersten Prinzipien* und Ursachen sein; denn auch das Gute und die Zweckmäßigkeit gehörten zu diesen Prinzipien. Daß sie aber (theoretisch und) nicht produktiv ist, zeigt auch ein Blick auf die ersten Anfänge der Philosophie. Denn das Sichverwundern ist es, was die Menschen am Anfang, wie auch jetzt noch, zum Philosophieren veranlaßt hat. Zuerst bezog sich dies Sichverwundern auf das Nächstliegende unter den unerklärlichen Erscheinungen, dann, als man etwas weiter fortgeschritten war, nahm man auch schwierigere Fragen in Angriff, wie die Mondphasen, die Bewegung der Sonne und der Sterne und die Entstehung des Weltalls. Wer sich aber etwas nicht erklären kann und sich verwundert, der glaubt es nicht zu verstehen: insofern ist auch der Freund der Mythen ein Philosoph; denn der Mythus besteht aus wunderbaren Vorgängen. Wenn man also zu philosophieren begann, um der Unwissenheit zu entgehen, so ist es klar, daß man das Wissen um des Wissens willen erstrebte und nicht wegen irgendwelcher praktischer Verwertung. Dies beweist auch die geschichtliche Entwicklung: denn erst als alles vorhanden war, was zur Erleichterung und Verbesserung des Lebens sich notwendig erwies, begann man eine solche Erkenntnis zu suchen. Es ist also klar, daß wir sie nicht aus irgendeinem sonstigen Bedürfnis[3] suchen;

2 Die Zahl ist abstrakter als die geometrische Figur, die anschaulicher ist.

3 Das Bedürfnis, die Not, reicht also nicht aus, um die Entstehung der Philosophie zu erklären. Damit wird Demokrits Erklärung der Kulturentwicklung bekämpft.

sondern, wie wir sagen, daß nur der Mensch frei ist, der um seiner selbst willen da ist und nicht um eines andern willen, so ist auch diese Wissenschaft allein frei: denn sie allein trägt ihren Zweck in sich selbst.
Man könnte daher mit einem gewissen Recht denken, es übersteige die Kraft des Menschen, sich diese Wissenschaft anzueignen; denn gewiß ist die menschliche Natur in vielfacher Hinsicht beschränkt, und so könnte also Simonides recht haben mit seinem Wort: „nur ein Gott hat dieses Vorrecht[4]", und der Mensch dürfte nur nach der seinem Wesen angemessenen Wissenschaft trachten. Sollten also die Dichter recht haben mit ihrer Behauptung, die Mißgunst liege im Wesen der Gottheit, so träfe dies natürlich am meisten auf diesen Fall zu, und alle höherstehenden Menschen müßten dann unglücklich sein. Nun ist es aber unmöglich, daß die Gottheit mißgünstig ist, und es geht hier nach dem Sprichwort: „gar viel fabulieren die Dichter"; und so dürfen wir denn gerade diese Wissenschaft für die allerwertvollste halten. Denn die göttlichste ist auch die wertvollste; und zwar dürfte sie dies in doppelter Hinsicht sein: denn göttlich ist unter den Wissenschaften einmal diejenige, die Gott im höchsten Sinn besitzt, und dann diejenige, welche das Göttliche zum Gegenstand hat. Auf diese Wissenschaft allein trifft aber dies beides zu: denn nach allgemeiner Annahme gehört *Gott* zu jenen Ursachen und ist ein Prinzip, und Gott ist es, der ein solches Wissen allein oder doch im höchsten Sinn besitzt. Es mögen also alle andern Wissenschaften notwendiger sein als diese, eine höhere gibt es nicht ... Damit wäre nun gesagt, was das Wesen der von uns gesuchten Wissenschaft ist und welches das Ziel ist, das sich die Forschung und die ganze Untersuchung stecken muß.
Offenbar müssen wir also die Wissenschaft von den ersten Ursachen gewinnen; denn erst dann können wir sagen, daß wir etwas verstehen, wenn wir die erste Ursache zu kennen glauben.

9. GOTTFRIED WILHELM LEIBNIZ

Ideen und Begriffe aus innerer Erfahrung

Nur dann also, wenn unsere Erkenntnis bei den verworrenen Begriffen *klar* und bei den deutlichen Begriffen *intuitiv ist,* schauen wir die gesamte Idee.
26. Um Recht zu begreifen, was eine Idee ist, muß man einer Zweideutigkeit vorbeugen; denn manche halten die Idee für die Form oder das Unterscheidende unserer Gedanken, und demnach haben wir in unserem Geiste die Idee nur, sofern wir an sie denken, und allemal, wenn wir von neuem an sie denken, haben wir von demselben Dinge andere, obwohl den vorgängigen ähnliche Ideen. Es scheint aber, daß andere die Idee für einen unmittelbaren Gegenstand des Denkens oder für irgendeine bleibende Form halten, die selbst dann bleibt, wenn wir sie nicht betrachten. Und in der Tat birgt unsere Seele stets die Eigenschaft, sich eine beliebige Natur bzw. Wesensform vorzustellen, sobald sich die Gelegen-

4 Simonides von Keos (556—468 v. Chr.), Chorlyriker, in seinem berühmten, in Platons Protagoras besprochenen Lied, das die Frage aufwarf, ob der Mensch wahrhaft gut werden könne.

heit bietet, daran zu denken. Ich glaube, daß diese Eigenschaft unserer Seele, sofern sie eine Natur, Form bzw. Wesenheit ausdrückt, in der Tat die Idee des Dinges ist, die in uns ist und allzeit in uns ist, mögen wir nun an sie denken oder nicht. Unsere Seele drückt nämlich Gott und das Universum und alle Wesenheiten ebensogut aus wie alles Existierende. Das stimmt mit meinen Grundsätzen überein, denn auf natürliche Weise tritt nichts von außen her in unseren Geist, und es ist eine üble Gewohnheit, zu denken, unsere Seele empfinge irgendwelche Kunde bringende Bilder und hätte Türen und Fenster. Wir haben alle diese Formen, und das sogar jederzeit, im Geiste, weil der Geist stets alle seine zukünftigen Gedanken ausdrückt und bereits in verworrener Weise an alles denkt, was er jemals deutlich denken wird. Nichts kann uns gelehrt werden, dessen Idee wir nicht schon im Geiste hätten, die gleichsam die Materie ist, woraus sich dieser Gedanke bildet. Plato hat das ausgezeichnet bedacht, als er seine Lehre von der *Wiedererinnerung* vorbrachte, die sehr gut begründet ist, vorausgesetzt, daß man sie richtig versteht, daß man sie vom Irrtum der Präexistenz reinigt und sich nicht einbildet, die Seele müsse schon andere Male deutlich gewußt und gedacht haben, was sie jetzt erfährt und denkt. Er hat seine Meinung auch durch eine schöne Erfahrung bestätigt, indem er einen kleinen Diener einführt, den er unmerklich zu sehr schwierigen geometrischen Wahrheiten, welche die inkommensurablen Größen betreffen, hinleitet, ohne ihn irgendetwas zu lehren, nur indem er in geordneter und geeigneter Weise Fragen stellt. Das zeigt, daß unsere Seele das alles virtuell weiß, und sie zur Erkenntnis der Wahrheiten nur der *Aufmerksamkeit* bedarf und daß sie infolgedessen zumindest diejenigen Ideen hat, von denen diese Wahrheiten abhängen. Man kann sogar sagen, daß sie schon diese Wahrheiten besitzt, wenn man sie für die Beziehungen der Ideen untereinander hält.

27. Aristoteles hat unsere Seele lieber mit noch leeren Täfelchen verglichen, auf denen Platz zum Schreiben ist, und er behauptet, nichts sei in unserem Verstande, was nicht von den Sinnen komme. Dies stimmt mehr überein mit den populären Begriffen, wie das ja die Art des Aristoteles ist, während Plato mehr in die Tiefe geht. Indessen mögen diese Arten theoretischer und praktischer Redeweise im gewöhnlichen Sprachgebrauche hingehen, etwa so, wie wir sehen, daß die Anhänger der Kopernikus nicht aufhören, davon zu reden, daß die Sonne auf- und untergeht. Ich finde sogar oft, daß man ihnen einen guten Sinn geben kann, nach welchem sie gar nichts Falsches enthalten, so wie ich schon angemerkt habe, in welchem Sinne man wahrhaftig sagen kann, daß die Einzelsubstanzen aufeinander wirken, und in dem gleichen Sinne kann man auch sagen, daß wir mit Hilfe der Sinne von außen Erkenntnisse empfangen, weil einige äußere Dinge in besonderem Maße die Gründe enthalten oder ausdrücken, die unsere Seele zu bestimmten Gedanken bewegen. Wenn es sich aber um die Exaktheit metaphysischer Wahrheiten handelt, dann ist es wichtig, die Weite und Unabhängigkeit unserer Seele zu erkennen, die unendlich viel weiter reicht, als der gewöhnliche Mensch denkt, wenngleich man in der Sprache des täglichen Lebens ihr nur das zuordnet, dessen man sich offensichtlich bewußt ist und das uns in besonderer Weise zugehört; denn es hat keinen Zweck, weiter zu gehen. Indessen wäre es gut, zur Vermeidung von Zweideutigkeiten für beide Bedeutungen je eigene Ausdrücke zu wählen. So könnte man die Ausdrücke, die in unserer Seele sind — mag man sie nun bewußt erfassen oder nicht — *Ideen* nennen, hingegen kann man diejenigen, die man erfaßt oder bildet, *Begriffe* nennen. Wie man es aber auch nehmen mag: immer ist es falsch zu sagen, daß alle

unsere Begriffe von den sogenannten äußeren Sinnen kommen; denn die Begriffe, die ich von mir selbst und von meinen Gedanken und folglich vom Sein, von der Substanz, der Tätigkeit, der Identität und von manchem anderen habe, stammen aus einer inneren Erfahrung.

23. Nun gibt es im strengen Sinne der metaphysischen Wahrheit keine äußere, auf uns einwirkende Ursache, Gott allein ausgenommen; und er allein teilt sich uns unmittelbar mit, kraft unserer unaufhörlichen Abhängikeit von ihm. Daraus folgt, daß es keinen anderen äußeren Gegenstand gibt, der unsere Seele berührt und unmittelbar unsere Perzeption erregt. Auch haben wir in unserer Seele die Ideen aller Dinge nur kraft der immerwährenden Einwirkung Gottes auf uns, d. h., weil jede Wirkung ihre Ursache ausdrückt, und weil so die Wesenheit unserer Seele ein bestimmter Ausdruck, oder eine Nachahmung, oder ein Abbild der göttlichen Wesenheit, des göttlichen Denkens und Willens und aller darin begriffenen Ideen ist. Man kann also sagen, daß allein Gott das unmittelbare Objekt außer uns ist, und daß wir alle Dinge durch ihn sehen. Wenn wir z. B. die Sonne und die Sterne sehen, so ist es Gott, der uns ihre Ideen gegeben hat und sie in uns bewahrt, der uns durch seine gewöhnliche Mitwirkung dazu bestimmt, wirklich an sie zu denken, wenn unsere Sinne, den von ihm aufgestellten Gesetzen gemäß, in bestimmter Weise dazu disponiert sind. Gott ist die Sonne und das Licht der Seelen, *lumen illuminans omnem hominem venientem in hunc mundum,*[1] und dieser Ansicht ist man nicht erst seit heute.

10. JOHN LOCKE

Ideen aus Sinneswahrnehmung oder Selbstbeobachtung

Ich warne dabei den Leser, nicht unbestreitbare zwingende Beweise zu erwarten, es sei denn, daß er mir das nicht selten von anderen beanspruchte Privilegium einräume, meine Prinzipien als zugegeben betrachten zu dürfen; dann bezweilfle ich nicht, daß auch ich beweisen kann. Alles, was ich für die Prinzipien sagen werde, von denen ich ausgehe, ist, daß ich mich wegen ihrer Wahrheit oder Unwahrheit nur auf die eigene vorurteilsfreie Erfahrung und Beobachtung der Menschen berufen kann, und das genügt für jemand, der nicht mehr zu tun verspricht, als seine eigenen Vermutungen über ein ziemlich dunkles Thema offen und frei vorzutragen, ohne ein anderes Ziel als das einer unbefangenen Erforschung der Wahrheit.

Zweites Buch.
Erstes Kapitel
Über die Ideen im allgemeinen und ihren Ursprung.

§ 1. Die Idee ist das Objekt des Denkens. — Da jedermann sich bewußt ist, daß er denkt, und da das, womit sein Geist während des Denkens beschäftigt ist, die vorhandenen Ideen

1) (lat.): ein Licht, das jeden Menschen erleuchtet, der in diese Welt kommt (Joh. 1, 9).

sind, so ist es zweifellos, daß in dem Bewußtsein mancherlei Ideen enthalten sind, wie z. B. die mit den Wörtern: Weiße, Härte, Süßigkeit, Denken, Bewegung, Mensch, Elefant, Armee, Trunkenheit u. a. m. bezeichneten. An erster Stelle bedarf es also der Untersuchung, wie man zu ihnen gelangt. Bekanntlich geht eine herrschende Lehre dahin, daß die Menschen angeborene Ideen haben, daß ihrem Geiste beim ersten Anfang ihres Daseins ursprüngliche Schriftzüge aufgeprägt seien. Diese Ansicht habe ich schon ausführlich geprüft und ich hoffe, was ich in dem vorigen Buche gesagt habe, wird viel leichter Aufnahme finden, wenn ich gezeigt haben werde, woher der Verstand alle seine Ideen gewinnen kann, und auf welchen Wegen und Stufen sie in das Bewußtsein gelangen mögen, wobei ich mich auf jedermanns eigene Beobachtung und Erfahrung berufen werde.

§ 2. Alle Ideen entspringen aus Sinneswahrnehmung oder Selbstbeobachtung. — Laßt uns also annehmen, das Bewußtsein sei, sozusagen, ein weißes Blatt Papier, frei von irgendwelchen Schriftzügen, ohne alle Ideen; wie wird es damit versehen? Woher empfängt es jene gewaltige Menge, womit die geschäftige und schrankenlose Phantasie des Menschen es in fast endloser Mannigfaltigkeit beschrieben hat? Woher hat es allen Stoff für das Denken und Erkennen erhalten? Darauf antworte ich mit einem Worte: aus der Erfahrung; in dieser ist unser ganzes Wissen begründet, und aus dieser leitet es schließlich sich selbst ab. Unsere Betrachtung, die entweder auf äußere sinnlich wahrnehmbare Objekte gerichtet ist, oder auf die innere Tätigkeit unseres Geistes, die von uns selbst wahrgenommen und zum Gegenstande der Betrachtung gemacht wird, versieht unseren Verstand mit allem Material für das Denken. Diese beiden sind die Quellen der Erkenntnis, aus welchem alle Ideen entspringen, die wir haben, oder natürlicherweise haben können.

§ 3. Die Gegenstände der Sinneswahrnehmung sind eine Quelle der Ideen. — Erstens bringen unsere Sinne, indem sie mit fühlbaren Gegenständen von besonderer Beschaffenheit in Berührung treten, eine Mehrzahl unterschiedener Wahrnehmungen von Dingen in das Bewußtsein gemäß der mannigfachen Art und Weise, wie jene Gegenstände auf sie einwirken, und so kommen wir zu den Ideen, die wir von gelb, weiß, warm, kalt, weich, hart, bitter, süß und alledem haben, was wir sinnlich wahrnehmbare Eigenschaften nennen, von denen ich sage, die Sinne bringen sie uns ins Bewußtsein, indem ich meine, sie bringen von äußeren Gegenständen das ins Bewußtsein, was hier solche Wahrnehmungen hervorruft. Weil diese große Quelle der meisten unserer Ideen ganz von unsern Sinnen abhängt, und durch sie dem Verstande zufließt, nenne ich sie Sinneswahrnehmung.

§ 4. Die Tätigkeiten unseres Geistes sind die andere Quelle derselben. — Zweitens ist die andere Quelle, aus welcher die Erfahrung den Verstand mit Ideen versieht, die Wahrnehmung der Tätigkeiten unseres eigenen Geistes in uns bei jeder Beschäftigung mit den Ideen, die er erhalten hat; aus denen der Verstand, wenn die Seele dazu kommt sie zu betrachten und zu erwägen, mit einer anderen Reihe von Ideen versehen wird, die sich aus äußeren Dingen nicht hätten gewinnen lassen; als da sind: wahrnehmen, denken, zweifeln, glauben, folgern, wissen, wollen und alle die verschiedenen Tätigkeiten unseres Geistes, von welchen wir, indem wir uns ihrer bewußt sind und sie in uns beobachten, ebenso deutliche Ideen für unseren Verstand gewinnen, wie von den Körpern , die auf unsere Sinne einwirken. Diese Quelle von Ideen liegt für jedermann ganz in seinem eigenen Innern, und obgleich sie nicht sinnlich ist, insofern sie mit äußeren Gegenständen nichts zu tun hat, ist sie jedoch etwas sehr ähnliches und könnte ganz passend der innere Sinn genannt werden.

Während ich die andere Sinneswahrnehmung nenne, bezeichne ich jedoch diese als Selbstbeobachtung, weil die von ihr gelieferten Ideen nur aus solchen bestehen, die der Geist dadurch gewinnt, daß er seine eigenen Tätigkeiten in seinem Innern in Betracht zieht. Ich wünsche demnach, daß man in dem nächsten Abschnitt dieser Abhandlung unter Selbstbeobachtung die Kenntnisnahme von seinen eigenen Tätigkeiten und deren Art und Weise verstehe, worin der Grund dafür liegt, daß der Verstand Ideen dieser Tätigkeiten erhält. Diese beiden, sage ich, nämlich äußere materielle Dinge, als Objekte der Sinneswahrnehmung, und unsere eigenen Geistestätigkeiten, als Objekte der Selbstbeobachtung, sind für mich die einzigen Ursprungstellen, woher alle unsere Ideen ihren Anfang nehmen.
Den Ausdruck „Tätigkeiten" brauche ich hier in einem weiten Sinne, so daß er nicht bloß die Einwirkungen bezeichnet, die der Geist auf seine Ideen ausübt, sondern auch eine gewisse Art von Einwirkungen, die er zuweilen von ihnen erleidet, wie z. B. die aus einem Gedanken entspringende Zufriedenheit oder Unruhe.
§ 5. Alle unsere Ideen sind aus der einen oder der anderen dieser Quellen entsprungen.— Der Verstand scheint mir nicht den geringsten Schimmer irgenwelcher Ideen zu haben, die er nicht aus einer von diesen beiden Quellen empfängt. Äußere Gegenstände versehen den Geist mit den Ideen sinnlicher Eigenschaften, die aus allen den verschiedenen Wahrnehmungen bestehen, die sie in uns hervorbringen, und der Geist versieht den Verstand mit den Ideen seiner eigenen Tätigkeiten.
Wenn wir uns eine vollständige Übersicht von diesen, ihren verschiedenen Modalitäten, Verbindungen und Beziehungen erworben haben werden, dann werden wir finden, daß darunter unser ganzer Vorrat von Ideen begriffen ist, und daß sich in unserem Bewußtsein nichts befindet, was nicht auf einem von diesen beiden Wegen hineingelangt ist. Man möge nur seine Gedanken prüfen und seinen Verstand gründlich untersuchen und mir dann sagen, ob unter allen ursprünglichen Ideen die man dort findet, irgend welche sich, die nicht entweder die Objekte unserer Sinne, oder unsere zu Objekten der Selbstbeobachtung gemachten Geistestätigkeiten beträfen; und wie groß auch die Masse von Kenntnissen sein möge, die jemand dort untergebracht glaubt, nach genauer Durchmusterung wird er gewahr werden, daß er in seinem Bewußtsein auch nicht eine einzige Idee hat, die nicht durch eine von jenen beiden Klassen von Objekten ihm eingeprägt wäre, obwohl vielleicht, wie wir später sehen werden, durch den Verstand mit unendlicher Mannigfaltigkeit zusammengesetzt und erweitert.

11. DAVID HUME

Erfahrung statt Vernunft

Alle Gegenstände der menschlichen Vernunft und Forschung lassen sich naturgemäß in zwei Arten zerlegen, nämlich in *Beziehungen von Vorstellungen und in Tatsachen.* Von der ersten Art sind die Wissenschaften der Geometrie, Algebra und Arithmetik; und kurz gesagt, jede Behauptung von entweder intuitiver oder demonstrativer Gewißheit. *Daß das Quadrat der Hypothenuse gleich ist den Quadraten der beiden Seiten,* ist ein Satz, der eine

Beziehung zwischen diesen Figuren ausdrückt. *Daß dreimal fünf gleich der Hälfte von dreißig ist,* drückt eine Beziehung zwischen diesen Zahlen aus. Sätze dieser Art sind durch die reine Tätigkeit des Denkens zu entdecken, ohne von irgend einem Dasein in der Welt abhängig zu sein. Wenn es auch niemals einen Kreis oder ein Dreieck in der Natur gegeben hätte, so würden doch die von Euklid demonstrierten Wahrheiten für immer ihre Gewißheit und Evidenz behalten.

Tatsachen, der zweite Gegenstand der menschlichen Vernunft, sind nicht in gleicher Weise als gewiß verbürgt; ebensowenig ist unsere Evidenz von ihrer Wahrheit, wenn auch noch so stark, von der gleichen Art wie bei der vorhergehenden. Das Gegenteil jeder Tatsache bleibt immer möglich, denn es kann niemals einen Widerspruch in sich schließen und wird vom Geist mit derselben Leichtigkeit und Deutlichkeit vorgestellt, als wenn es noch so sehr mit der Wirklichkeit übereinstimmte. *Daß die Sonne morgen nicht aufgehen wird,* ist ein nicht minder verständlicher Satz und nicht widerspruchsvoller, als die Behauptung, *daß sie aufgehen wird.* Wir würden daher vergeblich versuchen, seine Falschheit zu demonstrieren. Wäre er demonstrativ falsch, so enthielte er einen Widerspruch und ließe sich niemals deutlich vom Geiste vorstellen.

Es dürfte also des Interesses wert sein, die Natur jener Evidenz zu erforschen, die uns jede wirkliche Existenz und Tatsache sicherstellt, welche über das gegenwärtige Zeugnis der Sinne oder die Angaben unseres Gedächtnisses hinausgehen. Es fällt auf, daß dieser Teil der Philosophie bei den Alten wie bei den Neueren wenig gepflegt worden ist; und daher mögen unsere Zweifel und Irrtümer bei der Verfolgung einer so wichtigen Untersuchung um so entschuldbarer sein, als wir diese schwierigen Pfade ganz ohne Führer und Weiser beschreiten. Sie können sich sogar als nützlich erzeigen, wenn sie die Wißbegierde wecken und jenes unbedingte Vertrauen und Sicherheitsgefühl zerstören, welches Gift für alle Vernunfttätigkeit und freie Forschung ist. Die Entdeckung von Mängeln in der üblichen Philosophie, wenn solche vorhanden, wird meines Erachtens nicht entmutigen, sondern gerade, wie so oft, ein Ansporn sein, etwas Vollständigeres und Befriedigenderes zu erstreben, als bisher dem Publikum geboten wurde.

Alle Denkakte, die Tatsachen betreffen, scheinen sich auf die Beziehung von *Ursache* und *Wirkung* zu gründen. Einzig mit Hilfe dieser Beziehung können wir über die Evidenz unseres Gedächtnisses und unserer Sinne hinausgehen. Würde man jemanden fragen, warum er irgendeine Tatsache glaubt, die nicht gegenwärtig ist, z. B. daß sein Freund auf dem Lande oder in Frankreich sich befindet, so würde er einen Grund angeben, und dieser Grund würde eine andere Tatsache sein, etwa ein von ihm erhaltener Brief, oder die Kenntnis seiner früheren Entschließungen und Zusagen. Findet jemand auf einer wüsten Insel eine Uhr oder sonst eine Maschine, so würde er schließen, daß einst Menschen auf dieser Insel gewesen sind. All unsere Gedankengänge, die Tatsachen betreffen, sind von derselben Art. Es wird hier beständig vorausgesetzt, daß zwischen der gegenwärtigen Tatsache und der aus ihr abgeleiteten eine Verknüpfung besteht. Wäre kein Band zwischen ihnen vorhanden, so wäre die Ableitung völlig haltlos. Eine in der Dunkelheit vernommene artikulierte Stimme und vernünftige Rede, versichern uns der Gegenwart irgendeiner Person. Und warum? weil dies die Wirkungen menschlicher Bildung und Beschaffenheit und eng mit dieser verknüpft sind. Zergliedern wir alle anderen Gedankengänge solcher Art, so werden wir finden, daß sie sich auf die Beziehung von Ursache und Wirkung gründen und daß diese Beziehung eine nahe oder entfernte, eine direkte oder parallele ist. Hitze und Helligkeit sind Parallelwirkungen des Feuers, und die eine Wirkung kann mit Recht aus der anderen abgeleitet werden.

Wollen wir also eine befriedigende Aufklärung über die Natur jener Evidenz erhalten, die uns der Tatsachen versichert, so müssen wir untersuchen, wie wir zur Kenntnis von Ursache und Wirkung gelangen.

Ich wage es als einen allgemeinen und ausnahmelosen Satz hinzustellen, daß die Kenntnis dieser Beziehung in keinem Fall durch Denkakte a priori[1] gewonnen wird; sondern daß sie ganz und gar aus der Erfahrung stammt, indem wir finden, daß gewisse Gegenstände beständig in Zusammenhang stehen. Es werde einem Manne von noch so starker natürlicher Vernunft und Begabung ein Gegenstand vorgelegt — ist dieser ihm gänzlich fremd, so wird er selbst bei der genauesten Prüfung der sinnlichen Eigenschaften desselben nicht imstande sein, irgendwelche von seinen Ursachen oder Wirkungen zu entdecken. Gesetzt den Fall, Adam hätte anfänglich durchaus vollkommene Vernunftkräfte besessen, so hätte er doch aus der Flüssigkeit und Durchsichtigkeit des Wassers nicht herleiten können, daß es ihn ersticken, noch aus der Helligkeit und Wärme des Feuers, daß es ihn verzehren würde. Kein Gegenstand enthüllt jemals durch die Eigenschaften, die den Sinnen erscheinen, die Ursachen, die ihn hervorgebracht haben, noch die Wirkungen, die aus ihm entpringen werden; auch kann unsere Vernunft ohne Beistand der Erfahrung niemals irgendwelche Ableitungen in bezug auf wirkliches Dasein und Tatsachen vollziehen.

Dieser Satz: *daß Ursachen und Wirkungen nicht durch die Vernunft, sondern durch die Erfahrung zu entdecken sind,* wird leicht für solche Gegenstände zugegeben werden, von denen wir uns erinnern, daß sie uns früher gänzlich unbekannt gewesen sind; müssen wir uns doch bewußt sein, daß wir damals völlig unfähig waren, vorauszusagen, was aus ihnen entstehen werde. Man gebe einem Menschen, der keinen Schimmer von Naturwissenschaft hat, zwei glatte Marmorstücke; und er wird nie entdecken, daß sie in einer Weise aneinander haften werden, die große Kraft erfordert, wenn man sie in senkrechter Richtung trennen will, während sie dem seitlichen Druck nur geringen Widerstand entgegensetzen. Bei Vorgängen, die wenig Analoges im gewöhnlichen Naturlauf besitzen, gibt man ebenfalls anstandlos zu, daß man sie nur aus der Erfahrung kennt; auch bildet niemand sich ein, daß die Entladung des Schießpulvers oder die Anziehungskraft eines Magneten je durch Begründung a priori entdeckt werden könnte. Ebenso sträuben wir uns nicht, all unsere Kenntnis von Wirkungen, deren Abhängigkeit von einem verwickelten Getriebe oder einem verborgenen Aufbau der Teile angenommen wird, der Erfahrung zuzuschreiben. Wer wollte behaupten, den letzten Grund dafür angeben zu können, daß Milch und Brot eine geeignete Nahrung für Menschen, aber nicht für Löwen und Tiger ist?

Doch die gleiche Wahrheit scheint vielleicht auf den ersten Blick nicht die gleiche Evidenz zu haben, wenn sie sich auf Ereignisse bezieht, die uns von unserem ersten Eintritt in die Welt an vertraut geworden sind, die eine genaue Analogie zu dem ganzen Naturlauf zeigen, und die von den einfachen Eigenschaften der Dinge abhängen sollen, nicht von einem verborgenen Aufbau der Teile. Wir sind geneigt, uns einzubilden, wir könnten diese Wirkungen ohne Erfahrung durch reine Tätigkeit unserer Vernunft entdecken. Wir meinen,

1 Siehe Text 12a.

wenn wir plötzlich in die Welt gestellt würden, so hätten wir von Anfang an herleiten können, daß eine Billardkugel durch Stoß einer anderen Bewegung mitteilen würde, und daß wir nicht auf das Ereignis hätten zu warten brauchen, um mit Gewißheit darüber auszusagen. So groß ist der Einfluß der Gewohnheit, daß da, wo sie am stärksten ist, sie nicht nur unsere natürliche Unwissenheit verdeckt, sondern auch sich selbst verbirgt, und nur deshalb nicht da zu sein scheint, weil sie in höchstem Grade vorhanden ist.

Um uns aber zu überzeugen, daß alle Naturgesetze und alle Vorgänge an Körpern ausnahmslos nur durch Erfahrung gekannt werden, mögen vielleicht folgende Überlegungen genügen. Wird uns ein beliebiger Gegenstand vorgelegt, und wir sollen die von ihm ausgehende Wirkung angeben, ohne frühere Beobachtungen zu Rate zu ziehen — auf welche Weise in aller Welt, soll der Geist dabei zu Werke gehen? Er muß sich ein Ereignis erfinden oder ausdenken, das er dem Gegenstand als dessen Wirkung zuschreibt; es ist aber klar, daß diese Erfindung nur durchaus willkürlich sein kann. Der Geist kann unmöglich je die Wirkung in der angenommenen Ursache finden, selbst bei der genauesten Untersuchung und Prüfung. Denn die Wirkung ist von der Ursache ganz und gar verschieden und kann folglich niemals in dieser entdeckt werden. Die Bewegung der zweiten Billardkugel ist ein völlig verschiedenes Ereignis von der Bewegung der ersten; auch ist in der einen nichts enthalten, das die leiseste Andeutung der anderen lieferte. Ein Stein oder ein Metallstück, das in die Luft erhoben und dort ohne Stütze gelassen wird, fällt sofort nieder; betrachten wir aber die Sache a priori, läßt sich wohl irgend etwas an dieser Lage entdecken, das die Vorstellung einer Bewegung des Steins oder Metalls nach unten eher als nach oben oder nach irgendeiner anderen Richtung erzeugte?

Und wie die erste Einbildung oder Erfindung einer besonderen Wirkung in allen Naturvorgängen da willkürlich bleibt, wo wir nicht die Erfahrung befragen, so müssen wir als willkürlich auch das angenommene Band oder die Verknüpfung zwischen Ursache und Wirkung ansehen, die sie zusammenhält und es unmöglich macht, daß eine andere Wirkung aus der Tätigkeit dieser Ursache folge. Sehe ich z. B. eine Billardkugel sich in gerader Linie gegen eine andere bewegen — selbst angenommen, die Bewegung der zweiten Kugel falle mir zufällig als das Ergebnis der Berührung oder des Stoßes ein — kann ich mir nicht vorstellen, daß hundert verschiedene Ereignisse ebensogut aus dieser Ursache hervorgehen könnten? Könnten nicht alle beiden Kugeln in voller Ruhe verharren? Könnte nicht der erste Ball in gerader Linie zurückprallen, oder von dem zweiten nach irgend einer Seite oder Richtung abspringen? All diese Annahmen sind widerspruchslos und vorstellbar. Weshalb sollten wir also der einen den Vorzug geben, die nicht widerspruchsloser und vorstellbarer ist als die übrigen? Alle Denkakte a priori werden nie imstande sein, uns eine Unterlage für diese Bevorzugung zu liefern.

Mit einem Wort, jede Wirkung ist ein von ihrer Ursache verschiedenes Ereignis. Sie kann daher in ihrer Ursache nicht entdeckt werden, und was man sich zuerst a priori von ihr erfindet oder vorstellt, muß gänzlich willkürlich sein. Und selbst nachdem sie uns in den Sinn gekommen, muß ihr Zusammenhang mit der Ursache ebenso willkürlich scheinen; weil es immer eine Menge anderer Wirkungen gibt, die der Vernunft genau so widerspruchslos und natürlich dünken müssen. Vergeblich würden wir uns also anmaßen, den Ablauf eines einzelnen Ereignisses zu bestimmen, oder irgend eine Ursache oder Wirkung herzuleiten, ohne den Beistand von Beobachtung und Erfahrung.

Hieraus läßt sich der Grund entnehmen, warum kein Philosoph, der verständig und bescheiden ist, sich jemals angemaßt hat, die letzte Ursache irgend eines Naturvorgangs anzugeben oder deutlich die Betätigung jener Kraft aufzuzeigen, welche jede einzelne Wirkung im Weltall hervorbringt. Es gilt als höchstes Bestreben der menschlichen Vernunft, die Prinzipien, welche die Naturerscheinungen erzeugen, einfacher zu gestalten und die vielen einzelnen Wirkungen durch Denkakte auf Grund von Analogie, Erfahrung und Beobachtung in einige wenige allgemeine Ursachen einmünden zu lassen. Aber die Ursachen dieser allgemeinen Ursachen würden wir vergeblich zu entdecken suchen, und wir werden auch niemals imstande sein, in irgend einer bestimmten Erklärung derselben Befriedigung zu finden. Diese letzten Grundkräfte und Prinzipien sind ganz und gar der menschlichen Wißbegierde und Forschung verschlossen. Elastizität, Schwerkraft, Kohäsion der Teile, Mitteilung der Bewegung durch Stoß: dies sind wahrscheinlich die letzten Ursachen und Prinzipien, die wir jemals in der Natur entdecken werden; wir können uns noch glücklich genug schätzen, wenn wir durch sorgfältige Untersuchung und Vernunfttätigkeit die besonderen Erscheinungen bis oder nahe bis auf diese allgemeinen Prinzipien zurückführen können. Die vollkommenste Naturwissenschaft schiebt nur unsere Unwissenheit ein wenig weiter zurück, wie vielleicht die vollkommenste Geisteswissenschaft nur dazu dient, weitere Gebiete unserer Unwissenheit aufzudecken. So ist die Betrachtung der menschlichen Blindheit und Schwäche das Ergebnis aller Philosophie und begegnet uns bei jeder Wendung, trotz all unserer Versuche, sie zu umgehen oder zu vermeiden.

. . .

Was ist nun das Schlußergebnis von alledem? Ein einfaches — wenn auch allerdings recht weit ab von den gewöhnlichen Theorien der Philosophie. Aller Glaube an Tatsachen oder wirkliches Sein stammt lediglich von irgendeinem Gegenstand, der dem Gedächtnis oder den Sinnen gegenwärtig ist, und von einem gewohnheitsmäßigen Zusammenhang zwischen diesem und einem anderern Gegenstande. Oder mit anderen Worten: hat man gefunden, daß in vielen Fällen zwei Arten von Dingen, Flamme und Hitze, Schnee und Kälte, stets miteinander in Zusammenhang standen, so wird, wenn sich den Sinnen Flammen oder Schnee erneut darbieten, der Geist durch Gewohnheit getrieben, Hitze oder Kälte zu erwarten und zu *glauben,* daß eine derartige Eigenschaft besteht und sich bei größerer Annäherung offenbaren wird. Dieser Glaube ist das notwendige Ergebnis, wenn der Geist in solche Umstände gerät. Es ist ein seelischer Vorgang, der in dieser Lage so unvermeidlich ist, wie der Affekt der Liebe, wenn wir Wohltaten empfangen, oder des Hasses, wenn man uns Leid antut. All diese Vorgänge sind eine Gattung natürlicher Instinkte, welche keine Vernunfttätigkeit, d. h. kein gedankliches und verstandesmäßiges Verfahren hervorzubringen noch zu verhüten fähig ist.

An diesem Punkt dürften wir uns wohl gestatten, mit unseren philosophischen Nachforschungen inne zu halten. In den meisten Fragen sind wir beim ersten Schritt hier angelangt, und in allen Fragen müssen wir zuletzt hier enden nach noch so rastlosen und eifrigen Untersuchungen.

12. IMMANUEL KANT

a) Erkenntnisse a priori

I. Von dem Unterschiede der reinen und empirischen Erkenntnis

Daß alle unsere Erkenntnis mit der Erfahrung anfange, daran ist gar kein Zweifel; denn wodurch sollte das Erkenntnisvermögen sonst zur Ausübung erweckt werden, geschähe es nicht durch Gegenstände, die unsere Sinne rühren und teils von selbst Vorstellungen bewirken, teils unsere Verstandestätigkeit in Bewegung bringen, diese zu vergleichen, sie zu verknüpfen oder zu trennen, und so den rohen Stoff sinnlicher Eindrücke zu einer Erkenntnis der Gegenstände zu verarbeiten, die Erfahrung heißt? *Der Zeit nach* geht also keine Erkenntnis in uns vor der Erfahrung vorher, und mit dieser fängt alle an.

Wenn aber gleich alle unsere Erkenntnis *mit* der Erfahrung anhebt, so entspringt sie darum doch nicht eben alle *aus* der Erfahrung. Denn es könnte wohl sein, daß selbst unsere Erfahrungserkenntnis ein Zusammengesetzes aus dem sei, was wir durch Eindrücke empfangen, und dem, was unser eigenes Erkenntnisvermögen (durch sinnliche Eindrücke bloß veranlaßt,) aus sich selbst hergibt, welchen Zusatz wir von jenem Grundstoffe nicht eher unterscheiden, als bis lange Übung uns darauf aufmerksam und zur Absonderung desselben geschickt gemacht hat.

Es ist also wenigstens eine der näheren Untersuchung noch benötigte und nicht auf den ersten Anschein sogleich abzufertigende Frage: ob es ein dergleichen von der Erfahrung und selbst von allen Eindrücken der Sinne unabhängiges Erkenntnis gebe. Man nennt solche *Erkenntnisse a priori,* und unterscheidet sie von den *empirischen,* die ihre Quellen a posteriori, nämlich in der Erfahrung, haben.

Jener Ausdruck ist indessen noch nicht bestimmt genug, um den ganzen Sinn, der vorgelegten Frage angemessen, zu bezeichnen. Denn man pflegt wohl von mancher aus Erfahrungsquellen abgeleiteten Erkenntnis zu sagen, daß wir ihrer a priori fähig, oder teilhaftig sind, weil wir sie nicht unmittelbar aus der Erfahrung, sondern aus einer allgemeinen Regel, die wir gleichwohl selbst doch aus der Erfahrung entlehnt haben, ableiten. So sagt man von jemand, der das Fundament seines Hauses untergrub: er konnte es a priori wissen, daß es einfallen würde, d. i. er durfte nicht auf die Erfahrung, daß es wirklich einfiel, warten. Allein gänzlich a priori konnte er dieses doch auch nicht wissen. Denn daß die Körper schwer sind, und daher, wenn ihnen die Stütze entzogen wird, fallen, mußte ihm doch zuvor durch Erfahrung bekannt werden.

Wir werden also im Verfolg unter Erkenntnissen a priori nicht solche verstehen, die von dieser oder jener, sondern die *schlechterdings* von aller Erfahrung unabhängig stattfinden. Ihnen sind empirische Erkenntnisse, oder solche, die nur a posteriori, d. i. durch Erfahrung, möglich sind, entgegengesetzt. Von den Erkenntnissen a priori heißen aber diejenigen *rein,* denen gar nichts Empirisches beigemischt ist. So ist z. B. der Satz: eine jede Veränderung hat ihre Ursache, ein Satz a priori, allein nicht rein, weil Veränderung ein Begriff ist, der nur aus der Erfahrung gezogen werden kann.

II. Wir sind im Besitze gewisser Erkenntnisse a priori, und selbst der gemeine Verstand ist niemals ohne solche

Es kommt hier auf ein Merkmal an, woran wir sicher ein reines Erkenntnis von empirischen unterscheiden können. Erfahrung lehrt uns zwar, daß etwas so oder so beschaffen sei, aber nicht, daß es nicht anders sein könne. Findet sich also *erstlich* ein Satz, der zugleich mit seiner *Notwendigkeit* gedacht wird, so ist er ein Urteil a priori; ist er überdem auch von keinem abgeleitet, als der selbst wiederum als ein notwendiger Satz gültig ist, so ist er schlechterdings a priori. *Zweitens:* Erfahrung gibt niemals ihren Urteilen wahre oder strenge, sondern nur angenommene und komparative *Allgemeinheit* (durch Induktion), so daß es eigentlich heißen muß: so viel wir bisher wahrgenommen haben, findet sich von dieser oder jener Regel keine Ausnahme. Wird also ein Urteil in strenger Allgemeinheit gedacht, d. i. so, daß gar keine Ausnahme als möglich verstattet wird, so ist es nicht von der Erfahrung abgeleitet, sondern schlechterdings a priori gültig. Die empirische Allgemeinheit ist also nur eine willkürliche Steigerung der Gültigkeit, von der, welche in den meisten Fällen, zu der, die in allen gilt, wie z. B. in dem Satze: alle Körper sind schwer; wo dagegen strenge Allgemeinheit zu einem Urteile wesentlich gehört, da zeigt diese auf einen besonderen Erkenntnisquell desselben, nämlich ein Vermögen des Erkenntnisses a priori. Notwendigkeit und strenge Allgemeinheit sind also sichere Kennzeichen einer Erkenntnis a priori, und gehören auch unzertrennlich zu einander. Weil es aber im Gebrauche derselben bisweilen leichter ist, die empirische Beschränktheit derselben, als die Zufälligkeit in den Urteilen, oder es auch mannigmal einleuchtender ist, die unbeschränkte Allgemeinheit, die wir einem Urteile beilegen, als die Notwendigkeit desselben zu zeigen, so ist es ratsam, sich gedachter beider Kriterien, deren jedes für sich unfehlbar ist, abgesondert zu bedienen.

Daß es nun dergleichen notwendige und im strengsten Sinne allgemeine, mithin reine Urteile a priori, im menschlichen Erkenntnis wirklich gebe, ist leicht zu zeigen. Will man ein Beispiel aus Wissenschaften, so darf man nur auf alle Sätze der Mathematik hinaussuchen; will man ein solches aus dem gemeinsten Verstandesgebrauche, so kann der Satz, daß alle Veränderungen eine Ursache haben müsse, dazu dienen; ja in dem letzteren enthält selbst der Begriff einer Ursache so offenbar den Begriff einer Notwendigkeit der Verknüpfung mit einer Wirkung und einer strengen Allgemeinheit der Regel, daß er gänzlich verloren gehen würde, wenn man ihn, wie *Hume* tat, von einer öftern Beigesellung dessen was geschieht, mit dem was vorhergeht, und einer daraus entspringenden Gewohnheit, (mithin bloß subjektiven Notwendigkeit,) Vorstellungen zu verknüpfen, ableiten wollte. Auch könnte man, ohne dergleichen Beispiele zum Beweise der Wirklichkeit reiner Grundsätze a priori in unserem Erkenntnisse zu bedürfen, dieser ihre Unentbehrlichkeit zur Möglichkeit der Erfahrung selbst mithin a priori dartun. Denn wo wollte selbst Erfahrung ihre Gewißheit hernehmen, wenn alle Regeln, nach denen sie fortgeht, immer wieder empirisch, mithin zufällig wären; daher man diese schwerlich für erste Grundsätze gelten lassen kann. Allein hier können wir uns damit begnügen, den reinen Gebrauch unseres Erkenntnisvermögens als Tatsache samt den Kennzeichen desselben dargelegt zu haben. Aber nicht bloß in Urteilen, sondern selbst in Begriffen zeigt sich ein Ursprung einiger derselben a priori. Lasset von eurem Erfahrungsbegriffe eines *Körpers* alles, was daran empirisch ist, nach und nach weg: die Farbe, die Härte oder Weiche, die Schwere, selbst die Undurchdringlichkeit, so bleibt doch der *Raum* übrig, den er (welcher nun ganz verschwunden ist) einnahm, und den könnt ihr nicht weglassen. Eben so, wenn ihr von eurem empirischen Begriffe eines jeden, körperlichen oder nicht körperlichen, Objekts alle Eigenschaften weglaßt, die euch die Erfahrung lehrt; so könnt ihr ihm doch nicht diejenige nehmen, dadurch ihr es als *Substanz* oder einer Substanz *anhängend* denkt, (obgleich dieser Begriff mehr Bestimmung enthält, als der eines Objekts überhaupt). Ihr müßt also, überführt durch die Notwendigkeit, womit sich dieser Begriff euch aufdringt, gestehen, daß er in eurem Erkenntnisvermögen a priori seinen Sitz habe.

III. Die Philosophie bedarf einer Wissenschaft, welche die Möglichkeit, die Prinzipien und den Umfang aller Erkenntnisse a priori bestimme

Was noch weit mehr sagen will, als alles vorige, ist dieses, daß gewisse Erkenntnisse sogar das Feld aller möglichen Erfahrungen verlassen, und durch Begriffe, denen überall kein entsprechender Gegenstand in der Erfahrung gegeben werden kann, den Umfang unserer Urteile über alle Grenzen derselben zu erweitern den Anschein haben.

Und gerade in diesen letzteren Erkenntnissen, welche über die Sinnenwelt hinausgehen, wo Erfahrung gar keinen Leitfaden, noch Berichtigung geben kann, liegen die Nachforschungen unserer Vernunft, die wir, der Wichtigkeit nach, für weit vorzüglicher, und ihre Endabsicht für viel erhabener halten, als alles, was der Verstand im Felde der Erscheinungen lernen kann, wobei wir, sogar auf die Gefahr zu irren, eher alles wagen, als daß wir so angelegene Untersuchungen aus irgend einem Grund der Bedenklichkeit, oder aus Geringschätzung und Gleichgültigkeit aufgeben sollten. Diese unvermeidlichen Aufgaben der reinen Vernunft selbst, sind *Gott, Freiheit und Unsterblichkeit*. Die Wissenschaft aber, deren Endabsicht mit allen ihren Zurüstungen eigentlich nur auf die Auflösung derselben gerichtet ist, heißt *Metaphysik*, deren Verfahren im Anfange *dogmatisch* ist, d. i. ohne vorhergehende Prüfung des Vermögens oder Unvermögens der Vernunft zu einer so großen Unternehmung zuversichtlich die Ausführung übernimmt.

Nun scheint es zwar natürlich, daß, so bald man den Boden der Erfahrung verlassen hat, man doch nicht mit Erkenntnissen, die man besitzt, ohne zu wissen woher, und auf den Kredit der Grundsätze, deren Ursprung man nicht kennt, sofort ein Gebäude errichten werde, ohne der Grundlegung desselben durch sorgfältige Untersuchungen vorher versichert zu sein, daß man also vielmehr die Frage vorlängst werde aufgeworfen haben, wie denn der Verstand zu allen diesen Erkenntnissen a priori kommen könne, und welchen Umfang, Gültigkeit und Wert sie haben mögen.

IV. Von dem Unterschiede analytischer und synthetischer Urteile

In allen Urteilen, worin das Verhältnis eines Subjekts zum Prädikat gedacht wird; (wenn ich nur die bejahende erwäge, denn auf die verneinende ist nachher die Anwendung leicht,) ist dieses Verhältnis auf zweierlei Art möglich. Entweder das Prädikat B gehört zum Subjekt A als etwas, was in diesem Begriffe A (versteckter Weise) enthalten ist; oder B liegt ganz außer dem Begriff A, ob es zwar mit demselben in Verknüpfung steht. Im ersten Fall nenne ich das Urteil *analytisch*, in dem andern *synthetisch*. Analytische Urteile (die bejahende) sind also diejenige, in welchen die Verknüpfung des Prädikats mit dem Subjekt durch Identität, diejenige aber, in denen diese Verknüpfung ohne Identität gedacht wird, sollen synthetische Urteile heißen. Die erstere könnte man auch *Erläuterungs-*, die andere *Erweiterungsurteile* heißen, weil jene durch das Prädikat nichts zum Begriff des Subjekts hinzutun, sondern diesen nur durch Zergliederung in seine Teilbegriffe zerfällen, die in selbigem schon (obgleich verworren) gedacht waren: da hingegen die letztere zu dem Begriffe des Subjekts ein Prädikat hinzutun, welches in jenem gar nicht gedacht war, und durch keine Zergliederung desselben hätte können herausgezogen werden. Z. B. wenn ich sage: alle Körper sind ausgedehnt, so ist dies ein analytisch Urteil. Denn ich darf nicht über den Begriff, den ich mit dem Körper verbinde, hinausgehen, um die Ausdehnung, als mit demselben verknüpft, zu finden, sondern jenen Begriff nur zergliedern, d. i. des Mannigfaltigen, welches ich jederzeit in ihm denke, mir nur bewußt werden, um dieses Prädikat darin anzutreffen; es ist also ein analytisches Urteil. Dagegen, wenn ich sage: alle Körper sind schwer, so ist das Prädikat etwas ganz anderes, als das, was ich in dem bloßen Begriff eines Körpers überhaupt denke. Die Hinzufügung eines solchen Prädikats gibt also ein synthetisch Urteil.

Erfahrungsurteile, als solche, sind insgesamt synthetisch. Denn es wäre ungereimt, ein analytisches Urteil auf Erfahrung zu gründen, weil ich aus meinem Begriffe gar nicht hinausgehen darf, um das Urteil abzufassen, und also kein Zeugnis der Erfahrung dazu nötig habe. Daß ein Körper ausgedehnt sei, ist ein Satz, der a priori feststeht, und kein Erfahrungsurteil. Denn, ehe ich zur Erfahrung gehe, habe ich alle Bedingungen zu meinem Urteile schon in dem Begriffe, aus welchem ich das Prädikat nach dem Satze des Widerspruchs nur herausziehen, und dadurch zugleich der Notwendigkeit des Urteils bewußt werden kann, welche mich Erfahrung nicht einmal lehren würde. Dagegen ob ich schon in dem Begriff eines Körpers überhaupt das Prädikat der Schwere gar nicht einschließe, so bezeichnet jener doch einen Gegenstand der Erfahrung durch einen Teil derselben, zu welchem ich also noch andere Teile eben derselben Erfahrung, als zu dem ersteren gehöreten, hinzufügen kann. Ich kann den Begriff des Körpers vorher *analytisch* durch die Merkmale der Ausdehnung, der Undurchdringlichkeit,der Gestalt etc., die alle in diesem Begriffe gedacht werden, erkennen. Nun erweitere ich aber meine Erkenntnis, und, indem ich auf die Erfahrung zurücksehe, von welcher ich diesen Begriff des Körpers abgezogen hatte, so finde ich mit obigen Merkmalen auch die Schwere jederzeit verknüpft, und füge also diese als Prädikat zu jenem Begriffe *synthetisch* hinzu. Es ist also die Erfahrung, worauf sich die Möglichkeit der Synthesis des Prädikats der Schwere mit dem Begriffe des Körpers gründet, weil beide Begriffe, obzwar einer nicht in dem andern enthalten ist, dennoch als Teile eines Ganzen, nämlich der Erfahrung, die selbst eine synthetische Verbindung der Anschauungen ist, zu einander, wiewohl nur zufälliger Weise, gehören.

Aber bei synthetischen Urteilen a priori fehlt dieses Hilfsmittel ganz und gar. Wenn ich über den Begriff A hinausgehen soll, um einen andern B als damit verbunden zu erkennen, was ist das, worauf ich mich stütze, und wodurch die Synthesis möglich wird? da ich hier den Vorteil nicht habe, mich im Felde der Erfahrung danach umzusehen. Man nehme den Satz: Alles, was geschieht, hat seine Ursache. In dem Begriff von Etwas, das geschieht, denke ich zwar ein Dasein, vor welchem eine Zeit vorhergeht etc. und daraus lassen sich analytische Urteile ziehen. Aber der Begriff einer Ursache liegt ganz außer jenem Begriffe, und zeigt etwas von dem, was geschieht, Verschiedenes an, ist also in dieser letzteren Vorstellung gar nicht mit enthalten. Wie komme ich denn dazu, von dem, was überhaupt geschiehet, etwas davon ganz Verschiedenes zu sagen, und den Begriff der Ursache, ob zwar in jenem nicht enthalten, dennoch, als dazu und so gar notwendig gehörig, zu erkennen. Was ist hier das Unbekannte = x, worauf sich der Verstand stützt, wenn er außer dem Begriff von A ein demselben fremdes Prädikat B aufzufinden glaubt, welches er gleichwohl damit verknüpft zu sein erachtet? Erfahrung kann es nicht sein, weil der angeführte Grundsatz nicht allein mit größerer Allgemeinheit, sondern auch mit dem Ausdruck der Notwendigkeit, mithin gänzlich a priori und aus bloßen Begriffen, diese zweite Vorstellung zu der ersteren hinzugefügt. Nun beruht auf solchen synthetischen d. i. Erweiterungs-Grundsätzen die ganze Endabsicht unserer spekulativen Erkenntnis a priori; denn die analytischen sind zwar höchst wichtig und nötig, aber nur um zu derjenigen Deutlichkeit der Begriffe zu gelangen, die zu einer sicheren und ausgebreiteten Synthesis, als zu einem wirklich neuen Erwerb, erforderlich ist.

b) Zwei Quellen der Erkenntnis

Unsre Erkenntnis entspringt aus zwei Grundquellen des Gemüts, deren die erste ist, die Vorstellungen zu empfangen (die Rezeptivität der Eindrücke), die zweite das Vermögen, durch diese Vorstellungen einen Gegenstand zu erkennen (Spontaneität der Begriffe); durch die erstere wird uns ein Gegenstand *gegeben,* durch die zweite wird dieser im Verhältnis auf jene Vorstellung (als bloße Bestimmung des Gemüts) *gedacht.* Anschauung und Begriffe machen also die Elemente aller unsrer Erkenntnis aus,so daß weder Begriffe, ohne ihnen auf einige Art korrespondierende Anschauung, noch Anschauung ohne Begriffe, ein Erkenntnis abgeben können. Beide sind entweder rein, oder empirisch. *Empirisch,* wenn Empfindung (die die wirkliche Gegenwart des Gegenstandes voraussetzt) darin enthalten ist: *rein* aber, wenn der Vorstellung keine Empfindung beigemischt ist. Man kann die letztere die Materie der sinnlichen Erkenntis nennen. Daher enthält reine Anschauung lediglich die Form, unter welcher etwas angeschaut wird, und reiner Begriff allein die Form des Denkens eines Gegenstandes überhaupt. Nur allein reine Anschauungen oder Begriffe sind a priori möglich, empirische nur a posteriori.

Wollen wir die *Rezeptivität* unseres Gemüts, Vorstellungen zu empfangen, so fern es auf irgend eine Weise affiziert wird, *Sinnlichkeit* nennen; so ist dagegen das Vermögen, Vorstellungen selbst hervorzubringen,oder die *Spontaneität* des Erkennntisses, der *Verstand.* Unsre Natur bringt es so mit sich, daß die *Anschauung* niemals anders als *sinnlich* sein kann, d. i. nur die Art enthält, wie wir von Gegenständen affiziert werden. Dagegen ist das Vermögen, den Gegenstand sinnlicher Anschauung zu *denken,* der *Verstand.* Keine dieser Eigenschaften ist der andern vorzuziehen. Ohne Sinnlichkeit würde uns kein Gegenstand gegeben, und ohne Verstand keiner gedacht werden. Gedanken ohne Inhalt sind leer, Anschauungen ohne Begriffe sind blind. Daher ist es eben so notwendig, seine Begriffe sinnlich zu machen, (d. i. ihnen den Gegenstand in der Anschauung beizufügen,) als seine Anschauungen sich verständlich zu machen (d. i. sie unter Begriffe zu bringen). Beide Vermögen, oder Fähigkeiten, können auch ihre Funktionen nicht vertauschen. Der Verstand vermag nichts anzuschauen, und die Sinne nichts zu denken. Nur daraus, daß sie sich vereinigen, kann Erkenntnis entspringen. Deswegen darf man aber doch nicht ihren Anteil vermischen, sondern man hat große Ursache, jedes von dem andern sorgfältig abzusondern, und zu unterscheiden. Daher unterscheiden wir die Wissenschaft der Regeln der Sinnlichkeit überhaupt, d. i. Ästhetik,[1] von der Wissenschaft der Verstandesregeln überhaupt, d. i. der Logik.

c) Anschauung und Begriff

Wir haben oben an den Begriffen des Raumes und der Zeit mit leichter Mühe begreiflich machen können, wie diese als Erkenntnisse a priori sich gleichwohl auf Gegenstände notwendig beziehen müssen, und eine synthetische Erkenntnis derselben, unabhängig von aller Erfahrung, möglich machten. Denn da nur vermittelst solcher reinen Formen der Sinnlichkeit uns ein Gegenstand erscheinen, d. i. ein Objekt der empirischen Anschauung sein kann, so sind Raum und Zeit reine Anschauungen, welche die Bedingung der Möglichkeit der Gegenstände als Erscheinungen a priori enthalten, und die Synthesis in denselben hat objektive Gültigkeit.

Die Kategorien[1] des Verstandes dagegen stellen uns gar nicht die Bedingungen vor, unter denen Gegenstände in der Anschauung gegeben werden, mithin können uns allerdings Gegenstände erscheinen, ohne daß sie sich notwendig auf Funktionen des Verstandes beziehen müssen, und dieser also die Bedingungen derselben a priori enthielte. Daher zeigt sich hier eine Schwierigkeit, die wir im Felde der Sinnlichkeit nicht antrafen, wie nämlich *subjektive Bedingungen des Denkens* sollten *objektive Gültigkeit* haben, d. i. Bedingungen der Möglichkeit aller Erkenntnis der Gegenstände abgeben: denn ohne Funktionen des Verstandes können allerdings Erscheinungen in der Anschauung gegeben werden. Ich nehme z. B. den Begriff der Ursache, welcher eine besondere Art der Synthesis bedeutet, da auf etwas A was ganz verschiedenes B nach einer Regel gesetzt wird. Es ist a priori nicht klar, warum Erscheinungen etwas dergleichen enthalten sollten, (denn Erfahrungen kann man nicht zum Beweise anführen, weil die objektive Gültigkeit dieses Begriffs a priori muß dargetan werden können,) und es ist daher a priori zweifelhaft, ob ein solcher Begriff nicht etwa gar leer sei und überall unter den Erscheinungen keinen Gegenstand antreffe. Denn daß Gegenstände der sinnlichen Anschauung den im Gemüt a priori liegenden formalen Bedingungen der Sinnlichkeit gemäß sein müssen, ist daraus klar, weil sie sonst nicht Gegenstände für uns sein würden; daß sie aber auch überdem den Bedingungen, deren der Verstand zur synthetischen Einsicht des Denkens bedarf, gemäß sein müssen, davon ist die Schlußfolge nicht so leicht einzusehen. Denn es könnten wohl allenfalls Erscheinungen so beschaffen sein, daß der Verstand sie den Bedingungen seiner Einheit gar nicht gemäß fände, und alles so in Verwirrung läge, daß z. B. in der Reihenfolge der Erscheinungen sich nichts darböte, was eine Regel der Synthesis an die Hand gäbe, und also dem Begriffe der Ursache und Wirkung entspräche, so daß dieser Begriff also ganz leer, nichtig und ohne

1 Bei Kant anders als im jetzigen Sprachgebrauch die Lehre von der sinnlichen Wahrnehmung (z. B. von den Formen a priori, d. h. Raum und Zeit).

1 Bei Kant die Formen des Verstandes, welche der bloßen Sinneswahrnehmung Erfahrungs- und damit gültigen Erkenntnischarakter verleihen (analog zu den Anschauungsformen von Raum und Zeit).

Bedeutung wäre. Erscheinungen würden nichts destoweniger unserer Anschauung Gegenstände darbieten, denn die Anschauung bedarf der Funktionen des Denkens auf keine Weise.

Gedächte man sich von der Mühsamkeit dieser Untersuchungen dadurch loszuwickeln, daß man sagte: Die Erfahrung böte unablässig Beispiele einer solchen Regelmäßigkeit der Erscheinungen dar, die genugsam Anlaß geben, den Begriff der Ursache davon abzusondern, und dadurch zugleich die objektive Gültigkeit eines solchen Begriffs zu bewähren, so bemerkt man nicht, daß auf diese Weise der Begriff der Ursache gar nicht entspringen kann, sondern daß er entweder völlig a priori im Verstande müsse gegründet sein, oder als ein bloßes Hirngespinst gänzlich aufgegeben werden müsse. Denn dieser Begriff erfordert durchaus, daß etwas A von der Art sei, daß ein anderes B daraus *notwendig* und *nach einer schlechthin allgemeinen Regel* folge. Erscheinungen geben gar wohl Fälle an die Hand, aus denen eine Regel möglich ist, nach der etwas gewöhnlicher maßen geschieht, aber niemals, daß der Erfolg *notwendig* sei: daher der Synthesis der Ursache und Wirkung auch eine Dignität anhängt, die man gar nicht empirisch ausdrücken kann, nämlich, daß die Wirkung nicht bloß zu der Ursache hinzu komme, sondern *durch* dieselbe gesetzt sei, und aus ihr erfolge. Die strenge Allgemeinheit der Regel ist auch gar keine Eigenschaft empirischer Regeln, die durch Induktion keine andere als komparative Allgemeinheit, d. i. ausgebreitete Brauchbarkeit bekommen können. Nun würde sich aber der Gebrauch der reinen Verstandesbegriffe gänzlich ändern, wenn man sie nur als empirische Produkte behandeln wollte.

...

Es sind nur zwei Fälle möglich, unter denen synthetische Vorstellung und ihre Gegenstände zusammentreffen, sich auf einander notwendiger Weise beziehen, und gleichsam einander begegnen können. Entweder wenn der Gegenstand die Vorstellung, oder diese den Gegenstand allein möglich macht. Ist das erstere, so ist diese Beziehung nur empirisch, und die Vorstellung ist niemals a priori möglich. Und dies ist der Fall mit Erscheinung, in Ansehung dessen, was an ihr zur Empfindung gehört. Ist aber das zweite, weil Vorstellung an sich selbst (denn von deren Kausalität, vermittelst des Willens, ist hier gar nicht die Rede,) ihren Gegenstand *dem Dasein nach* nicht hervorbringt, so ist doch die Vorstellung in Ansehung des Gegenstandes alsdenn a priori bestimmend, wenn durch sie allein es möglich ist, etwas *als einen Gegenstand zu erkennen.* Es sind aber zwei Bedingungen, unter denen allein die Erkenntnis eines Gegenstandes möglich ist, erstlich *Anschauung,* dadurch derselbe, aber nur als Erscheinung, gegeben wird; zweitens *Begriff,* dadurch ein Gegenstand gedacht wird, der dieser Anschauung entspricht. Es ist aber aus dem obigen klar, daß die erste Bedingung, nämlich die, unter der allein Gegenstände angeschaut werden können, in der Tat den Objekten der Form nach a priori im Gemüt zum Grunde liege. Mit dieser formalen Bedingung der Sinnlichkeit stimmen also alle Erscheinungen notwendig überein, weil sie nur durch dieselbe erscheinen, d. i. empirisch angeschauet und gegeben werden können. Nun frägt es sich, ob nicht auch Begriffe a priori vorausgehen, als Bedingungen, unter denen allein etwas, wenn gleich nicht angeschauet, dennoch als Gegenstand überhaupt gedacht wird, denn alsdenn ist alle empirische Erkenntnis der Gegenstände solchen

Begriffen notwendiger Weise gemäß, weil, ohne deren Voraussetzung, nichts als *Objekt der Erfahrung* möglich ist.

Nun enthält aber alle Erfahrung außer der Anschauung der Sinne, wodurch etwas gegeben wird, noch einen *Begriff* von einem Gegenstande, der in der Anschauung gegeben wird, oder erscheint: demnach werden Begriffe von Gegenständen überhaupt, als Bedingungen a priori aller Erfahrungserkenntnis zum Grunde liegen: folglich wird die objektive Gültigkeit der Kategorien, als Begriffe a priori, darauf beruhen, daß durch sie allein Erfahrung (der Form des Denkens nach) möglich sei. Denn alsdenn beziehen sie sich notwendiger Weise und a priori auf Gegenstände der Erfahrung, weil nur vermittelst ihrer überhaupt irgend ein Gegenstand der Erfahrung gedacht werden kann.

Die transzendentale Deduktion[2] aller Beriffe a priori hat also ein Principium, worauf die ganze Nachforschung gerichtet werden muß, nämlich dieses: daß sie als Bedingungen a priori der Möglichkeit der Erfahrungen erkannt werden müssen, (es sei der Anschauung, die in ihr angetroffen wird, oder des Denkens). Begriffe, die den objektiven Grund der Möglichkeit der Erfahrung abgeben, sind eben darum notwendig. ... Ohne diese ursprüngliche Beziehung auf mögliche Erfahrung, in welcher alle Gegenstände der Erkenntnis vorkommen, würde die Beziehung derselben auf irgend ein Objekt gar nicht begriffen werden können.

13. GEORG WILHELM FRIEDRICH HEGEL

a) Kritik am Empirismus und an Kant

I. Empirismus

§ 37

Das Bedürfnis teils eines *konkreten* Inhalts gegen die abstrakten Theorien des Verstandes, der nicht für sich selbst aus seinen Allgemeinheiten zur Besonderung und Bestimmung fortgehen kann, teils eines *festen Halts* gegen die Möglichkeit, auf dem Felde und nach der Methode der endlichen Bestimmungen *alles beweisen zu können,* führte zunächst auf den *Empirismus,* welcher, statt in dem Gedanken selbst das Wahre zu suchen, dasselbe aus der *Erfahrung,* der äußern und innern Gegenwart, zu holen geht.

§ 38

Der *Empirismus* hat diese Quelle einerseits mit der Metaphysik selbst gemein, als welche für die Beglaubigung ihrer Definitionen — der Voraussetzungen sowie des bestimmten Inhalts — ebenfalls die Vorstellungen, d. h. den zunächst von der Erfahrung herrührenden Inhalt zur Gewähr hat. Andernteils ist die einzelne Wahrnehmung von der Erfahrung unterschieden, und der Empirismus erhebt den der Wahrnehmung, dem Gefühl und der Anschauung angehörigen Inhalt in die *Form allgemeiner Vorstellungen, Sätze* und *Gesetze*

2 Bei Kant die Erklärung, wie sich vorbegriffliche Wahrnehmung zu begrifflich geformter Erfahrung (= Erkenntnis) transformieren kann: durch apriorische Verstandeskategorien.

usw. Dies geschieht jedoch nur in dem Sinne, daß diese allgemeinen Bestimmungen (z. B. Kraft) keine weitere Bedeutung und Gültigkeit für sich haben sollen als die aus der Wahrnehmung genommene, und kein als in der Erscheinung nachzuweisender Zusammenhang Berechtigung haben soll. Den festen Halt nach der *subjektiven* Seite hat das empirische Erkennen darin, daß das Bewußtsein in der Wahrnehmung seine *eigene unmittelbare Gegenwart* und *Gewißheit hat.*

Es liegt im Empirismus dies große Prinzip, daß, was wahr ist, in der Wirklichkeit sein und für die Wahrnehmung da sein muß. Dies Prinzip ist dem *Sollen* entgegengesetzt, womit die Reflexion sich aufbläht und gegen die Wirklichkeit und Gegenwart mit einem *Jenseits* verächtlich tut, welches nur in dem subjektiven Verstande seinen Sitz und Dasein haben soll. Wie der Empirismus, erkennt ... auch die Philosophie nur das, was ist; sie weiß nicht solches, was nur sein *soll* und somit *nicht da ist.* — Nach der subjektiven Seite ist ebenso das wichtige Prinzip der *Freiheit* anzuerkennen, welches im Empirismus liegt, daß nämlich der Mensch, was er in seinem Wissen gelten lassen soll, *selbst* sehen, sich *selbst* darin *präsent* wissen soll. — Die *konsequente* Durchführung des Empirismus, insofern er dem Inhalte nach sich auf Endliches beschränkt, leugnet aber das Übersinnliche überhaupt oder wenigstens die Erkenntnis und Bestimmtheit desselben, und läßt dem Denken nur die Abstraktion und formelle Allgemeinheit und Identität zu. — Die Grundtäuschung im wissenschaftlichen Empirismus ist immer diese, daß er die metaphysischen Kategorien von Materie, Kraft, ohnehin von Einem, Vielem, Allgemeinheit, auch Unendlichem usf. gebraucht, ferner am Faden solcher Kategorien weiter fort*schließt,* dabei die Formen des Schließens voraussetzt und anwendet, und bei allem nicht weiß, daß er so selbst Metaphysik enthält und treibt und jene Kategorien und deren Verbindungen auf eine völlig unkritische und bewußtlose Weise gebraucht.

§ 39

Über dies Prinzip ist zunächst die richtige Reflexion gemacht worden, daß in dem, was *Erfahrung* genannt wird und von bloßer einzelner Wahrnehmung einzelner Tatsachen zu unterscheiden ist, sich *zwei Elemente* finden, — das eine der für sich vereinzelte, unendlich *mannigfaltige Stoff,* — das andere die *Form,* die Bestimmungen der *Allgemeinheit* und *Notwendigkeit.* Die Empirie zeigt wohl viele, etwa unzählbar viele, gleiche Wahrnehmungen auf; aber etwas ganz anderes ist noch die *Allgemeinheit* als die große Menge. Ebenso gewährt die Empirie wohl Wahrnehmungen von *aufeinander-folgenden* Veränderungen oder von *nebeneinander-liegenden* Gegenständen, aber nicht einen Zusammenhang *der Notwendigkeit.* Indem nun die Wahrnehmungen die Grundlage dessen, was für Wahrheit gelte, bleiben soll, so erscheint die Allgemeinheit und Notwendigkeit als etwas *Unberechtigtes,* als eine subjektive Zufälligkeit, eine bloße Gewohnheit, deren Inhalt so oder anders beschaffen sein kann.

Eine wichtige Konsequenz hiervon ist, daß in dieser empirischen Weise die rechtlichen und sittlichen Bestimmungen und Gesetze sowie der Inhalt der Religion als etwas Zufälliges erscheinen und deren Objektivität und innere Wahrheit aufgegeben ist.

Der *Humesche* Skeptizismus, von dem die obige Reflexion vornehmlich ausgeht, ist übrigens vom *Griechischen Skeptizismus* sehr wohl zu unterscheiden. Der Humesche legt die

Wahrheit des Empirischen, des Gefühls, der Anschauung zu Grunde und bestreitet die allgemeinen Bestimmungen und Gesetze von da aus, aus dem Grunde, weil sie nicht eine Berechtigung durch die sinnliche Wahrnehmung haben. Der alte Skeptizismus war so weit entfernt, das Gefühl, die Anschauung zum Prinzip der Wahrheit zu machen, daß er sich vielmehr zu allererst gegen das Sinnliche kehrte. ...

II. Kritische Philosophie

§ 40

Die kritische Philosophie hat es mit dem Empirismus gemein, die Erfahrung für den *einzigen* Boden der Erkenntnisse anzunehmen, welche sie aber nicht für Wahrheiten, sondern nur für Erkenntnisse von Erscheinungen gelten läßt.
Zunächst wird von dem Unterschiede der Elemente ausgegangen, die sich in der Analyse der Erfahrung finden, des *sinnlichen Stoffes* und der *allgemeinen Beziehungen* desselben. Indem sich hiermit die im vorhergehenden § angeführte Reflexion verbindet, daß in der Wahrnehmung für sich nur *Einzelnes* und nur solches, *was geschehe,* enthalten sei, wird zugleich bei dem *Faktum beharrt,* daß die *Allgemeinheit* und *Notwendigkeit* als ebenso wesentliche Bestimmungen sich in dem, was Erfahrung genannt wird, vorfinden. Weil dieses Element nun nicht aus dem Empirischen als solchem herstammt, so gehört es der Spontaneität des *Denkens* an oder ist a priori. — Die Denkbestimmungen oder *Verstandesbegriffe* machen die *Objektivität* der Erfahrungs-Erkenntnisse aus. Sie enthalten überhaupt *Beziehungen,* und es formieren sich daher durch sie *synthetische* Urteile a priori (d. i. ursprüngliche Beziehungen Entgegengesetzter).

§ 60

Es kann noch eine allgemeine Bemerkung über das Resultat gemacht werden, welches sich aus der kritischen Philosophie für die Natur des *Erkennens* ergeben und zu einem der Vorurteile, d. i. allgemeinen Voraussetzungen der Zeit erhoben hat.
In jedem dualistischen System, insbesondere aber im Kantischen, gibt sich sein Grundmangel durch die Inkonsequenz, das zu *vereinen,* was einen Augenblick vorher als selbständig, somit als *unvereinbar* erklärt worden ist, zu erkennen. Wie soeben das Vereinte für das Wahrhafte erklärt worden ist, so wird sogleich vielmehr für das Wahrhafte erklärt, daß die *beiden Momente,* denen in der Vereinung als ihrer Wahrheit das Für-sich-bestehen abgesprochen worden ist, nur so, wie sie getrennte sind, Wahrheit und Wirklichkeit haben. Es fehlt bei solchem Philosophieren das einfache Bewußtsein, daß mit diesem Herüber- und Hinübergeben selbst jede dieser einzelnen Bestimmungen für unbefriedigend erklärt wird, und der Mangel besteht in der einfachen Unvermögenheit, zwei Gedanken — und es sind der Form nach nur *zwei* vorhanden — zusammenzubringen. Es ist darum die größte Inkonsequenz, einerseits zuzugeben, daß der Verstand nur Erscheinungen erkennt, und andererseits dies Erkennen als *etwas Absolutes* zu behaupten, indem man sagt: das Erkennen *könne* nicht weiter, dies sei die *natürliche,* absolute *Schranke* des menschlichen Wissens. Die natürlichen Dinge sind beschränkt, und nur natürliche Dinge sind sie, insofern sie *nichts* von ihrer allgemeinen *Schranke wissen,* insofern ihre Bestimmtheit nur eine Schran-

ke *für uns* ist, nicht *für sie.* Als *Schranke,* Mangel wird etwas nur gewußt, ja empfunden, indem man zugleich darüber *hinaus* ist. Die lebendigen Dinge haben das Vorrecht des Schmerzes vor den leblosen; selbst für jene wird eine *einzelne* Bestimmtheit zur Empfindung eines *Negativen,* weil sie als lebendig die *Allgemeinheit* der Lebendigkeit, die über das Einzelne *hinaus* ist, in ihnen haben, in dem Negativen ihrer selbst sich noch erhalten und diesen *Widerspruch* als in ihnen existierend empfinden.

Dieser Widerspruch ist nur in ihnen, insofern beides in dem Einen Subjekt ist, die Allgemeinheit seines Lebensgefühls und die gegen dasselbe negative Einzelnheit. Schranke, Mangel des Erkennens ist ebenso nur *als* Schranke, Mangel bestimmt durch die *Vergleichung* mit der *vorhandenen* Idee des Allgemeinen, eines Ganzen und Vollendeten. Es ist daher nur Bewußtlosigkeit, nicht einzusehen, daß eben die Bezeichnung von Etwas als einem Endlichen oder Beschränkten den Beweis von der *wirklichen Gegenwart* des Unendlichen, Unbeschränkten enthält, daß das Wissen von Grenze nur sein kann, insofern das Unbegrenzte *diesseits* im Bewußtsein ist.

...

Was die nähere Vergleichung der Kantischen Philosophie mit dem *metaphysizierenden Empirismus* betrifft, so hält sich zwar der *unbefangene* Empirismus an die sinnliche Wahrnehmung, aber läßt ebenso eine geistige Wirklichkeit, eine übersinnliche Welt zu, wie auch ihr *Inhalt* beschaffen sei, ob er aus dem Gedanken, aus der Phantasie usf. abstamme. Der *Form* nach hat dieser Inhalt die Beglaubigung, wie der sonstige Inhalt des empirischen Wissens in der Autorität der äußern Wahrnehmung, in geistiger Autorität. Aber der *reflektierende* und die *Konsequenz* sich zum Prinzip machende *Empirismus* bekämpft solchen Dualismus des letzten, höchsten Inhalts und negiert die Selbständigkeit des denkenden Prinzips und einer in ihm sich entwickelnden geistigen Welt. Der *Materialismus, Naturalismus* ist das *konsequente* System des Empirismus. — Die Kantische Philosophie stellt diesem Empirismus das Prinzip des Denkens und der Freiheit schlechthin gegenüber und schließt sich dem ersten Empirismus an, ohne im geringsten aus dessen allgemeinem Prinzip herauszutreten. Die eine Seite ihres Dualismus bleibt die Welt der Wahrnehmung und des über sie reflektierenden Verstandes. Diese Welt wird zwar für eine Welt von *Erscheinungen* ausgegeben. Dies ist jedoch ein bloßer Titel, eine nur formelle Bestimmung, denn Quelle, Gehalt und Betrachtungsweise bleiben ganz dieselben. Die andere Seite ist dagegen die Selbständigkeit des sich erfassenden Denkens, das Prinzip der Freiheit, welches sie mit der vormaligen, gewöhnlichen Metaphysik gemein hat, aber alles Inhaltes entleert und ihm keinen wieder zu verschaffen vermag. Dies Denken, hier *Vernunft* genannt, wird, als aller Bestimmung beraubt, aller *Autorität* enthoben. Die Hauptwirkung, welche die Kantische Philosophie gehabt hat, ist gewesen, das Bewußtsein dieser absoluten Innerlichkeit erweckt zu haben, die, ob sie um ihrer Abstraktion willen zwar aus sich zu nichts sich entwickeln und keine Bestimmungen, weder Erkenntnisse noch moralische Gesetze, hervorbringen kann, doch schlechthin sich weigert, etwas, das den Charakter einer *Äußerlichkeit* hat, in sich gewähren und gelten zu lassen. Das Prinzip der *Unabhängigkeit der Vernunft,* ihrer absoluten Selbständigkeit in sich, ist von nun an als allgemeines Prinzip der Philosophie, wie als eines der Vorurteile der Zeit, anzusehen.

Der Verstand, welcher sich an die Idee macht, ist der doppelte Mißverstand, daß er *erstlich* die *Extreme* der Idee, sie mögen ausgedrückt werden, wie sie wollen, insofern *sie in ihrer Einheit* sind, noch in dem Sinne und der Bestimmung nimmt, insofern sie *nicht* in ihrer konkreten Einheit, sondern noch *Abstraktionen* außerhalb derselben sind. Nicht weniger verkennt er die *Beziehung,* selbst auch wenn sie schon ausdrücklich gesetzt ist; so übersieht er z. B. sogar die Natur der *Kopula* im Urteil, welche von Einzelnen, dem Subjekte, aussagt, daß das Einzelne ebensosehr nicht Einzelnes, sondern Allgemeines ist. — *Vors andere* hält der Verstand *seine* Reflexion, daß die mit sich identische Idee das *Negative* ihrer selbst, den Widespruch, enthalte, für eine *äußerliche* Reflexion, die nicht in die Idee selbst falle. In der Tat ist dies aber nicht eine dem Verstande eigene Weisheit, sondern die Idee ist selbst die Dialektik, welche ewig, das mit sich Identische von dem Differenten, das Subjektive von dem Objektiven, das Endliche von dem Unendlichen, die Seele von dem Leibe, ab- und unterscheidet und nur insofern ewige Schöpfung, ewige Lebendigkeit und ewiger Geist ist. Indem sie so selbst das Übergehen oder vielmehr das sich Übersetzen in den *abstrakten Verstand* ist, ist sie ebenso ewig *Vernunft;* sie ist die Dialektik, welche dieses Verständige, Verschiedene über seine endliche Natur und den falschen Schein der Selbständigkeit seiner Produktionen wieder verständigt und in die Einheit zurückführt. Indem diese gedoppelte Bewegung nicht zeitlich, noch auf irgend eine Weise getrennt und unterschieden ist — sonst wäre sie wieder nur abstrakter Verstand —, ist sie das ewige Anschauen ihrer selbst im Andern; der Begriff, der in seiner Objektivität *sich selbst* ausgeführt *hat,* das Objekt, welches *innere Zweckmäßigkeit,* wesentliche Subjektivität ist.
Die *verschiedenen Weisen,* die Idee aufzufassen, als Einheit des Ideellen und Reellen, des *Endlichen* und *Unendlichen,* der *Identität* und der *Differenz,* und so fort, sind mehr oder weniger *formell,* indem sie irgend eine Stufe des *bestimmten Begriffs* bezeichnen. Nur der Begriff selbst ist frei und das wahrhaft *Allgemeine;* in der Idee ist daher seine *Bestimmtheit* ebenso nur er selbst; eine Objektivität, in welche er als das Allgemeine sich fortsetzt, und in der er nur seine eigene, die totale Bestimmtheit hat. Die Idee ist das *unendliche Urteil,* dessen Seiten jede die selbständige Totalität und eben dadurch, daß jede sich dazu vollendet, in die andere ebensosehr übergegangen ist. Keiner der sonst bestimmten Begriffe ist diese in ihren beiden Seiten vollendete Totalität, als der *Begriff* selbst und die *Objektivität.*

§ 215

Die Idee ist wesentlich *Prozeß,* weil ihre Identität nur insofern die absolute und freie des Begriffs ist, insofern sie die absolute Negativität und daher dialektisch ist. Sie ist der Verlauf, daß der Begriff als die Allgemeinheit, welche Einzelnheit ist, sich zur Objektivität und zum Gegensatz gegen dieselbe bestimmt, und diese Äußerlichkeit, die den Begriff zu ihrer Substanz hat, durch ihre immanente Dialektik sich in die *Subjektivität* zurückführt.
Weil die Idee a) *Prozeß* ist, ist der Ausdruck für das Absolute: ‚die *Einheit* des Endlichen und Unendlichen, des Denkens und Seins usf.', wie oft erinnert, falsch; denn die Einheit drückt abstrakte, *ruhig* beharrende Identität aus. Weil sie b) *Subjektivität* ist, ist jener Ausdruck ebenso falsch, denn jene Einheit drückt das *Ansich,* das *Substantielle* der wahrhaften Einheit aus. Das Unendliche erscheint so als mit Endlichem nur *neutralisiert,* so das Subjektive mit dem Objektiven, das Denken mit dem Sein. Aber in der *negativen* Einheit

der Idee greift das Unendliche über das Endliche hinüber, das Denken über das Sein, die Subjektivität über die Objektivität. Eine Einheit der Idee ist Subjektivität, Denken, Unendlichkeit und dadurch wesentlich von der Idee als *Substanz* zu unterscheiden, wie diese *übergreifende* Subjektivität, Denken, Unendlichkeit von der *einseitigen* Subjektivität, dem einseitigen Denken, der einseitigen Unendlichkeit, wozu sie sich urteilend, bestimmend, herabsetzt, zu unterscheiden ist.

...

§ 224

...

Die Vernunft kommt an die Welt mit dem absoluten Glauben, die Identität setzen und ihre Gewißheit zur *Wahrheit* erheben zu können, und mit dem Triebe, den *für sie an sich* nichtigen Gegensatz auch als nichtig zu setzen.

§ 225

Dieser Prozeß ist im Allgemeinen *das Erkennen. An sich* wird in ihm in *Einer* Tätigkeit der Gegensatz, die Einseitigkeit der Subjektivität mit der Einseitigkeit der Objektivität, aufgehoben. Aber dies Aufheben geschieht zunächst nur *an sich;* der Prozeß als solcher ist daher unmittelbar selbst mit der Endlichkeit dieser Sphäre behaftet und zerfällt in die *gedoppelte* als verschieden gesetzte Bewegung des Triebs, — die Einseitigkeit der *Subjektivität* der Idee aufzuheben vermittelst der Aufnahme der *seienden* Welt in sich, in das subjektive Vorstellen und Denken, und die abstrakte Gewißheit seiner selbst mit dieser so als wahrhaft geltenden Objektivität als *Inhalt* zu erfüllen, — und umgekehrt die *Einseitigkeit* der objektiven Welt, die hiemit hier im Gegenteil nur als ein *Schein,* eine Sammlung von Zufälligkeiten und an sich nichtigen Gestalten, gilt, aufzuheben, sie durch das *Innere* des Subjektiven, das hier als das wahrhaft seiende Objektive gilt, zu bestimmen und ihr dieses einzubilden. Jenes ist der Trieb des Wissens nach Wahrheit, *Erkennen als solches,* — die theoretische, — dieses der Trieb des *Guten* zur Vollbringung desselben, — das *Wollen,* die *praktische* Tätigkeit der Idee.

...

c. Die Vernunft

§ 438

Die an und für sich seiende Wahrheit, welche die Vernunft ist, ist die einfache *Identität* der *Subjektivität* des Begriffs und seiner *Objektivität* und Allgemeinheit. Die Allgemeinheit der Vernunft hat daher ebensosehr die Bedeutung des im Bewußtsein als solchem nur gegebenen, aber nun selbst *allgemeinen,* das Ich durchdringenden und befassenden *Objekts,* als des reinen *Ich,* der über das Objekt übergreifenden und es in sich befassenden reinen Form.

§ 439

Das Selbstbewußtsein so die Gewißheit, daß seine Bestimmungen ebensosehr gegenständlich, Bestimmungen des Wesens der Dinge, als seine eigenen Gedanken sind, ist die Vernunft, welche als diese Identität nicht nur die absolute *Substanz,* sondern die *Wahrheit* als Wissen ist. Denn sie hat hier zur eigentümlichen *Bestimmtheit,* zur immanenten Form den für sich selbst existierenden reinen Begriff, Ich, die Gewißheit seiner selbst als unendliche Allgemeinheit. — Diese wissende Wahrheit ist der *Geist.*

b) Die Einheit des Begriffs und der Objektivität

Die Idee

§ 213

Die Idee ist das Wahre *an und für sich, die absolute Einheit des Begriffs und der Objektivität.* Ihr ideeller Inhalt ist kein anderer als der Begriff in seinen Bestimmungen; ihr reeller Inhalt ist nur seine Darstellung, die er sich in der Form äußerlichen Daseins gibt und diese Gestalt in seiner Idealität eingeschlossen, in seiner Macht, so sich in ihr erhält.

Die Definition *des Absoluten,* daß es die *Idee* ist, ist nun selbst absolut. Alle bisherige Definitionen gehen in diese zurück. — Die Idee ist die *Wahrheit;* denn die Wahrheit ist dies, daß die Objektivität dem Begriffe entspricht, — nicht daß äußerliche Dinge meinen Vorstellungen entsprechen; dies sind nur *richtige* Vorstellungen, die *Ich Dieser* habe. In der Idee handelt es sich nicht um Diesen, noch um Vorstellungen, noch um äußerliche Dinge. — Aber auch *alles* Wirkliche, insofern es ein Wahres ist, ist die Idee und hat seine Wahrheit allein durch und kraft der Idee. Das einzelne Sein ist irgend eine Seite der Idee, für dieses bedarf es daher noch anderer Wirklichkeiten, die gleichfalls als besonders für sich bestehende erscheinen; in ihnen zusammen und in ihrer Beziehung ist allein der Begriff realisiert. Das Einzelne für sich entspricht seinem Begriffe nicht; diese Beschränktheit seines Daseins macht seine *Endlichkeit* und seinen Untergang aus.

Die Idee selbst ist nicht zu nehmen als eine Idee *von irgend Etwas,* so wenig als der Begriff bloß als bestimmter Begriff. Das Absolute ist die allgemeine und Eine Idee, welche als *urteilend* sich zum *System* der bestimmten Ideen besondert, die aber nur dies sind, in die Eine Idee, in ihre Wahrheit zurückzugehen. Aus diesem Urteil ist es, daß die Idee *zunächst* nur die Eine, allgemeine *Substanz* ist, aber ihre entwickelte, wahrhafte Wirklichkeit ist, daß sie als *Subjekt* und so als Geist ist.

Die Idee wird häufig, insofern sie nicht eine *Existenz* zu ihrem Ausgangs- und Stützungs-Punkt habe, für ein bloß formelles Logisches genommen. Man muß solche Ansicht den Standpunkten überlassen, auf welchen das existierende Ding und alle weitern noch nicht zur Idee durchgedrungenen Bestimmungen noch für sogenannte *Realitäten* und wahrhafte *Wirklichkeiten* gelten. — Ebenso falsch ist die Vorstellung, als ob die Idee nur das *Abstrakte* sei. Sie ist es allerdings insofern, als alles *Unwahre* sich in ihr aufzehrt; aber an ihr selbst ist sie wesentlich *konkret,* weil sie der freie, sich selbst und hiemit zur Realität bestimmende Begriff ist. Nur dann wäre sie das Formell-Abstrakte, wenn der Begriff, der ihr

Prinzip ist, als die abstrakte Einheit, nicht, wie er ist, als die *negative Rückkehr seiner in sich und* als die *Subjektivität* genommen würde.

§ 214

Die Idee kann als die *Vernunft* (dies ist die eigentliche philosophische Bedeutung für *Vernunft*), ferner als das *Subjekt-Objekt,* als die *Einheit des Ideellen und Reellen, des Endlichen und Unendlichen, der Seele und des Leibs,* als die *Möglichkeit, die ihre Wirklichkeit an ihr selbst hat,* als das, dessen *Natur nur* als *existierend begriffen* werden kann usf. gefaßt werden; weil in ihr alle Verhältnisse des Verstandes, aber in ihrer *unendlichen* Rückkehr und Identität in sich enthalten sind.

Der Verstand hat leichte Arbeit, alles, was von der Idee gesagt wird, als in sich *widersprechend* aufzuzeigen. Dies kann ihm ebenso heimgegeben werden, oder vielmehr ist es schon in der Idee bewerkstelligt; — eine Arbeit, welche die Arbeit der Vernunft und freilich nicht so leicht wie die seinige ist. — Wenn der Verstand zeigt, daß die Idee sich selbst widerspreche, weil z. B. das Subjektive nur subjektiv und das Objektive demselben vielmehr entgegengesetzt, das Sein etwas ganz anderes als der Begriff sei und daher nicht aus demselben herausgeklaubt werden könne, ebenso das Endliche nur endlich und gerade das Gegenteil vom Unendlichen, also nicht mit demselben identisch sei, und so fort durch alle Bestimmungen hindurch, so zeigt vielmehr die Logik das Entgegengesetzte auf, daß nämlich das Subjektive, das nur subjektiv, das Endliche, das nur endlich, das Unendliche, das nur unendlich sein soll und so ferner, keine Wahrheit hat, sich widerspricht und in sein Gegenteil übergeht, womit dies Übergehn und die Einheit, in welcher die Extreme als aufgehobene, als ein Scheinen oder Momente sind, sich als ihre Wahrheit offenbart.

III. GEGENWÄRTIGE POSITIONEN

Einführung

Wird in der Reihenfolge der hier vorgeschlagenen Kapitel und Texte unterrichtlich vorgegangen, so könnte das Ergebnis der Bearbeitung des Teiles II einmal in der sachgemäßen Information über bedeutende und fortwirkende Erkenntnistheorien zu finden sein, zum anderen in der Feststellung, daß mit den seitdem angewachsenen Erkenntnissen über Erkenntnis, durch die Erfahrungen mit diesen Theorien keine der „klassischen" Lehren mehr in der historisch vorgebrachten Form heute überzeugt. Daraus scheint ein *relativierender „Perspektivismus"* zu folgen, nach dem alle diese Theorien nur partielle Perspektiven ermöglichen und keine allein das gesamte Erkenntnisphänomen erfaßt. Wie man damit der subjektiven Beliebigkeit und den z. T. sich ausschließenden Widersprüchen zwischen den Theorien entgehen kann, bleibt aber unerfindlich. Die Frage, was Erkenntnis leisten kann und was nicht, läßt sich nicht vermeiden. Sie wird heute gerne unter dem Namen *„Wahrheitstheorien"* (vgl.Texte in Bd. 2 „Einladung zur Philosophie" des Philosophischen Kollegs,) verhandelt, wobei „Wahrheit" die legitimierte, sich rechtfertigende Leistung von Erkennen heißt; diese aber wird bis heute unterschiedlich bestimmt.

Zwei der von den klassischen Theorien abgeleiteten Auffassungen von Wahrheit dürften bis heute am meisten fortleben: die naive, von Aristoteles und Thomas von Aquin ausgearbeitete *Übereinstimmungs- oder Korrespondenzkonzeption,* die aber für uns heute viel zu grob und ungenau ist — und *einige kritische Elemente aus Kants Position,* besonders die konstruktive und nicht rein rezeptive Fertigkeit der Erkenntnisinstrumente, die Grenzen intersubjektiv stringent zu machender Verstandeserkenntnis, die apriorischen Bedingungen überhaupt. Wie beide Strömungen vereinbar sein sollen, ist nicht unmittelbar einzusehen. Hierzu müssen neuere Vorschläge erörtert werden.

In der gekennzeichneten Gegenwartslage dürfte immer noch große Chancen der Zustimmung sowohl im Wissenschaftsbetrieb als auch weniger reflektiert im Alltag die *pragmatische Position* von James (T. 14), Dewey und Peirce haben. Wahrheit ist demnach nur Brauchbarkeit, Bewährung, banal gesprochen: Nützlichkeit. Diese miteinander eng verwandten Begriffe verlangen, wenn sie mehr als formal sein wollen, nach einem Bezugssystem. Dieses besteht entweder in einer unreflektierten Praxis, besagt also systemimmanente Anpassung — oder in Forschungsstrategien wissenschaftlicher Art in der Weise des kritischen Rationalismus (s. T. 3 und 19; in: Philosophisches Kolleg 1, Wissenschaftstheorie, T. 34-39), besagt also Vorläufigkeit, Widerrufbarkeit, Zufälligkeit. James' pauschale Kennzeichnung aller anspruchsvolleren Wahrheitstheorien als statischer Intellektualismus vereint zu viele heterogene Auffassungen, wie in den folgenden Texten sichtbar wird, um sinnvoll verwendbar zu sein. Eine Zuspitzung der pragmatistischen Position wäre bei Alfred Adler zu finden: „So ist die Wahrheit auch eben nur der zweckmäßigste Grad des Irrtums, und Irrtum der unzweckmäßigste Grad der Vorstellung, der Fiktion".[1]

Die *„phänomenologische Einstellung"* meint nach Scheler (T. 15; vgl.T. 22 und 29), in der empirischen Erlebniswirklichkeit unmittelbar zu den Sachen, den Erlebnisgehalten gelangen zu können; die Korrespondenztheorie wird durch die *evidente „Selbstgegebenheit"* der Welt zugleich radikalisiert und überflüssig gemacht. Nicht die „clara et distincta perceptio" in cartesianischer Evidenz (T. 2), sondern die Selbstauslegung der Intentionalität des Erkennens garantiert die wahre Selbstgegebenheit des Wirklichen — ein Versuch zur Überwindung der Alternative Idealismus - Realismus. Evidenz ist hier „jederlei Bewußtsein, das hinsichtlich seines Gegenstandes als ihn selbst gebendes charakterisiert ist"[2]. Wie man aber aus der modernen Gleichsetzung von Gewißheit und Wahrheit herauskommen will, ist trotz aller phänomenologischen Bemühungen noch nicht zweifelsfrei ersichtlich; bei offenkundigen Irrtümern müßte auf fehlerhafte phänomenologische Einstellung den jeweiligen Sachen ge-

1 Alfred Adlers Individualpsychologie. Eine systematische Darstellung seiner Lehre in Auszügen aus seinen Schriften. Herausgegeben und erläutert von Heinz L. Ansbacher und Rowena R. Ansbacher, München — Basel 1972, 97.

2 *Edmund Husserl,* Erfahrung und Urteil. Untersuchungen zur Genealogie der Logik, hrsg. v. L. Landgrebe, Hamburg ²1954, 12.

genüber geschlossen werden. Aber wo ist das Kriterium für richtige Einstellung zum jeweiligen Gegenstand?

Der *neopositivistische Rückzug auf Wahrheit als Kohärenz,* als logisch stimmiger Zusammenhang in sich und mit den intersubjektiv überprüfbaren empirischen Daten der „Erlebniswirklichkeit'' wie bei Kraft (T.16; vgl. T.21 u. 25; Philosophisches Kolleg 1, Wissenschaftstheorie: T. 30 — 33) zeigt sich in seinem begrenzten Anspruch plausibler. Außer einer jede „Übereinstimmung'' ausschließenden Kohärenztheorie wäre auch eine Auffassung denkbar, die in der *Kohärenz das Kriterium,* in der *Korrespondenz das Wesen* der Wahrheit sieht (so z. B. Bertrand Russel [3]).Dabei ist aber die Selbstverständlichkeit, mit der Erlebniswirklichkeit als einzige Sachhaltigkeit in unseren Erkenntnissen angenommen wird, keineswegs einfach hinzunehmen, weil sie auf dogmatische Weise die Wirklichkeit positivistisch reduziert. So müssen auch Carnaps Aussagen, nur durch Erlebnis fundierte sachhaltige Aussagen seien sinnvoll, die Thesen sowohl des Realismus als auch des Idealismus seien nicht sachhaltig und können somit weder aufgestellt noch widerlegt werden,[4], selbst wieder befragt werden. Will man berechtigten Einwänden gegen neopostivistische, empiristische und rationalistische Positionen entgehen, muß man wohl in der von Albert (T. 19) vorgeschlagenen Weise auf jede Letztbegründung und Absicherung verzichten und Wahrheit als Bewährung nach vom Entscheidungswillen getragenen Kriterien ansehen. Ist Erkenntnistheorie nach der Phänomenologie eine Disziplin, die dieser nicht vorhergeht, sondern folgt,[5] so ist nach dem kritischen Rationalismus von Albert jede Wahrheit beanspruchende Aussage ein vom Menschen entworfenes *Konstrukt auf Abruf durch Bewährung.* Soll mit dieser Bewährung aber nicht zugleich Zufälligkeit, Beliebigkeit und Dezisionismus gemeint sein, ist eine der erkenntnistheoretischen Fragestellung vorgängige Beziehung zwischen erkennendem Subjekt und objektiver Wirklichkeit, wie sie die Phänomenologie unterstellt und Jaspers (T. 37) behauptet, anzunehmen, wobei der letzte Bezugspunkt für Wahrheit umstritten bleibt.

Der Artikel aus dem *marxistischen* Wörterbuch (T. 17) ist der interessante Versuch, die an sich allzu naive ursprüngliche *Wahrheitstheorie des „Abbildes''* mit den sowohl von der Transzendentalphilosophie als auch vom Kritischen Rationalismus und Konstruktivismus, vor allem aber von der Grundlagenproblematik der Physik her bekannten Schwierigkeiten (T. 20; s. T. 34; vgl. Philosophisches Kolleg 1, Wissenschaftstheorie, T. 27 — 29) zu versöhnen. Letztlich ist hier die Gesellschaft in ihrer geschichtlichen Entwicklung das eigentliche Erkenntnissubjekt, in dem sich die absolute Wahrheit widerspiegelt, während die einzelnen Subjekte nur zu relativer Wahrheit fähig sind; übrigens sind in diesem Sinn nicht nur Aussagen, sondern alle Bewußtseinsinhalte als wahr oder nicht wahr zu bezeichnen. Wie mit dieser Theorie die dem Pragmatismus (T. 14) verwandte und dennoch abgelehnte marxistische Behauptung vereinbar ist, daß die *„Praxis'' Kriterium* der Wahrheit sei, bleibt offen. Einen Teilaspekt der marxistischen Auffassung, der auch von der „Wissenssoziologie'' gesehen wird, nämlich die historisch-gesellschaftliche Relativität jeder Erkenntnis, beschreibt Max Horkheimer (T. 18). Der hier verwendete Begriff der Dialektik bedürfte allerdings einer Präzisierung, um nicht Gemeinplatz zu bleiben (s. Literaturverzeichnis).

Angesichts der Unausweichlichkeit apriorischer, prätheoretischer Erkenntnisvorgaben, ferner der das Subjekt präformierender Befindlichkeiten und der immensen Schwierigkeiten auf Seiten der Objekte — hier ist die Physik (T. 20: vgl. T. 31) als repräsentatives und wegen der Exaktheit besonders eindringliches Beispiel gewählt; es könnte auch das Lebendige dazu dienen — wird eine Erkenntnistheorie heute breite Zustimmung finden, die „auf die Illusion eines stabilen Wahrheitsfundaments und auf das Ideal eines Wissens verzichtet, das zugleich Wissen des Wissens ist'', die „das Wagnis (ist), ein auf Wahrheit gerichtetes Erkenntnisverfahren so zu organisieren, daß es — soweit wir sehen können —

3 In: Wahrheitstheorien (s. Quellenverzeichnis zu James) 66; vgl. 337 ff.

4 *Rudolf Carnap,* Scheinprobleme in der Philosophie, Frankfurt a. M. 1966, 77 f. — Vgl. *Eike von Savigny,* Analytische Philosophie (Kolleg Philosophie), Freiburg — München 1970, bes. 151.

5 *Max Scheler,* Phänomenologie und Erkenntnistheorie, in: Schriften aus dem Nachlaß Bd. I (s. Quellenverzeichnis: Scheler), 396 f.

Fehler, die es uns machen läßt, zu entdecken, zu korrigieren und durch allmähliche Selbstkorrektur des Verfahrens auch zu vermeiden erlaubt''[6]. *Radikaler Zweifel* ist ebenso *zirkelhaft* wie *radikale Erkenntnistheorie,* die nach einer *Letztbegründung* sucht.[7] „Wir haben überhaupt nicht auf etwas gestellt. Wir schweben.''[8] Der Schwebezustand muß dann durch Entschlüsse behoben werden.

14. WILLIAM JAMES

Wahr und nützlich

Wahrheit ist, wie jedes Wörterbuch Ihnen sagt, eine Eigenschaft gewisser Vorstellungen. Sie bedeutet soviel als „Übereinstimmung'' mit der Wirklichkeit, ebenso wie Falschheit Nichtübereinstimmung mit der Wirklichkeit bedeutet. Diese Definition lassen Pragmatisten und Intellektualisten in gleicher Weise als etwas Selbstverständliches gelten. Ihr Streit beginnt erst, wenn die Frage aufgeworfen wird, was „Übereinstimmung'' und was „Wirklichkeit'' eigentlich bedeutet, wenn nämlich Wirklichkeit etwas sein soll, womit unsere Ideen übereinstimmen sollen.

Bei der Antwort auf diese Fragen gehen die Pragmatisten mit mühevoller Zergliederung vor, die Intellektualisten hingegen sind schnell fertig und denken nicht viel nach. Die populäre Auffassung ist die, daß eine Vorstellung die ihr entsprechende Wirklichkeit abbilden muß. Wie andere volkstümliche Ansichten richtet sich auch diese nach der Analogie der allergewöhnlichsten Erfahrung. Unsere wahren Vorstellungen von wahrnehmbaren Dingen sind in der Tat Abbilder derselben. Schließen Sie Ihre Augen und stellen Sie sich die Uhr an der Wand dort vor, und Sie erhalten ein wahres Abbild ihres Zifferblattes. Dagegen ist Ihre Vorstellung des Uhrwerks (wenn Sie nicht zufällig Uhrmacher sind) viel weniger als ein Abbild. Immerhin mag auch diese Vorstellung den Begriff der Wahrheit als Übereinstimmung nicht stören, denn sie gerät mit der Wirklichkeit nicht in Konflikt. Selbst wenn sie zu dem Worte „Uhrwerk'' zusammenschrumpft, so leistet auch dieses Wort noch gute Dienste. Wenn wir aber von der „zeitmessenden Funktion'' der Uhr oder von der „Elastizität'' ihrer Feder sprechen, da ist es schwer, genau zu sagen, was unsere Ideen dabei abbilden.

Sie bemerken, daß hier ein Problem vorliegt. Wenn unsere Ideen ihren Gegenstand nicht genau abbilden können, was bedeutet dann die „Übereinstimmung'' mit dem Gegenstande. Einige Idealisten behaupten, unsere Ideen seien dann wahr, wenn sie das sind, was Gott will, daß wir über ihren Gegenstand denken. Andere führen die „Abbilder''- Theorie streng durch und sagen, unsere Ideen besäßen in dem Maße Wahrheit, als sie Abbilder der ewigen Gedanken des Absoluten sind.

Diese Anschauungen fordern, wie Sie sehen, zu pragmatischer Erörterung geradezu auf. Die Grund-Annahme der Intellektualisten ist die, daß die Wahrheit eine rein statische Beziehung ist. Wenn wir unsere wahre Vorstellung eines Gegenstandes gewonnen haben,

6 *Hans Friedrich Fulda*, Theoretische Erkenntnis und pragmatische Gewißheit, in: Hermeneutik und Didaktik. Aufsätze I: Methode und Wissenschaft, Lebenswelt und Geschichte, hrsg. von Rüdiger Bubner, Konrad Cramer, Reiner Wiehl. Tübingen 1970, 158.

7 Vgl. *Habermas* a. a. O. 14 ff; *Michael Landmann,* Was ist Philosophie? Bonn ^{2}1976, 178; *Willy Hochkeppel,* Mythos Philosophie, Hamburg 1976, 111 ff.

8 *Wolfgang Stegmüller,* Metaphysik, Skepsis, Wissenschaft, Berlin — Heidelberg — New York ^{2}1969, 456.

dann ist die Sache zuende. Wir sind im Besitz; wir wissen, wir haben unsere Denk-Aufgabe erfüllt. Wir sind mit unserem Geiste dort, wo wir sein sollen; wir haben unserem kategorischen Imperativ gehorcht, auf diesen Höhepunkt unserer Vernunfterkenntnis kann nichts weiteres mehr folgen. Wir sind, erkenntnistheoretisch betrachtet, in stabilem Gleichgewicht.

Der Pragmatismus hingegen stellt seine üblichen Fragen. „Zugegeben'', sagt er, „eine Vorstellung oder ein Urteil sei wahr, welcher konkrete Unterschied wird durch diese Wahrheit im wirklichen Leben eines Menschen bewirkt? Wie wird die Wahrheit erlebt werden? Welche Erfahrungen werden anders sein, als sie wären, wenn jenes Urteil falsch wäre? Was ist, kurz gesagt, der Barwert der Wahrheit, wenn wir sie in Erfahrungsmünze umrechnen?''

In dem Augenblick, wo der Pragmatismus diese Frage stellt, sieht er auch schon die Antwort. *Wahre Vorstellungen sind solche, die wir uns aneignen, die wir geltend machen, in Kraft setzen und verifizieren können. Falsche Vorstellungen sind solche, bei denen dies alles nicht möglich ist.* Das ist der praktische Unterschied, den es für uns ausmacht, ob wir wahre Ideen haben oder nicht. Das ist der Sinn der Wahrheit, denn nur in dieser Weise wird Wahrheit erlebt.

Das ist die These, die ich zu verteidigen habe. Die Wahrheit einer Vorstellung ist nicht eine unbewegliche Eigenschaft die ihr inhäriert. Wahrheit ist für eine Vorstellung ein Vorkommnis. Die Vorstellung *wird* wahr, wird durch Ereignisse wahr *gemacht*. Ihre Wahrheit ist tatsächlich ein Geschehen, ein Vorgang, und zwar der Vorgang ihrer Selbst-Bewahrheitung, ihre *Veri-fikation*. Die Geltung der Wahrheit ist nichts anderes als eben der Vorgang des Sich-Geltend-Machens.

Aber was bedeuten die Worte „Bewahrheitung'' und „Geltendmachen'' in pragmatischem Sinne? Sie bezeichnen wiederum gewisse praktische Folgen der bewahrheiteten und der gültig erklärten Vorstellung. Kein Ausdruck charakterisiert diese Folgen besser als die gewöhnliche Formel von „Übereinstimmen'', denn solche praktischen Folgen sind es eben, die wir im Auge haben, wenn wir sagen, daß unsere Gedanken mit der Wirklichkeit übereinstimmen. Sie führen uns nämlich durch Handlungen und durch neue Gedanken, die sie anregen, zu anderen Teilen der Erfahrung, mit denen, wie unser Gefühl uns deutlich sagt, die ursprünglichen Gedanken sich im Einklang befinden. Wir empfinden die Verbindungen und Übergänge von Punkt zu Punkt als Fortschritt, sie scheinen uns harmonisch und befriedigend. Unter der Verifikation eines Gedankens verstehen wir eben nichts anderes als dieses angenehme Vorwärts-Bringen. Eine solche Erklärung scheint verschwommen und klingt beim ersten Hören recht frivol. Es lassen sich aber daraus Ergebnisse ableiten, deren Auseinandersetzung den noch übrigen Teil der Vortragsstunde ausfüllen wird.

Zunächst möchte ich darauf aufmerksam machen, daß der Besitz wahrer Gedanken überall zugleich der Besitz wertvoller Mittel zum Handeln bedeutet. Unsere Pflicht, Wahrheit zu erwerben, ist also keineswegs ein aus der Luft stammendes Gebot oder eine Last, die der Intellekt sich selbst auferlegt hat, sie ruht vielmehr auf vortrefflichen praktischen Gründen.

Daß es für das menschliche Leben von Wichtigkeit ist, daß wir über Tatsachen wahre Urteile zur Verfügung haben, ist eine bekannte Sache. Wir leben in einer Welt von Wirklichkeiten, die uns unendlich nützlich und auch unendlich schädlich sein können. Gedanken, die uns sagen, was wir zu erwarten haben, gelten auf dieser primären Stufe als die wahren Gedanken, und das Streben nach Besitz solcher Gedanken ist eine der ersten menschlichen Pflichten. Der Besitz der Wahrheit ist hier keineswegs Selbstzweck, sondern ein Mittel zur Befriedigung irgendeines Lebensbedürfnisses. Wenn ich mich im Walde verirrt habe und halb verhungert bin, und ich finde etwas, was wie ein Kuhweg aussieht, so ist es von der größten Wichtigkeit, daß ich mir am Ende des Weges ein Haus vorstelle; denn wenn ich das tue und dem Wege folge, so rette ich mich dadurch. Der wahre Gedanke ist hier nützlich, weil sein Gegenstand, das Haus, nützlich ist. Der praktische Wert nützlicher Vorstellungen läßt sich somit ursprünglich von der Wichtigkeit ableiten, die die Gegenstände der Vorstellungen für uns haben. Diese Gegenstände sind nun nicht zu allen Zeiten von Wichtigkeit. Für das Haus in dem oben angenommenen Fall habe ich vielleicht ein andermal keine Verwendung, und dann ist meine Vorstellung davon, obwohl verifizierbar, doch praktisch ohne Belang und würde besser unbewußt bleiben. Da jedoch fast jeder Gegenstand eines Tages bedeutungsvoll werden kann, ist es offenbar von Vorteil, einen allgemeinen Vorrat von Wahrheiten zu besitzen, d.h. von Vorstellungen, die für bloß mögliche Situationen sich als wahr erweisen können. Wir speichern solche Wahrheiten in unserem Gedächtnis auf, und mit dem Überfluß derselben füllen wir unsere Nachschlagebücher. Wenn eine solche Wahrheit für eines unserer Erlebnisse bedeutsam wird, dann wird sie aus dem kaltgestellten Vorrat heraufgeholt, um in der Welt ihre Arbeit zu leisten, dann wird unser Glaube an sie aktuell. Man kann dann sagen: „sie ist nützlich, weil sie wahr ist", oder „sie ist wahr, weil sie nützlich ist". Beide Sätze bedeuten dasselbe, nämlich, daß hier ein Gedanke da ist, der verwirklicht und verifiziert werden kann. „Wahr" ist der Name für jede Vorstellung, die den Verifikationsprozeß auslöst, und „Nützlich" der Name für die in der Erfahrung sich bewährende Wirkung. Wahre Vorstellungen hätten sich nie von den anderen abheben, hätten nie mit einem allgemeinen gleichen Namen bezeichnet werden können und ganz gewiß nicht mit einem Namen, der an etwas Wertvolles erinnert, wenn sie nicht von Anfang an in dieser Art nützlich gewesen wären.

Aus dieser einfachen Überlegung gewinnt der Pragmatismus seinen Begriff der Wahrheit. Diese ist im wesentlichen nichts anderes als der Weg, auf dem wir von einem Stück der Erfahrung zu andern Stücken hingeführt werden, und zwar zu solchen, die zu erreichen die Mühe lohnt. Ursprünglich und auf dem Boden des gesunden Menschenverstandes bedeutet die Wahrheit eines Bewußtseinszustandes nichts anderes als diese Funktion *des Hinführens, das der Mühe lohnt.*

15. MAX SCHELER

Phänomenologische Einstellung

An erster Steelle ist Phänomenologie weder der Name für eine neue Wissenschaft noch ein Ersatzwort für Philosophie, sondern der Name für eine Einstellung des geistigen Schauens, in der man etwas zu er-schauen oder zu er-leben bekommt, was ohne sie verborgen bleibt: nämlich ein Reich von „Tatsachen" eigentümlicher Art. Ich sage *„Einstellung"* — nicht Methode. Methode ist ein zielbestimmtes *Denk*verfahren *über* Tatsachen, z. B. Induktion, Deduktion. Hier aber handelt es sich erstens um neue *Tatsachen selbst,* die vor aller logischen Fixierung liegen, zweitens um ein *Schau*verfahren. Die Ziele aber, zu deren Erreichung diese Einstellung betätigt wird, gibt die philosophische Problematik der Welt, wie sie zum größten Teil durch eine Jahrtausende währende Arbeit der Philosophie formuliert ist; womit nicht gesagt ist, es könne sich nicht die bestimmtere Formulierung dieser Probleme durch die Übung dieser Einstellung selbst noch vielfach wandeln. Unter „Methode'' kann man auch ein bestimmtes Verfahren der Beobachtung und Untersuchung mit oder ohne Experiment und mit oder ohne instrumentale Unterstützung unserer Sinne, Mikroskop, Teleskop usw., verstehen. Dann handelt es sich auch dort um Gewinnung neuer Tatsachen. Aber die Einstellung ist dabei immer dieselbe, ob es sich um physische oder psychische Tatsachen handelt: sie ist „Beobachtung''. *Hier* aber handelt es sich um eine von der Beobachtung grundverschiedene Einstellung. Das Er-lebte und Er-schaute ist *„gegeben''* nur in dem *er-lebenden und er-schauenden Akt selbst,* in seinem Vollzug: es erscheint *in* ihm, und nur in ihm. Es steht nicht da und läßt sich be-obachten, so daß bald dieser, bald jener Zug der Sache ohne Veränderung der Sache hervortritt. Es ist hierbei gleichgültig, *wie* man etwas zur Erschauung bringt; dies kann z. B. auch durch ein Experiment geschehen. Aber dieses Experiment hat dann keinen induktiven Sinn. Es gleicht dann den sog. „Veranschaulichungsexperimenten'' der Mathematiker, durch die sie sich der „Möglichkeit'' eines zuvor definierten Begriffes versichern. Und es gibt auch kein Erschauen in Phantasievorstellungen.

Das erste, was daher eine auf Phänomenologie gegründete Philosophie als Grundcharakter besitzen muß, ist der lebendigste, intensivste und *unmittelbartse Erlebnisverkehr mit der Welt selbst* — d.h. mit den Sachen, um die es sich gerade handelt. Und zwar mit den Sachen, wie sie sich ganz unmittelbar im Er-leben im Akte des Er-lebens geben, und in ihm und nur in ihm *„selber da''* sind. Durstig nach dem Sein im Er-leben wird der phänomenologische Philosoph allüberall an den „Quellen'' selbst, in denen sich der Gehalt der Welt auftut, zu trinken suchen. Sein reflektierender Blick weilt dabei allein an der Berührungsstelle von Er-leben und Gegenstand Welt — ganz gleichgültig, ob es sich dabei um Physisches oder Psychisches, um Zahlen oder Gott oder sonst etwas handelt. Nur was und sofern es in diesem dichtesten, lebendigsten Kontakt *„da''* ist, soll der Strahl der Reflexion zu treffen suchen.

In diesem Sinne — aber auch in ihm allein — ist phänomenologische Philosophie radikalster *Empirismus* und Positivismus: Für alle Begriffe, für alle Sätze und Formeln, auch noch für jene reiner Logik, z.B. den Satz der Identität, ist eine „Deckung'' in solchem Gehalte des Erlebens zu suchen. Und alle Wahrheit und Gültigkeit dieser Sätze ist suspendiert, bis diese Forderung nicht erfüllt ist.

Das scheidet die phänomenologische Philosophie radikal von den meisten Formen des bisherigen *Rationalismus,* der irgendwelche Begriffe, Formeln, ja sogar die Wissenschaft zur Grundlage seines Verfahrens macht, sei es, um ihre „Voraussetzungen'' reduktiv zu gewinnen, sei es, um „ihre Resultate in einen widerspruchslosen Zusammenhang'' zu bringen. Klärung der Wissenschaft und ihrer Gegenstände — gewiß, das ist auch ein Hauptanliegen der phänomenologischen Philosophie; nicht minder freilich Klärung der Kunst, der Religion, des Ethos. Aber Wissenschaft als gültig voraussetzen oder irgendeinen Satz ihrer — das heißt ihr Wesen nicht klären, sondern verdunkeln. Es heißt außerdem, die Philosophie zu einer ancilla scientiae[1] machen, d.h. denselben Fehler begehen, den man mit Recht der Scholastik vorwirft, wenn auch an die Stelle der theologischen Wissenschaft hier mathematische Naturwissenschaft oder Geschichtswissenschaft tritt (Scientifismus). Dazu hat ein solcher „Gerichtshof" für die Einzelwissenschaften schon darum keine Existenzberechtigung, weil diese mit Recht darauf Anspruch machen, ihre Voraussetzungen selbst zu fixieren, diese Fixierung aber sich im steten Wandel ihrer Entwicklung auch jeden Tag verändern muß.

Aber keine geringere Kluft scheidet den radikalen Empirismus der Phänomenologie auch insofern vom Rationalismus aller Art, als sie es kraft ihres Erkenntnisprinzips zurückweist, die Probleme des *Kriteriums* bei allen Fragen an die erste Stelle zu setzen. Eine Philosophie dieser Art nennt sich selbst mit Recht „Kritizismus". Ihr gegenüber ist der Phänomenologe überzeugt, daß allen Kriteriumsfragen hinsichtlich eines Gebietes — hinsichtlich echter und falscher Wissenschaft, wahrer und falscher Religion, echter und wertloser Kunst ja auch Fragen wie: „Welches Kriterium besteht für die Wirklichkeit eines Gemeinten, die Wahrheit eines Urteils?"— ein tiefes *Einleben in den Gehalt* und den Sinn der in Frage kommenden Tatsachen *vorauszugehen* hat. Nach einem Kriterium, ob etwa ein Bild ein echtes Kunstwerk sei, ob und welche bestehende Religion „wahr" sei, pflegt stets derjenige zuerst zu fragen, der draußen steht,der mit keinem Kunstwerke, keiner Religion, in der Wissenschaft mit keinem Tatsachengebiet einen *un*mittelbaren Kontakt unterhält. Wer auf keinem Sachgebiete Arbeit geleistet hat, hat zuerst nach Kriterien dieses Sachgebietes gefragt . . .

Die Kriteriumsfrage ist die Frage des ewig „anderen" — dessen, der nicht im Erleben, im Erforschen der Tatsachen das wahr und falsch oder die Werte gut und böse usw. finden will, sondern sich *über* das alles stellt — als ein Richter. Ein solcher aber macht sich nicht klar, daß alle Kriterien erst aus der Berührung mit den *Sachen selbst* abgeleitet sind — und auch „die" Kriterien so abzuleiten sind. Es sind also auch Gegensätze wirklich-unwirklich, wahr-falsch sowie alle Wertgegensätze einer *phänomenologischen Klärung* ihres „Sinnes" bedürftig. Nur etwas vom gleichen Sinn des Wortes „wahr" gibt es noch, das über den Gegensatz wahr-falsch, der allein der Satzsphäre angehört, noch erhaben ist: das ist die *„Selbstgegebenheit"* eines Gemeinten in unmittelbarer Anschauungsevidenz. Das allein ist jene Wahrheit, von der Spinoza das große und tiefe Wort spricht: „Die Wahrheit ist Kriterium ihrer selbst *und* des Falschen", und die er seiner Erkenntnis durch Intuition vorbehält. Sie ist nie durch Kritik anderer Lehren zu gewinnen; und selbstgegeben ist nicht gleich unbezweifelbar, unumstößlich. In dieser „Wahrheit selbst" gründet erst die Gegensatzwahrheit, die für die *Satz-* und *Urteilssphäre* gilt. Selbstgegebenheit und Evidenz (Einsicht) sind also Erkenntnisideale, die der Wahrheit und Falschheit *vorhergehen.* Natürlich fragt der Mensch des Kriteriumstypus wieder: „Welches Kriterium besteht denn für Selbstgegebenheit?" Und er sucht dann psychologistisch nach einem „Evidenzgefühl" oder einem besonderen „Erlebnis", das wie ein kleines Wunder und Zeichen immer automatisch wiederkehrt, wenn etwas so evident ist, — eine Sache, die natürlich nicht existiert —, oder nach Normen, denen Urteile entsprechen. Aber schon die Idee eines „Kriteriums der Selbstgegebenheit" ist widersinnig, da alle Frage nach Kriterien ihren Sinn erst da gewinnt, wo die Sache eben nicht „selbst", sondern nur ein „Symbol" für sie gegeben ist.

1 (lat) Magd der Wissenschaft

Gleichwohl steht dieses echt positivistische und empiristische Prinzip der Phänomenologie in nicht minder starkem Gegensatz zu allem, was *bisher Empirismus* und *Positivismus* hieß. Die philosophischen Lehren, die sich so nannten, prüften faktisch gar nicht schlicht und rein, was im Erleben *gegeben* ist, sondern erklärten, nachdem sie einen ganz engen Begriff von Erfahrung, nämlich den Begriff „Erfahrung durch Sinne" zugrunde gelegt hatten, es müsse alles, was als gegeben gelten wolle, auf „Erfahrung" zurückgeführt werden. Phänomenologie weist es zurück, daß ein „Begriff" von Erfahrung zugrunde gelegt werde, und sie fordert, daß auch die Begriffe „Empfindung", „sinnlich" sich phänomenologisch ausweisen. Gewiß beruht alles Gegebene auf Erfahrung — aber es führt auch alle Art von „Erfahrung von etwas" zu einem *Gegebenen.* Diesen letzten Satz verkennt der kleine, enge Empirismus der Sensualisten. Er unterdrückt einfach alles Gegebene, was sich durch eine Impression oder Derivate solcher nicht „decken" läßt, oder er „erklärt" es — weg. So Hume Kausalität, Ding, Ich usw. Für Kant muß Gegebenes aus Empfindungen und Denken zusammenzusetzen sein. Und nun gibt es nichts, was schwerer und indirekter zur Selbstgegebenheit zu bringen wäre als gerade die „Empfindung", mit der jeder Scheinempirismus so lustig anfängt, als sei sie das Urgegebene.

Aber noch in einem anderen Sinne ist die phänomenologische Philosophie von jenem Empirismus grundverschieden. Gerade das radikale Erfahrungsprinzip der Phänomenologie führt zu einer vollen Rechtfertigung, ja gewaltigen *Erweiterung des Apriorismus* — Positivismus und Empirismus sind antiaprioristisch und induktiv — , und zwar auf allen Gebieten der Philosophie. Denn alles, was auf einer unmittelbaren Selbstanschauung beruht, d. h. „selbst" im Erleben und Anschauen *da ist,* das ist auch für alle mögliche Beobachtung und Induktion aus dem Beobachten *a priori* gegeben, als pure Washeit = Wesenheit. Sätze aber, die sich in so Gegebenem erfüllen, sind auch a priori wahr — Sätze , die ihm widerstreiten, „a priori falsch". So wenig Erfahrung mit Sinneserfahrung (einem Selektionsmodus der Anschauung) gleichgesetzt werden darf, so wenig auch mit Induktion.

Der Apriorismus der Phänomenologie vermag das Richtige, das im Apriorismus Platons und Kants steckt, durchaus in sich aufzunehmen. Und doch trennt ihn ein Abgrund von diesen Lehren. Nicht durch irgendeine „Aktivität des Formens" oder eine Synthesis[2] und dergleichen wird das Apriori ein Bestandteil der Erfahrung, geschweige durch die Akte eines „Ich" oder eines „transzendentalen Bewußtseins". Sondern die *Ordnung der Fundierung,* in der die Phänomene als Gehalte unmittelbaren Er-lebens zur Gegebenheit kommen, und die nicht in einem „Verstande", sondern in ihrem *Wesen* gründet, macht, daß z. B. alle Sätze, die sich auf „Räumlichkeit" gründen, auch für Körper gelten, alle Sätze, die für Werte gelten, auch für die Güter und Handlungen gelten, die diese Werte an sich tragen. D. h. alles, was für das (selbstgegebene) *Wesen* von Gegenständen (und was an *Wesenszusammenhängen)* gilt, das gilt auch für die Gegenstände dieses Wesens a priori. Was für das Wesen einer toten Bewegung gilt, gilt auch für die beobachtbare Bewegung, was für das Wesen des Gegenstandes, auch für diesen bestimmten Gegenstand; analog der Wesenszusammenhang, daß Edles dem Nützlichen vorzuziehen sei, oder daß 3 + 3 = 6. Neben dem sog. *formalen Apriori* der intuitiven Grundtatsachen reiner Logik zeigt dann aber jedes Sachgebiet: Zahlenlehre, Mengenlehre, Gruppenlehre, Geometrie (Farben- und Ton-

2 Bei Kant ist S. die Verstandesleistung, durch die die Mannigfaltigkeit der Sinneswahrnehmungen zur Einheit gebracht werden.

geometrie), Mechanik, Physik, Chemie, Biologie, Psychologie, dem genaueren Eindringen jeweilig ein ganzes System *material apriorischer* Sätze — auf Wesenseinsicht beruhend —, die den Apriorismus gewaltig erweitern. Und immer ist hier das Apriori im *logischen* Sinne eine *Folge* des Apriori der *Anschauungstatsachen,* die die Gegenstände der Urteile und Sätze konstituieren (z. B. der Satz des Widerspruchs).

So scheidet sich der phänomenologische Apriorismus von der Verkoppelung (mit allem Idealismus, Subjektivismus, Spontaneismus, Transzendentalismus, dem sog. „kopernikanischen Standpunkt" Kants, Rationalismus und Formalismus), welche die Apriorilehre in den herrschenden Richtungen der Philosophie in den mannigfachsten Formen einging.

Gemeinsam aber scheidet die phänomenologische Philosophie vom bisherigen Empirismus *und* Rationalismus die Tatsache, daß das *volle geistige Er-leben,* das noch in Aktintentionen, in irgendwelchen Arten des „Bewußtseins von etwas" stattfindet, nicht also nur das *„Vorstellen"* von Gegenständen — das Wort hier nicht im Gegensatz zu Wahrnehmung, sondern als Einheit des „theoretischen" Verhaltens gebraucht — herangezogen wird. Die Welt ist im Er-leben prinzipiell so unmittelbar auch als „Wider-stand" gegeben, wie sie als „Gegenstand" gegeben ist. Also auch um *die* Wesensgehalte, die in den Akten — und nur in ihnen — des *Fühlens von etwas,* z. B. der Schönheit oder Lieblichkeit einer Landschaft, des *Liebens* und *Hassens,* des *Wollens* und Nichtwollens, des *religiösen Ahnens* und *Glaubens* unmittelbar vorliegen und entgegenblitzen — im Unterschiede von all dem, was ich bloß bei solcher „Gelegenheit" nicht in Akten dieser Art, sondern in vorstelligen Akten durch innere Wahrnehmung an meinem Ich vorfinde als psychischen Zustand, als Gefühl z. B. — soll es sich handeln. Und auch hier soll apriorischer Gehalt und Wesensgehalt von dem zufälligen Dinggehalt möglicher Beobachtung und Induktion geschieden werden.

Gerade hier scheint es vielen am schwersten zu sein, den Gehalt des *Er-lebens* und die Fülle dessen, was sich ihm und nur in ihm auftut — und darum, da sein Erscheinen und Gegebensein eben nur an Akte solcher Art gebunden ist, doch nicht um ein Haar weniger „objektiv" ist —, von dem bloß *gelebten Leben* zu scheiden, das als tote Begleiterscheinung oder als Residuum sich als sog. „psychisches Erlebnis" gleichzeitig oder nachträglich beobachten läßt. Und doch sind dies nicht etwa nur relativ, im Sinne des sog. Aktuell-Gegenwärtigen und Unmittelbar-Vergangenen, sondern *absolut* verschiedene Tatsachen.

16. VICTOR KRAFT

Logik und Erlebniswirklichkeit

Erkenntnis ist eine Unterklasse der Aussagen, die traditionell durch das Merkmal der Wahrheit bestimmt wird. Wahrheit ist eine Beschaffenheit eines ausgesagten Sachverhaltes, d. i. der gemeinsamen Bedeutung einer Klasse synonymer Sätze. Weil Wahrheit durch eine Definition konstituiert wird, können statt der Dichotomie von wahr und seiner Negation = falsch auch mehrfache Wahrheitswerte eingeführt werden, wenn es für die Erkenntnis notwendig wird. ...

Wahrheit und Falschheit besagen mehr als Bejahung und Verneinung und auch mehr als die beurteilte Aussage, nämlich Invarianz eines ausgesagten Sachverhaltes gegenüber den Urteilenden und der Zeit. Diese Beschaffenheit wird als eine Anforderung aufgestellt, als ein Ideal. Solche Invarianz wird nicht gewährleistet, wenn sie durch eine Autorität gefordert wird, sie muß in der Beschaffenheit des Sachverhaltes begründet sein. Worin diese Beschaffenheit besteht, ist in verschiedener Weise bestimmt worden: im semantischen Wahrheitsbegriff nur für formalisierte Sprachen, im Pragmatismus als die praktische Brauchbarkeit einer Aussage, durch BRENTANO[1] als Evidenz der Anerkennung, herkömmlicherweise in der Korrespondenztheorie als Übereinstimmung einer Aussage mit der Wirklichkeit, in der Kohärenztheorie als Übereinstimmung mit den übrigen Aussagen. Wahrheit kann nur bei Wirklichkeitsaussagen in der Übereinstimmung mit der Wirklichkeit bestehen, aber nicht bei ideellen Aussagen über Begriffsbeziehungen, weil diese keine selbständige Wirklichkeit bilden.

Damit eine Aussage eine Erkenntnis darstellt, genügt es nicht, daß sie wahr ist, sondern man muß auch wissen, ob sie wahr ist. Darum ist es für die Erkenntnis wesentlich, wie die Wahrheit festzustellen ist. Das ist je nach der Art der Aussagen verschieden. Die Scheidung in analytische und synthetische betrifft den Unterschied von Aussagen, die auf Grund der Logik allein wahr sind, und solchen, die dafür noch einen außerlogischen Grund erfordern. Eine Aussage ist logisch wahr, wenn und weil sie den Regeln der Logik entspricht. Ob dies der Fall ist, ergibt sich durch unmittelbare Einsicht.

Die für die Erkenntnis wichtigsten logisch wahren Aussagen sind die Schlußfolgerungen und die daraus aufgebauten deduktiven Systeme, die Theorien. In einem solchen System sind die Voraussetzungen für die logische Ableitung, Grundbegriffe und Grundbeziehungen und Ableitungsregeln, explizit formuliert. Die Voraussetzungen sind nicht wahre Aussagen, sondern Annahmen, Postulate; und die abgeleiteten Aussagen sind nur unter diesen Voraussetzungen wahr, sie sind nur bedingt wahr. Unbedingt wahr ist nur das ganze System als eine logische Implikation. Durch Schlußfolgerung können neue Erkenntnise gewonnen werden, weil in der Konjunktion der Prämissen eine neue Verbindung hergestellt wird. Eine Theorie kann zur Erkenntnis der Wirklichkeit angewendet werden, wenn ihren Grundbegriffen deskriptive Begriffe und den Grundbeziehungen isomorphe Beziehungen in der Wirklichkeit zugeordnet oder zugrunde gelegt werden. Dadurch werden die Voraussetzungen des deduktiven Systems zu empirischen Hypothesen. Ob diese zutreffen, wird dadurch geprüft, daß aus ihnen Folgerungen abgeleitet werden, die mit festgestellen Tatsachen verglichen werden können. Wenn beide übereinstimmen, wird eine Theorie nicht als wahr, sondern nur als wahrscheinlich erwiesen. Wenn sie nicht übereinstimmen, muß die Theorie aufgegeben oder modifiziert werden. Sie kann nicht durch willkürliche Annahmen aufrechterhalten werden, wie es der Konventionalismus[2] vertritt.

Übereinstimmung einer Aussage mit der Wirklichkeit kann nicht in einer abbildungsmäßigen Entsprechung bestehen, sondern nur darin, daß die in der Aussage gedanklich hergestellten Beziehungen durch die Beschaffenheit der individuellen Gegenstände der Wirk-

1 *Franz Brentano,* 1838—1917, deutscher Philosoph und Psychologe, Professor in Wien, vertrat eine empiristische Erkenntnistheorie im Anschluß an Aristoteles.

2 Lehre, die Begriffe, Definitionen, Axiome, Hypothesen auf rein zweckmäßiger oder zufälliger Übereinkunft von Wissenschaftlern beruhen läßt.

lichkeit eindeutig bestimmt werden. Aber für eine Vergleichung mit der Wirklichkeit steht nur die Erlebniswirklichkeit zur Verfügung. Diese besteht in dem jeweils Gegenwärtigen, das in der Erinnerung sich auf früher Gegenwärtiges bezieht und dadurch eine kontinuierliche Erlebnisreihe herstellt.

Eine Erlebnisaussage kann nicht mehr enthalten als ein einzelnes Erlebnis, sie kann nicht von Gegenständen sprechen, die von Erlebnissen verschieden sind. Erlebnisaussagen sind nicht unbedingt als wahr gewiß; sie können auch irrtümlich sein, sofern in ihnen das Erlebte grifflich bestimmt, in Klassen eingeordnet wird, weil es unzutreffend geschehen kann. Nur Aussagen über wohlbekannte Erlebnisse, die als schon eingeordnete wiedererkannt werden, können als wahr unmittelbar gewiß sein. Aber weil sie immer hinweisende Bezeichnungen enthalten (ich, hier jetzt), die nur durch eine konkrete Situation eindeutig bestimmt werden, können reine Erlebnisaussagen nicht in die Erkenntnis eingehen, sondern sie müssen dazu in „Protokollaussagen" übergeführt werden, für deren Wahrheit in letzter Linie die Wahrheit der Erlebnisaussagen maßgebend ist.

Eine Wirklichkeit außerhalb der Erlebnisse kann nur durch Erlebnisse (Wahrnehmungen, Gedanken, Glauben) vertreten werden; das ist vermöge der intentionalen Beziehung möglich. Wenn man die Erkenntnis einer erlebnistranszendenten Wirklichkeit negiert, ist der Solipsismus die unausweichliche Konsequenz. Der Solipsismus kann nur dadurch überwunden werden, daß man sich zu Hypothesen über eine solche Wirklichkeit entschließt.

Als ein Erkenntnisverfahren, das über das Gegebene hinausführt, gilt die Induktion. In ihr soll vom Gegebenen aus Nicht-gegebenes „erschlossen" werden, auf eine andere Weise als auf die deduktive. Aber das ist logisch unmöglich. Denn im Gegebenen ist keine Beziehung zu Nicht-gegebenem enthalten. Eine Verallgemeinerung oder ein „Schluß" auf einen neuen Fall ist etwas, das zum Gegebenen neu hinzugefügt wird; es ist eine Extrapolation.

...

Extrapolation ist nur unter der Voraussetzung von Gesetzmäßigkeit möglich. Diese kann nur als eine Hypothese eingeführt werden.

Eine Hypothese ist eine versuchsweise Behauptung, die dadurch auf ihr Zutreffen geprüft wird, daß aus ihr zusammen mit anderen Aussagen Folgerungen abgeleitet werden, die mit festgestellten Tatsachen verglichen werden. Als solche genügen bloße Wahrnehmungen noch nicht, weil sie subjektiv und privat sind. Es müssen objektive und intersubjektiv nachprüfbare Tatsachen sein. Wenn Folgerungen und Tatsachen miteinander übereinstimmen, erhält die Hypothese dadurch eine Bestätigung und je nach der Art der Bestätigung eine größere oder geringere Wahrscheinlichkeit. Die Bestätigung oder Widerlegung einer Hypothese gilt nur unter den Voraussetzungen dafür. Sie ist daher mit diesen veränderlich; sie ist darum zeitbedingt, gegenüber der Zeitlosigkeit der Wahrheit. Aber die Zeitbedingtheit ist dabei nur sekundär. Das Wesentliche liegt in der Abhängigkeit der Wahrscheinlichkeit von den zugrunde gelegten Voraussetzungen und deren Verschiedenheit.

Die Induktion ist nichts anderes als Aufstellung einer Hypothese und kein eigenes Erkenntnisverfahren.

...

Die Definition der Wahrheit als Übereinstimmung mit der Wirklichkeit trifft nur für den engen Bereich der Erlebnisaussagen zu. Für alle anderen Arten von Aussagen wird Wahrheit auf verschiedene Weise konstituiert. Übereinstimmung mit einem logischen Zusammenhang von Aussagen als Kontrollbereich ergibt einen allgemeinen und umfassenden Begriff der Wahrheit, für logische und für außerlogische Wahrheit, für ideelle und für Wirklichkeitsaussagen. So wird Wahrheit durch eine Kohärenztheorie, welche eine Korrespondenztheorie einschließt, definiert.

...

Die Anforderungen an Erkenntnis, wie sie in der Wissenschaft gestellt werden, sind seit der Antike, aber vor allem in den letzten drei Jahrhunderten ausgebildet worden. DESCARTES, PASCAL, LEIBNIZ haben die logische Grundlage ausgebildet; sie haben einen streng logischen Aufbau der Erkenntnis vor Augen gehabt und die Bedingungen für ihn entwickelt. Der Empirismus hat die andere Bedingung, die Wahrnehmung, in den Vordergrund gestellt, aber an einem rationalen Aufbau der Erkenntnis festgehalten. Durch KANT haben beide Bedingungen der Erkenntnis ihre gemeinsame Anerkennung gefunden. Aber durch ihn ist der Aufbau der Erkenntnis noch nicht hinreichend klargestellt worden. Er hat wohl deutlich gesehen, daß sie nicht aus Sinneseindrücken allein induziert werden kann; aber es sind nicht vor aller Erfahrung feststehende Grundsätze, mit Hilfe deren das sinnliche Material geordnet wird; sondern es sind hypothetische Konstruktionen in Zusammenhang mit den Beziehungen der Sinnesdaten. *Dem Apriorismus und dem Induktivismus tritt der Konstruktivismus gegenüber.* Die Erkenntnis der Wirklichkeit wird letzten Grundes durch konstruktive Hypothesen konstituiert, die empirisch zu prüfen und zu begründen sind.

...

Erkenntnis erfordert ein Aussagensystem, weil Wahrheit in der eindeutigen Bestimmtheit einer Aussage durch andere besteht. Für die Bildung eines Aussagensystems muß die erste Bedingung sein, daß seine Aussagen durch logische Beziehungen miteinander verbunden sind. Denn nur dadurch bilden sie ein System.

Ein Aussagensystem kann nicht auf hinreichende letzte Grundlagen gestellt werden, die durch Aussagen, die absolut, d. i. schon für sich allein wahr sind, gebildet werden. Die grundlegenden allgemeinen Aussagen können nur als Annahmen eingeführt werden. Es sind Konstruktionen, die für Wirklichkeitserkenntnis durch ihren Zusammenhang mit Wahrnehmung ihre Begründung erhalten.

Logischer Zusammenhang, Widerspruchslosigkeit genügt nur für ideelle Systeme. Für Erkenntnis von Wirklichkeit müssen Aussagen über gesetzmäßige tatsächliche Wahrnehmungen hinzukommen, die mit den anderen Aussagen des Systems logisch verknüpft sind. Darin liegt eine zweite Bedingung für ein Aussagensystem, das Erkenntnis ergibt.

Die Aufstellung dieser Bedingungen wird dadurch begründet, daß es die notwendigen Bedingungen dafür sind, 1. daß Aussagen durch andere in allgemeingültiger Weise bestimmt werden, weil die Logik allgemein anerkannt werden muß; 2. daß Aussagen als solche über

Wirklichkeit allgemeingültig sind, weil sie mit der Erlebniswirklichkeit in logischem Zusammenhang stehen. Allgemeingültigkeit und allgemeine Einsichtigkeit ergeben sich aus der Gesetzmäßigkeit des Verfahrens, durch das eine Invarianz von Aussagen vermöge ihrer Beschaffenheit, ihre Wahrheit, erreicht wird.

Die aufgestellten Bedingungen sind die Anforderungen, durch welche die Erkenntnis in der Wissenschaft definiert wird. Diese Bedingungen müßte auch jede Art von beanspruchter Metaphysik anerkennen, wenn sie allgemeingültig und allgemein einsichtig sein will und nicht andere Bedingungen für Wahrheit angeben kann, die gleichfalls Allgemeingültigkeit ergeben.

17. ALFRED KOSING, MANFRED BUHR, GEORG KLAUS

Wahrheit als Abbild

Im Gegensatz zu allen diesen Auffassungen geht die Wahrheitstheorie des dialektischen Materialismus von der Abbildtheorie aus und sieht wie ARISTOTELES die Wahrheit in der Übereinstimmung der Erkenntnis mit der objektiven Realität. Der dialektische Materialismus baut auf der Wahrheitskonzeption des ARISTOTELES auf und entwickelt sie weiter. Die allgemeine philosophische Bestimmung der Wahrheit als Adäquatheit der Erkenntnis bedarf der weiteren Präzisierung, wenn wir die Erkenntnis im Hinblick auf ihre verschiedenen Formen, in denen sie existiert, auf die unterschiedlichen kognitiven Abbilder und deren Rolle im Erkenntnisprozeß untersuchen. Das Problem der Adäquatheit stellt sich für verschiedene Abbildformen in unterschiedlicher Weise. Die sinnlichen Abbilder (Empfindung, Wahrnehmung) sind infolge ihres unmittelbaren Charakters und bedingt durch die Gesetzmäßigkeit ihrer Entstehung ihrer Natur gemäß immer adäquat; sie sind eine relativ adäquate Widerspiegelung der objektiven Realität im Bewußtsein und können folglich auch nicht falsch sein. Infolgedessen entsteht auf dieser Ebene des Erkennens noch keine Notwendigkeit, zwischen adäquaten und nichtadäquaten Abbildern zu unterscheiden, weshalb es strenggenommen keinen exakt angebbaren Sinn hat, von der Wahrheit der Wahrnehmung zu sprechen. Das Problem der Unterscheidung von adäquaten und nichtadäquaten Abbildern entsteht erst auf der Ebene des rationalen Erkennens und der begrifflich formulierten Erkenntnis, weil sich diese Erkenntnis nun von ihrer unmittelbaren Verbindung mit der objektiven Realität löst, weil sie mittelbare Erkenntnis wird. Infolge ihres vermittelten Charakters kann der Verstand mit den als Resultat der Abstraktion und Verallgemeinerung entstehenden Begriffen relativ frei operieren und sie in unterschiedlicher Weise miteinander zu Aussagen verknüpfen. Hierdurch entsteht die reale Möglichkeit, daß die als Aussage im Aussagesatz formulierte Erkenntnis adäquat, aber auch nicht adäquat sein kann, je nachdem, ob die Verknüpfung dem Sachverhalt entspricht oder nicht. Auf dieser Ebene des Erkennens und der Erkenntnis wird es notwendig, eindeutig zwischen adäquaten und nichtadäquaten Aussagen und Aussageverbindungen, wie Theorien, zu unterscheiden, und das geschieht durch die Feststellung ihrer Wahrheit oder Falschheit.

Aussagen und alle hierauf beruhenden Erkenntnisformen können im Unterschied zur Wahrnehmung wahr oder falsch sein. Daher gewinnt der Begriff der Wahrheit hier einen exakt angebbaren Sinn, und die Beziehungen von Wahrheit und Falschheit können auf dieser erkenntnistheoretischen Grundlage in der formalen Logik detailliert untersucht werden. Die Wahrheit erweist sich somit als eine spezielle Form der allgemeinen Adäquatheit der Erkenntnis, welche für Aussagen und hierauf beruhende Erkenntnisformen zutrifft. Sie wird definiert als Eigenschaft der Aussagen, mit dem widergespiegelten Sachverhalt übereinzustimmen.

In der marxistischen Literatur wird der Begriff der Wahrheit häufig auf die Erkenntnis insgesamt bezogen, ohne zwischen den verschiedenen Erkenntnisformen zu unterscheiden. Das ist in bestimmten Grenzen möglich, wenn es sich nur darum handelt, die materialistische Grundposition allgemein zu formulieren. Eine detailliertere erkenntnistheoretische und logische Ausführung und Begründung dieser materialistischen Position kann auf die präzise Unterscheidung von allgemeiner Adäquatheit und Wahrheit jedoch nicht verzichten.

Das Wahrheitsproblem hat zwei grundlegende Aspekte, die LENIN folgendermaßen formulierte: „1. Gibt es eine objektive Wahrheit, d. h., kann es in den menschlichen Vorstellungen einen Inhalt geben, der vom Subjekt unabhängig ist, der weder vom Menschen noch von der Menschheit abhängig ist? 2. Wenn ja, können dann die menschlichen Vorstellungen, die die objektive Wahrheit ausdrücken, sie auf einmal vollständig, unbedingt, absolut oder nur annähernd, relativ ausdrücken? Diese zweite Frage ist die Frage nach dem Verhältnis zwischen absoluter und relativer Wahrheit" ... In dem Verhältnis von relativer und absoluter Wahrheit kommt der historische Charakter des Erkenntnisprozesses und der Erkenntnis zum Ausdruck. In der Erkenntnis erlangen wir objektive Wahrheit, aber das ist keine endgültige, abgeschlossene, ewige Wahrheit, denn das Erkennen der Wahrheit ist ein Prozeß, der Prozeß der unendlichen Annäherung des Denkens an das Objekt (LENIN). Daher vollzieht sich das Erkennen der absoluten Wahrheit in einem unendlichen Prozeß durch das Erkennen immer neuer relativer Wahrheiten. Die relative Wahrheit ist eine Erkenntnis, die innerhalb gewisser Grenzen, mit einem bestimmten Grad von Genauigkeit, mit der objektiven Realität übereinstimmt, also objektiven Charakter besitzt, jedoch infolge ihrer Abhängigkeit von den jeweiligen Erkenntnisbedingungen Elemente des Relativen enthält und durch die weitere Vertiefung der Erkenntnis verändert werden kann. Da jede relative Wahrheit in gewissen Grenzen eine richtige Widerspiegelung der objektiven Realität ist, enthält sie zugleich Elemente der absoluten Wahrheit. Die menschliche Erkenntnis kann sich der absoluten Wahrheit durch die relativen Wahrheiten immer weiter nähern, ohne jedoch jemals einen endgültigen Abschluß zu finden, denn „ein allumfassendes, ein für allemal abschließendes System der Erkenntnis von Natur und Geschichte steht im Widerspruch mit den Grundgesetzen des dialektischen Denkens, was indes keineswegs ausschließt, sondern im Gegenteil einschließt, daß die systematische Erkenntnis der gesamten äußeren Welt von Geschlecht zu Geschlecht Riesenfortschritte machen kann" (MARX/ENGELS ...). Alle Erkenntnis ist eine Einheit von Absolutem und Relativem; das Absolute kann nicht unmittelbar, sondern nur durch das Relative erkannt werden, und im Relativen ist immer Absolutes enthalten. „Das menschliche Denken ist also seiner Natur nach fähig, uns die absolute Wahrheit, die sich aus der Summe der relativen Wahrheiten zusammensetzt, zu vermitteln, und es tut dies auch. Jede Stufe in der Entwicklung der Wissenschaft fügt dieser Summe der absoluten Wahrheit neue Körnchen hinzu; aber die Grenzen der Wahrheit jedes wissenschaftlichen Satzes sind relativ und können durch die weitere Entwicklung des Wissens entweder weiter oder enger gezogen werden'' (LENIN ...). Die Unterscheidung von relativer und absoluter Wahrheit ist von grundlegender Bedeutung für das richtige Verständnis des dialektischen Entwicklungsprozesses der Erkenntnis. Die nichtmarxistische Philosophie ist mit diesem Problem nie fertig geworden, weshalb sie entweder zu einem jede objektive Wahrheit preisgebenden Relativismus oder aber zu einem dogmatischen Wahrheitsabsolutismus gelangte. Die Unterscheidung von relativer und absoluter Wahrheit „ist gerade ‚unbestimmt' genug, um die Verwandlung der Wissenschaft in ein Dogma im schlechten Sinne dieses Wortes, d. h. in etwas Totes, Erstarrtes, Verknöchertes zu verhindern, sie ist aber zugleich ‚bestimmt' genug, um sich auf das entschiedenste und unwiderruflichste vom Fideismus und vom Agnostizimus ... abzugrenzen'' (LENIN ...). Von der Definition der Wahrheit streng zu unterscheiden ist das Kriterium der Wahrheit. Erstere stellt fest, was Wahreit ist, letztere beantwortet die Frage nach der Art und Weise, wie man Wahrheit feststellt. Das Wahrheitskriterium letzter Instanz, das allen übrigen Methoden der Wahrheitsprüfung (Beweis, Deduktion, Reduktion, Entscheidungsverfahren) direkt oder indirekt zugrunde liegt, ist die Praxis.

18. MAX HORKHEIMER

Keine zeitlose Wahrheit

Das Handeln ist . . . nicht als Anhängsel, als bloßes Jenseits des Denkens aufzufassen, sondern spielt in die Theorie überall hinein und ist von ihr gar nicht abzulösen. Eben deshalb gewährt hier das bloße Denken nicht die Befriedigung, die Sache fest und sicher zu besitzen und mit ihr vereinigt zu sein. Von den Eroberungen des menschlichen Geistes als einem Faktor bei der Befreiung aus der Übermacht der Natur und bei einer besseren Gestaltung der Verhältnisse kann gewiß nicht hoch genug gedacht werden. Soziale Gruppen und Machthaber, die ihn bekämpften, alle Propagandisten irgendeiner Art von Dunkelheit, hatten ihre lichtscheuen Gründe und haben die Menschen stets in Elend und Knechtschaft geführt. Aber wenn das Wissen in bestimmten historischen Situationen schon durch sein bloßes Dasein Unheil verhindern und zur Macht werden kann, so beruht doch das Bestreben, es isoliert zum höchsten Ziel und Mittel der Erlösung zu machen, auf einem philosophischen Mißverständnis. Welchen Sinn und Wert ein bestimmtes Wissen hat, läßt sich nicht allgemein und *a priori* sagen. Das hängt vielmehr von dem jeweiligen Gesamtzustand der Gesellschaft, von der konkreten Situation ab, zu der es gehört. Gedanken, die, isoliert genommen, ihrem Inhalt nach identisch sind, können zu einer Zeit unreif und phantastisch, zur anderen überholt und belanglos sein und doch in einem bestimmten historischen Augenblick Faktoren einer Macht bilden, welche die Welt verändert.
Es gibt kein ewiges Rätsel der Welt, kein Weltgeheimnis, das ein für allemal zu ergründen die Mission des Denkens wäre; diese Ansicht, die sowohl die dauernde Veränderung der er-

kennenden Menschen wie ihrer Gegenstände als auch die unüberwindliche Spannung von Begriff und objektiver Realität ignoriert und das Denken als eine magische Kraft verselbständigt und fetischisiert, entspricht heute dem engen Horizont von Individuen und Gruppen, die aus ihrer gefühlten Unfähigkeit, die Welt durch rationale Arbeit zu verändern, nach Universalrezepten greifen, sie zwangshaft festhalten, eintönig memorieren und wiederholen. Indem die Dialektik aus der Verbindung mit dem überspannten Begriff des isolierten, seine Bestimmung aus sich selbst setzenden, in sich vollendeten Denkens gelöst wird, verliert die von ihr bestimmte Theorie notwendig den metaphysischen Charakter der Endgültigkeit, die Weihe einer Offenbarung, und wird zu einem in das Schicksal der Menschen verflochtenen, selbst vergänglichen Element.

Die unabgeschlossene Dialektik verliert jedoch darum nicht den Stempel der Wahrheit. In der Tat bildet das Aufdecken von Bedingtheiten und Einseitigkeiten im fremden und eigenen Denken ein wichtiges Moment des intellektuellen Prozesses. Mit Recht haben Hegel ebenso wie seine materialistischen Nachfolger stets betont, daß dieser kritische und relativierende Zug notwendig zur Erkenntnis gehört. Aber die Gewißheit und Bestätigung der eigenen Überzeugung bedarf nicht der Vorstellung, daß hier nunmehr Begriff und Gegenstand eins geworden seien und das Denken ausruhen könne. Soweit die in Wahrnehmung und Schlüsseln, methodischer Forschung und historischen Ereignissen, alltäglicher Arbeit und politischem Kampf gewonnenen Erfahrungen den verfügbaren Erkenntnismitteln standhalten, sind sie die Wahrheit.

Der abstrakte Vorbehalt, daß sich am eigenen Erkenntnisstand einmal berechtigte Kritik bestätigen wird, daß er der Korrektur ausgesetzt ist, drückt sich bei den Materialisten nicht in der Liberalität gegen widersprechende Meinungen oder gar in skeptischer Unentschiedenheit, sondern in der Wachsamkeit gegen eigene Fehler und in der Beweglichkeit des Denkens aus. Sie verfahren nicht weniger „objektivistisch" als die reine Logik, wenn sie lehrt, daß die relativistische „Rede von einer subjektiven Wahrheit, die für den Einen diese, für den Anderen die entgegengesetzte sei, eben als widersinnige gelten müsse"[1]. Da freilich jener übergeschichtliche und daher überspannte Wahrheitsbegriff, der vom Gedanken an einen reinen unendlichen Geist, letzten Endes also vom Gottesbegriff herrührt, unmöglich ist, hat es keinen Sinn mehr, die Erkenntnis, die wir haben, an dieser Unmöglichkeit zu orientieren und in diesem Sinne relativ zu nennen. Die Theorie, die wir als richtig ansehen, mag einmal verschwinden, weil die praktischen und wissenschaftlichen Interessen, die bei der Begriffsbildung eine Rolle spielten, und vor allem weil die Dinge und Zustände, auf die sie sich bezogen, verschwunden sind. Dann ist diese Wahrheit in der Tat unwiederbringlich dahin; denn es gibt kein übermenschliches Wesen, das, nachdem sich die wirklichen Menschen verändert haben oder gar nachdem die Menschheit ausgestorben ist, die heutige Beziehung zwischen Gedankeninhalten und Gegenständen in seinem allumfassenden Geiste festhielte. Nur an einer überirdischen, unveränderlichen Existenz gemessen erscheint die menschliche Wahrheit von einer schlechteren Qualität. Soweit sie jedoch notwendig unabgeschlossen und insofern „relativ" bleibt, ist sie zugleich absolut; denn die spätere Korrektur bedeutet nicht, daß ein früher Wahres früher unwahr gewesen sei. Im Fortgang der Erkenntnis wird zwar vieles fälschlich für wahr Gehaltene als verkehrt erwiesen; die Umwäl-

1 (Edmund Husserl, s. Autorenverzeichnis)

zung der Kategorien rührt jedoch daher, daß von den Kräften, Aufgaben, historischen Veränderungen das Verhältnis von Begriff und Realität im ganzen und in allen Teilen betroffen und verändert wird. Von der Entschiedenheit, mit der die Menschen aus ihren Erkenntnissen Konsequenzen ziehen, von der Aufgeschlossenheit, mit der sie ihre Theorien der Wirklichkeit anpassen und verfeinern, kurz, von der kompromißlosen Anwendung der als wahr erkannten Einsicht hängt zum großen Teil Richtung und Ausgang der geschichtlichen Kämpfe ab. Nicht „die" Geschichte besorgt die Korrektur und weitere Bestimmungen der Wahrheit, so daß nun das erkennende Subjekt aus dem Bewußtsein heraus, daß auch seine differenzierte Wahrheit, welche die anderen aufgehoben in sich enthält, nicht die ganze sei, nur zuzusehen brauchte, sondern die Wahrheit wird vorwärtsgetrieben, indem die Menschen, die sie haben, unbeugsam zu ihr stehen, sie anwenden und durchsetzen, ihr gemäß handeln, sie gegen alle Widerstände aus zurückgebliebenen, beschränkten, einseitigen Standpunkten zur Macht bringen. Der Prozeß der Erkenntnis schließt ebensosehr das reale geschichtliche Wollen und Handeln wie das Erfahren und Begreifen ein. Dieses kann ohne jenes gar nicht vorwärtskommen.

Die von der idealistischen Illusion befreite Dialektik überwindet den Widerspruch von Relativismus und Dogmatismus. Indem sie den Fortgang der Kritik und Bestimmung beim eigenen Standpunkt nicht beendet wähnt und diesen somit auch nicht hypostasiert, gibt sie keineswegs die Überzeugung preis, daß ihre Erkenntnisse in dem Gesamtzusammenhang, auf den ihre Urteile und Begriffe bezogen sind, nicht bloß für einzelne Individuen und Gruppen, sondern schlechthin gelten, das heißt, daß die entgegengesetzte Theorie falsch ist. Auch die dialektische Logik enthält den Satz vom Widerspruch; seinen metaphysischen Charakter hat er jedoch im Materialismus völlig abgestreift, weil hier ein statisches System von Sätzen über ihre Wirklichkeit, ja, jede geschichtlich nicht vermittelte Beziehung von Begriff und Gegenstand nicht einmal mehr als Idee sinnvoll erscheint. Die dialektische Logik setzt keineswegs die Regeln des Verstandes außer Gültigkeit. Indem sie die Bewegungsformen des fortschreitenden Erkenntnisprozesses zum Gegenstand hat, gehört jedoch auch das Zerbrechen und Umstrukturieren fester Systeme und Kategorien in ihren Bereich und somit das Zusammenwirken aller intellektuellen Kräfte als Moment der menschlichen Praxis überhaupt. In einer Zeit, die in ihrer Ausweglosigkeit alles zum Fetisch zu machen strebt — auch das abstrakte Geschäft des Verstandes — und den verlorenen göttlichen Halt dadurch noch ersetzen möchte, daß ihre Philosophen sich an den scheinbar überzeitlichen Relationen isolierter Begriffe und Sätze als der zeitlosen Wahrheit erfreuen, weist sie auf die Fragwürdigkeit des Interesses an solcher „Strenge" und die davon verschiedene Existenz der Wahrheit hin, die von ihr keineswegs geleugnet wird. Wenn es wahr ist, daß einer die Schwindsucht hat, so mag zwar dieser Begriff in der Entwicklung der Medizin umgewandelt werden oder ganz unwichtig werden; wer aber heute mit dem gleichen Begriff die entgegengesetzte Diagnose stellt, und zwar nicht in der Richtung einer höheren Einsicht, welche die Feststellung der Schwindsucht bei diesem Mann einschließt, sondern auf demselben Stande der Medizin den Befund verneint, hat unrecht. Die Wahrheit gilt auch für den, der ihr widerspricht, sie ignoriert oder für belanglos erklärt.

Nicht was der Einzelne glaubt und von sich denkt, nicht das Subjekt an sich selbst, sondern das Verhältnis der Vorstellungen zur Realität entscheidet über die Wahrheit, und wenn einer sich einbildet, der Abgesandte Gottes oder der Retter eines Volkes zu sein, so entscheidet nicht er darüber, nicht einmal die Mehrzahl der Mitmenschen, sondern das Verhältnis seiner Behauptungen und Akte zum objektiven Tatbestand der Rettung. Die Zustände, die jene Meinungen anzeigen, müssen im Gang der Ereignisse wirklich eintreten und sich finden. Es stehen sich gegenwärtig verschiedene Ansichten von der Gesellschaft gegenüber. Nach der einen geht der angesichts des entwickelten Standes des Produktionsapparates und der Technik elende physische und psychische Zustand der Massen und der kritische Zustand des Ganzen notwendig aus dem Fortbestehen eines veralteten Prinzips der gesellschaftlichen Zusammenarbeit hervor. Nach den anderen liegt es nicht am Prinzip, sondern an seiner Störung oder Übertreibung oder an geistigen, religiösen oder rein biologischen Faktoren. Wahr sind nicht alle zusammen, sondern nur die Theorie, die das historische Geschehen so tief zu fassen weiß, daß Struktur und Tendenz des gesellschaftlichen Lebens in den verschiedenen Sphären der Kultur mit höchster Annäherung aus ihr zu entwickeln sind. Auch sie macht keine Ausnahme davon, bedingt zu sein wie jeder Gedanke und jeder Geistesinhalt überhaupt, aber der Umstand, daß sie einem bestimmten gesellschaftlichen Standort entspricht, mit dem Horizont und den Interessen gewisser Gruppen zusammenhängt, ändert nichts daran, daß sie auch für die anderen gilt, die ihre Wahrheit leugnen, unterdrücken und schließlich dennoch an sich erfahren müssen.

19. HANS ALBERT

Konstruktion und Kritik statt Begründung

Die klassische Erkenntnislehre, deren Entwicklung die Entstehung der neuzeitlichen Wissenschaft begleitete, ist in Auseinandersetzung mit einer vom scholastischen Denken geprägten Tradition entstanden, die sie zu überwinden suchte. Sie hat nichtsdestoweniger mit dieser Tradition eine allgemeine Auffassungsweise gemeinsam, die man als *Offenbarungsmodell der Erkenntnis* charakterisieren könnte. Karl Popper hat darauf hingewiesen, daß der Kern der optimistischen Erkenntnistheorie, durch die die Geburt der modernen Wissenschaft inspiriert war, in der Lehre besteht, daß die *Wahrheit offenbar* ist, daß sie offen zutage liegt und daß man nur die „Augen" aufzumachen braucht, um sie zu „schauen". Sie könne zwar oft verschleiert und es könne unter Umständen nicht leicht sein, den Schleier zu beseitigen, aber „sobald die nackte Wahrheit entschleiert vor unseren Augen steht, haben wir die Macht, sie zu sehen, sie von der Falschheit zu unterscheiden und zu wissen, daß es die Wahrheit ist". Mit dieser Erkenntnislehre, die auch bei Denkern des klassischen Altertums zu finden ist, war, wie Popper zeigt, eine Ideologietheorie des Irrtums verbunden, nämlich die Auffassung, daß der Irrtum erklärungsbedürftig sei, während die Erkenntnis der Wahrheit sich von selbst verstehe, und daß die Ursachen des Irrtums im Bereich des Willens, des Interesses, des Vorurteils zu suchen seien. Der böse Wille stört gewissermaßen den reinen Erkenntnisvorgang: das Schauen der Wahrheit. Interesse und Vorurteil „intervenieren" und verfälschen das Resultat, beeinträchtigen die Offenbarung.
Man kann hier mit einigem Recht von einer Pseudomorphose der Methodologie des kritischen Denkens sprechen, von einer Entwicklung in einem von tradierten theologischen

Denkweisen her bestimmten Gewande, . . .denn: wenn das rationale Denken an letzte Gegebenheiten anknüpfen kann, die ihm durch eine Offenbarung irgendwelcher Art vermittelt werden, dann scheint der Rekurs auf sichere Gründe, der dem . . . Postulat der zureichenden Begründung entsprechend angestrebt wird, geglückt zu sein, ohne daß menschliche Willkür dabei im Spiele ist. In Erkenntnissen mit Offenbarungscharakter kommt der betreffende Wirklichkeitsausschnitt unmittelbar und unmißverständlich ins Blickfeld des Erkennenden, den man sich als einen gehorsamen Empfänger vorstellen darf, so daß an einen Zweifel nicht zu denken ist. Allerdings muß er dazu nicht nur den Inhalt, sondern eben auch den Offenbarungscharakter solcher Erkenntnisse anerkennen; er muß sie *als* Offenbarung *identifizieren*. Sobald aber in dieser Hinsicht einmal Zweifel auftauchen, kommt die Diskussion um adäquate Kriterien in Gang, und der an diesem Punkt abgebrochene Begründungsregreß erscheint prinzipiell wieder fortsetzbar. Die Illusion des archimedischen Punktes ist verschwunden.

Was die verschiedenen Versionen des Offenbarungsmodells voneinander unterscheidet, ist vor allem die *Erkenntnisquelle*, die in ihnen jeweils in dieser Weise ausgezeichnet wird, aber auch die Art, in der der *Zugang* zu dieser Quelle geregelt ist. Besonders in diesem letzten Punkt pflegt sich der soziologische Charakter der betreffenden Erkenntnislehre zu zeigen und übrigens auch die Tatsache, daß diesen Lehren keineswegs die philosophische Reinheit und Freiheit von allen empirischen Bezügen anhaftet, die Philosophen ihnen mitunter zuzusprechen geneigt sind. Eine historisch an einen bestimmten Kreis von Menschen gebundene einmalige übernatürliche Offenbarung, die den übrigen Menschen und damit auch den späteren Generationen nur noch über eine teilweise schriftlich fixierte Tradition zugänglich ist — ein im theologischen Denken der Hochreligion verbreitetes Muster der Wahrheitsvermittlung — kann in sozialer Hinsicht, wie wir wissen, in ganz verschiedener Weise ausgestaltet werden. An sich soll durch dieses Muster eine einmal geoffenbarte und unwandelbare Wahrheit ein für allemal begründet und damit jeder möglichen Kritik entzogen werden. Aber durch eine solche Fixierung sind bekanntlich keineswegs alle Änderungen ausgeschlossen. Es wird vielmehr nur das eigentliche Problem in die *Identifikation* und die *Interpretation* dieser *Offenbarung* verschoben, das heißt: es kommt nun darauf an festzustellen, welche der in der betreffenden Tradition überlieferten Äußerung kanonischen Charakter haben und damit als offenbarungshaltig anzusehen sind und wie sie gedeutet werden müssen, damit dieser Gehalt rein und unverfälscht zum Vorschein kommt. An die Stelle einer dogmatisch ungebundenen Analyse von Sachfragen tritt in entscheidenden Punkten die Exegese, die Deutung von Texten, die in irgendeiner Weise vorgegeben sind. Diese Deutung ist natürlich immer in bestimmter Richtung selektiv und darüber hinaus konstruktiv und kann daher grundsätzlich zu verschiedenen Konzeptionen führen, ohne daß man gerne bereit wäre, das immer zuzugeben. So lassen sich Sachprobleme verschiedenen Charakters durch hermeneutische Einkleidung von den dazu berufenen Personen autoritativ lösen, in einer Weise also, die diese Lösungen nach Möglichkeit gegen Zweifel und Einwände absichert.

. . .

In der klassischen Phase der neuzeitlichen Philosophie finden wir die am Offenbarungsmodell orientierte Rationalitätskonzeption in zwei Versionen:

a) im klassischen *Intellektualimus,* der von der Souveränität der Vernunft, der intellektuellen Intuition, und vom Primat des theoretischen Wissens ausging; und
b) im klassischen *Empirismus,* der die Souveränität der Beobachtung, der Sinneswahrnehmung, und den Primat der Tatsachen betonte.

Wir finden den klassischen Intellektualismus in deutlicher Ausprägung bei Descartes, der für die unmittelbare Erkenntnis der Gegenstände nur die klare und evidente Intuition gelten lassen will, worunter, wie er ausdrücklich feststellt, „nicht das mannigfach wechselnde Zeugnis der Sinne oder das trügerische Urteil, das sich auf die verworrenen Bilder der sinnlichen Anschauung stützt'', zu verstehen ist, „sondern einfaches und instinktives Begreifen des reinen und aufmerksamen Geistes, daß über das Erkannte weithin kein Zweifel übrigbleibt, oder, was dasselbe ist, das über jeden Zweifel erhabene Begreifen eines reinen und aufmerksamen Geistes, das allein dem Lichte der Vernunft entspringt. Er spricht dann von der Evidenz und Gewißheit der Intuition und geht im Anschluß daran zu dem von ihm anerkannten Verfahren zur Erzielung mittelbarer Erkenntnisse, zur Deduktion, über, mit deren Hilfe all das feststellbar sein soll, „was sich aus bestimmten anderen, sicher erkannten Dingen mit Notwendigkeit ableiten läßt''. Sie muß seiner Auffassung nach deshalb eingeführt werden, „weil man von den meisten Dingen, wenngleich sie nicht von sich aus evident sind, doch ein sicheres Wissen hat, wenn sie nur von wahren und klar erkannten Prinzipien an durch eine kontinuierliche und nirgendwo unterbrochene Bewegung des intuitiv jeden Einzelschritt hervorbringenden Denkens abgeleitet werden''. Durch Intuition haben wir also einen unmittelbaren Zugang zur Wahrheit, und zwar vor allem zu den allgemeinen Wahrheiten, den Prinzipien, von denen aus man durch Deduktion zu weiteren Erkenntnissen gelangen kann. Zur intuitiven Erfassung bestimmer Gegebenheiten tritt also als Ableitungsverfahren die Deduktion. Durch ein Zusammenspiel von evidenter Intuition und notwendiger Deduktion ist im Grunde genommen alle Wahrheit erreichbar. Es gibt für ihn keinen anderen Weg zur sicheren Erkenntnis der Wahrheit. Dabei werden Klarheit und Deutlichkeit von ihm schon sehr früh als Wahrheitskriterien vorausgesetzt. Das Ziel des wissenschaftlichen Verfahrens besteht für ihn darin, wahre und begründete Urteile zu fällen und dadurch zu Sicherheit und Gewißheit in der Erkenntnis vorzustoßen. Dabei zeigt sich ganz deutlich der Zusammenhang zwischen der Idee der zureichenden Begründung, die ihn zu seinem Vorschlag führt, die beiden Verfahrensweisen der Intuition und der Deduktion miteinander zu kombinieren, und der Forderung nach Gewißheit, die seine Wahrheitssuche beherrscht. Sein methodischer Zweifel hat ausschließlich das Ziel, den Geist von allen Vorurteilen zu reinigen, um auf diese Weise zu einem sicheren Fundament der Erkenntnis vorzustoßen, zu einem archimedischen Punkt, in dem die erste und fundamentale Gewißheit für den gesamten Erkenntnisprozeß erzeugt wird.

Der klassische Empirismus tritt uns bei Bacon[1] entgegen, allerdings in einer Form, die für die tatsächliche Entwicklung der wissenschaftlichen Methode weniger Bedeutung hatte als für die Ideologie der Wissenschaft. Nach seiner Auffassung hat man nur durch die Sinnes-

1 *Francis Bacon* (= Baco von Vernlam), 1561 — 1626, englischer Staatsmann und empiristischer Philosoph.

wahrnehmungen einen unmittelbaren Zugang zur Realität und damit zur Wahrheit, einen Zugang zu den konkreten Tatsachen nämlich, von denen aus man, wenn man sichergehen wolle, nur allmählich und stufenweise höher aufsteigen könne, so daß man erst ganz zuletzt zu den allgemeinen Grundsätzen gelange. Die Mängel der Sinneswahrnehmung werden von ihm durchaus gesehen, aber er glaubt sie durch Instrumente und Experimente ausreichend korrigieren zu können. Die auf diese Weise verbesserte Sinneswahrnehmung könne als Grundlage für alle weiteren Operationen der Erkenntnis dienen. Allerdings müsse man, um mit Hilfe der Sinneswahrnehmung Gewißheit erlangen zu können, zunächst den Geist von allen Vorurteilen reinigen. Mit dieser Forderung verfällt gleichzeitig auch jede theoretische Vorwegnahme späterer Untersuchungsergebnisse dem Verdikt eines nur an den unmittelbar erfaßbaren Tatsachen orientierten Empirismus. Auf Antizipationen des Verstandes soll zugunsten einer Auslegung der Natur verzichtet werden, die sich nicht mit Vermutungen und Wahrscheinlichkeit zufriedengeben, sondern die Sicherheit des bestimmten Wissens erreichen will. Als Verfahren zur Erzielung mittelbarer Erkenntnis stellt Bacon die Induktion heraus, mit deren Hilfe man von den Ergebnissen der Beobachtung ausgehend „auf richtiger stetiger Stufenleiter erst zu den niedrigsten Grundsätzen, dann höher zu den mittleren und erst zuletzt zu den allgemeinsten" emporsteigen könne. Zur beobachtenden Erfassung bestimmter Gegebenheiten tritt also als Ableitungsverfahren die Induktion. Durch ein Zusammenspiel von unter Umständen experimentell erzielter sicherer Beobachtung und schrittweiser und dadurch gewisser Induktion soll letzten Endes alle Wahrheit erreichbar sein. Das Ziel besteht wie bei Descartes darin, wahre und begründete Urteile zu fällen und dadurch zu Sicherheit und Gewißheit in der Erkenntnis zu gelangen. Auch bei Bacon kann man einen Zusammenhang zwischen der Idee der zureichenden Begründung, die zweifelsohne hinter der von ihm vorgeschlagenen Kombination von Beobachtung und Induktion steht, und dem Verlangen nach Gewißheit feststellen, das für sein Erkenntnisideal charakteristisch ist.

Man hat mit Recht auf fundamentale Ähnlichkeiten zwischen der Descartesschen und der Baconschen Methode hingewiesen, Ähnlichkeiten, die vor allem darin bestehen, daß in beiden Fällen der Geist von Vorurteilen gereinigt werden soll, damit man dann zur offenbaren Wahrheit gelangen kann, zu einer sicheren Grundlage für die Erkenntnis, nämlich zu Vernunftseinsichten beziehungsweise zu Sinneswahrnehmungen, von denen alles andere durch deduktive oder induktive Verfahrensweisen ableitbar ist. Bacon und Descartes haben dieser Auffassung nach ihre Erkenntnistheorie nicht von autoritären Zügen freihalten können, da es ihnen nur gelungen ist, die bisherigen Autoritäten durch neue zu ersetzen: nämlich durch die der Sinne oder des Intellekts. Beiden Versionen der klassischen Erkenntnislehre ist die Vorstellung eines unmittelbaren Zugangs zur Wahrheit — durch evidente Vernunfteinsicht oder sorgfältige Beobachtung — gemeinsam. Irgendwelche Wahrheiten sind für die Erkenntnis „gegeben" und müssen daher hingenommen werden. In dieser Konzeption wird offenbar eine Anschauung über die Quellen der Erkenntnis mit einem Gültigkeitskriterium verbunden, so daß eine gleichzeitige Lösung des Urspungs- und Geltungsproblems resultiert. Die Abstammung aus der Vernunft oder der Wahrnehmung wird für die Legitimation der Erkenntnis als entscheidend angesehen. Sie scheint sie mit einer Wahrheitsgarantie zu versehen und ihr damit die erstrebte Sicherheit zu verleihen, denn: auf irgendeinen sicheren Grund, auf irgendein unerschütterliches Fundament, muß man wohl zurückgehen können, um alles zu begründen. Im *Ursprung* der Erkenntnis hängen *Wahrheit* und *Gewißheit* zusammen, und die Gewißheit wird zusammen mit der Wahrheit durch das jeweils bevorzugte Ableitungsverfahren auf alle anderen Erkenntnisse *übertragen*. Damit ist, wie man sieht, das oben skizzierte Münchhausen-Trilemma[2] im Sinne der dritten Alternative beantwortet: Abbruch des Begründungverfahrens an einem bestimmten Punkt durch Rekurs auf Überzeugungen, die den Stempel der Wahrheit an sich tragen und daher geglaubt werden müssen, auf Überzeugungen, die unantastbar sind, weil sie durch die neuen Autoritäten legitimiert werden. Angesichts dieser Sachlage, nämlich: des möglichen Rekurses auf evidente Gegebenheiten, die dem Erkennenden durch Vernunft und Sinneswahrnehmung offenbart werden, kann der Irrtum nur auf ein aktives Eingreifen zurückgeführt und dadurch verständlich gemacht werden.

. . .

Wenn wir nun das Fazit aus unseren bisherigen Überlegungen ziehen, dann können wir dabei von einem Satz ausgehen, der ziemlich radikal klingen mag, aber doch die wesentliche Kritik am klassischen Rationalitätsmodell und dem ihm zugrunde liegenden Gewißheitsstreben in aller Kürze zusammenfaßt, nämlich dem Satz: *Alle Sicherheiten in der Erkenntnis sind selbstfabriziert und damit für die Erfassung der Wirklichkeit wertlos.* Das heißt: Wir können uns stets Gewißheit verschaffen, indem wir irgendwelche Bestandteile unserer Überzeugung *durch Dogmatisierung gegen jede mögliche Kritik immunisieren* und sie damit *gegen das Risiko des Scheiterns absichern.* Eine solche Immunität ist zwar keine notwendige Eigenschaft bestimmter Bestandteile von Überzeugungen, wie das durch die Anwendung des Offenbarungsmodells auf erkenntnistheoretische Probleme suggeriert wird, aber sie ist durchaus herausstellbar, wenn man bereit ist, dazu geeignete Verfahrensweisen anzuwenden. Es steht uns also frei, in dieser Weise zu verfahren. Was die klassische Methodologie — allerdings hinsichtlich jeweils verschiedener Komponenten der Erkenntnis — und was die verschiedenen theologischen Erkenntnislehren als notwendig postulierten, erweist sich also de facto als eine allgemeine Möglichkeit des Denkens, deren Realisierung unserer freien Entscheidung unterliegt. Schon die Tatsache, daß der klassische Intellektualismus die Gewißheit der Sinneswahrnehmungen nicht anerkennen zu müssen glaubte, während der klassische Empirismus die Gewißheit intuitiver Vernunfteinsicht als erkenntnisirrelevant zurückweisen zu dürfen meinte, weist auf diese Freiheit hin, die für ein an der Begründungsidee orientiertes Denken eine Verlegenheit bedeutet.

Die Tatsache, daß wir die für den Begründungsregreß erforderliche Sicherheit der letzten Grundlage prinzipiell stets durch eigene Entscheidung herstellen können und müssen, hat vor allem Hugo Dingler[3] gesehen und in seiner Philosophie berücksichtigt, die im Rahmen der klassischen Rationalitätskonzeption verblieb, aber auf die Anwendung des Offenbarungsmodells verzichtete. An die Stelle unzweifelbarer letzter Gegebenheiten trat in seiner Lehre explizit der Wille als Gesetzgeber: „*will* man letzte Sicherung haben'', so sagt er,

2 So nennt Albert eine Situation mit nur drei nicht akzeptablen Möglichkeiten. Man hat nur die Wahl zwischen einem unendlichen Regreß, einem logischen Zirkel oder einem Abbruch des Verfahrens, die alle drei ausweglos sind (in Analogie zu Baron von Münchhausens bekannter Erzählung).

3 Deutscher Philosoph, 1881—1954, Professor in München und Darmstadt, vor allem Wissenschaftstheoretiker.

„dann ist die einzige Möglichkeit, diese aus dem *Willen* zu gewinnen". Darin liegt, wie man zugestehen muß, die nicht unwichtige Einsicht in den Tatbestand, daß alle Sicherheit in der Erkenntnis selbstfabriziert ist...
Die radikale Durchführung des Prinzips der zureichenden und damit sicheren Begründung führt also zur *Ersetzung der Erkenntnis* durch die *Entscheidung*. . . . Allerdings bringt die Radikalisierung des Begründungsstandpunktes in der Dinglerschen Lehre gleichzeitig auch die ganze Fragwürdigkeit der klassischen Rationalitätskonzeption und darüber hinaus die Tatsache zum Bewußtsein, daß hier eine *fundamentale Entscheidung* für das methodische Postulat der zureichenden Begründung erfolgt, die den ganzen Aufbau der Wissenschaft, das Wissenschaftsideal und das Wissenschaftsprogramm bestimmt, eine Entscheidung, die prinzipiell auch anders getroffen werden kann. . . . Eine wesentliche Alternative zur Dinglerschen Konzeption könnte also darin bestehen, daß man durch geeignete methodische Prin-zipien die Möglichkeit des Scheiterns unserer theoretischen Konstruktion an der Wirklichkeit schafft. Geben wir unseren Überzeugungen — und damit auch den theoretischen Konstruktionen, in denen sie sich verkörpern — die Gelegenheit, am Widerstand der realen Welt zu scheitern, dann haben wir gleichzeitig die Möglichkeit, ihren Wahrheitsgehalt zu prüfen und durch Korrektur unserer Irrtümer der Wahrheit näher zu kommen. Um das zu können, müssen wir allerdings das der klassischen Lehre zugrundeliegende Streben nach Gewißheit opfern und die permanente Ungewißheit in Kauf nehmen, ob sich unsere Auffassungen auch in Zukunft weiter bewähren und damit aufrechterhalten lassen.

. . .

Eine Methodologie der kritischen Prüfung wird . . . nicht nur die *Suche nach konträren Tatbeständen,* sondern vor allem auch die *Suche nach alternativen theoretischen Konzeptionen* als notwendig betrachten, um die Konstruktion und die Verwendung konkurrierender Bezugsrahmen und damit andersartiger Problemlösungen möglich zu machen. Im Rahmen solcher konkurrierender theoretischer Ansätze erhalten oft bereits festgestellte, aber theoretisch „unverdaute" Anomalien eine Bedeutung für die Erklärung des wirklichen Geschehens. Darüber hinaus ermöglicht das Vorhandensein einer oder mehrerer theoretischer Alternativen nicht selten erst die Feststellung oder gar die Herstellung von Tatbeständen, die mit der bisher bevorzugten Theorie unvereinbar sind und daher zu ihrem Scheitern beitragen können.

. . .

Damit sind die Grundzüge einer Reform des Empirismus angegeben, wie sie sich im Rahmen des Kritizismus als notwendig erweist. Diese Reform beseitigt nicht etwa die Bedeutung der Erfahrungstatsachen für die Theoriebildung, wie sie der Empirismus immer mit einem gewissen Recht betont hat. Aber sie eliminiert die Dogmatisierung der Erfahrung, die ja in gleicher Weise die wesentliche Gefahr des empiristischen Denkens darstellt, wie etwa die Dogmatisierung der Intuition oder der Vernunft die permanente Gefahr des Intellektualismus ist. Und zwar erreicht sie das, indem sie die — oft nicht bewußtseinsdominante — theoretische Prägung der sogenannten Erfahrungstatsachen in Rechnung stellt, die

gerade, wenn sie vergessen wird, die Versuchung mit sich bringt, die Autonomie der Tatsachenbasis des theoretischen Denkens zu überschätzen und damit zur unkritischen Behandlung und Konservierung derjenigen Theorien beizutragen, deren Begriffsapparat die Artikulation dieser Basis bestimmt hat. Erst wenn auf diese Weise der empiristische Mythos des Gegebenen beseitigt wird, kann die kritische Funktion der Tatsachen für die Theoriebildung mobilisiert werden. Paradoxerweise wirkt sich ja dieser Mythos — ganz entgegen den eigentlichen Intentionen des Empirismus — dahingehend aus, daß bestimmte Theorien der Prüfung an Hand der Tatsachen *entzogen* werden. Er kehrt also die empiristische Tendenz praktisch ins Gegenteil um, ebenso wie etwa der intellektualistische Mythos des Gegebenen, der sich auf evidente Intuitionen bezieht, de facto gerade die Theoriebildung behindert, da er letzten Endes nur die bereits habitualisierten vorhandenen Theorien zuungunsten der theoretischen Spekulation und der durch sie möglichen Kritik begünstigt.
Sowohl im Hinblick auf die Theoriebildung, als auch im Hinblick auf die Beobachtung wird durch diese Revision der Passivismus überwunden, der in der klassischen Lehre die Deutung des Erkenntnisprozesses beherrscht. An die Stelle der sinnlichen oder geistigen— *Schau* tritt die Konstruktion und das Experiment, also: die menschliche *Aktivität*, die die Erzeugnisse der Einbildungskraft in symbolischen Konstruktionen durchartikuliert und sie in Gedankenexperimenten und Realexperimenten, also durch aktive Eingriffe, erprobt, um ihre Leistungsfähigkeit und damit ihre vergleichsweise Bewährung beurteilen zu können. Die Erkenntnis bewegt sich also zwischen Konstruktion und Kritik; sie ist ein Teil der menschlichen *Praxis*, in der laufend *Entscheidungen* getroffen werden müssen. Die Theorie der Erkenntnis und damit auch die Wissenschaftslehre ist eine Theorie dieser Praxis, die methodische Gesichtspunkte für sie, damit gleichzeitig kritische Gesichtspunkte für die Beurteilung ihrer Resultate und Methoden und Anhaltspunkte für rationale Entscheidungen liefert. Wenn die Erkenntnis aber ein Teil der menschlichen Praxis ist, dann hat es keinen Sinn, zwischen theoretischer und praktischer Vernunft zu unterscheiden und zwischen Erkenntnis und Entscheidung einen Gegensatz zu konstruieren, wie es von einer Erkenntnislehre her plausibel erscheint, die die Erkenntnis als Offenbarung der Vernunft oder der Sinne, also als Ergebnis einer Schau, auffaßt. Es geht in der Erkenntnistheorie und in der Wissenschaftslehre, soweit sie methodologischen Charakter hat, um den Versuch, die Rationalität der Entscheidungen und damit der menschlichen Praxis in einem bestimmten Bereich des sozialen Lebens zu fördern, indem sie relevante Kritik in diesem Bereich möglich macht. Damit wird aber eine Rationalitätskonzeption entworfen, die, wie sich zeigen wird, Konsequenzen für alle Bereiche des sozialen Lebens haben dürfte.

20. WALTER STROLZ

Radikale Änderung der Naturbeschreibung

Der ungeahnte Aufschwung der Mikrophysik bald nach der Jahrhundertwende, der mit einem tiefen Vorstoß in die atomare Struktur der Materie begann, sollte eine noch radikalere Änderung des naturwissenschaftlichen Weltbildes und der Naturbeschreibung heraufführen. Wiederum wurden die Forscher durch eine Reihe experimenteller Entdeckungen gezwungen, ihr Bild von der physikalischen Realität Schritt für Schritt zu revidieren. *Planck* studiert um 1900 die Energieverteilung im Spektrum der sogenannten schwarzen Strahlung und entdeckt, daß die Lichtemission und -absorption in den Atomen nicht stetig, sondern immer in elementaren, unzerlegbaren, sprunghaften Akten vor sich geht. Um die Messungen wiedergeben zu können, mußte Planck die grundlegende Annahme einführen, daß die Energiemenge eines Quants von der Frequenz des Lichtes abhängt und durch das Produkt von ν mit einer universalen Konstante — später die Plancksche Konstante h genannt — gegeben ist. Er zeigte, daß „uns ein Licht nicht in beliebig kleinen Energiemengen, sondern nur in unteilbaren Quanten $h \cdot \nu$ zur Verfügung" steht, „und das bedeutet, daß es zumindest für alle jene Messungen, zu deren Durchführung man Lichtstrahlen braucht, eine Grenze gibt, unter die man die Rückwirkung des Systems nicht verkleinern kann". Planck hatte dabei nur einen ganz speziellen Fall eines sehr allgemeinen Sachverhaltes gefunden, den man dahin beschreiben kann, „daß alle Wechselwirkungen zwischen elementaren Teilchen untereinander oder mit Licht sich in raum-zeitlich unzerlegbaren Elementarakten abspielen"[1]. Wenn man die Ortsbestimmung eines Elektrons vornehmen will, muß man es beleuchten, aber eben diese Beleuchtung stellt einen Eingriff dar, der sich in seinen Auswirkungen nicht unter die Plancksche Konstante h verkleinern läßt, weil die kleinste Energiemenge, mit der man ihn vornehmen kann, $h \cdot \nu$ beträgt, unter ν die Frequenz des benutzten Lichtes verstanden.

Durch Planck wurde zum erstenmal in aller Schärfe klar, daß nicht die Natur an sich der Forschungsgegenstand der Physik ist, sondern die Natur in der Beschaffenheit, in der sie sich der Beobachtung des Physikers darstellt.

Gut zwei Jahrzehnte nach Plancks großer Entdeckung im Jahr 1924, findet *Louis de Broglie* den Wellen-Korpuskel-Dualismus des Lichtes und wird damit zusammen mit *Erwin Schrödinger,* der seine Theorie später weiter ausbaute, zum Begründer der *Wellenmechanik*. De Broglie versucht in seinen Arbeiten bis zu einer Gesamtschau des materiellen Universums vorzudringen. Die Wellen- und die Korpuskeltheorie des Lichtes werden als zwei komplementäre Anschauungen einer Wirklichkeit erkannt, das Licht selber aber in dieser seiner Doppelnatur als „die sublimste Form der Materie". Es gibt kein Entweder-Oder mehr zwischen Korpuskel und Welle, Partikel und Feld, diskontinuierlicher Gegebenheit oder Kontinuum. Das Entweder-Oder ist in einer höheren Einheit aufgehoben. „Wenn wir unserer Phantasie", so schreibt de Broglie im Schlußabsatz seines Aufsatzes über „das Licht in der physikalischen Welt", freien Lauf ließen, könnten wir uns vorstellen, daß am Anbeginn aller Zeiten, am Morgen nach einem göttlichen ‚Fiat Lux', das Licht, allein auf der Welt, allmählich durch fortschreitende Verdichtung das materielle Universum so geschaffen hat, wie wir es heute dank seiner schauen dürfen. Und vielleicht wird eines Tages, wenn die Zeit sich erfüllt hat, das Universum seine ursprüngliche Reinheit wiederfinden und sich von neuem in Licht auflösen."

Mit all dem ist nicht gesagt, was die Materie in ihrem Wesensgrund eigentlich ist. Die Welt, wie sie an sich ist, ist dem Physiker nicht zugänglich. „Wir können vom Licht nur sagen, daß es sich unseren lückenhaften Beobachtungen das eine Mal so darstellt, als ob es aus

1 *Arthur March,* österreichischer Physiker, 1891 — 1957

Wellen , das andere Mal, als ob es aus Partikeln bestünde. Aber der Vorgang des Lichtes selber bleibt uns verschlossen." Die moderne Physik kennt zumindest für die Mikrowelt der elementaren Partikeln keine objektive Wirklichkeit. „Die Welt ist nach ihr vom beobachtenden Subjekt nicht trennbar... Der unvoreingenommene Verstand verfällt unwillkürlich immer wieder in den Fehler des Objektivierens, und es fällt ihm schwer, sich an den Gedanken zu gewöhnen, daß der Beobachter, da es selber einen Teil der physikalischen Welt bildet, unlösbar mit den Erscheinungen verknüpft ist..."[2] Die klassische Physik, die eine makroskopische Physik war, konnte noch so tun, als ob es möglich sei, das Objekt unbeeinflußt vom Beobachter in seinem Wesen an sich zu erkennen. Das ist zwar überhaupt nicht möglich, aber immerhin kann mit *March* gesagt werden, daß der Gedanke einer objektiven Welt für die Makrokörper nach wie vor verwendbar ist, denn „die Körper sind zu schwerfällig, als daß die kleine Konstante h auf sie eine Wirkung ausüben könnte; hier sind daher die Rückwirkungen, welche unsere Beobachtungen auf die Körper hervorrufen, vernachlässigbar klein, und es sind daher die Voraussetzungen für die Konstruktion einer objektiven Welt gegeben. Die Planeten durchlaufen unabhängig davon, ob sie beobachtet werden oder nicht, die ihnen vorgeschriebenen Bahnen, und die messende Verfolgung ihrer Bewegung vermittelt uns lediglich ihre Kenntnis, ohne das, was sie feststellt, irgendwie zu verändern."[3]

Die Quantentheorie läßt ein kausales Beschreiben der Vorgänge im Sinne der klassischen Mechanik nicht mehr zu. Die Newtonschen Gesetze sind nur für die größeren Erscheinungen der Natur gültig, weil es hier noch möglich ist, nichtstörende Messungen vorzunehmen. Seit Planck gelten für die Welt des Mikroskopischen die Wahrscheinlichkeitsgesetze und die sogenannte „statistische Kausalität". Das deterministische Weltbild der Naturwissenschaft der klassischen Zeit ist damit in seinem Kern erschüttert, denn „das Mikroskopische ist die tiefe Wirklichkeit, weil es dem Makroskopischen zugrunde liegt: in ihm sind die letzten Geheimnisse der Wirklichkeit zu suchen, die sich im Makroskopischen hinter der Unbestimmtheit des durch die Sinne Gegebenen und in der verworrenen Masse der statistischen Mittelwerte verbergen. Aber mit unserem verblüffend komplizierten Organismus, mit unseren relativ groben Sinnen leben wir im Maßstab der Mittelwerte und der statistischen Wirkungen; nur mit unseren geistigen Augen ist es uns jüngst gelungen, die Welt der elementaren Erscheinungen und der Quantenprozesse zu ahnen; und doch ist es diese Welt, auf der die ganze physikalische Wirklichkeit beruht..."[4] *Arthur March* kommt in diesem Punkt zu folgender Feststellung: „Wenn in der Natur nur der Zufall regierte, so würde es keine Gesetze geben, die von der Gegenwart auf die Zukunft schließen lassen, und damit würde die Physik praktisch jeden Inhalt verlieren. Denn weitaus die überwiegende Mehrzahl der physikalischen Gesetze bezieht sich auf das zeitliche Verhalten gewisser meßbarer Größen und stellt damit einen Zusammenhang zwischen Gegenwart und Zukunft her. Eine Kausalität muß es also auch nach der Quantenmechanik geben, so daß der Umsturz nur darin bestehen kann, daß der Begriff der Kausalität sich geändert hat... Im Gegensatz zur klassischen Physik sind nicht mehr bestimmte, sondern nur statistische Vor-

2 *Arthur March*
3 *Arthur March*
4 *James Jeans,* englischer Physiker, 1877 — 1946

hersagen möglich, indem sich nur noch behaupten läßt, daß mit einer bestimmten Wahrscheinlichkeit dies oder jenes passieren wird."

Die Aufstellung der Unschärferelation durch *Werner Heisenberg* im Jahre 1927 kann man als das Ende der deterministischen Auffassung der Natur bezeichnen. Die klassische Physik ging noch von der Annahme aus, daß es möglich sei, „objektive Sachverhalte" zu untersuchen. Der Standort des Beobachtenden wurde als unabhängig vom Objekt der Beobachtung angesehen. Grundsätzlich wußte man natürlich, daß sich der Forscher nicht außerhalb des Universums befindet, sondern selbst durch seine Leiblichkeit ein Stück der physikalischen Realität ist, aber man war sich noch nicht der Bedeutung des durch die Quantenmechanik ans Licht getretenen Zusammenhanges von Mensch und Ding bewußt. Die Heisenbergsche Unbestimmtheitsrelation besagt, daß der Zugriff der Methode ihren Gegenstand verändert und umgestaltet und sich die Methode nicht mehr vom Gegenstand distanzieren kann. Eine reine Scheidung zwischen Subjekt und Objekt ist damit unmöglich geworden. Mit dem ersten Schritt, den der Physiker im Experiment tut, findet er sich bereits einer Natur gegenüber, die durch sein Tun schon determiniert wird, so daß er sie nie in ihrem reinen, objektiven An-sich-Sein erreicht.

Das Begriffssystem der klassischen Physik wird dadurch nicht entwertet, es zeigt sich nur die Grenze seiner Anwendbarkeit. Heisenberg grenzt die neue Lage sehr klar gegenüber der bisherigen ab, wenn er feststellt: „Es erschien früher als die Aufgabe der exakten Naturwissenschaft, die Bewegung der Körper im Raum in ihrem gesetzmäßigen Ablauf zu verstehen und zu beschreiben. Nun erkennen wir, daß mit dieser Fragestellung der Bereich der atomaren Erscheinungen nicht angegriffen werden kann. Dort, wo wir die Frage nach Ort und Ablauf im Innern eines atomaren Systems an die Natur richten, da zerstören wir durch den beim Experiment notwendigen Eingriff gewisse für die Welt im kleinen charakteristische Zusammenhänge." Ja er zieht noch viel weitergehende Konsequenzen, indem er sagt, „daß zum erstenmal im Laufe der Geschichte der Mensch auf dieser Erde nur noch sich selbst gegenübersteht, daß er keinen anderen Partner oder Gegner mehr findet... In früheren Epochen sah sich der Mensch der Natur gegenüber; die von Lebewesen aller Art bewohnte Natur war ein Reich, das nach seinen eigenen Gesetzen lebte und in das er sich mit seinem Leben irgendwie einzuordnen hatte. In unserer Zeit aber leben wir in einer vom Menschen so völlig verwandelten Welt, daß wir überall, ob wir nun mit den Apparaten des täglichen Lebens umgehen, ob wir eine mit Maschinen zubereitete Nahrung zu uns nehmen oder die vom Menschen verwandelte Landschaft durchschreiten, immer wieder auf die vom Menschen hervorgerufenen Strukturen stoßen, daß wir gewissermaßen immer nur uns selbst begegnen." Heisenberg schließt diese Betrachtungen, worin er darlegt, warum der Mensch heute eigentlich nicht mehr der Natur begegne, sondern nur noch „ein Bild unserer Beziehung zur Natur" vor sich habe, mit der vielsagenden Bemerkung: „Das naturwissenschaftliche Weltbild hört damit auf, ein eigentlich naturwissenschaftliches zu sein."

Damit ist die Schilderung der Entwicklung des naturwissenschaftlichen Weltbildes der Neuzeit — soweit es die Zielrichtung dieser Untersuchung notwendig machte — an jenem Punkte angelangt, wo zusammenfassend zu fragen ist, wie die großen Physiker die gegenwärtige Lage beurteilen und welche Konsequenzen sie für die Stellung des Menschen im Universum aus den Ergebnissen der modernen Physik ziehen. Den Gesamteindruck kann man im ganzen, ohne nun die Stimmen nacheinander aufzurufen, etwa so wiedergeben: es gibt keinen festen Boden mehr unter unseren Füßen, die Anschaulichkeit der Welt ist uns entschwunden, die Fundamente des bisherigen Weltbildes haben sich aufgelößt in ein seltsam belebtes immaterielles Spannungsfeld, dessen tragenden Grund die physikalische Erkenntnis nicht erreicht.

IV. DIE LEHRE VON DEN DREI WISSENSFORMEN

Einführung

Seit bald dreitausend Jahren, d. h. seit der Entstehung der Philosophie als des eigentlichen Vernunft- und Verstandeswissens (griechisch: Logos) aus dem religiösen Ursprungswissen (griechisch Mythos) gibt es das Problem von Glauben und Wissen. Platon (428—348) hatte wie sein Lehrer Sokrates den Anspruch der Vernunft, des Logos, gegen das bloße Meinen („Glauben'' als pístis bzw. dóxa) geltend gemacht, jedoch den religiösen bzw. dichterischen Mythos gelten lassen als eine Quelle des Erkennens, die neben dem Vernunftwissen besteht und über es hinausreicht, vor allem, wenn es um Fragen der Deutung menschlicher Existenz geht. Ganz ähnlich haben noch die frühen Theologen der christlichen Kirche das Verhältnis von Glauben und Wissen, von Offenbarungs- und Vernunfterkenntnis als eine Einheit gesehen, wobei das Glauben nicht nur als eine Form des wirklichen Erkennens gewertet wurde, sondern gegenüber dem auf sinnlicher Wahrnehmung oder seelisch-geistiger Einsicht beruhenden Vernunfterkennen den höheren Rang einnahm (z. B. als „göttliche Erleuchtung des Verstandes''). Philosophie als Inbegriff von Vernunftwahrheiten war ein Teil der Theologie, des Systems der auf Offenbarung, aus (Selbst-) Mitteilung Gottes, beruhenden Glaubenswahrheiten. Die philosophische Vernunft hatte dabei die Aufgabe, einerseits die Glaubens*inhalte* dem Menschen begreiflich zu machen und andererseits den Glaubens*akt* grundzulegen und zu rechtfertigen, d. h. Glauben als einen in sich vernünftigen Vollzug zu erweisen. Diese Funktionszuweisung für das philosophische Wissen, das nach mittelalterlichem Verständnis das wissenschaftliche einschloß, führte zu einer rangmäßigen Einordnung der Philosophie im System des Wissens als „Magd der Theologie (ancilla theologiae, Petrus Damiani 1007—1072). Unter den soziokulturellen Bedingungen des Mittelalters konnte das nur bedeuten, daß Erkenntnis im eigentlichen Sinne in die Kompetenz des Theologen fiel. Mit dieser Indienstnahme der Philosophie hat sich noch Kant in seiner Schrift „Der Streit der Fakultäten'' auseinandergesetzt.[1] Er wollte das Diktum von der Magd Philosophie nur gelten lassen in der Interpretation, daß die Philosophie der Theologie nicht etwa die Schleppe nach- sondern die Fackel vorantrage.

Mythos und Logos, das „von alters her'' Geglaubte und das im beginnenden philosophischen Denken „aus Gründen'' Gewußte, traten jedoch auch schon früh in einen Gegensatz zueinander. Das Prinzip der Vernunft bestritt den Geltungsanspruch des religiös-dichterisch-mythischen Denkens. Aus der Formel von „Glauben *und* Wissen'' als zweier sich ergänzender oder aufeinander angewiesener Erkenntnisformen wurde die Alternative „Glauben *oder* Wissen''. Das beweisbare Wissen, das vor dem logischen Anspruch des Denkens zu rechtfertigende Erkennen, behauptete alleinige Geltung und ließ den Glauben als „bloß subjektives'' und damit objektiv nicht begründbares Fürwahrhalten hinter sich.

Die Entdeckungen der Naturwissenschaften im 17. und 18. Jahrhundert haben diesem Modell des Verhältnisses von Glauben und Wissen eine ungeheure Bedeutsamkeit verliehen. Daß Welterfahrung und Weltdeutung die Strenge mathematischer Erkenntnis gewinnen konnte, wurde zum Ideal von Erkenntnis überhaupt. Für religiöse Wahrheit mit Erkenntnisanspruch schien jede Chance der Anerkennung ihres Anspruchs zu schwinden. Selbst Kant, der in seiner Vernunftkritik den modernen Wissenschaften eine verläßliche Grundlage geben wollte, kam zu dem Ergebnis, daß religiöse Sätze nicht als „theoretische'' Vernunfterkenntnisse gelten könnten, daß die „transzendentalen Ideen'' Gott, Freiheit und Unsterblichkeit nur als Postulate der praktischen Vernunft akzeptabel seien, d. h., daß sie als Voraussetzungen für die Verbindlichkeit des Sittlichen anzunehmen seien. Weil theoretische Vernunft in Sachen des Glaubens nichts ausrichten kann, ist sie verwiesen auf die Bedingungen der Verbindlichkeit sittlicher Orientierung: „Ich mußte also das Wissen aufheben, um zum Glauben Platz zu bekommen'' (KrV B XXX). Während Kant auf dem Wege über seine Postulatenlehre das Recht der Religion bewahren wollte, haben andere den Prozeß der Durchsetzung des Wissens gegen den Glauben bis zu dessen völliger Auflösung betrieben.

Die Ursache für eine nicht nur intellektuelle, sondern auch existentielle Abwendung von der Religion bei vielen Wissenschaftlern und Philosophen lag nicht zuletzt im Verhalten der Theologen, die das

1 Kant-Paperbackausgabe, hrsg. von Wilhelm Weischedel, Band 9.

Glaubenswissen nicht nur über das Vernunftwissen stellten, sondern auch noch die Glaubensdogmen (auch nur vermeintliche) zum Maßstab für Vernunfterkenntnis machten. Das Ereignis, das die Trennung von Wissen und Glauben für lange Zeit fixierte, ist der sogenannte „Fall Galilei'' (1564—1642)[2]. Aufgrund eines wortwörtlichen Bibelverständnisses glaubte die römische Inquisition, die Mittelstellung der Erde im Weltall (das geozentrische Weltbild) behaupten und die naturwissenschaftlich hinreichend abgesicherte Hypothese von der Sonne als dem Zentrum unseres Planetensystems (das heliozentrische Weltbild) verwerfen zu müssen. In diesem Konflikt mußte die Naturwissenschaft gegen die sich selbst mißverstehende Religion Sieger bleiben.

Aber auch die Philosophie, die sich Jahrhunderte als Universalwissenschaft verstanden hatte, geriet durch das naturwissenschaftliche Erkenntnisideal, den Alleinanspruch empirischer Verfahren und das vorherrschende mechanistische Weltbild in eine Krise. Sie konnte sich nicht — jedenfalls nicht in ihrem traditionellen Selbstverständnis —, auf die gleiche Weise und gleich erfolgreich legitimieren wie die Wissenschaften. Das 19. Jahrhundert vor allem war das Zeitalter der unangefochtenen Herrschaft eines Glaubens an methodisch-wissenschaftlichen Erkenntnisfortschritt auf allen Gebieten (Szientismus).

Dieser Glaube ist inzwischen erheblich erschüttert worden. Selbstkritik bzw. philosophische Kritik der Wissenschaften haben zu der Erkenntnis geführt, daß wissenschaftliche Aussagen nicht den behaupteten Anspruch auf absolute Geltung einlösen können, sondern nur hypothetische, „vorläufige'' Geltung besitzen; daß das Ideal einer durchgängig mathematisch beschreibbaren Wirklichkeit gerade bei den für den Menschen belangvollsten Problemen nicht einlösbar ist; daß Religion und Philosophie trotz des wissenschaftlichen Fortschritts weder als gesellschaftliche Mächte noch als Systeme der Welterklärung ihre Bedeutung verloren haben; daß der mit dem wissenschaftlichen Hand in Hand gehende technische Fortschritt Folgeprobleme erzeugt, die den Sinn von Wissenschaft infrage stellen, weil die Rückwirkungen der Technisierung aller Lebensbereiche die humane Existenzweise bedrohen.[3]

Zudem muß als Ergebnis der modernen Erkenntniskritik in zulässig vereinfachter Form festgehalten werden: Mit dem Zweifel an einer absoluten Sicherheit hinsichtlich der Leistungsfähigkeit und der Vernünftigkeit einer „objektiven Vernunft erweist sich die Wissenschaft als ein System, das einem Glauben an Rationalität aufruht, der seinerseits rechtfertigungsbedürftig ist. Das Vertrauen auf die Wissenschaft, erst recht das Vertrauen auf die Lösbarkeit aller menschlichen Probleme, beruht auf einem Glauben, der durch das in den Wissenschaften gewonnene Wissen allein sich nicht rechtfertigt. Das heißt aber: Auch im Bereich der Wissenschaft stellt sich das Problem von Glauben und Wissen auf eine spezifische Art.

So hat der folgenreiche Gang der Naturwissenschaften im wissenschaftlich-technischen Zeitalter dazu geführt, daß alle drei Systeme, das wissenschaftliche, das philosophische und das religiöse problematisch geworden sind. Es stellt sich daher nicht mehr das alte Problem von Glauben und Wissen sondern das der Abgrenzung und Rechtfertigung dieser drei Wissensformen: Religion, Philosophie und Wissenschaft.[4]

Tatsächlich hat das Problem der Abgrenzung von Wissenschaft, Philosophie und Religion in der neuzeitlichen philosophischen Diskussion bis hin zu Max Schelers Lehre von den drei Wissensformen eine gewisse Rolle gespielt. In jüngster Zeit hat es eine zusätzliche interessante Variante erhalten durch die Aufnahme des Säkularisierungsproblems in den Zusammenhang. Säkularisierung der drei Wissenssysteme meint hier, daß sie in einer „verweltlichten'' Form auftreten, so wie seit der Aufklärung theologische Aussagen weltlich umformuliert wurden, in der Feuerbachschen Religionskritik die Theologie in Anthropologie umgewandelt und Aussagen der Bibel „entmythologisiert'' wurden. Die konse-

2 Vgl. *Ernst Brücke* (Hrsg.), Sonne steh still, 400 Jahre Galilei, Physik Verlag, 695 Mosbach 1964; Oswald Loretz, Galilei und der Irrtum der Inquisition, Butzon und Bercker Verlag, Kevelaer 1966.

3 Vgl. zu diesem Problem Texte in Band 1, „Wissenschaftstheorie'' (bes. Abschnitt V und VI); in Band 2, „Einladung'' (bes. Abschnitt II: Bedroht der technische Fortschritt das menschliche Leben?); in Band 6, „Metaphysik'' (bes. Abschnitt VI).

4 Vgl. *Karl Jaspers:* „Statt des alten Gegensatzes von Vernunfterkenntnis und Glaubenserkenntnis die moderne Dreigliederung: Wissenschaft, Philosophie, Theologie'', in: Der philosophische Glaube angesichts der Offenbarung, Piper Verlag, 2. Auflage, München 1962, 95—110. Ebenso: *ders.,* Vom Ursprung und Ziel der Geschichte, Fischer Verlag, TB 91, Frankfurt 1955.

quenteste „Umformulierung" der drei Wissensformen liegt in unserem Zusammenhang vor in der Theorie von den drei Erkenntnisinteressen, die von Jürgen Habermas und Karl-Otto Apel entwickelt wurde. In ihr sind die Naturwissenschaften, die Geisteswissenschaften und die kritischen Humanwissenschaften als in drei Vernunftinteressen begründet beschrieben. Hans Albert hat den Zusammenhang der Apel/Habermasschen Theorie von den drei Erkenntnisinteressen mit der Schelerschen Lehre von den drei Wissensformen ausdrücklich behauptet: „Man kann diese Lehre (von den Erkenntnisinteressen EM) mit einigem Recht das Produkt einer Säkularisierung der Schelerschen Konzeption nennen, einer Reinigung dieser Auffassung von Elementen einer religiös bestimmten Metaphysik, wobei charakteristischerweise eine geschichtsphilosophisch fundierte Ideologiekritik die Stelle des Schelerschen Heils- oder Erklärungswissens einnimmt."[5] Albert geht so weit, „die Schelersche Lehre als die katholische und die Habermas-Apelsche als die protestantische Version ein und derselben Auffassung" zu interpretieren (S. 167).

Karl-Otto Apel hat in einer Erwiderung den von Albert hergestellten Zusammenhang ausdrücklich bestätigt, sich jedoch gegen die Kritik Alberts gewehrt: „Weder ist M. Schelers Typologie ohne Wahrheitsgehalt noch ist die Lehre von drei quasitranszendentalen Erkenntnisinteressen nichts als eine Art Säkularisierung der Schelerschen Lehre von den Wissensformen. Andererseits möchte ich die Quasi-Säkularisation, die zwischen dem humanistischen Bildungswissen und dem hermeneutischen Verständigungsinteresse und vor allem zwischen dem Erlösungswissen und dem emanzipatorischen Erkenntnisinteresse tatsächlich besteht, geradezu für ein Wahrheitsindiz halten, da ich das Säkularisierungs-Prinzip gewissermaßen als normativ-hermeneutisches Verifikationsprinzip ansehe."[6]

Die in diesem Abschnitt zusammengestellten Texte sollen diesen Theoriekomplex dokumentieren und für eine Problematisierung aufbereiten. In klassischer Fassung ist das Problem, ob sich Religion/Theologie und Metaphysik/Philosophie neben den neuzeitlichen Wissenschaften noch in ihrem Erkenntnisanspruch rechtfertigen lassen, von Auguste Comte in seiner sogenannten Dreistadienlehre (T. 21) formuliert worden, erstmals 1822. Dreistadienlehren haben allerdings eine lange Tradition. Auf Comte selbst haben Gedanken seiner Lehrer C. H. de Saint-Simon, M. J. A. Condorcet und A. R. J. Turgot erkennbare Einflüsse ausgeübt. Comte hat auch auf Lessings „Die Erziehung des Menschengeschlechts" (1780) zurückgegriffen, wie Karl Löwith aufgezeigt hat.[7] Lessing wiederum bezieht sich zurück auf die Lehre von den „drei Reichen" des Joachim von Fiore (1130—1202). Auguste Comte gab den Dreistadienlehren die Wendung, daß die mythisch-religiöse und die philosophisch-metaphysische Weltauslegung einander ablösten und in die wissenschaftlich-„positive" als die endgültige münden. Er prägte das Wort „Positivismus" für die empiristische Weltauslegung und gilt als dessen folgenreicher und immer noch klassischer Vertreter.

Gegen den Positivismus und die geschichtsphilosophischen Voraussetzungen Comtes hat sich kritisch u. a. Max Scheler (T. 22) gewandt. Seine Auseinandersetzung mit der Dreistadienlehre mündete in eine Lehre von drei gleichrangigen Wissensformen, die er in seiner Spätphase in mehreren Darstellungen ausformuliert hat.[8] Zu einem ähnlichen Ergebnis wie Scheler ist auch Karl Jaspers in dem oben (Anm. 4) zitierten Text gekommen. Eine weitere Möglichkeit, den Zusammenhang der drei Wissensformen zu bestimmen, liegt in diesem Band vor in dem Text von Martin Buber (T. 32).

Die drei unterschiedlichen Verhältnisbestimmungen von Religion, Philosophie und Wissenschaft durch Comte, Scheler und Jaspers lassen sich in vereinfachenden Strukturskizzen so darstellen. (Dabei bedeutet die jeweilige Horizontale die Zeitdimension, die jeweilige Vertikale kann die Seinsdimension (den Umfang von „Welt" bzw. „Weltauslegung") nur andeuten.

5 *Hans Albert,* Hermeneutik und Realwissenschaft, in: Kritische Vernunft und menschliche Praxis, Reclam Verlag, UB 9874 (2), Stuttgart 1977, 131. — Als leicht zugängliche und greifbare Apel-Kritik auch für den Unterricht geeigneter Aufsatz.

6 Transformation der Philosophie, Band 1, Anm. 37, S. 31.

7 Weltgeschichte und Heilsgeschehen, Kohlhammer Verlag, Urban-TB 2, Stuttgart 1967, S. 68—98.

8 Leicht greifbarer und zur Vertiefung geeigneter Text in: Philosophische Weltanschauung (1927), Francke Verlag, Dalp-TB 301 D, Bern 31968, 7—15.

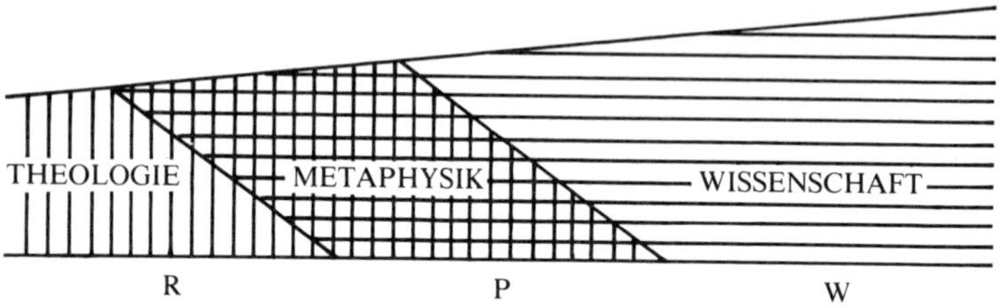

(COMTE)

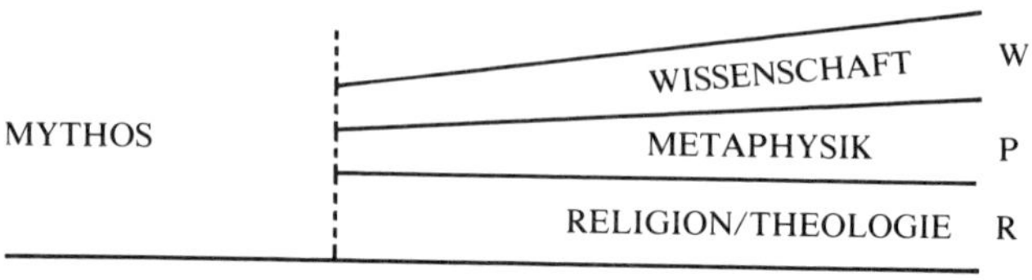

(SCHELER)

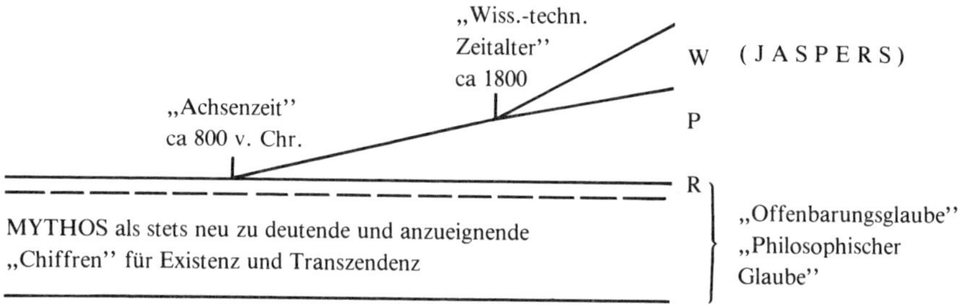

Der Text von Jürgen Habermas (T. 23) liefert in verdichteter Darstellung aus seiner Frankfurter Antrittsvorlesung vom 28. 6. 1965 seine Lehre von den drei Erkenntnisinteressen. Habermas stellt in der abendländischen philosophischen Tradition ein falsches Verständnis bzw. ein Vergessen des Zusammenhangs von Erkenntnis und Interesse, von Theorie und Praxis fest und sieht in der modernen Entwicklung der Wissenschaften ein positivistisches Selbstverständnis am Werke: Der den empirisch-analytischen (Natur-) Wissenschaften immanente Positivismus behauptet fälschlich, die Welt in der Form reiner Theorie so zu beschreiben, „ wie sie ist''; der den historisch-hermeneutischen (Geistes-) Wissenschaften immanente Historismus — der „Positivismus der Geisteswissenschaften —, behauptet die Möglichkeit der Rekonstruktion von Überlieferungen in der Form von neutralen „Fakten''; und auch die Sozialwissenschaften haben sich nach Habermas mit der behaupteten Wertfreiheit als „reine Theorie'' zu begründen versucht, ohne die vorgängige und bleibende Bindung von Erkenntnis-

sen an Interessen zu entdecken und anzuerkennen. In falschem Theorienanspruch und vermeintlicher Unabhängigkeit von Interessen dienen sie jedoch der Verschleierung, geraten in undurchschaute oder gewollte Abhängigkeiten und werden so zur Ideologie.
Die „Säkularisierung" der Schelerschen Lehre von den drei Wissensformen durch Apel/Habermas läßt sich mit Angabe der jeweiligen Wissensziele bzw. Erkenntnisinteressen so darstellen:

(SCHELER)		(APEL/HABERMAS)
RELIGION *„Erlösung"*		KRITISCHE HUMANWISSENSCHAFTEN *„Emanzipation"*
PHILOSOPHIE *„Bildung"*	SÄKULARI- SIERUNG	HERMENEUTISCHE WISSENSCHAFTEN *„Paxisorientierung"*
WISSENSCHAFTEN *„Herrschaft"*		*NATURWISSENSCHAFTEN* *„Technik"*

Auf dem Hintergrund einer Theorie der idealen Kommunikationsgemeinschaft hat Karl-Otto Apel (T. 24) die Lehre von den Erkenntnisinteressen weiter zu systematisieren und zu begründen versucht. Außerdem hat er die Sonderstellung des emanzipatorischen Erkenntnisinteresses betont und in allen drei Wissensformen den Praxisbezug herausgearbeitet. Im „Funkkolleg Praktische Philosophie/Ethik" hat er seit Oktober 1980 Theorien über die intellektuelle und moralische Entwicklung des Menschen und der Menschheit (nach Piaget und Kohlberg) aufgegriffen und seinen Ansatz zu einer „Drei-Stadien-Theorie der Moral" erweitert. Er kommt zu der Hypothese: „Es gibt eine normativ zu bewertende) Rangordnung von Stufen der moralischen Beurteilung von Situationen, der eine Rangordnung von Systemen des Welt- und Selbstverständnisses entspricht".[9] Im Rahmen des Funkkollegs, vorher schon vor allem durch Hans Albert, hat die „Transformation der Philosophie" durch Apel Kritik erfahren, die allerdings hier nicht mehr dokumentiert werden kann.[10] Die Lebhaftigkeit der Auseinandersetzung bezeugt, daß hier Grundprobleme heutigen Philosophierens getroffen sind. Sie dokumentiert die unverminderte Aktualität einer Problemstellung, die, wie mit der Problematik von Glauben und Wissen und den Positionen Comtes und Schelers angedeutet ist, auch schon in der neuzeitlichen Philosophiegeschichte von besonderer Bedeutung waren. Die aktuelle Bedeutung erweist sich vor allem darin, daß fast alle Themen zur Sprache kommen, die in den letzten Jahrzehnten die erkenntnistheoretische Diskussion bestimmten: der Positivismusstreit, der Werturteilsstreit, der Streit um „Einheitswissenschaft" und „anarchistische Erkenntnistheorie", die Konfrontation von angelsächsischer Analytik und kontinentaler Hermeneutik, Wittgensteins Sprachphilosophie und (neo-)marxistischer Geschichtsphilosophie und nicht zuletzt die Ideologieproblematik. Die Interpretation der vorgelegten Texte und die Erörterung der in ihnen aufgeworfenen Probleme sind daher besonders geeignet, in die gegenwärtigen erkenntnistheoretischen Diskurse einzuführen, wenngleich nicht verkannt werden soll, daß es sich um schwierige Gegenstände handelt.

9 Funkkolleg Praktische Philosophie/Ethik, Studienbegleitbrief 1, Beltz Verlag, Weinheim 1980, S. 51.
10 Vgl. Anmerkung 5 und: *ders.*, Transzendentale Träumereien. Karl-Otto Apels Sprachspiele und sein hermeneutischer Gott, Hoffmann und Campe Verlag, Hamburg 1975.

21. AUGUSTE COMTE

Das Dreistadiengesetz

Bei dem Studium der Entwicklung des menschlichen Geistes von seinem einfachsten Ansatz bis auf unsere Zeit glaube ich ein *großes Gesetz* entdeckt zu haben, dem diese Entwicklung unterworfen ist. Ein solches Gesetz kann meiner Ansicht nach aufgestellt werden, indem man es entweder auf die Beweise stützt, die sich aus der Erkenntnis unserer Organisation ergeben, oder auf die Bestätigungen der Geschichte, die sich aus der Prüfung der Vergangenheit ergeben. *Dieses Gesetz lautet:* Jeder Zweig unserer Kenntnisse durchläuft der Reihe nach drei verschiedene theoretische Zustände (Stadien), nämlich den *theologischen* oder fiktiven Zustand, den *metaphysischen* oder abstrakten Zustand und den *wissenschaftlichen* oder positiven Zustand. Mit andern Worten: Der menschliche Geist wendet in allen seinen Untersuchungen der Reihe nach verschiedene und sogar entgegengesetzte Methoden bei seinem Philosophieren an; zuerst die theologische Methode, dann die metaphysische und zuletzt die positive. Die erste ist der Punkt, an dem die Erkenntnis beginnt; die dritte der feste und endgültige Zustand, die zweite dient nur als Übergang von der ersten zur dritten.

Im *theologischen* Zustand richtet der menschliche Geist seine Untersuchungen auf die innere Natur der Dinge und auf die ersten Ursachen und letzten Ziele aller Erlebnisse, die ihn treffen; mit einem Wort: auf die absolute Erkenntnis. Die Vorgänge gelten ihm hier als die Taten weniger oder zahlreicher übernatürlicher Wesen, und deren Einwirkungen erklären ihm alle auftretenden Unregelmäßigkeiten der Welt.

Im *metaphysischen* Zustand, der nur eine Abwandlung des vorgehenden ist, werden die übernatürlichen Mächte durch abstrakte Kräfte oder Entitäten ersetzt, die den verschiedenen Wesen der Welt innewohnen sollen. Sie sollen imstande sein, alle beobachteten Erscheinungen zu erzeugen, deren Erklärung darin besteht, daß man ihnen die jeweilig entsprechende Entität zuweist.[1]

Im positiven[2] Zustand erkennen wir endlich die Unmöglichkeit, zu absoluten Begriffen zu gelangen; wir geben es auf, den Ursprung und die Bestimmung des Weltalls zu ermitteln und die inneren Ursachen der Erscheinungen zu erkennen. Statt dessen suchen wir deren Gesetze durch gemeinsamen Gebrauch der Vernunft und der Beobachtungen zu entdecken, d. h. deren Beziehungen im Nacheinander und der Ähnlichkeit nach. Die Erklärung der Tatsachen besteht nur noch darin, daß man die einzelnen Erscheinungen in Beziehung setzt zu allgemeinen Tatsachen, deren Zahl der Fortschritt der Wissenschaft stetig zu vermindern strebt.

Das theologische System erreichte seine höchste Vollkommenheit, als es die tätige Vorsehung eines einzigen Wesens an die Stelle des wechselnden Spieles zahlreicher und voneinander abhängiger Götter setzte. Ebenso liegt der Abschluß des metaphysischen Systems in der Zusammenfassung der verschiedenen Wesenheiten (Entitäten) zu einer allgemeinen

1 Vgl. die Synonyme unten im Text

2 „Positiv" wird von Comte selbst, der den Begriff „Positivismus" prägte, definiert als das Tatsächliche gegenüber dem bloß Eingebildeten, das Nützliche gegenüber dem Müßigen, das Gewisse statt des Zweifelhaften, das Genaue statt des Vagen, das Aufbauende statt des Zerstörerischen, das Relative statt des Absoluten.

Entität, d. h. zur *Natur,* die man als die Quelle aller Erscheinungen auffaßt. In gleicher Weise soll die Vollkommenheit des positiven Systems darin bestehen, daß es alle Erscheinungen als die besonderen Fälle einer allgemeinen Tatsache darlegt, wie z. B. der Tatsache der Gravitation.[3]

Es ist hier nicht der Ort, dieses Gesetz der geistigen Entwicklung zu beweisen; es braucht nur ausgesprochen zu werden, um von allen, welche die allgemeine Geschichte der Wissenschaften kennen, als richtig anerkannt zu werden. In der Tat bestanden alle Wissenschaften, die zu dem positiven Zustand gelangt sind, vorher aus metaphysischen Abstraktionen und waren ursprünglich von theologischen Begriffen beherrscht.

Diese Aufeinanderfolge findet übrigens auch in der Entwicklung des individuellen Geistes ihre Bestätigung. Der Ausgangspunkt ist bei der Erziehung des einzelnen derselbe wie bei der Erziehung der Gattung, und die Stufen der ersteren müssen auch die der zweiten darstellen. Wer erinnert sich nicht, Theologe in seiner Kindheit, Metaphysiker in seiner Jugend und Physiker in seinem Mannesalter gewesen zu sein?

Ich möchte vor allem an die theoretischen Erwägungen erinnern, welche die Notwendigkeit dieses Gesetzes erkennen lassen. Die wichtigste liegt in dem ersten Bedürfnis nach einer Theorie für die einzelnen Tatsachen, während es doch dem menschlichen Geiste im Beginn unmöglich ist, sich eine Theorie aus den Beobachtungen zu bilden.

Seit Bacon[4] wiederholt man stets, daß es keine andern wirklichen Kenntnisse gebe als die, welche sich auf beobachtete Tatsache stützen. Dieser Satz gilt unbestreitbar für das Mannesalter unserer Einsicht, aber in seinem ursprünglichen Zustande vermochte der menschliche Geist noch nicht so zu denken; denn auf der einen Seite muß jede positive Theorie sich auf Beobachtungen stützen, und auf der andern Seite bedarf unser Geist einer Theorie, um sich der Beobachtung hingeben zu können. Wenn wir die Erscheinungen nicht an ein Prinzip heften können, so können wir unsere Beobachtungen nicht miteinander verbinden, ja sie nicht einmal festhalten.

So fand sich das Erkennen an seinem Beginn in einem fehlerhaften Zirkel eingeschlossen, aus dem es nur durch die Entwicklung theologischer Begriffe herauskommen konnte. Diese Notwendigkeit wird noch deutlicher, wenn man sieht, wie sehr die theologische Philosophie dem Wesen der ersten Untersuchungen entspricht. Der Mensch hält im Beginn die lösbaren Aufgaben für seiner unwürdig; er wendet sich vielmehr zu den allerschwierigsten, zur Frage über die wesentliche Natur der Dinge und über den Ursprung und das Ziel der Erscheinungen. Der Grund hierfür ist leicht ersichtlich; denn wir haben nur durch die Erfahrung das Maß unserer Kräfte kennengelernt, und nur weil der Mensch eine übertriebene Meinung von seinen Kräften hatte, vermochte er überhaupt sie zu entwickeln.

Vom praktischen Gesichtspunkt aus hatten diese anfänglichen Untersuchungen für den Menschen den Reiz einer unbeschränkten Herrschaft, die er über diese äußere Welt geltend machen könne, als wäre sie lediglich dazu bestimmt, ihm zu dienen; denn ohne solche eitle Hoffnungen und ohne solche übertriebene Meinung von seiner Wichtigkeit im Weltall wäre es unbegreiflich, wie der menschliche Geist sich im Beginn zu so mühsamen Arbeiten

3 Schwerkraft
4 Francis Bacon (1561—1626) setzt sich in seinen Werken (vor allem: Novum Organum scientiarum) für empirische Forschung, für die Methode der Induktion statt der spekulativen der Deduktion ein.

hätte entschließen können. Unsere Vernunft ist erst jetzt reif genug, um schwierige wissenschaftliche Untersuchungen auch ohne Aussicht auf ein ihnen fremdes Ziel zu unternehmen, selbst wenn dieses Ziel unsere Einbildungskraft noch so stark anregte, wie diejenigen, denen die Astrologen und Alchimisten zustrebten.

So ergibt sich, daß die menschliche Vernunft viele Jahrhunderte lang zunächst die theologische Philosophie als Methode und Theorie benutzen mußte. Der menschliche Geist mußte seinen Entwicklungsgang in winzigen Schritten zurücklegen und konnte sich nicht unmittelbar der positiven Philosophie zuwenden. Er mußte vermittelnde Begriffe benutzen, die durch ihren bastardartigen Charakter den Übergang erleichtern konnten. Darin liegt der Nutzen der metaphysischen Begriffe. Indem der Mensch bei Untersuchung der Erscheinungen an die Stelle einer übernatürlichen leitenden Kraft eine entsprechende, von ihnen untrennbare Entität setzte, gewöhnte er sich daran, nur die Tatsachen in Betracht zu ziehen. Die Vorstellungen von diesen metaphysischen Kräften wurden allmählich so verfeinert, daß sie schließlich nur noch die abstrakten Namen der Vorgänge selbst waren.

Es wird mir nun leicht sein, das Wesen der positiven Philosophie darzulegen. Für diese Philosophie sind alle Vorgänge unveränderlichen Gesetzen unterworfen; für sie ist es ein vergebliches Unternehmen, nach den ersten Ursachen oder in den letzten Zwecken zu forschen. Die positiven Erklärungen bieten keine Ursachen, welche die Erscheinungen erzeugen; man untersucht nur die Umstände, unter denen sie entstanden sind und verknüpft sie durch die Beziehung im Nacheinander und durch ihre Ähnlichkeit untereinander.

In dieser Welt halte ich die allgemeinen Vorgänge im Weltall durch das Gesetz der Gravitation für erklärt, denn diese Theorie zeigt, wie die ungeheure Mannigfaltigkeit der astronomischen Tatsachen nur ein und dieselbe Tatsache ist, nur von verschiedenen Gesichtspunkten aus betrachtet. Andrerseits wird uns diese allgemeine Tatsache nur als die einfache Ausdehnung eines uns vertrauten Vorganges dargestellt, den wir deshalb für erkannt halten, nämlich als die Schwere der Körper auf die Oberfläche der Erde. Sooft man auch hat bestimmen wollen, was diese Anziehung und diese Schwere an sich selbst seien, so haben doch selbst die bedeutendsten Männer diese beiden Prinzipien immer nur erklären können, indem sie das eine aus dem andern erklärten; entweder sagten sie, die Anziehung sei nur eine allgemeine Schwere, oder: die Schwere sei nur die Anziehung der Erde. Alles, was wir erreichen können, sind solche Erwägungen; sie zeigen nur, daß zwei Arten von Vorgängen identisch sind, von denen man lange angenommen hatte, daß sie keine Beziehung zueinander hätten. Niemand verlangt noch weiterzugehen.

Ich habe nun die Epoche zu untersuchen, zu der die positive Philosophie gegenwärtig gelangt ist, und was für deren endgültige Begründung noch zu tun ist.

Ich erinnere zunächst daran, daß die verschiedenen Zweige unserer Kenntnisse die drei Formen ihrer Entwicklung nicht alle gleich schnell haben durchlaufen können. Es besteht hier eine notwendige Ordnung. Diese Ordnung entspricht dem Wesen der Erscheinungen; sie wird nach dem Grad der Allgemeinheit, der Einfachheit und Selbständigkeit dieser Vorgänge bestimmt. In dieser Weise hat die positive Lehre zunächst die astronomischen Vorgänge zusammengefaßt, dann die physikalischen, die chemischen und zuletzt die biologischen Erscheinungen.

Den Anfang dieser Entwicklung kennen wir nicht, aber er hat sich vollzogen, und zwar zunächst durch die Arbeiten des Aristoteles und der Alexandrinischen Schule[5] und später in

Europa durch die von den Arabern eingeführten Naturwissenschaften. Dann folgen zwei Jahrhunderte, in denen die positive Philosophie ihren Kampf gegen den theologischen und metaphysischen Geist begonnen hat; hierbei wirken vereint miteinander Bacons Forschungsanweisungen, die Ideen Descartes' und die Entdeckungen Galileis. Seitdem ist die aufstrebende Bewegung der positiven Philosophie und der Niedergang der beiden anderen sehr deutlich geworden.

Umfaßt nun die positive Philosophie heutzutage alle Arten von Erscheinungen? Offenbar ist dies nicht der Fall. Es bleibt noch ein großes Stück wissenschaftlicher Arbeit zu vollbringen, um ihr den unerläßlichen Charakter von Allgemeinheit zu geben; denn die gesellschaftlichen Vorgänge sind noch nicht in ihr Bereich gezogen worden; die theologische und metaphysische Methode ist hier noch allgemein im Gebrauch. Dies ist die einzige Lücke, die ausgefüllt werden muß, wenn die positive Philosophie ihre Begründung vollenden soll, und dies ist das besondere Ziel dieses Werkes.

22. MAX SCHELER

Kritik der positivistischen Geschichtsphilosophie des Wissens (Dreistadiengesetz)

Die Positivistische Lehre von den drei Stadien des Wissens ist in jeder Form, sowohl in derjenigen, die Comte, Mill, Spencer, als auch in der, die Mach und Avenarius ihr gegeben haben, von Grund aus irrig. Das religiös-theologische Erkennen und Denken, das metaphysische Erkennen und Denken und das positive Erkennen und Denken sind nicht historische Phasen der Wissensentwicklung, sondern *essentielle,* dauernde, mit dem Wesen des menschlichen Geistes selbst gegebene Geisteshaltungen und „Erkenntnisformen". Keine kann die andere je „ersetzen" oder „vertreten". Die Aufgabe des Verstehens der Welt aus personalen Urachen, die Aufgabe, die Wesens- und ewigen Ideenzusammenhänge, die im zufällig Wirklichen realisiert sind, für die schauende Vernunft einsichtig zu machen (und darauf eine Metaphysik zu gründen), und die Aufgabe, die Erscheinungen in einer mathematischen Symbolik eindeutig zu ordnen, zu klassifizieren und nach allen Arten ihrer Abhängigkeiten voneinander eindeutig zu bestimmen, sind Aufgaben *gleich* ursprünglichen Rechtes und haben sich auch gleich ursprünglich aus dem mythischen Denken voneinander abdifferenziert.

Über den ganz tiefen Irrtum des Positivismus Comtes, die Religion sei eine primitive Naturerklärung gewesen, durch die sich die soziale Gruppe der Natur angepaßt habe, sie müsse also durch den Fortschritt der Wissenschaft allmählich zersetzt werden und schließlich aussterben, bedarf es heute keiner Aufklärung mehr. Comte *verkennt* das *Wesen* der Religion als der Lebensgemeinschaft der Person und des überindividuellen Ganzen der Gruppe mit einer heiligen Macht, die als Grund aller Dinge angeschaut ist. Ebensowenig ist die Re-

5 Im hellenistischen Zeitalter wurde Alexandrien zu einer Forschungsstätte mit großen Bibliotheken entwickelt. In Weiterführung des Aristotelismus wurde die Einzelforschung in den Wissenschaften vorangetrieben.

ligion, wie Fichte, Hegel, Schelling, Schopenhauer, E. v. Hartmann dachten, eine sekundär bildhaft gewordene Metaphysik , eine „Metaphysik fürs Volk''. Hier sah vielmehr in *einem* Punkte Comte richtiger als der deutsche Idealismus, wenn er das theologische Denken dem metaphysischen vorangehen und dieses von ihm bedingt sein ließ. Die metaphysischen Gedankensysteme, die wir kennen, das indische, griechische, christliche und moderne, tragen immer den Stempel ihrer religiösen Umwelt. Gleichwohl ist die Metaphysik kein „Entwicklungsstadium'' der Religion, sondern differenziert sich von ihr so ursprünglich, als sie sich von den positiven Wissenschaften differenziert. Auch der Versuch W. Diltheys, der zwar die Religion, nicht aber die Metaphysik in einer dauernden Anlage des menschlichen Geistes gründen läßt, in der Metaphysik also nur eine historische Kategorie sieht, ist als mißlungen anzusehen.

Es sind drei völlig *verschiedene* Motive, drei völlig verschiedene Gruppen von Akten des erkennenden Geistes, drei verschiedene Ziele, drei verschiedene Persönlichkeitstypen und drei verschiedene soziale Gruppen, auf denen Religion, Metaphysik und positive Wissenschaft beruhen. Auch die historischen Bewegungsformen der drei geistigen Mächte sind wesensverschieden.

Dem *Motiv* nach beruht die Religion auf dem unwiderstehlichen Drang der Persönlichkeit nach geistiger Selbstbehauptung durch *Bergung,* Rettung des Personkernes in eine selbst personhafte, heilige, weltlenkende Macht. Die Metaphysik beruht auf immer neuer *Verwunderung,* daß überhaupt etwas sei und nicht lieber nichts sei. Die positive Wissenschaft beruht auf dem Bedürfnis, Natur, Gesellschaft und Seele zu *lenken* nach Zielen und Zwecken, die sich als „beliebige'' von den je besonderen Zwecken abgehoben haben, in die der beruflich arbeitende Mensch verflochten ist. Darum ist die positive Wissenschaft nur da entstanden, wo sich eine arbeitende Klasse mit einer höheren Klasse, die Freiheit und Muße hatte, langsam durchdrang — in größtem Maße im europäischen Stadtbürgertum.

Die Religion *gründet* in aufnehmenden, besonderen Akten des Geistes (Hoffen, Fürchten, Lieben, Wollen, Erkennen usw.), die alle das gemeinsame Merkmal haben, daß endliche Welterfahrung ihnen, als Gegenstand und Ziel vorgehalten, keine Erfüllung geben kann, und daß sie etwas als „heilig'', „göttlich'' Gedachtes zu ihrem Gegenstand haben. Die Metaphysik erreicht ihr Ziel — Wesenserkenntnis — durch wesenschauende Vernunft, nicht also in Beobachtung und mittelbarem Folgern; die Wissenschaft ihr Ziel in Beobachtung, Experiment, Induktion, Deduktion. *Ziel* aller Religion ist das Heil der Person und der Gruppe, Ziel der Metaphysik ist höchste Personbildung durch Weisheit. Ziel der positiven Wissenschaft ist ein Weltbild in mathematischen Symbolen, das mit bewußter Vernachlässigung alles „Wesenhaften'' an der Welt *nur* die *Beziehungen* der Erscheinungen in sich aufnimmt, um nach ihnen die Natur zu lenken und zu beherrschen.

Die Religion hat ihren *führenden Typ* im „homo religiosus'', dem *Heiligen,* d. h. einem Menschentyp, der ausschließlich um seiner charismatischen Qualität willen „Glauben'', Gefolgschaft, Vertrauen findet. Er begründet seine Worte nicht an Sachnormen, die außerhalb seiner sind, sondern fordert Glauben nur, weil *er* als *Person* so redet, handelt, und auf Grund seines besonders erlebten Verhältnisses zu Gott. Dem „Heiligen'' tritt der „Priester'' als Kulttechniker und als kirchliche Amtsperson zur Seite; seine stets abgeleitete Autorität ruht auf der charismatischen Qualität des Stifters der Religion, Kirche oder Sekte. Der Führertyp in der Metaphysik ist der *Weise,* eine eigenartige personhafte geistige

Gestalt, die vom „homo religiosus'' ganz verschieden ist. Er gibt irgendein System des Wissens von der Wesensstruktur, d. h. den Urkonstanten der Welt: also immer eine *ganze* Welt — nicht Fach-, Berufswissen und dergleichen. Aber er begründet, was er behauptet, in letzten unmittelbaren Einsichten, die zu vollziehen er auffordert. Der Führertyp in der positiven Wissenschaft ist der *Forscher,* der nie ein Ganzes, Fertiges, kein „System'' geben will, sondern nur an irgendeinem Punkte fortführen will den (wesens)unendlichen Prozeß „Wissenschaft''. Dem „homo religiosus'' entsprechen als *sozialer Kreis* die „Kirchen'', „Sekten'', „Gemeinden'', dem Weisen die „Schulen'' (im antiken Sinne), dem Forscher die stets nach Internationalität strebende „wissenschaftliche Republik'' mit ihren Organisationen (z. B. Universitäten, Fachschulen, Akademien, gelehrte Gesellschaften).
Die geschichtlichen *Bewegungsformen* dieser drei Grundarten von Erkenntnis sind — was der Positivismus ganz verkannte — nicht minder grundverschieden. Da alle Religion auf gläubiger, freier Annahme dessen beruht, was die charismatische Person von Gott, sich selbst und vom Heile lehrt, ist sie stets ein Ganzes, schlechthin Abgeschlossenes, Vollendetes. Der Führer und das Vorbild ist hier immer der „Einzige'', der keinen anderen als „Mittler'' neben sich duldet. Irgendwie sagt jeder große Religionsstifter: „Wer nicht für mich, ist wider mich.'' Alles, was Entwicklung, Fortschritt heißen kann, ist hier nur das tiefere Eindringen in den „Offenbarungsgehalt'', d. h. in das, was der ursprüngliche „homo religiosus'' von Gott geschaut und gelehrt hat. Sonst gibt es nur Entsetzung des einen „Einzigen'' durch einen anderen „Einzigen'', nicht aber in selbem Sinne eine Anerkennung einer Mehrheit gleich urspünglicher Führer wie in Philosophie, Kunst, Wissenschaft. Ferner ist es der Religion wesentlich, daß eine religiöse Bewegung, Erneuerung, Wandlung nie prospektiv erfolgt, sondern retrospektiv als ein „Zurück zu den Quellen'', als „Wiederherstellung eines Verlorengegangenen'', als Reformation. Nie *will* der „homo religiosus'' etwas bewußt Neues lehren, immer ein Altes.
Der Positivismus geriet in seine tiefen Irrtümer über die soziologische Dynamik des Wissens, weil er in engstem Sinne *europäisch* orientiert war, d. h. weil er die, dazu noch einseitig gesehene, *westeuropäische* Bewegungsform des Wissens während der letzten drei Jahrhunderte — ein minimales und örtlich eng begrenztes Kurvenstück der geistigen Menschheitsentwicklung — für ein Gesetz der ganzen Menschheitsentwicklung nahm. Das ist der unermeßliche Irrtum seiner Fortschrittslehre. Was religiöse und metaphysische zeitgeschichtliche Dekadenz einer kleinen Gruppe der Menschheit war (als negatives Korrelat des positiv-wissenschaftlichen Fortschritts) — die Dekadenz des bürgerlich kapitalistischen Zeitalters —, nahm er für einen normalen Prozeß des „Absterbens'' des religiösen und metaphysischen Geistes überhaupt. Darum vermochte er auch eine der fundamentalsten Tatsachen universalgeschichtlicher Wissensentwicklung nicht zu sehen: das *verschiedene Maß* von *Verteilung der Fähigkeiten* zu den drei dem Menschengeiste wesentlichen Erkenntnisarten innerhalb der großen Kulturkreise der Menschheit und die verschiedenen Sozialstrukturen, die ihrer Auswirkung entsprechen. Der intellektuelle Status des indischen und ostasiatischen Kulturkreises ist gekennzeichnet dadurch, daß die metaphysische Geisteshaltung die Oberherrschaft hat, sowohl über die positiv-wissenschaftliche wie über die religiöse. Darum gibt es hier nicht Fortschritt des Wissens im Sinne eines unendlichen Prozesses, nicht arbeitsteilige rationale Fachwissenschaft, die, einem beruflich geschiedenen Volkskörper und einem geschulten Fachbeamtentum dienend, ein Weltbild zu erzeugen

sucht, durch das man die Welt technisch beherrschen kann, sondern es gibt etwas ganz anderes: Es gibt an erster Stelle eine immer neue *Einübung von geistigen Haltungen,* durch die man *weise* wird, wobei der Stoff, an dem man diese geistigen Haltungen einübt, fix bleibt, sich nicht wesentlich verändert oder vermehrt. Diesen Stoff bilden die alten Schriftdenkmäler der vorbildlichen Weisen (z. B. die vedischen Texte, die Traditionen Buddhas, von Konfuzius, Laotse usw.).

Sie sind nicht Lernstoff, sondern Übungsstoff zur Übung der geistigen Funktionen: Meditationsstoff. Man liest sie nicht, um zu wissen, was in ihnen steht — dazu würde ein- oder zweimalige Lektüre genügen —, sondern man liest sie immer wieder, um an ihnen (als Beispiel) verbunden mit einer vorgeschriebenen Seelentechnik neue und immer höhere Bewußtseinshaltungen einzuüben, die man dann in jedem Augenblick des Lebens der ganzen zufälligen Welterfahrung gegenüber anwenden kann. So ist „Bildung'', „Gestaltung'' des Menschen in Indien wie China das Ziel dieser Art „Wissenschaft'' — nicht Kenntnis von Regeln, nach denen man Natur lenken kann. Sie beginnt mit der Seele und steigt von hier zu der Ordnung der toten Welt herab, im Gegensatz zur europäischen Wissenschaft, die vom Toten über das Lebendige zu Seele und Gott hinaufsteigt. Die obersten Klassen in Indien und China sind in diesem Sinne ebenso einseitig auf *Bildung* gerichtet wie in Europa auf *Leistung* und Lenkung. Zu jeder Art von Wissenschaft gehört eine Art von Technik: Zum asiatischen Wissensideal gehört notwendig die Bio- und Seelentechnik der Selbsterlösung (Vergegenständlichung alles Begehrens, Wollens, aller Leidenschaften und Affekte vor einem nur rein schauenden Verhalten); zum europäischen Ideal gehört die anorganische Technik der Naturbeherrschung.

Nicht darin irrte der Positivismus, daß er den religiösen *Sinn* des Menschen als Erkenntnisorgan im Laufe der Geschichte als mehr abnehmend denn zunehmend ansah; er irrte vielmehr darin, daß er das gleiche auch von den religiösen Bedürfnissen behauptet, dem Drang nach Religion; und daß er im Abnehmen der seelisch geistigen Dispositionen, mit dem transzendenten in *unmittelbare* Fühlung zu treten, auf Grund seiner falschen Fortschrittslehre (einem europäischen Vorurteil) auch ein Zeichen dafür sah, daß dem Gegebenen des religiösen Sinnes keine objektive Realität zukomme. Der richtige Schluß aus dieser Abnahme ist aber nur die Einsicht, daß in religiösen Dingen die je spätere Menschheit nur zu *bewahren* habe, was die frühere erkannt hat — soweit nicht neue freie Selbsterschließungen Gottes an den Menschen vorliegen und Glauben finden.

Auch die Metaphysik schreitet nicht im selben Sinne fort wie die positive Wissenschaft. Die möglichen Metaphysiken sind ihren Hauptschemata nach eine Zahl *begrenzter* Typen (W. Dilthey), die immer wiederkehren und auf den verschiedensten Niveaus wissenschaftlicher Ausbildung und Begründung immer wieder miteinander in Kampf und Auseinandersetzung treten. Das liegt in der Natur der metaphysischen Erkenntnisart, deren Grundmittel die Wesensschau ist. Wesen und Wesenszusammenhänge sind ja Weltkonstanten; ihre Erkenntnis ist evident, abgeschlossen und gegenüber dem Quantum induktiver Erfahrung a priori. Die metaphysische Erkenntnis ist also bei *jedem* geschichtlichen Stand der positiven Wissenschaft als des jeweiligen Quantums von Menschheitserfahrung prinzipiell *möglich.* Ihr fehlt notwendig der Charakter des „unendlichen Prozesses'', der überall vorliegt, wo beobachtet, induziert und deduziert wird. Wie der Metaphysik der kumulative „Fortschritt'' fehlt, der zum Wesen der positiven Wissenschaft gehört, so fehlt ihr aber auch die Begleiterscheinung des „Fortschritts'': die Entwertung des je früheren „Standes der Wissenschaft''. Die Systeme Platons und des Aristoteles, Augustins, Descartes', Leibnizens, Kants usw. sind nicht veraltet, wie heute die Chemie Lavoisiers oder die Mechanik Newtons. Sie können nie veralten. Die Metaphysik *„wächst''* in ihren verschiedenen Typen und vervollkommnet sich, indem sie wächst; aber sie schreitet nicht fort. Die Metaphysik ist ferner, da sie Werk des Weisen und System ist, nicht arbeitsteiligen Betriebes fähig, wie es die positive Wissenschaft ist. Sie bleibt *personhaft* gebunden an das geistige Antlitz ihres Urhebers, dessen Widerschein seine „Welt'' ist. Die großen Metaphysiker sind darum unersetzlich. Die großen Entdeckungen in den positiven Wisschenschaften, z. B. Trägheitsprinzip, Satz von der Erhaltung der Energie, 2. Wärmesatz, sind dagegen von vielen Forschern zugleich gemacht worden. Der Stand der Probleme und der Automatismus der Methode scheint die positivwissenschaftlichen Resultate wie von selbst hervorzutreiben. Die „Forscher'' erscheinen oft nur als Diener, Sprachrohre der Methode und des wissenschaftlichen kontinuierlichen, sachlogischen Prozesses. Platons und Kants Werke sind dagegen *einmalig,* und man kann nicht denken, daß ein anderer hätte finden können, was sie fanden.

Ferner bleiben die Metaphysiken national und kulturkreishaft gebunden. Die indische Metaphysik konnte *nur* in Indien, nicht in Griechenland, die griechische nicht in Indien entstehen. Die positive Wissenschaft bewegt sich hingegen arbeitsteilig, unpersönlich, kontinuierlich, international und kumulativ fortschreitend mit Entwertung des früheren Standes.

So sind Religion, Metaphysik und positive Wissenschaft nach allen diesen Richtungen *wesensverschieden* und als Aufgabe und Problem dem Menschengeiste *ursprünglich eigen.*

23. JÜRGEN HABERMAS

Die drei Wissensformen und ihre erkenntnisleitenden Interessen

Mit Husserl nennen wir eine Einstellung, die theoretische Aussagen naiv auf Sachverhalte bezieht, objektivistisch. Sie unterstellt die Beziehungen zwischen empirischen Größen, die in theoretischen Aussagen dargestellt werden, als ein Ansichseiendes; zugleich unterschlägt sie den transzendentalen Rahmen, innerhalb dessen sich der Sinn solcher Aussagen erst bildet. Sobald die Aussagen relativ zu dem vorgängig mitgesetzten Bezugssystem verstanden werden, zerfällt der objektivistische Schein und gibt den Blick auf ein erkenntnisleitendes Interesse frei. Für drei Kategorien von Forschungsprozessen läßt sich ein spezifischer Zusammenhang von logisch-methodischen Regeln und erkenntnisleitenden Interessen nachweisen. Das ist die Aufgabe einer kritischen Wissenschaftstheorie, die den Fallstricken des Positivismus entgeht. In den Ansatz der empirisch-analytischen Wissenschaften geht ein technisches, in den Ansatz der historisch-hermeneutischen Wissenschaften ein praktisches und in den Ansatz kritisch orientierter Wissenschaften jenes emanzipatorische Erkenntnisinteresse ein, das schon den traditionellen Theorien uneingestanden, wie wir sahen, zugrunde lag. Ich möchte diese These durch wenige exemplarische Hinweise erläutern.

V

In den *empirisch-analytischen Wissenschaften* legt das Bezugssystem, das den Sinn möglicher erfahrungswissenschaftlicher Aussagen präjudiziert, Regeln sowohl für den Aufbau der Theorien als auch für deren kritische Überprüfung fest. Zu Theorien eignen sich hypothetisch-deduktive Zusammenhänge von Sätzen, die die Ableitung von empirisch gehaltvollen Gesetzeshypothesen gestatten. Diese lassen sich als Aussagen über die Kovarianz beobachtbarer Größen interpretieren; sie erlauben bei gegebenen Anfangsbedingungen Prognosen. Mögliches empirisch-analytisches Wissen ist mithin prognostisches Wissen. Freilich ergibt sich der Sinn solcher Prognosen, nämlich ihre technische Verwertbarkeit, erst aus den Regeln, nach denen wir Theorien auf die Wirklichkeit anwenden.

In der kontrollierten Beobachtung, die oft die Form des Experiments annimmt, erzeugen wir Anfangsbedingungen und messen den Erfolg der dabei ausgeführten Operationen. Nun möchte der Empirismus den objektivistischen Schein an den in Basissätzen ausgedrückten Beobachtungen festmachen: darin soll nämlich ein evident Unmittelbares ohne subjektive Zutat verläßlich gegeben sein. In Wahrheit sind die Basissätze keine Abbildungen von Tatsachen an sich, sie bringen vielmehr Erfolge oder Mißerfolge unserer Operationen zum Ausdruck. Wir können sagen, daß Tatsachen und die Relationen zwischen ihnen deskriptiv erfaßt werden; aber diese Redeweise darf nicht verschleiern, daß sich die erfahrungswissenschaftlich relevanten Tatsachen als solche durch eine vorgängige Organisation unserer Erfahrung im Funktionskreis instrumentalen Handelns erst konstituieren.

Beide Momente zusammen genommen, der logische Aufbau der zulässigen Aussagensysteme und der Typus der Prüfungsbedingungen, legen die Deutung nahe: daß erfahrungswissenschaftliche Theorien die Wirklichkeit unter dem leitenden Interesse an der möglichen informativen Sicherung und Erweiterung erfolgskontrollierten Handelns erschließen. Dies ist das Erkenntnisinteresse an der technischen Verfügung über vergegenständlichte Prozesse.

Die *historisch-hermeneutischen Wissenschaften* gewinnen ihre Erkenntnisse in einem anderen methodologischen Rahmen. Hier konstituiert sich der Sinn der Geltung von Aussagen nicht im Bezugssystem technischer Verfügung. Die Ebenen von formalisierter Sprache und objektivierter Erfahrung sind noch nicht auseinandergetreten; denn weder sind die Theorien deduktiv aufgebaut, noch werden die Erfahrungen organisiert im Hinblick auf den Erfolg von Operationen. Sinnverstehen bahnt anstelle der Beobachtung den Zugang zu den Tatsachen. Der systematischen Überprüfung von Gesetzesannahmen dort entspricht hier die Auslegung von Texten. Die Regeln der Hermeneutik bestimmen daher den möglichen Sinn geisteswissenschaftlicher Aussagen.

An jenes Sinnverstehen, dem die Tatsachen des Geistes evident gegeben sein sollen, hat der Historismus den objektivistischen Schein reiner Theorie geknüpft. Es sieht so aus, als ob sich der Interpret in den Horizont der Welt oder der Sprache hineinversetzte, aus der ein überlieferter Text jeweils seinen Sinn bezieht. Aber auch hier konstituieren sich die Tatsachen erst im Verhältnis zu den Standards ihrer Feststellung. Wie das positivistische Selbstverständnis den Zusammenhang von Meßoperationen und Erfolgskontrollen nicht ausdrücklich in sich aufnimmt, so unterschlägt es auch jenes an der Ausgangssituation haftende Vorverständnis des Interpreten, durch das hermeneutisches Wissen stets vermittelt ist.

Die Welt des tradierten Sinnes erschließt sich dem Interpreten nur in dem Maße, als sich dabei zugleich dessen eigene Welt aufklärt. Der Verstehende stellt eine Kommunikation zwischen beiden Welten her; er erfaßt den sachlichen Gehalt des Tradierten, indem er die Tradition auf sich und seine Situation anwendet.

Wenn aber die methodischen Regeln in dieser Weise Auslegung mit Applikation vereinigen, dann liegt die Deutung nahe: daß die hermeneutische Forschung die Wirklichkeit unter dem leitenden Interesse an der Erhaltung und der Erweiterung der Intersubjektivität möglicher handlungsorientierender Verständigung erschließt. Sinnverstehen richtet sich seiner Struktur nach auf möglichen Konsensus von Handelnden im Rahmen eines tradierten Selbstverständnisses. Dies nennen wir, im Unterschied zum technischen, das paraktische Erkenntnisinteresse.

Die systematischen *Handlungswissenschaften,* nämlich Ökonomie, Soziologie und Politik, haben, wie die empirisch-analytischen Naturwissenschaften, das Ziel, nomologisches Wissen hervorzubringen. Eine kritische Sozialwissenschaft wird sich freilich dabei nicht bescheiden. Sie bemüht sich darüber hinaus, zu prüfen, wann die theoretischen Aussagen invariante Gesetzmäßigkeiten des sozialen Handelns überhaupt und wann sie ideologisch festgefrorene, im Prinzip aber veränderliche Abhängigkeitsverhältnisse erfassen. Soweit das der Fall ist, rechnet die Ideologiekritik, ebenso übrigens wie die Psychoanalyse, damit, daß die Information über Gesetzeszusammenhänge im Bewußtsein des Betroffenen selber einen Vorgang der Reflexion auslöst; dadurch dann die Stufe unreflektierten Bewußtseins die zu den Ausgangsbedingungen solcher Gesetze gehört, verändert werden. Ein kritisch vermitteltes Gesetzeswissen kann auf diesem Weg das Gesetz selbst durch Reflexion zwar nicht außer Geltung, aber außer Anwendung setzen.

Der methodologische Rahmen, der den Sinn der Geltung dieser Kategorie von kritischen Aussagen festlegt, bemißt sich am Begriff der Selbstreflexion. Diese löst das Subjekt aus der Abhängigkeit von hypostasierten Gewalten. Selbstreflexion ist von einem emanzipatorischen Erkenntnisinteresse bestimmt. Die kritisch orientierten Wissenschaften teilen es mit der Philosophie.

Solange freilich Philosophie noch der Ontologie verhaftet bleibt, erliegt sie selber einem Objektivismus, der den Zusammenhang ihrer Erkenntnis mit dem Interesse an Mündigkeit verstellt. Erst wenn sie die Kritik, die sie gegen den Objektivismus der Wissenschaften wendet, auch gegen den Schein reiner Theorie in sich selber kehrt, gewinnt sie aus der eingestandenen Abhängigkeit die Kraft, die sie sich als scheinbar voraussetzungsloser Philosophie vergeblich vindiziert.

VI

Im Begriff des erkenntnisleitenden Interesses sind die beiden Momente schon zusamengenommen, deren Verhältnis erst geklärt werden soll: Erkenntnis und Interesse. Aus Alltagserfahrungen wissen wir, daß Ideen oft genug dazu dienen, unseren Handlungen rechtfertigende Motive anstelle der wirklichen zu unterschieben. Was auf dieser Ebene Rationalisierung heißt, nennen wir auf der Ebene kollektiven Handelns Ideologie. In beiden Fällen ist der manifeste Gehalt von Aussagen durch die unreflektierte Bindung eines nur zum Scheine autonomen Bewußtseins an Interessen verfälscht. Mit Recht zielt deshalb die Disziplin des geschulten Denkens auf die Ausschaltung solcher Interessen. In allen Wissenschaften sind Routinen ausgebildet worden, die der Subjektivität des Meinens vorbeugen; und gegen den unkontrollierten Einfluß der tieferliegenden Interessen, die weniger am Individuum als an der objektiven Lage gesellschaftlicher Gruppen hängen, ist sogar eine neue Disziplin, die Wissenssoziologie, auf den Plan getreten. Das ist aber nur die eine Seite. Weil sich die Wissenschaft die Objektivität ihrer Aussagen gegen den Druck und die Verführung partikularer Interessen erst erringen muß, täuscht sie sich andererseits über die fundamentalen Interessen hinweg, denen sie nicht nur ihren Antrieb, sondern die Bedingungen möglicher Objektivität selber verdankt.

Die Einstellung auf technische Verfügung, auf lebenspraktische Verständigung und auf Emanzipation von naturwüchsigem Zwang legt nämlich die spezifischen Gesichtspunkte fest, unter denen wir die Realität als solche erst auffassen können. Indem wir der Unüberschreitbarkeit dieser transzendentalen Grenzen möglicher Weltauffassung innewerden, erwirbt sich durch uns ein Stück Natur Autonomie in der Natur. Wenn Erkenntnis je ihr eingeborenes Interesse überlisten könnte, dann in dieser Einsicht, daß die Vermittlung von Subjekt und Objekt, die das philosophische Bewußtsein ausschließlich *seiner* Synthesis zurechnet, anfänglich durch Interessen hergestellt ist. Reflexiv kann der Geist dieser Naturbasis innewerden. Deren Gewalt reicht aber bis in die Logik der Forschung.

Abbildungen oder Beschreibungen sind niemals unabhängig von Standards. Und die Wahl solcher Standards beruht auf Einstellungen, die der kritischen Abwägung durch Argumente bedürfen, weil sie weder logisch abgeleitet noch empirisch nachgewiesen werden können. Methodische Grundsatzentscheidungen, etwa so fundamentale Unterscheidungen wie die zwischen kategorialem und nichtkategorialem Sein, zwischen analytischen und synthetischen Aussagen, zwischen deskriptivem und emotivem Gehalt, haben diesen eigentümlichen Charakter, weder willkürlich noch zwingend zu sein. Sie erweisen sich als angemessen oder verfehlt. Denn sie bemessen sich an der metalogischen Notwendigkeit von Interessen, die wir weder festlegen noch abbilden können, sondern treffen müssen. Meine *erste These* heißt deshalb: *Die Leistungen des transzendentalen Subjekts haben ihre Basis in der Naturgeschichte der Menschengattung.*

Für sich genommen könnte diese These zu dem Mißverständnis führen, als sei die Vernunft der Menschen, wie die Klauen und Zähne der Tiere, ein Organ der Anpassung. Das ist sie gewiß auch. Aber die naturgeschichtlichen Interessen, auf die wir die erkenntnisleitenden zurückführen, gehen zugleich aus Natur und aus dem kulturellen Bruch mit Natur hervor. Zusammen mit dem Moment der Durchsetzung des Naturtriebs haben sie das Moment der Lösung von Naturzwang in sich aufgenommen. Schon dem Interesse der Selbsterhaltung, so natürlich es zu sein scheint, entspricht ein gesellschaftliches System, das die Mängel der organischen Ausstattung des Menschen kompensiert und seine geschichtliche Existenz *gegen* eine von außen drohende Natur sichert. Aber Gesellschaft ist nicht nur System der Selbsterhaltung. Eine verlockende Natur, die als Libido im Einzelnen präsent ist, hat sich aus dem Funktionskreis der Selbsterhaltung gelöst und drängt nach utopischer Erfüllung. Auch diese individuellen Ansprüche, die mit dem Erfordernis kollektiver Selbsterhaltung nicht von vornherein harmonieren, nimmt das gesellschaftliche System in sich auf. Deshalb können die Erkenntnisprozesse, an die Vergesellschaftung unabdingbar gebunden ist, nicht nur als Mittel der Reproduktion des Lebens fungieren: in gleichem Maße bestimmen sie selbst die Definitionen dieses Lebens. Das scheinbar nackte Überleben ist immer schon eine historische Größe; denn es bemißt sich an dem, was eine Gesellschaft als ihr gutes Leben intendiert. Meine *zweite These* lautet deshalb: *Erkennen ist im gleichen Maße Instrument der Selbsterhaltung, wie es bloße Selbsterhaltung transzendiert.*

Die spezifischen Gesichtspunkte, unter denen wir die Wirklichkeit transzendental notwendig auffassen, legen drei Kategorien möglichen Wissens fest: Informationen, die unsre technische Verfügungsgewalt erweitern; Interpretationen, die eine Orientierung des Handelns unter gemeinsamen Traditionen ermöglichen; und Analysen, die das Bewußtsein aus der Abhängigkeit von hypostasierten Gewalten lösen. Jene Gesichtspunkte entspringen dem Interessenzusammenhang einer Gattung, die von Haus aus an bestimmte Medien der Vergesellschaftung gebunden ist: an Arbeit, Sprache und Herrschaft. Die Menschengattung sichert ihre Existenz in Systemen gesellschaftlicher Arbeit und gewaltsamer Selbstbehauptung; durch ein traditionsvermitteltes Zusammenleben in umgangssprachlicher Kommunikation; und schließlich mit Hilfe von Ich-Identitäten, die das Bewußtsein des Einzelnen im Verhältnis zu den Normen der Gruppe auf jeder Stufe der Individuierung von neuem befestigen. So haften die erkenntnisleitenden Interessen an den Funktionen eines Ich, das sich in Lernprozessen an seine externen Lebensbedingungen anpaßt; das sich durch Bildungsprozesse in den Kommunikationszusammenhang einer sozialen Lebenswelt einübt; und das im Konflikt zwischen Triebansprüchen und gesellschaftlichen Zwängen eine Identität aufbaut. Diese Leistungen gehen wiederum ein in die produktiven Kräfte, die eine Gesellschaft akkumuliert; in die kulturelle Überlieferung, aus der sich eine Gesellschaft interpretiert; und in die Legitimationen, die eine Gesellschaft annimmt oder kritisiert. Meine *dritte These* lautet daher: *Die erkenntnisleitenden Interessen bilden sich im Medium von Arbeit, Sprache und Herrschaft.*

Freilich ist die Konstellation von Erkenntnis und Interesse nicht gleich in allen Kategorien. Gewiß ist jene voraussetzungslose Autonomie, in der Erkenntnis die Wirklichkeit erst theoretisch erfaßt, um hernach von erkenntnisfremden Interessen in Dienst genommen zu werden, auf dieser Ebene immer ein Schein. Aber der Geist kann sich auf den Interessenzusammenhang, der vorgängig Subjekt und Objekt verknüpft hat, zurückbeugen — und dies ist allein der Selbstreflexion vorbehalten. Sie kann das Interesse gewissermaßen einholen, wenn auch nicht aufheben.

Nicht zufällig sind die Maßstäbe der Selbstreflexion jener eigentümlichen Schwebe enthoben, in der die Standards aller übrigen Erkenntnisprozesse einer kritischen Abwägung bedürfen. Sie sind theoretisch gewiß. Das Interesse an Mündigkeit schwebt nicht bloß vor, es kann a priori eingesehen werden. Das, was uns aus Natur heraushebt, ist nämlich der einzige Sachverhalt, den wir seiner Natur nach kennen können: die Sprache. Mit ihrer Struktur ist Mündigkeit für uns gesetzt. Mit dem ersten Satz ist die Intention eines allgemeinen und ungezwungenen Konsensus unmißverständlich ausgesprochen. Mündigkeit ist die einzige Idee, deren wir im Sinne der philosophischen Tradition mächtig sind. Vielleicht ist deshalb der Sprachgebrauch des Deutschen Idealismus, demzufolge „Vernunft" beide Momente: Willen *und* Bewußtsein enthält, doch nicht ganz obsolet. Vernunft meinte zugleich den Willen zur Vernunft. In der Selbstreflexion gelangt eine Erkenntnis um der Erkenntnis willen mit dem Interesse an Mündigkeit zur Deckung. Das emanzipatorische Erkenntnisinteresse zielt auf den Vollzug der Reflexion als solchen. Meine *vierte These* heißt daher: *In der Kraft der Selbstreflexion sind Erkenntnis und Interesse eins.*

Freilich würde sich erst in einer emanzipierten Gesellschaft, die die Mündigkeit ihrer Glieder realisiert hätte, die Kommunikation zu dem herrschaftsfreien Dialog aller mit allen entfaltet haben, dem wir das Muster einer wechselseitig gebildeten Identität des Ich ebenso wie die Idee der wahren Übereinstimmung immer schon entlehnen. Insofern gründet die Wahrheit von Aussagen in der Antizipation des gelungenen Lebens. Der ontologische Schein reiner Theorie, hinter dem die erkenntnisleitenden Interessen verschwinden, festigt die Fiktion, als sei der sokratische Dialog allgemein und jederzeit möglich. Philosophie hat von Anbeginn unterstellt, die mit der Struktur der Sprache gesetzte Mündigkeit sei nicht nur antizipiert, sondern wirklich. Gerade die reine Theorie, die alles aus sich selber haben will, fällt dem verdrängten Äußeren anheim und wird ideologisch. Erst wenn Philosophie im dialektischen Gang der Geschichte die Spuren der Gewalt entdeckt, die den immer wieder angestrengten Dialog verzerrt, und aus den Bahnen zwangloser Kommunikation immer wieder herausgedrängt hat, treibt sie den Prozeß, dessen Stillstellung sie sonst legitimiert, voran: den Fortgang der Menschengattung zur Mündigkeit. Als *fünfte These* möchte ich deshalb den Satz vertreten: *Die Einheit von Erkenntnis und Interesse bewährt sich in einer Dialektik, die aus den geschichtlichen Spuren des unterdrückten Dialogs das Unterdrückte rekonstruiert.*

24. KARL-OTTO APEL

Transzendentalphilosophische Begründung der Erkenntnisinteressen

Ich komme damit zur *Grundfigur* jener *Transformation* der Philosophie, die — wie ich glaube — in den folgenden Studien schließlich als eine Art Resultat erreicht worden ist.

Es handelt sich um die hermeneutische „Vorstruktur" einer Transzendentalphilosophie, die nicht, wie der transzendentale Idealismus Kants, von der Hypostasierung eines „Subjekts" oder „Bewußtseins überhaupt" als des metaphysischen Garanten der intersubjektiven Geltung von Erkenntnis ausgeht, sondern von der Voraussetzung, daß wir — da „einer allein und nur einmal" nicht einer Regel folgen kann (Wittgenstein) — a priori zur intersubjektiven *Verständigung* verdammt sind, wenn auch nur jeder einzelne sich in der Welt verstehen und aufgrund dieses „Vorverständnisses" zu gültigen Erkenntnissen über die Dinge und über die Gesellschaft kommen soll. In dieser Einsicht die eine *Konsens*-Theorie der sprachlichen *Sinn-Verständigung* und der möglichen *Wahrheit* impliziert, liegt m. E. die Überwindung des „methodischen Solipsismus", der mindestens von Ockham und Descartes bis Husserl und B. Russell die philosophische Erkenntnistheorie irregeführt hat. Es kann einer nicht über etwas *als* etwas, oder über *sich* als Person, die durch die Ich-Deixis identifiziert werden kann, zu einem kognitiven Bewußtsein gelangen, ohne mit der „intertionalen Leistung" zugleich schon an einem interpersonalen, sprachlichen Verständigungsprozeß beteiligt zu sein. „Evidenz" für mich kann daher nur im Rahmen des interpersonalen Konsensus als „Wahrheit'' *gelten.* Insofern geht die hermeneutisch transformierte Transzendentalphilosophie vom Apriori einer *realen Kommunikationsgemeinschaft* aus, die für uns praktisch mit der *menschlichen Gattung* oder Gesellschaft identisch ist.

Wenn aber jeder einzelne die Notwendigkeit einer Verständigung in der realen Kommunikationsgemeinschaft mit „Evidenz'' soll *einsehen* können — und diese Forderung kann Philosophie nicht aufgeben —, dann muß offenbar vorausgesetzt werden, daß er in gewisser Weise in seiner denkenden Selbstverständigung den Standpunkt einer *idealen Kommunikationsgemeinschaft,* der in der realen Kommunikationsgemeinschaft immer noch erst herzustellen ist, muß antizipieren können: In gewisser Weise muß jeder „mündige'' Mensch, jeder, der im Sozialisierungsprozeß mit der Spracherlernung zugleich die „kommunikative Kompetenz'' erworben hat, schon *in der Wahrheit sein* und sich dieses Umstandes auch durch „transzendentale Reflexion'' versichern können. (Darin liegt m. E. die „aufgehobene'' Wahrheit jener Tradition christlich-neuplatonischer „Logosmystik'', die noch Kants Lehre vom „transzendentalen'' (und „intelligiblen'') Ich, vor allem aber Hegels Vollendung der transzendentalen Reflexion in der Beanspruchung des *sich wissenden Wissens* getragen hat.) Die transzendentale Selbstvergewisserung der Wahrheit, die für die „großen Denker'' der aprioristischen „Subjekt-Philosophie'' charakteristisch ist, kann aber, unseren Voraussetzungen zufolge, gerade nur soweit a priori gültig sein, als sie zu der Einsicht führt, daß jeder von uns für alle substanziell gehaltvollen Erkenntnisse auf empirische Erfahrung und unbegrenzte Verständigung mit anderen über Sinn und Wahrheitsgeltung der Erfahrung angewiesen ist. Und selbst diese „Einsicht'' kann nur insofern als „Wahrheit'' *gelten,* als sie von allen Teilnehmern am „theoretischen Diskurs'' der Philosophie allen weiteren Erörterungen a priori zugrunde gelegt werden kann und muß. Auch die sog. stillschweigenden „Konventionen'', die unser Welt-Vorverständnis gemäß den Spielregeln der so verschiedenartigen menschlichen Sprachspiele bestimmen, können offenbar *als Konventionen* nur unter der transzendentalhermeneutischen Voraussetzung des Aprioris der unbegrenzten Verständigung bewußt gemacht und verantwortet werden. Im Apriori der Verständigungsgemeinschaft gewinnt demnach die menschliche Gattung als quasitranszendentales Subjekt der Wahrheit den Sinn-Ereignissen der Seinsgeschichte gegenüber — mögen diese als *Sinn-Ereignisse* noch so *unverfügbar* sein — ihren Selbststand solidarischer Verantwortung zurück, den sie in Heideggers Philosophie zu verlieren scheint.

Damit haben wir m. E. durch *transzendentale Reflexion* auf die *Bedingungen der Möglichkeit und Gültigkeit des Verstehens* so etwas wie einen kartesischen Punkt der *Letztbegründung* von Philosophie erreicht. Wer nämlich überhaupt an der philosophischen Argumentation teilnimmt, der hat die soeben angedeuteten Voraussetzungen bereits implizit als *Apriori der Argumentation* anerkannt, und er kann sie nicht bestreiten, ohne sich zugleich selbst die argumentative Kompetenz streitig zu machen. Insofern möchte ich die These vertreten, daß das Apriori der argumentativen Verständigung (in der unbegrenzten realen Kommunikationsgemeinschaft) eine ausgezeichnete Stellung innerhalb der transzendentalhermeneutischen „Vorstruktur'' des Verstehens einnimmt: Alle übrigen — materiellen und existenziellen — Voraussetzungen der realen Verständigung, mag ihre vitale Signifikanz noch so oft gegen alle Spielregeln der Argumentation sich durchsetzen, müssen prinzipiell dem *Apriori der Argumentation* bzw. der *Argumentationsgemeinschaft* untergeordnet werden; denn nur unter der Voraussetzung dieses letzteren können auch alle anderen in ihrer Bedeutung *erkannt* bzw. *diskutiert* werden. Auch wer im Namen des existenziellen Zweifels, der durch Selbstmord sich verifizieren kann, oder im Namen des Konfliktes der Klasseninteressen das Apriori der Verständigungsgemeinschaft zur Illusion erklärt, bestätigt es zugleich dadurch, daß er noch argumentiert; und er bestätigt es übrigens auch dann, wenn er sich im Namen einer unterdrückten und von der Kommunikation praktisch ausgeschlossenen Klasse gegen das in der institutionalisierten Kommunikation vorausgesetzte Einverständnis sperrt und insofern die Argumentation scheinbar verweigert; denn auch in diesem Fall *begründet* er sein Verhalten durch die Solidarisierung mit einer realen Kommunikationsgemeinschaft, die für ihn die Möglichkeit der Realisierung der idealen Kommunikationsgemeinschaft verkörpert. ...

Das hier gemeinte Erkenntnis-Verfahren ist ersichtlich von der Fragestellung methodisch reiner Verständigung her sowenig zu verstehen wie vom transzendentalen Apriori der Verfügbarmachung des „Daseins der Dinge, sofern sie einen gesetzmäßigen Zusammenhang bilden'' (Kant): Es verharrt nicht in der Subjekt-Subjekt-Relation der ursprünglichen Verständigungssituation; aber es darf sich auch nicht im Sinne der totalen naturalistischen Entlarvung menschlicher Sinn-Intentionen mißverstehen; vielmehr muß es die Antizipation der idealen Kommunikationsgesmeinschaft in der objektiv-empirischen Rekonstruktion der Sozialgeschichte als transzendentalhermeneutische Bedingung der Möglichkeit und Gültigkeit des eigenen Erkenntnisanspruchs festhalten. Insofern eröffnet das Verfahren der rekonstruktiven Sozialhistorie eine eigene Dimension der *Erfahrung* „zwischen'' der szientifischen experimentellen Erfahrung der gesetzmäßigen Wiederholbarkeit der Naturprozesse und der rein hermeneutischen Erfahrung der kommunikativen Intersubjektivität: es handelt sich einerseits um eine reflexive Erfahrung des Bewußtseins mit sich selbst im Sinne der Hegelschen Phänomenologie des Geistes, andererseits aber um die empirische Objektivation solcher Tatbestände der sozialen „Basis'', die im sprachlich objektivierten Geist nicht vollständig und unverzerrt zum Ausdruck gekommen sind und gleichwohl ins Selbst-Bewußtsein der gegenwärtigen Kommunikationsgemeinschaft eingeholt werden sollen.

Es mag aus diesen Andeutungen verständlich geworden sein, inwiefern die — in einem wichtigen Aspekt ihrer Struktur als Extrapolation der Psychoanalyse verstehbare — Methode der *Ideologiekritik* als Bedingung der Möglichkeit eines philosophisch relevanten Fortschritts in der menschlichen Verständigung bezeichnet werden konnte — und inwiefern die methodische Vermittlung der Hermeneutik durch Ideologiekritik selbst noch als Postulat einer *transzendentalen Hermeneutik* begriffen werden kann. Die philosophische Begründung dieser These ergab sich m. E. aus einer systematischen Entfaltung der „internen'' *Erkenntnisinteressen,* die in der „Vorstruktur'' des Verstehens „immer schon'' impliziert sind.

Als *Grundfigur* dieser Systematik zeigt sich, bei Unterstellung einer idealen Kommunikationsgemeinschaft (wie z. B. im Falle der Peirceschen „community of investigators''), die unaufhebbare *Komplementarität* zwischen den transzendentalen Sprachspiel-Horizonten des objektiven, szientifisch-technologischen Verfügungswissens und des dabei notwendig vorausgesetzten intersubjektiven (hermeneutischen) Verständigungswissens. In der Dimension des Praxisbezugs der Erkenntnis entspricht dem u. a. die unaufhebbare Komplementarität zwischen der Voraussetzung instrumentell ausnutzbarer, kausaler oder statistischer Gesetzmäßigkeiten und der Voraussetzung freier, verantwortlicher Handlungsentscheidungen aufgrund „praktischer Syllogismen", die Zielsetzungen und Mittelinformationen im Situationskontext verknüpfen. (Insofern sind Handlungs-Freiheit und Kausaldetermination der makrophysikalisch objektivierten Umweltprozesse nicht logisch unvereinbar, sondern setzen sich wechselseitig voraus im Sinne *komplementärer* Sprachspiele). — Diese *ideale Komplementarität* erweist sich jedoch unter dem Reflexions-Gesichtspunkt des dialektischen Widerspruchs zwischen idealer und realer Kommunikationsgemeinschaft als Resultat einer Abstraktion. Sie ist solange gültig, wie man von der *geschichtlichen* Dimension der Wirklichkeit als Dimension der Entfremdung und des Fortschritts in der Realisierung der Freiheit absieht. Die geschichtliche Dimension der Wirklichkeit kann freilich in der *Komplementaritäts-Situation* der mit wiederholbaren Naturphänomenen befaßten Erfahrung der Kommunikationsgemeinschaft nicht ohne weiteres zum Bewußtsein kommen; sie eröffnet sich erst als Erfahrungshorizont, wenn eine menschliche Gemeinschaft auf ihre Schicksale zurückblickt und diese (z. B. die genealogische) Selbst-Erfahrung zum Paradigma (des Sprachspiels) der Welterfahrung einsetzt — statt umgekehrt die Erfahrung des eigenen Lebens nach dem Paradigma der zyklischen Naturprozesse zu denken. Man darf heute wohl sagen, daß sich die Erfahrung der Welt als Geschichte erst sehr spät gegen das, im Mythos wie in der klassischen Philosophie der Chinesen, Inder und Griechen vorherrschende, Natur-Paradigma zur Geltung gebracht hat, und noch heute hat sie es schwer, sich z. B. als mögliches Paradigma der Geschichts-Wissenschaft gegen das — im Zeichen der nomothetischen Wissenschaft erneuerte — Paradigma der Natur-Erfahrung durchzusetzen.

Unter dem Gesichtspunkt der *geschichtlichen Selbsterfahrung* der Kommunikationsgemeinschaft — ebenso wie unter dem Gesichtspunkt der lebensgeschichtlichen Selbsterfahrung der Person — konstituiert sich nun das *dritte* Erkenntnisinteresse als das einer dialektischen Selbstvermittlung der hermeneutischen Verständigung durch eine historische Objektivierung ihrer Quasi-Natur mit dem Ziel einer Emanzipation ihrer selbst. Dies besagt m. E., daß sich der Funktionssinn des *dritten* Erkenntnisinteresses erst unter der systematischen Voraussetzung der *Komplementarität* von Naturerkenntnis und interpersonaler Verständigung explizieren läßt: er liegt einerseits in der Aufhebung aller kausalen Zwänge der inneren Quasi-Natur des Menschen bzw. der Gesellschaft, und er liegt andererseits in der Vertiefung des menschlichen Selbstverständnisses, das immer schon vorausgesetzt ist, um der Entfremdung innewerden zu können. Allerdings eröffnet sich — wie schon angedeutet — unter dem transzendentalen Gesichtspunkt des dritten Erkenntnisinteresses ein Erfahrungshorizont *sui generis,* der es z. B. möglich macht, auch die Natur — zumindest die Evolution der Organismen — als *Vorgeschichte* der menschlichen *Quasi-Natur* zu studieren. Sie wird dann nicht unter dem transzendentalen Rahmen-Gesichtspunkt der Verfügbarmachung gesetzmäßig wiederholbarer Prozesse, sondern eher unter dem Gesichtspunkt einer hermeneutisch und ideologiekritisch relevanten Verfremdung der gegenwärtigen Lebenssituation des Menschen thematisiert: Der eigentliche Sinn der *Ethologie* (z. B. des ethologischen Vergleichs von Mensch und Tier, z. B. des „moral-analogen" Verhaltens der durch Hemmungsinstinkte geleiteten Tiere und des instinktreduzierten Verhaltens der Menschen im Zeitalter der Technologie der Waffensysteme) scheint mir nur unter diesem Gesichtspunkt verständlich zu werden; und auch die Probleme einer zugleich funktionalistischen und evolutionistischen *System*-Theorie der Organismen und eventuell der gesellschaftlichen *Quasi-Systeme* (die als *Systeme* durch hermeneutische Selbst-Explikation und Selbst-Definition vermittelt sind) sind m. E. nicht im Sinne der kausalanalytischen und statistischen Erklärungsmodelle der nomothetischen Naturwissenschaft aufzulösen, sondern erhalten ihre Bedeutung im Rahmen einer Objektivation der Vorgeschichte der menschlichen Quasi-Natur.

Mit den soeben in ihrem systematischen Zusammenhang charakterisierten drei fundamentalen Erkenntnisinteressen sind m. E. die grundlegenden Praxisbezüge menschlicher Erkenntnis genannt; und das besagt zugleich: die charakteristisch unterschiedenen Weisen des leibhaft-praktischen Engagements, durch das der Mensch der Welt eine Bedeutsamkeit abgewinnen kann. Die Husserlsche Problematik der „Sinnkonstitution'', die bei Heidegger auf der Linie der unverfügbaren Sinn-Eröffnung durch „Ereignisse'' der Seinsgeschichte radikalisiert wurde, ist damit auf eine erkenntnisanthropologische Erweiterung der Transzendentalphilosophie bezogen. Darin liegt selbstverständlich keine „Reduktion'' der unverfügbaren „Sinn-Eröffnung'', wohl aber eine *erkenntnisanthropologische Grundorientierung der transzendentalen Frage* nach den Bedingungen der Möglichkeit der Sinn-*Konstitution* und der Sinn-*Geltung*. Die möglichen Paradigmata bzw. Sprachspiel-Horizonte menschlichen Welt- und Selbstverständnisses müssen sich, unseren Voraussetzungen zufolge, entweder *innerhalb* der von den drei Erkenntnisinteressen eröffneten Sinnhorizonte oder aus ihrer geschichtlichen Konstellation konstituieren. ...

Eine quasi-transzendentale Grundorientierung liefert die Lehre von den drei Erkenntnis-Interessen nur unter der Voraussetzung, daß *philosophische Erkenntnis* als transzendentale *Geltungs-Reflexion* in einer prinzipiellen *Differenz* zu den Weisen des leibhaft-engagierten Weltverständnisses gemäß den drei Erkenntnisinteressen sich zu organisieren vermag. Dies besagt nicht, daß Philosophie von den drei Erkenntnis-Interessen unabhängig wäre und etwas ohne Interessen-Engagement zu einer Welt-Sinnkonstitution gelangen könnte. Alle Erkenntnis entspringt, ihrer Sinnkonstitution nach, aus dem praktischen Erkenntnis-Interesse und mündet, ihrer möglichen Anwendung nach, in eine Vermittlung der Lebenspraxis. (Daher kann man zwar den „context of discovery'' vom „context of justification'' in der Wissenschaftstheorie unterscheiden, darf aber nicht die Frage nach der *Geltung* unabhängig von der Frage nach der Art der zugehörigen *Sinnkonstitution* beantworten wollen.) Alle Erkenntnis muß jedoch, um ihrer spezifischen Sinnkonstitution gemäß als gültige Erkenntnis gewürdigt bzw. kritisiert werden zu können, durch einen vom Interessen-Engagement und seinen leibvermittelten Standpunkten prinzipiell distanzierten Bereich der Geltungsreflexion sich vermitteln. Dieser Bereich hat sich seit Sokrates im „theoretischen Diskurs'' der Philosophie als Sprachspiel institutionalisiert; und wir haben seit Kant Anlaß, diese Institution der kritischen Geltungs-Reflexion „Transzendentalphilosophie'' zu nennen.

Sofern auch im „theoretischen Diskurs'' der Philosophie noch inhaltliches Wissen sich konstituiert, muß die philosophische Erkenntnis durch alle drei sinnkonstitutiven Erkenntnisinteressen sich vermitteln: So stellt z. B. ihre objektive Thematisierung der Probleme unleugbar eine Sublimation des theoretischen *Verfügungswissens* auf höchste Reflexionsstufe dar, ihre *Selbstverständigung* muß sich als prinzipiell dialogische durch die Interpretationsergebnisse aller *hermeneutischen* Wissenschaften vermitteln, und ihre *reflexive Selbstkritik* muß seit K. Marx die eigene Zugehörigkeit zum Gesellschaftsprozeß *ideologiekritisch* mitdenken. Gleichwohl findet die Philosophie in der Selbstreflexion das eigene Sprachspiel als eine ausgezeichnete Struktur innerhalb jener „Vorstruktur" vor, der gemäß wir nach Heidegger im Verstehen immer schon uns selbst „vorweg" sind. Wir haben diese ausgezeichnete Vorstruktur im vorigen bereits als *das Apriori der Argumentationsgemeinschaft* charakterisiert. In ihrer prinzipiellen Abhängigkeit von der *nichthintergehbaren,* wohl aber *rekonstruierbaren* Umgangssprache stellt die unbegrenzte Argumentationsgemeinschaft den Kern und die Voraussetzung eines *transzendentalhermeneutischen Selbstverständnisses der Philosophie dar. Darin — so scheint mir — liegt die synthetische Einheit der im folgenden belegten Transformation der theoretischen Philosophie. Die letzte der folgenden Abhandlungen unternimmt den Versuch zu zeigen, daß im Apriori der Argumentation, das als solches die mögliche Distanzierung von allem praktischen Engagement impliziert, gleichwohl auch die praktische Vernunft die Grundlage einer intersubjektiv gültigen Ethik finden kann.*

V. NICHTWISSENSCHAFTLICHES ERKENNEN

Einführung

Die in diesem Abschnitt zusammengestellten Texte können als eine Ergänzung und Vertiefung der im vorigen dokumentierten Problematik gesehen werden. Die Erweiterung des Wissenschaftsbegriffes über seine positivistischen Verkürzungen hinaus und die Problematik einer Rechtfertigungsmöglichkeit von Philosphie und Religion neben den Wissenschaften führt zu der Frage nach möglichen weiteren Bereichen menschlichen Wissens. So sind im folgenden Texte zu Fragen des ethischen, ästhetischen, personalen und religiösen Erkennens zusammengestellt. Obwohl es sich bei der Behandlung der Wertproblematik und der Problematik religiösen Erkennens um Themen handelt, die im vorigen Abschnitt schon angesprochen wurden, rechtfertigt sich die Aufnahme der Texte durch eine veränderte Perspektive und durch neue Standpunkte, die vorgestellt werden.

Dabei ist gerade hier der Zwang zur Auswahl schmerzlich. Es konnten zu den jeweiligen Erkenntnisproblemen nur einer bzw. zwei kontrastierende bzw. einander ergänzende Texte abgedruckt werden. Dabei wurde darauf geachtet, daß in den Texten andere Standpunkte und Argumente wenigstens indirekt angesprochen werden, durch Aufnahme von Gegenpositionen, um unterschiedliche Argumente für das philosophische Gespräch bereitzustellen. Die Schwierigkeit der Auswahl von Texten zur Erkenntnistheorie hat ihren objektiven Grund in der Tatsache, daß alle „regionalen" Probleme der Philosophie (die „Bereichsphilosophien") als Probleme der Erkenntnistheorie wieder auftauchen. So muß denn gerade für die Thematik dieses Abschnittes auf die anderen Hefte des „Philosophischen Kollegs" verwiesen werden, so vor allem auf die „Wissenschaftstheorie", die „Ethik", die „Anthropologie", die „Sprachphilosophie", die „Metaphysik" und die „Religionsphilosophie".

Aus der Argumentationsstruktur des Geiger-Textes (T. 25), der ein in sich abgeschlossenes Ganzes darstellt, ergibt sich, daß auf eine Erläuterung des Zusammenhanges verzichtet werden kann. Der Text von Nivolai Hartmann (T. 26) ist seiner „Systematischen Selbstdarstellung" entnommen. In ihr macht er geltend, daß alle Wissenschaften und erst recht die Philosophie einen „metaphysischen Problemhintergrund" haben. Dabei versteht er unter Metaphysik nicht das Wissen um einen eigenen Bereich transzendenter Gegenstände, auch nicht einen Kampfplatz spekulativer Weltbilder (Weltanschauungen, Ideologien), sondern einen Bereich von Problemen, die sich bei der Welterfassung unabweisbar stellen, „überall im Hintergrunde des Erkennbaren lagern" und dennoch keiner endgültigen Lösung zugeführt werden können („perennieren"). Im einzelnen weist er diese metaphysischen Probleme in der Psychologie, der Logik und Erkenntnistheorie, in der Naturphilosophie, der Philosophie des Organischen und in der Geschichtsphilosophie auf. In der letzteren sieht er weder ein Gesamtsubjekt wirken („Menschheit", „Weltgeist"), noch ein chaotisch-irrationales Geschehen ablaufen. Geschichte ist für ihn das „zugleich sinnvolle und sinnlose Geschehen, Entwicklung von Vernunft und Idee in der zeitlichen Realität, und doch zugleich vernunftlos und ideenlos in seinen Verläufen". Die Frage, wie Vernunft und Idee sich gleichwohl in der Geschichte Geltung verschaffen können und zugleich immer wieder auf dem Spiele stehen, beantwortet er mit seiner ethischen Theorie der Werte.

Auch zum Problemfeld ästhetischen Erkennens wurden zwei Texte ausgewählt, die unterschiedliche Lösungsvorschläge bringen. Wilhelm Emrich (T. 27) konzentriert sich, innerhalb der Tradition ästhetischer Theorien verbleibend, wenngleich sich mit ihr auseinandersetzend, auf das Ergebnis und den Inhalt des künstlerischen Schaffens, während Werner Leinfellner (T. 28), diese Theorien hinter sich läßt, um Analysen des künstlerischen Schaffens und der Rezeptionsweisen von Kunst zum Gegenstand einer „wissenschaftlichen Prozeßästhetik" zu machen. In der Frage der Abgrenzung wissenschaftlicher von ästhetischer Welterkenntnis und ihrer Funktionsbestimmung nähern sich die beiden Standpunkte wieder.

Von den vier Phasen des ästhetischen Prozesses nach Leinfellner wird nur die Beschreibung der ersten Phase aufgenommen. Sie läßt das Wesentliche der Position des Autors deutlich werden. In der zweiten, der „Traditionssphase" geschieht mit dem Kunstwerk als Medium die Übermittlung der „ästhetischen Information" an den Rezipienten (Betrachter, Leser, Hörer), ein — genau besehen — recht vielschichtiger Prozeß, der soziokulturelle und ökonomische Bedingungen einschließt. Die „Konsumationsphase" (3) läßt sich als Umkehrung der Produktionsphase verstehen, allerdings verbunden mit der Erkenntnis, daß die ästhetische Information beim Künstler und die beim Rezipienten nie iden-

tisch sind und auch nicht identisch zu sein brauchen. In der Phase der öffentlichen Kritik (4) wirkt die Bewertung ästhetischer Information auf das künstlerische Schaffen zurück: Anerkennung oder Ablehnung von Kunstwerken steuern den weiteren Prozeß künstlerischen Schaffens und ästhetischen Erlebens.
Texte von Edmund Husserl (T. 29) und Bernhard Welte (T. 30) sollen in die Problematik der „Erkenntnis von Personen" einführen. Es geht um die Eigenart, die Möglichkeit und Struktur dieser Erkenntnisweise in Abgrenzung von anderen. Dabei ist zu beachten, daß die Frage nicht identisch ist mit der Frage nach der Möglichkeit der Anthropologie, d. h. von Aussagen über den Menschen als Gattungswesen. Der Begriff „Person" meint vielmehr, daß es um Erkenntnis des konkreten Einzelwesens „Mensch" handelt, des Individuums also. Die Fragestellung betrifft — zweitens — auch nicht das Wissen um Personen, wie es für einzelne Wissenschaften erforderlich ist, so etwa für die Soziologie, die Rechtsprechung, die Medizin oder die Psychoanalyse. Diese erfahrungswissenschaftlichen Einstellungen gegenüber Personen sind von praktischen Interessen motiviert, z. B. an der Verhaltenskontrolle und -korrektur oder der Heilung von Menschen. Es geht — drittens — auch nicht um das Problem der Selbsterkenntnis, das Kant so formulierte: „Ich bin mir meiner selbst bewußt, ist ein Gedanke, der schon ein zweifaches Ich enthält, das Ich als Subjekt und das Ich als Objekt. Wie es möglich sei, daß ich, der ich denke, mir selber ein Gegenstand (der Anschauung) sein und so mich von mir selbst unterscheiden könne, ist schlechterdings unmöglich zu erklären, obwohl es ein unzweifelbares Faktum ist." (Welches sind die Fortschritte, die die Metaphysik seit Leibnizens und Wolffs Zeiten in Deutschland gemacht hat? Kant-Akademieausgabe Band XX, S 270!)

Damit dürfte deutlich geworden sein, worum es im Problem der Personerkenntnis geht: Es ist die Frage nach der Möglichkeit, den Voraussetzungen, den Implikationen und den Grenzen der Erkenntnis eines Subjekt durch ein anderes. Eine fundamentale Voraussetzung für das Angehen dieses Problems ist die Einsicht, daß Subjekt-Subjekt-Erkenntnis sich von Subjekt-Objekt-Erkenntnis radikal unterscheidet. Daß dieses Problem philosophisch bedeutsam wurde, ist eine neuzeitliche Erscheinung, die mit der durch Descartes eingeleiteten Reflexion auf Subjektivität überhaupt zusammenhängt. Die philosophische Tradition seit der Antike bewahrte bis in die Neuzeit das Axiom, die Person, Individuelles überhaupt, sei unaussprechbar weil unerkennbar (individuum est ineffabile). In der abendländischen, vor allem auf Platon zurückgehenden Tradition galt einzig das Allgemeine, die Idee, das Eine, als erkenntnisfähiger und erkenntniswürdiger Gegenstand. Individuelle Tatsachen, Gegenstände, Personen, galten demgegenüber als „nur" empirische, materielle Erscheinungsformen und von seinsmäßig niederem Rang gegenüber dem Allgemeinen. Daß die Frage nach der Personenerkenntnis philosophisch bedeutsam wurde, hat aber wohl nicht nur innerphilosophische Gründe, sondern muß als ein „theologisches Erbe" anerkannt werden. In Judentum und Christentum ist der Einzelne — seine Schuld und Begnadung, die sittliche Zurechenbarkeit seiner Handlungen, die Verantwortung für das, was er aus sich macht, seine letztliche Einsamkeit vor Gott (Augustinus: Deus et anima) — eine zentrale theologische Kategorie. Ergänzt wird die Aussage über den unverzichtbaren Wert des Personalen durch das Liebesgebot als einziger verbindlicher Handlungsnorm. Sie bindet die Chance von Selbstverwirklichung im Handeln an den Nächsten. Verständlich ist daher, daß die Frage nach der Subjektivität —, vor allem in der (christlichen) Existenzphilosophie und im (französischen) Personalismus behandelt wurde. Im Zusammenhang solcher Reflexionen entsteht dann auch die Frage nach den Bedingungen der Möglichkeit von Personerkenntnis.
Zwei Namen könnten für total entgegengesetzte Theorien über Personerkenntnis stehen: Martin Buber und Jean-Paul Sartre. Sartre sieht die Person-Person-Bestimmung als eine Subjekt-Objekt-Beziehung wie alle anderen Erkenntnisbeziehungen. Auf dem Hintergrund seiner erkenntnistheoretischen Grundposition „Die Welt zu setzen und die Welt zu regieren ist ein und derselbe Akt" bedeutet das, daß der andere nicht als das „Du-wie-Ich" erlebt wird, sondern als ein entfremdeter und entfremdender Entwurf des anderen, der ihn nicht als Person, sondern nur als Feind erfahrbar macht. Die Negation des im Erkenntnisakt „Gesetzten" ist hier gegenüber sonstigen Subjekt-Objekt-Beziehungen eine gegenseitige. „Die Hölle, das sind die anderen."
Demgegenüber hat Martin Buber sich lebenslang um den Aufweis bemüht, daß Personsein überhaupt ermöglicht wird durch das gegenseitige Erschlossensein von Subjekten füreinander. Erkenntnistheoretisch unterscheidet er scharf zwischen Subjekt-Objekt-Erkenntnis und Subjekt-Subjekt-

Erkenntnis.[1] Die letztere ist eine, die von vornherein „Beziehung'' und „Begegnung'' herstellt und entfaltet. „Die Welt als Erfahrung gehört dem Grundwort Ich-Es zu. Das Grundwort Ich-Du stiftet die Welt der Beziehung.'' Je nachdem, ob sich der einzelne dem anderen gegenüber als einem Objekt „Es'' oder einem Subjekt „Du'' verhält, ist er ein anderes Ich: „Denn das Ich des Grundwortes Ich-Du ist ein anderes als das des Grundwortes Ich-Es.'' (79)

Bubers Lösung des Problems der Personerkenntnis läßt ihren religiösen Ursprung erkennen, obgleich er für sie eine philosophische, nicht eine religiöse Geltung beansprucht. Sie führt aber zu Konsequenzen für seine Lösung des Problems religiöser Erkenntnis, wie Text 32 zeigt.

Der hier abgedruckte Text von Husserl (T. 29) — Sartre hat ihn in Berlin gehört und sich in seinem Werk oft auf ihn bezogen — stellt in der durch ihn geprägten phänomenologischen Methode Reflexionen über Subjekt-Subjekt-Erkenntnis an. Sie stellen nur einen kleinen Auszug aus seinen umfangreichen und schwer zugänglichen „Ideen zu einer reinen Phänomenologie und phänomenologischen Philosophie'' dar. Gegenüber der eher formal bleibenden und im Unterricht mit Inhalt zu füllenden Analyse geht der Text von Welte (T. 30) auf inhaltliche Strukturmerkmale von Person ein. Welte knüpft in seinem Denken ebenso wie Sartre an das Denken Heideggers an, verarbeitet es jedoch nicht wie Sartre unter einer atheistischen Prämisse, sondern in einer Perspektive des Glaubens. Daher wird für ihn wie für Martin Buber die Analyse der Personerkenntnis in seiner „Religionsphilosophie'' zur Grundlage für sein Gottesverständnis. Der Text von Carl Friedrich von Weizsäcker (T. 31), in einem Sammelband erschienen, der das Denken Martin Bubers würdigt, bestätigt seinen Grundsatz, ergänzt ihn jedoch durch die Verknüpfung von Ich-Es-Relation mit der Ich-Du-Relation, wobei der Gedanke der Forschergemeinschaft bzw. entfernter der Gedanke der Apelschen idealen Kommunikationsgemeinschaft (T. 24) und eines kommunikativen Wahrheitsbegriffs anklingt.

Für die Problematik religiösen Erkennens wurde ein Text von Martin Buber (T. 32) ausgewählt, einmal, weil er in der Gedankenführung an die zur personalen Erkenntnis zusammengestellten Texte anknüpft, sodann, weil er als Text eines jüdischen Religionsphilosophen eine gewisse Unbefangenheit gegenüber der christlichen philosophischen Tradition erkennen läßt, und schließlich, weil Buber seine Aussagen über religiöse Erkenntnis in Abgrenzung zur wissenschaftlichen und philosophischen formuliert und damit geeignet ist, die in Abschnitt IV behandelten Texte zu ergänzen oder einen Einstieg in sie zu ermöglichen. Auf die Wahl eines religionskritischen Textes wurde verzichtet, weil sich solche reichlich in Band „Religionsphilosophie'' finden werden und weil es kein Nachteil ist, wenn erkennbar wird, daß und inwiefern die Reflexion über Religion bei Buber durch seine persönliche Einstellung zu ihr bestimmt ist, ein Sachverhalt, der sich auch in gleicher Weise bei religionskritischen Texten nachweisen läßt. Zudem kann ein „positiver'' Text angesichts der verbreiteten religions-oder eher kirchenkritischen Einstellung vieler Schüler eine kreative Provokation darstellen, während ein „negativer'' Text Vorurteile bestätigen könnte statt sie kritisch aufzubrechen.

1 *Martin Buber,* Ich und Du, in: Werke, Erster Band: Schriften zur Philosophie, Kösel Verlag, München 1962, 77—170. Vgl. Anfang des Textes 32.

25. THEODOR GEIGER

Das Werturteil — eine ideologische Aussage

Die erkenntniszulässigen Aussagen über eine Wirklichkeit stellen entweder fest, daß X so und so oder daß Y dies und das *ist,* oder man kann sie auf die Form eines solchen „Ist-Satzes'' bringen, ohne ihnen einen Zwang anzutun. Wir nennen solche Sätze *theoretische Aussagen.* Von ihnen unterscheiden wir solche Sätze wie: „Ach, wer sich doch ein Auto leisten könnte!'' (Wunschsatz), oder „Du sollst nicht lügen!'' (Forderungssatz), oder „Oh, über die Grausamkeit des Schicksals!'' (Gefühlsausbruch), oder „Laß mir meinen Hund in Ruhe!'' (Befehlssatz) und andere Arten verbaler Äußerung.

Eine theoretische Aussage, d. h. ein Ist-Satz, verbindet zwei Begriffe durch das Zeitwort „ist'', indem dieses nicht als Hilfsverbum gebraucht wird, sondern entweder A als identisch mit B oder A als gleich B bezeichnet, oder in dem Sinne, daß A unter den weiteren Begriff B falle, oder daß B eine der kennzeichnenden Eigenschaften von A sei. Solche Aussagen genügen der im vorigen Abschnitt aufgestellten Bedingungen —: sie sind durch logische Verarbeitung von Beobachtungen gewonnen, und ihr Aussage-Inhalt kann auf gleiche Weise nachgeprüft, d. h. verifiziert oder entkräftet werden.

Gewisse Sätze haben zwar die gleiche sprachliche Form „A ist B'', genügen aber den erwähnten Anforderungen nicht. Solche Sätze sind z. B. die *Werturteile.* Sie sind im folgenden auf ihren Inhalt, ihre Struktur und ihren Ursprung hin eingehender zu untersuchen. Leider muß ich hierin mich selbst wiederholen. („Vorstudien zu einer Soziologie des Rechts.'' Kopenhagen 1947. S. 255 ff.) Es wäre aber wenig praktisch, hier einfach auf die an anderer Stelle gegebene Auseinandersetzung des Sachverhaltes zu verweisen und dem Leser die Mühe des Nachschlagens zuzumuten.

Hier folgt ein Beispiel für das Werturteil: „Hyazinthen sind wohlriechend'' („riechen gut''). Was hier ausgesagt wird, ist folgendes. 1. Es gibt Pflanzen, Hyazinthen genannt, und als solche durch gewisse sie von anderen Pflanzen unterscheidende Merkmale bestimmt. — 2. Die Blüten dieser Pflanze haben die Eigenschaft, „wohlriechend'' zu sein. — Der erste Inhalt ist richtig, der zweite steht hier zur Debatte. Wenn es wahr ist, was gezeigt werden wird, daß es die Eigenschaft „wohlriechend'' oder „Wohlgeruch'' nicht gibt, so ist damit festgestellt: das genannte Werturteil gehört zur oben (S.50; hier nicht abgedruckt) an zweiter Stelle angeführten Art ideologischer Aussagen. Es behauptet nämlich von dem in der raum-zeitlichen Wirklichkeitswelt gegeben Gegenstand Hyazinthe, er habe die in der raum-zeitlichen Wirklichkeit nicht vorfindbare Eigenschaft des Wohlgeruches.

Man könnte sich die Arbeit leichtmachen und kurz und gut feststellen: es gibt Leute, die den Geruch von Hyazinthen verabscheuen, sogar Kopfschmerzen davon bekommen. Sie teilen das positive Werturteil nicht. Wie soll man entscheiden, wer recht hat? Die Blume sagt dem Geruchssinn des einen zu, stößt den des anderen ab, aber sie kann offenbar unmöglich zu gleicher Zeit wohlriechend und das Gegenteil davon *sein.* Das mag als müßige Wortklauberei erscheinen, jedermann wisse ja, daß „über den Geschmack nicht zu streiten'' ist. Wenn es sich nur darum handelte, wäre allerdings jede ernsthafte Diskussion der Sache überflüssig. Fürs erste wird aber gezeigt werden, daß andere, sehr heiß umstrittene Werturteile ebenso sinnlos sind wie die geschmacklichen. Diese letzten wurden hier nur als

Ausgangspunkt gewählt, eben weil sie ohne Beteiligung tieferer Gefühle und ohne psychische Widerstände erörtert werden können. Zweitens ist es nicht genug, sich darüber einig zu sein, daß die Geschmäcker verschieden sind. Es ist vielmehr von großer erkenntnispsychologischer Bedeutung zu durchschauen, wie es zugeht, daß geschmackliche Vorliebe sich dennoch in generalisierend-sachlichen Aussagen äußert, mit andern Worten: wie das sinnlich-geschmackliche Werturteil (und jedes andere Werturteil) zustande kommt, und welche Aussagestruktur es hat.

Was bei der Fällung des Werturteils vor sich geht, ist dies. Eine Person A steht einem wirklichen Objekt O gegenüber. Das Objekt O betrachtend stellt A eine Reihe von objektiven Kennzeichen fest, die zusammen das bestimmen, was die Sprache kraft allgemeiner Übereinkunft eine Hyazinthe nennt. Der Satz „Dieses Ding ist eine blaue Hyazinthe" ist die theoretische Aussage, die der Augenscheinprüfung des Objekts entspricht. Daß die meisten Menschen mit der Erscheinung der Hyazinthe vertraut genug sind, um „auf den ersten Blick" ihren unmittelbaren Gesamteindruck im obigen Satz ausdrücken zu können, spielt hier keine Rolle. Falls es eine Hyazinthe sehr ähnliche andere Pflanze gibt, mag der erste Gesamteindruck trügen, und die vorschnelle Identifizierung eines Objekts als Hyazinthe wird dann durch Hinweis auf feinere Unterscheidungsmerkmale falsifiziert.

Gleichzeitig mit der Wahrnehmung des Objektes und seiner richtigen Zuordnung zur Kategorie geht aber noch etwas anderes, völlig A-Theoretisches vor sich. A hat eine ihm angenehme (widerwärtige) Geruchsempfindung. Er schnuppert und sagt „Ah!" oder rümpft die Nase und sagt „Pfui!". Das sind keine Aussagen über den Gegenstand Hyazinthe, sondern Reaktionen auf den Sinneseindruck, den sie macht. So weit, so gut. Es ist nun aber so, daß jedesmal, wenn A ein Objekt vor sich hat, das er nach objektiven Merkmalen als Hyazinthe erkennt, die gleiche Geruchssensation sich einstellt. Dieses Begleitverhältnis ist so invariabel, daß die Geruchsempfindung des A von ihm unversehens aus der Sensationsebene in die Erkenntnisebene übertragen wird. Grüne, längliche Blätter, steifer Stengel, eine Blütentraube, bestimmte Form und — verschiedene — Farbe usw. *und* eine angenehme (unangenehme) Geruchssensation treten unabänderlich gemeinsam auf. Anstatt zu sagen:„Die Hyazinthe hat die und die objektiven Eigenschaften — außerdem ist mir ihr Geruch angenehm", sagt A: „ ... und wohlriechend." B sagt, auf Grund eines ebenso invariablen Begleitverhältnisses zwischen den wahrgenommenen objektiven Merkmalen der Blume und seiner unangenehmen Geruchssensation: „Die Hyazinthe ist ... und hat einen unangenehmen Geruch." Unmöglich können A und B recht haben. Aber nicht: der eine hat recht, der andere unrecht, sondern: beide reden, wörtlich genommen, Unsinn.

Drücken wir das nunmehr etwas wissenschaftlicher aus. Die sinnlich-geschmackliche Empfindung ist etwas zur Person Gehöriges, Subjektives. Dies subjektive Verhältnis der Person zum Objekt wird im Werturteil objektiviert, in etwas sachlich Gegebenes umgedeutet, dem Objekte als eine seiner Eigenschaften zugeschrieben, und damit zum Gegenstand einer ihrer Form nach theoretischen Aussage („X ist Y") gemacht. Dieses Vorgehen ist erkenntniskritisch unzulässig. Die Aussage ist illegitim.

Heißt das, daß es illegitim ist, Dinge und andere Erscheinungen zu *bewerten?* Gewiß nicht. Es heißt nur, daß *Werturteile* erkenntnis-illegitim sind. Der Unterschied zwischen beiden ist nunmehr an einer Reihe verwandter Art deutlich zu machen.

1. Nehmen wir an, daß Sie, mein Leser (gleich mir), mit Vorliebe beim Erwachen auf nüch-

ternen Magen eine Zigarette rauchen und sie sehr vermissen, wenn Sie keine haben können. Dieser Sachverhalt ist eine *primäre Bewertung* Ihrerseits.Es wäre sinnlos, den Sachverhalt als illegitim zu bezeichnen. Er ist ganz einfach Ihre unmittelbare Gefühlsreaktion („Gefühl'' in einem sehr weiten Sinne gebraucht), für die Sie nicht können. Der Moralist oder der Arzt mögen erklären, es sei verwerflich oder schädlich, der Versuchung zu *folgen.* Jeder mag auf seine Weise durch Appell an andere Bewertungen, z. B. Gesundheitsrücksichten, den von der sinnlich-geschmacklichen Bewertung ausgehenden Handlungsantrieb bei Ihnen zu überwinden suchen. Ihre primäre Bewertung bleibt davon an sich unberührt, sie wird nur als Antrieb unterdrückt. Ferner ist aber offenbar, daß ohne primäre Bewertung das Dasein stillstünde. Jede Handlung setzt eine bewußte oder unbewußte Wahl zwischen Handlungsmöglichkeiten voraus, und die Wahl ist eine vergleichende, abwägende Primärbewertung. Insoweit ist gar nicht von Aussagen die Rede, sondern von psychischen Vorgängen.

2. Morgens früh, noch im Bett liegend, zünden Sie eine Zigarette an, tun einen tiefen Zug und fallen mit einem genießerischen „Ah!'' in die Kissen zurück. Sie haben nichts „ausgesagt'', sondern Ihrer Primärbewertung der Morgenzigarette Ausdruck verliehen. Warum sollten Sie nicht? Solche, den Grammatikern unter dem Namen Interjektion bekannte Äußerungen mögen hier bezeichnet sein als *Expektoration* der Primärbewertung. Man macht seinem Wohlbehagen (oder Mißvergnügen) durch einen Ausruf Luft.

3. Über Ihre Lebensgewohnheiten sprechend sagen Sie: „Für mich ist der höchste Genuß die erste Zigarette am Morgen.'' Das ist eine „Ist-Aussage'', und als solche völlig legitim. Vielleicht sagen Sie die Wahrheit. Vielleicht — wahrscheinlich sogar — übertreiben Sie ein wenig. Im Mund des einen oder anderen könnte es sogar eine glatte Unwahrheit sein. Ein junger Mensch mag z. B. den kindlichen Ehrgeiz haben, „lasterhaft'' zu erscheinen. Das alles ist hier gleichgültig. Der Aussage-Inhalt betrifft Erscheinungen in der raum-zeitlichen Wirklichkeit: den Sprechenden selbst, die Ding-Gattung Zigarette und die wiederkehrende Genußempfindung des Sprechers. Hier liegt eine *reflektive Bewertungs-Aussage* vor. In ihr wird mitgeteilt, welcher Art das subjektive Verhältnis des Sprechenden zum Objekt sei, nachdem der Sprecher sich über dieses sein Verhältnis zum Objekt Rechenschaft abgelegt hat. Es wird eine echte theoretische Aussage gemacht, und zwar nicht eigentlich über das Ding, sondern über den Sprecher: „Ich bin ein Liebhaber der Morgenzigarette.''

4. Jetzt erst kommen wir zum *Werturteil.* Ein solches geben Sie in folgender Weise ab: „Es gibt nichts Besseres als die Morgenzigarette auf nüchternen Magen.'' Diese Aussage ist illegitim, denn durch ihre allgemeine und sachliche Fassung wird Ihre Genußreaktion in eine dem Gegenstand selbst innewohnende, an ihm gegebene Eigenschaft übersetzt. Die Zigarette hat aber keine solche Eigenschaft „gut''. Bei anderen ruft sie andere Sensationen hervor. Was man sagen kann, ist etwa dies: das Objekt hat die oder jene objektive Eigenschaft, die bei mir die oder jene Sensation weckt. Auf die Hyazinthe zurückgreifend: sie strömt einen stark aromatischen, ja betäubenden Geruch aus, und der ist *mir* angenehm (oder nicht).

Das Werturteil also objektiviert ein subjektives Verhältnis des Sprechenden zu einem Gegenstand und macht dieses Pseudo-Objektive zum Aussagebestandteil eines Satzes von der Form theoretischer Sachaussagen. Dies ist illegitim.

Wiederum mag man einwenden: Du drischt leeres Stroh. Das alles wissen wir schon lange.

Und was für einen Unterschied macht es denn schon, ob ich sage „sie schmeckt mir" oder „sie ist wohlschmeckend"? Jedermann weiß, was ich meine und daß ich nur für mich spreche.
Gerade dies letzte ist gar nicht so sicher. Haben Sie nie gehört, wie eine Mutter ihren Kindern, die ein Gericht nicht essen wollen, des langen und breiten erzählt „es schmecke doch köstlich"? Oder wie A den B einen sonderbaren Kauz nennt, er könnte Austern nicht leiden, er „wisse nicht, was gut ist"? Lassen wir aber die sinnlich-geschmacklichen Werturteile, über deren Sinnlosigkeit wenigstens grundsätzlich alle einig sind, wenn auch in der Praxis die Vorstellung ihrer objektiven Gültigkeit immer noch unbewußt wirksam ist.

Was für die sinnlich-geschmacklichen Werturteile gilt, kann vor anderen Werturteilen nicht haltmachen. Sobald wir aber zum künstlerisch-ästhetischen Werturteil übergehen, ist die „Duldsamkeit" (es gibt da gar nichts zu tolerieren!) schon sehr viel zweifelhafter. Wenn es mir beikommt, die Madonna Sixtina „geleckten Kitsch" zu nennen, fallen „gebildete Leute" über mich her und erklären mir, wie „wunderbar schön" das Gemälde ist, und daß ich „einen schlechten Geschmack" habe oder „von Kunst nichts verstehe". Ich möchte wissen, warum. Ich kann nun einmal die Sixtina nicht leiden, mir ist jeder beliebige El Greco lieber, und wenn mir jemand einwendet, ihm seien die ausgemergelten, verrenkten Gliedmaßen zuwider, da seien doch die rundlichen Weiber des Rubens eine ganz andere Augenweide — so lasse ich ihm das Seine.

Warum aber werden ästhetische Werturteile so viel ernster genommen als sinnlich geschmackliche? Ich glaube eine Erklärung dafür anbieten zu können. Es ist — in unseren Gesellschaften jedenfalls — ohne weiteren Belang für die Umwelt, ob ich Kaviar oder Kalbshaxen vorziehe, ob ich lieber Rotwein oder Bier trinke, Rosen oder Nelken auf meinen Tisch stelle. Mit Kunst, Musik, Literatur ist das anders. Innerhalb einer geschichtlich gegebenen Kulturgesellschaft herrscht eine gewisse Gleichartigkeit der ästhetischen Bewertung, zum Teil wohl geradezu durch propagandistische Verkündigung von Werturteilen erzeugt. Eine tonangebende Bildungsschicht standardisiert gewisse ästhetische Bewertungsweisen. Ein Stil der Themenbehandlung, aber auch eine Richtung der Themenwahl finden Beifall und der durch diesen Beifall einer engeren Elite gesteuerte Auslesevorgang auf dem Kulturmarkte führt zu einer ästhetischen Gewöhnung des breiteren Publikums. Für diese Kreise der nicht selbst Kunstverständigen spielt dabei die Autorität teils der Experten, teils der „Gebildeten" eine erhebliche Rolle. Ja, im Bereiche dieser Wertungen darf auch der Einfluß des Snobismus nicht unterschätzt werden. Durch die Äußerung eines bestimmten Geschmacks gesellt man sich den „besten Kennern" zu, und das davon erwartete soziale Prestige mag sehr wohl zu Geschmacksheuchelei Anlaß geben. In zweiter Linie bewirkt dann die Gewöhnung an Werke einer vorherrschenden Stilrichtung geradezu eine gewisse Unempfänglichkeit für das Abweichende, Neuartige. Es sind immer die sehr engen Kreise in ihrem sozialen Ansehen von Orthodoxie unabhängiger Kenner, die den Bann des Herkömmlichen brechen.

Sofern eine allgemeine Bewertungsattitüde sich einmal durchgesetzt hat, findet der Anspruch des sie ausdrückenden Werturteils auf objektive Geltung eine weitere Stütze eben in der allgemeinen Übereinstimmung. Wenn die meisten anderen das Objekt so bewerten wie A, schließt A hieraus, daß der Wert im Objekt selbst begründet sein muß. Kollektive Übereinstimmung mag objektive Gültigkeit vortäuschen — begründet sie aber sicherlich nicht. Andere Zeiten und andere Gesellschaften — heute sogar andere Kreise in der gleichen Gesellschaft — werten ästhetisch anders.

Auch das Werturteil „schön'' oder „unschön'' ist nichts als Umdeutung des Gefallens oder Mißfallens in eine dem Kunstwerk selbst innewohnende Qualität. Ich spreche da nicht von der kunstwissenschaftlichen Analyse, die heute zumeist andere, sehr viel sachlicher begründete Maßstäbe anlegt.

Geht man aber gar zu den sittlichen Werturteilen über, so erregt der Widerspruch gegen sie, oder die Zerpflückung ihrer Gültigkeit geradezu Ärgernis. Darum wurde ja die gegenwärtige Analyse beim gefühls-indifferenten sinnlichen Werturteil angesetzt. Am sittlichen Werturteil sind stärkste soziale Interessen beteiligt. Das moralische Verhalten des A — und die moralischen Primärbewertungen, die ihm motivisch zugrunde liegen — sind für seine Mitmenschen von vitaler Bedeutung. Die zwischenmenschlichen Beziehungen sind durch gesellschaftliche Institutionen geregelt. Der persönliche Druck, den die Gesellschaft auf den Einzelnen ausübt, um ihn zur Innehaltung gewisser Handlungsmuster zu bewegen, erweckt hier in höchstem Maße den Eindruck, die Handlungen *seien* an sich gut oder böse. Die beifällige oder abfällige Reaktion der öffentlichen Meinung oder einer Gruppenautorität, aber auch die Erziehung von Jugend auf tun das ihre dazu.

Nun wissen wir aber sehr wohl, daß es kaum eine irgendwo verpönte Handlungsweise gibt, die nicht in irgendeiner anderen, vergangenen oder gegenwärtigen Gesellschaft zugelassen, ja vielleicht geboten wäre. Das gilt vom Lügen bis zur Blutrache, vom Inzest bis zum Kannibalismus. Und es läßt sich mit logischen Gründen wahrhaftig nicht beweisen, daß die eine Moral richtig, die andere falsch sei. Die Handlung selbst kann also nicht gut oder böse sein. Sie wird nur hier so, dort anders bewertet. Heute bewerten sogar die öffentlichen Meinungen verschiedener Schichten der gleichen Gesellschaft gewisse Handlungsweisen verschieden, ja widersprechend. Kurzum: eine Gesellschaft verpönt nicht eine Handlungsweise, weil sie schlecht, prämiiert nicht eine andere, weil sie gut ist, sondern: die Gesellschaftsglieder legen einer von der Gesellschaft verpönten Handlungsweise die negative Werteigenschaft „böse'', der prämierten aber die Werteigenschaft „gut'' bei.

Auch dem moralischen Werturteil liegt also dies zugrunde: Handlung X wird sozial mißbilligt. Statt zu sagen: „Wir mißbilligen Vernichtung von Menschenleben durch Menschenhand'' (reflektive Bewertungskundgabe), sagt man „Mord ist verwerflich''. Wohlgemerkt: „Mord''. Das ist schon eine suggestive Bewertung, nicht etwa die sachliche Kennzeichnung eines Tatbestandes. Als „Mord'' bezeichnet man allenthalben die Gesamtheit der sozial mißbilligten Fälle von Vernichtung fremden Lebens. Der Scharfrichter dagegen „tut seine Pflicht'', der Soldat „ist ein Held'' — wenn er Menschenleben vernichtet. Um freiwilliges Ausscheiden aus dem Leben von moralischem Makel zu befreien, mußte man daher den Ausdruck „Selbstmord'' durch „Freitod'' ersetzen. Die Menschen sind eben sehr verschiedener Meinung darüber, wann und unter welchen Umständen die Vernichtung von Menschenleben verwerflich, wann zulässig, wann sogar löblich sei.

Indem man eine Handlungsweise als gut oder schlecht bezeichnet, denkt man sich entweder, daß gut und schlecht Eigenschaften seien, die der Handlung als solcher innewohnen, sie in ihrer Tatsächlichkeit kennzeichnen, oder daß es einen Wert des Guten (und den Unwert des Bösen) gebe, an dem die Handlung teilhat, oder den sie verkörpert. Weder das eine noch das andere ist in der Erkenntniswirklichkeit vorfindbar. Alle Versuche der Moralphilosophie, ein allgemein und objektiv gültiges Moralsystem zu begründen, haben daher kläglich fehlgeschlagen.

Stellen wir also zunächst folgendes als Ergebnis fest. Werturteile aller Art beruhen darauf, daß persönliche oder kollektiv gleichartige Primärbewertungen, d. h. Gefühlsverhältnisse von Personen zu einem Gegenstande in Eigenschaften des Gegenstandes umgedeutet, d. h. objektiviert werden. Dinge *sind* nicht gut oder böse, usw., sondern Personen oder Personenkreise finden Gefallen oder Mißfallen an ihnen, billigen oder mißbilligen sie. Man beachte wohl: wenn hier gesagt wird, es sei nicht wahr, daß Vernichtung von Menschenleben verwerflich sei, so heißt das nicht, Vernichtung von Menschenleben sei also erlaubt oder gar löblich. Die Umkehrung eines Werturteils wäre ebenfalls ein (entgegengesetztes) Werturteil, und also ebenso erkenntnisillegitim.

Das in diesem Kapitel bisher Gesagte stimmt seinem wesentlichen Inhalte nach mit der Lehre der als Uppsala-Philosophie bekannten schwedischen Schule *A. Hägerströms* und seiner Nachfolger überein, wenn auch das Ergebnis in anderer Weise entwickelt ist. Von nun an aber trenne ich mich entschieden von dieser Gruppe.

Nachdem nämlich die Uppsala-Philosophen den Ursprung des Werturteils aufgedeckt haben, räsonieren sie wie folgt. Eine theoretische Aussage ist eine Aussage über ein Etwas. Das Werturteil ist eine Äußerung über ein Nichts. Denn dem Wort „Wert'' entspricht keinerlei in der raum-zeitlichen Wirklichkeit Gegebenes. Das Werturteil ist daher nichts anderes als eben der Ausdruck für das Gefühl (der Billigung, des Gefallens usw.), auf das es zurückgeht. Es besagt um kein Haar mehr, als wenn der Urteilende „Ah!'' oder „Pfui!'' ausriefe. Das Werturteil ist somit eine theoretisch sinnlose Aussage. Sie enthält keine theoretische Meinung. Die Vertreter der Schule, und an ihrer Spitze der Begründer Hägerström, ziehen daraus die erstaunliche Konsequenz, daß sie selbst leidenschaftliche Werturteile abgeben. „Warum'', sagen sie, „sollten wir das nicht tun, da wir doch wissen, daß wir damit nicht das geringste aussagen?''

Es ist aber nun nicht wahr, daß das Werturteil ohne theoretischen Sinn sei. Seine Genesis ist keineswegs entscheidend für seine Struktur und seinen intendierten Sinn. Was dem Werturteil zugrunde liegt, ist allerdings nur ein sensuelles oder emotionales Verhältnis des Urteilenden zum Urteilsgegenstand. In seiner Einbildung hat er aber dies subjektive Verhältnis in eine dem Gegenstand innewohnende Eigenschaft umgedeutet. Tatsache ist, daß er die Lüge verabscheut, aber er sagt, daß die Lüge selbst schlecht *sei.* Am Beispiel moralischer Werturteile läßt sich das gelegentlich sehr klar aufweisen. NN erklärt: „Ich verabscheue das Lügen.'' Nach dem Grunde befragt, antwortet er: „Weil die Lüge verwerflich ist.'' Was geht hier vor? Die genetische Analyse des Werturteils hat gezeigt, daß die Kennzeichnung der Lüge als „schlecht'' oder „verwerflich'' nichts anderes ist als eine Objektivierung des persönlichen Abscheus oder der gesellschaftlichen Verpönung des Lügens. Zuerst also wird das Mißbilligungsgefühl objektiviert. Hierauf aber wird diese Schein-Objektivierung als rationaler Grund für die Mißbilligung angeführt.

Wenn NN sagt: „Fremdes Leben ist heilig'' oder „Tierquälerei ist verwerflich'', meint er wirklich, was er sagt. Oder, um mich in der Sprache auszudrücken, die ich mir durch Beschränkung auf Kritik von *Aussagen* selbst auferlegt habe: die Aussage ist ihrer Struktur gemäß zu beurteilen. Ihrer Genesis nach mag die Aussage aus der Gefühlssphäre stammen und insofern theoretisch sinnlos sein. Indem aber der Sprechende sein subjektives Verhältnis zum Urteilsgegenstand in ein Werturteil kleidet, gibt er ihm die Form einer Ist-Aussage. Als solche tritt das Werturteil mit dem Anspruch auf objektive Geltung auf. Sie gibt sich als Erkenntnisaussage. „Wer das Gegenteil oder auch nur etwas anderes behauptet, hat unrecht'' — dies ist in dem Werturteil impliziert. Es prätendiert, eine theoretische, als Erkenntnis gültige Aussage zu sein. Als solche ist es aber illegitim, weil das, worauf es sich bezieht, keine Erkenntniswirklichkeit hat. Die Objektivierung von Bewertungen in einer Wertidee ist illusionär. Das Werturteil ist eine Ist-Aussage über ein nur vermeintliches Etwas. Ihre Illegitimität beruht auf der Unvereinbarkeit ihrer Struktur mit ihrem Inhalt.

Dies ist der Sachverhalt der Ideologie. Sie liegt in der Objektivierung des Nicht-Objektiven, der Theorisierung des A-Theoretischen. Sie ist Pseudo-Theorie, besser vielleicht als *Para-Theorie* zu bezeichnen. Darum ist sie „nicht falsch im gewöhnlichen Sinne''. Sie ist logisch gesprochen weder wahr noch falsch. Da gar nicht von etwas wirklichen Wirklichem die Rede ist, sondern von der Illusion einer Wirklichkeit, liegt hier nichts vor, das durch logische Verarbeitung von Beobachtungen berichtigt oder widerlegt werden könnte. Die Kritik setzt da tiefer an. Sie erklärt die Aussage für erkenntnisillegitim oder para-theoretisch und insofern für unvereinbar mit der Wirklichkeitserkenntnis.

26. NICOLAI HARTMANN

Die Eigenart des Werterfassens

Die Metaphysik des geistigen Seins konvergiert zwar auf dem Problem der Geschichtsphilosophie, aber sie geht in ihm nicht auf. Der Geist ist ein durchaus reales Etwas, und eben darum hat er Geschichte. Aber die Mächte, die in ihm walten, sind keineswegs durchweg reale Mächte. Sie sind zum Teil sehr irrealen Ursprungs, reine Ideen, oft im schroffen Gegensatz zur Realität. Und wie es geschieht, daß sie real wirksam werden, ist durchaus noch ein Problem für sich. Von dieser Art ist alles, was normativ wirksam ist, was als seinsollend vorschwebt, ja alles, um dessentwillen etwas als wertvoll, anderes als wertwidrig empfunden wird. Indem man der Spur dieser ideellen Gebilde nachgeht, kommt man unvermeidlich auf das Problem der Werte selbst. Auch das ist ein metaphysisches Problem. Was Werte eigentlich sind, läßt sich in keiner Weise befriedigend beantworten, wie mannigfaltig auch die Theorien sind, die uns darüber belehren wollen.

Dieses Problem ist von ganz einzigartiger Lebensaktualität. Niemand kann dauernd an der Frage nach dem Sinn und Zweck seines Lebens vorübergehen. Niemand kann sich um die Frage drücken: was soll ich tun? Von alters her, lange bevor man ein philosophisches Geschichtsproblem kannte, hat die Ethik diese Frage gestellt und zu lösen gesucht. Platons Lehre von den „Ideen'' war in erster Linie eine Antwort auf diese Fragen. Denn es sind ihrem Wesen nach Ideenfragen, empirisch kann man sie weder beantworten noch auch diskutieren. Erfahrung kann, auch in höchster Vollendung, immer nur lehren, was faktisch geschieht, nicht was geschehen soll, auch nicht warum das eine Tun der Menschen sinnvoll und „gut'', das andere sinnwidrig und „böse'' ist.

Die Ethik läuft in allen ihren Formen auf die Frage nach dem Prinzip des „Guten'' hinaus. So einfach diese Frage scheint, so selbstverständlich die Antwort den sittlich bewußten Menschen dünken mag, sie ist in Wahrheit nie ganz adäquat zu beantworten. An die positiven Moralen kann man sich nicht halten, jede beantwortet sie inhaltlich anders. Die eine sieht das Glück, die andere die Bedürfnislosigkeit für das Gute an: wieder andere erklären, die Gerechtigkeit sei das Gute, oder die Menschenliebe sei das Gute. Im Jugendstadium der Völker gilt ihnen meist die Tapferkeit für das schlechthin Gute, in der angehenden Reife der Gemeinsinn, die Fähigkeit des Einsatzes und des Opfers für Stadt und Staat. So gibt es auch eine Moral der Wahrhaftigkeit, eine Moral der Ehrfurcht, eine Moral der Freiheit und zahlreiche andere. Jede meint den Sinn des Guten erfaßt zu haben; in Wirklichkeit erfassen offenbar alle nur Bruchstücke davon.

Die Philosophie hat frühzeitig die durchgehende Einseitigkeit der positiven Moralen durchschaut und folgerichtig das Prinzip des Guten in etwas anderem, allgemeinerem zu fassen gesucht, was sich alledem überordnen ließe. So suchte man es als das genus zu der Mannigfaltigkeit der species. Die Platonische „Idee des Guten" darf als der radikalste dieser Versuche gelten. Was aber ist der Inhalt einer solchen „Idee des Guten"? Man hat vergebens nach ihm gesucht. Weder Plato noch einer der Späteren hat ihn anzugeben gewußt. Die Idee blieb leeres genus, ein Einheitspostulat zu der gegebenen Mannigfaltigkeit. Im Grunde war sie nichts als der Problemausdruck einer nicht faßbaren Einheit. Die Frage, was eigentlich „das Gute" sei, blieb offen.

Die philosophische Ethik hat dieses Problem vielfach verkannt. Sie nahm den einen oder anderen sittlichen Wert daher, wie die geschichtlich nächstliegende positive Moral ihn darbot, und suchte ihn zu „begründen". Die Voraussetzung war: wir wissen schon, was das Gute ist. Das eben war der Fehler. Die Geschichte des Ethos hätte hier leicht eines Besseren belehren können. Aber gerade geschichtlich zu denken hat man erst später gelernt. Als vor einem halben Jahrhundert Nietzsche diese Sachlage aufdeckte, da mutete es zunächst wie eine ungeheure Paradoxie an: wir wissen noch nicht, was Gut und Böse ist. Erst langsam mußte das Verständnis durchdringen, die Konsequenzen ermessen zu lernen. Das Gute ist in sich mannigfaltig, sein Inhalt ist noch nicht zu Ende entdeckt. Was gefordert ist vom Menschen — der Idee nach, wie er sein sollte —, ist durchaus nicht etwas Einfaches, nichts, was sich in eine kurze Formel bringen ließe. Oder in anderer Begriffssprache: das sittlich Gute ist ein Inbegriff von Werten, die alle mit dem Anspruch, realisiert zu werden, sich an den Menschen wenden. Und diesen Begriff hat das Wertbewußtsein des Menschen noch keineswegs zu Ende erfaßt. Das Reich der Werte in seiner Ganzheit ist noch unentdeckt. Erst allmählich, in geschichtlich weit ausholendem Reifen erschließt es sich dem suchenden und tastenden Wertbewußtsein. Man kann diesen Prozeß nicht willkürlich beschleunigen. Von Schritt zu Schritt muß erst das Wertorgan des Menschen an seinen Gegenstand heranreifen. Er kann ihn nicht erzwingen, nicht sich selbst vorgreifend aufweisen — weder im Ganzen noch im Bruchstück.

Der Grund dieser Sachlage liegt in der Eigenart des Werterfassens selbst. Es ist kein „Erkennen" im gewöhnlichen Sinne des Wortes, kein neutrales Erfassen, bei dem man vom Erfaßten unberührt bliebe. Es ist weit mehr ein Erfaßtsein. Man ist ergriffen, gepackt von dem, was einem als wertvoll und seinsollen einleuchtet. Das Verhältnis ist ein kontemplatives, es ist emotional; wie denn die Akte, in denen dieses Erfassen zustande kommt, Akte des Fühlens, der Stellungnahme, der Gesinnung sind. Im Ablehnen, im Verwerfen, in der Empörung oder Verachtung gelangen Unwerte zum Bewußtsein; in der inneren Zustimmung, in der Anerkennung, Verehrung, Bewunderung dringt das Bewußtsein von

Werten durch. In beiden Fällen ist es kein ruhiges Beobachten, sondern ein Erfaßtsein, ein Hingezogen- oder Abgestoßensein. Es geht nicht ohne den Einsatz der Persönlichkeit ab in diesem Dafür- und Dawidersein. Darum kann niemand gleichzeitig von allem Möglichen erfaßt sein, sondern stets nur von einem oder einigen bestimmten Werten.

Das Wertbewußtsein kann nicht wie die Seinserkenntnis beliebig viel aufnehmen, nicht immer weiter inhaltlich anwachsen. Sein Progreß gleicht nicht dem Erkenntnisprogreß. Es ist seiner inneren emotionalen Struktur nach extensiv begrenzt. Wenn das Wertbewußtsein fortschreitet, so verliert es, indem es gewinnt. Indem es sich hingebend neuen Werten aufschließt, verschließt es sich auf der anderen Seite anderen Werten, denen es hingegeben war. Man kann dieses das Gesetz der „Enge des Wertbewußtseins'' nennen. Auf ihm beruht die notwendige Einseitigkeit aller positiven Moral; auf ihm desgleichen das Gesetz der Wandlung des Ethos und der geltenden Norm. Nicht die Werte entstehen und vergehen in der Geschichte, nur das Wertbewußtsein wandelt sich. Als maßgebend und gültig erscheinen ihm stets diejenigen Werte, die jeweilig in die zentrale Blickrichtung seines Gesichtsfeldes fallen, und das bedeutet, von denen es jeweilig am stärksten erfaßt ist. So wandert das Wertbewußtsein mit seinem Blickfelde geschichtlich innerhalb der Ebene der Wertmannigfaltigkeit. Und das ist sein inhaltlicher Wandel. Seine eigene konstitutive Enge hindert es am Expandieren, am Umfassen des ganzen Wertreiches. In aller Zuwendung zu neuen Werten läßt es hinter sich, wovon es sich abwendet.

Hier also haben wir den Grund, warum wir nie endgültig wissen, was das Gute ist. Es ist kein metaphysischer Grund, wohl aber ein Grund, warum das Problem des Guten ein metaphysisches Problem ist. Darüber hinaus wird an dieser Sachlage auch sehr einsichtig, wie sehr das Problem des Seins der Werte ein metaphysisches ist. Gerade die Seinsweise der Werte erweist sich hier als ein echtes, wiewohl nur ideales Ansichsein. Werte sind etwas, was unabhängig von unserem Erfassen oder Dafürhalten besteht; was im Wertgefühl selbst, wo dieses sich einstellt, sich als ein solches Unabhängiges sehr fühlbar dokumentiert. Darum empfinden wir alle moralische Anforderung, die von ihnen ausgeht, als eine absolute.

Weiter aber resultiert hieraus noch eine Konsequenz für die Metaphysik des Menschen und seiner Stellung in der Welt. Wie sehr die Werte auch in ihrer Idealität ein Absolutes sein mögen, sie sind doch durchaus nicht absolut in ihrer Determinationskraft für den Menschen und die wirkliche Welt, in der er steht. Das Seinsollen, das von ihnen ausgeht, ist zwar ein unbedingtes Seinsollen und wird als solches empfunden. Aber es hat von sich aus nicht die Kraft, das Tun des Menschen ohne weiteres zu bestimmen. Der Satz des Sokrates, Tugend bestehe im Wissen des Guten, ist nicht haltbar. Es genügt nicht, daß wir das Gute wissen, wir tun es deshalb noch keineswegs. Vielmehr wir behalten der als absolut empfundenen Forderung gegenüber noch die Freiheit, ihr zu folgen oder nicht zu folgen. Wir sind von ihr nicht gezwungen. Das ist wesentlich für den Sinn des sittlich Guten selbst. Denn wären wir gezwungen, so stünden wir unter den sittlichen Forderungen wie unter Naturgesetzen; die Erfüllung der Forderung wäre zwar ein Wert, aber kein „sittlicher'' Wert, die Verfehlung kein sittlicher Mangel, keine Schuld. Ja, sie wäre gar nicht möglich.

Die Determination, die von den Werten ausgeht, ist keine strikte, unverbrüchliche. Sie ist also anders als die von Naturgesetzen und überhaupt Seinsgesetzen. Ein Naturgesetz, das Ausnahmen zuläßt, ist kein Naturgesetz. Ein Sollensgesetz aber bleibt unberührt in voller

Absolutheit bestehen, auch wenn kein Reales ihm entspricht. Es ist nicht eigentliches Gesetz, ist nur Gebot. Es ist also an determinierender Kraft schwächer als ein Seinsgesetz. Werte determinieren nicht gradlinig das Konkretum, dem sie gelten (also etwa das menschliche Verhalten), sondern nur mittelbar, gebrochen. Ihre Forderung setzt sich nur dann in Realität um, wenn eine reale Macht sich für sie einsetzt und sie — über die immer schon bestehende Seinsdetermination hinaus — durchsetzt. Sie bedarf also des Ansatzpunktes im Realen.

Der Ansatzpunkt aber kann nur in einem Wesen liegen, welches dreien Bedingungen genügt. Es muß erstens ein reales Wesen sein, muß mitten im Strome des wirklichen Geschehens stehen, muß also der Seinsdetermination in vollem Maße unterliegen. Es muß zweitens das Organ für die Werte haben, die Hellhörigkeit für den Ruf des Sollens, der von ihnen ausgeht; es muß ein „vernehmendes" Wesen sein, und das heißt vernünftiges Wesen. Denn eben der Sinn von „Vernunft" ist das innere Vernehmen dessen, was das bloß sinnliche Wesen nicht vernimmt. Und drittens, es muß der aktiven Verwirklichung des Vernommenen fähig sein; es muß sich einsetzen können für das erfaßte Seinsollende und es auch durchsetzen können. Verwirklichung und Durchführung aber haben die kategoriale Form der Zwecktätigkeit. Denn Zwecktätigkeit ist die Fähigkeit, das noch Unwirkliche sich „vorzunehmen", für das Vorgenommene die Mittel zu seligieren — rückwärts von ihm aus bis zum ersten Mittel, das in der Macht des Handelnden stehen muß, — und dann durch diese selbe Reihe der Mittel das Vorgenommene zu realisieren.

Diesen drei Bedingungen entspricht unter den realen Wesen, die wir kennen, einzig der Mensch. Und in diesem seinem Entsprechen besteht seine Potenz, ein sittliches Wesen zu sein — allein unter den vielerlei Lebewesen, über die er sich dadurch erhebt. Am deutlichsten springt das an dem Moment der Zwecktätigkeit in die Augen. In ihr ist Forschung und Vorbestimmung, denn alles zwecktätige Verwirklichen geht in die Zukunft. Das Vergangene steht still und ist nicht mehr zu ändern, das Gegenwärtige ist auch immer schon fertig. Nur das Zukünftige ist noch unfertig, steht also dem tätigen Willen noch offen. Im handelnden und moralisch verantwortlichen Leben ist der Mensch in der Tat vorsehend und vorbestimmend; beides zwar in sehr begrenztem Maße, aber doch grundsätzlich in derselben Weise, wie die Gottheit absolut ist. Mit dieser Potenz wächst er an Macht hinaus über die anderen Wesen. In seiner Fähigkeit der Teleologie liegt seine Vorzugsstellung in der Welt.

Denn in ihr besitzt er das Mittel, in seinen Grenzen des realen Laufes der Dinge Herr zu werden, d. h. in ihn einzugreifen. Dieser Lauf der Dinge nämlich ist nicht zweckläufig. Er ist nur gleichgültiges, zielloses Geschehen. Wäre auch er zweckläufig, also an Ziele gebunden, so bleibe dem Menschen mit seinem Wollen und Streben kein Spielraum; er stieße überall auf schon vorbestimmte Festlegung der Abläufe und könnte das Seinige nicht mehr hinzutun. Sein eigenes Tun und Wollen wäre einbezogen in die allgemeine Zweckläufigkeit des Weltprozesses, und alles eigene Entschließen wäre Einbildung. Ein freies Wesen in der durchgehend teleologisch geordneten Welt ist ein Ding der Unmöglichkeit. Anders in der kausalen Welt; hier ist nichts vorbestimmt, jede neu hinzutretende Determinante kann die Richtung des Prozesses ändern. In einer solchen Welt kann der Mensch umlenken, was ohne ihn blind weiterliefe. Er tut es, indem er seine Initiative in die Waagschale wirft; und er kann es, weil eben der Prozeß „blind" verläuft. Denn er, der Mensch, ist sehend, sein Eingriff ist vorsehend, vorbestimmend. Hier kann er vorbestimmen, weil noch keine Vorbestimmung waltet. So kann er die Mächte des Natürlichen in wie außer sich in seinen Dienst zwingen, daß sie für seine Zwecke arbeiten müssen. Wie er das in der Technik mit den leblosen Mächten tut, so in seiner Selbstzucht und Moralität mit den inneren seelischen Mächten, die ihn bewegen.

So ist der Mensch der Sachwalter der Werte und des Sollens in der realen Welt. Er ist der Mittler, der sie in die Wirklichkeit umsetzt. Wäre dem nicht so, könnten die Werte von sich aus das Reale determinieren, so wäre auch der Mensch durch sie schlechthin determiniert und hätte keine Freiheit, sich für oder wider sie einzusetzen. Auf die Weise wäre er nichts als ein hochorganisiertes Naturwesen und hätte keine Vorzugsstellung in der Welt inne. Wären also nicht die Werte von sich aus ohnmächtig dem Realen gegenüber, so wäre der Mensch ohnmächtig ihnen gegenüber; und damit würde er ebenso unfrei und unverantwortlich dastehen wie Tiere unter den Gesetzen ihres Artcharakters. Die Ohnmacht der Werte ist Bedingung der Macht des Menschen. Durch sie gewinnt er den Spielraum seiner Freiheit, wird ein der Zurechnung fähiges Wesen. Und damit erst wird er sittliches Wesen — ein Wesen, dessen Verhalten moralisch „gut'' oder „böse'' ist.

27. WILHELM EMRICH

Die Erkenntnisleistung von Kunst: Konfiguration von Grundwahrheiten

Die Frage, ob und auf welche Weise Dichtung den Rang und die Erkenntnisleistung der Philosophie zu erreichen vermag, ist bis heute kaum gestellt oder einer ernsthaften analytischen Untersuchung unterzogen worden, da die Philosophie selber die Dichtung einem menschlichen „Vermögen'' (der Einbildungskraft) zuordnete, das prinzipiell verschieden sei vom abstrahierend begrifflichen Erkenntnisvermögen der Philosophen. Selbst die klassische Philosophie etwa Kants, Schellings, Hegels, die ausdrücklich das Phänomen der ästhetischen Produktion und ihrer erkenntnistheoretischen Voraussetzungen und Möglichkeiten reflektierte, hat das dichterische Gestaltungsvermögen grundsätzlich getrennt vom höchsten Vermögen der Philosophie, Weltwirklichkeit, d. h. die Gesamtheit aller physischen, psychischen und geistigen Phänomene, gedanklich in den Griff zu bekommen, in klare Begriffe zu übersetzen. Dichtung wurde — am entschiedensten bei Hegel — der Philosophie vorgeordnet oder untergeordnet, in treuer Nachfolge einer jahrtausendealten Tradition, die wie der späte Plato — die Dichtung als getrübtes Abbild des Abbildes der Ideenwelt verstand oder — wie Aristoteles — als „Mimesis'' der Weltwirklichkeit, der „Natur''. Selbst Schellings Versuch, die Kunst als Synthese von Natur und Geist zu begreifen, war — wie schon Kants analoges Bemühen in der ‚Kritik der Urteilskraft', in der Kunst einer Vermittlung zwischen der empirischen und der intelligiblen Sphäre nachzuweisen — von der Vorstellung bestimmt, die Kunst sei zwar aufgrund der Synthese „die höchste Potenz der idealen Welt'', werde jedoch von der Philosophie überwölbt, die „die unmittelbare Darstellung des Göttlichen'' sei; denn „wie Gott *über* den Ideen der Wahrheit, der Güte und der Schönheit als ihr Gemeinsames schwebt, so die Philosophie. Die Philosophie behandelt weder allein die Wahrheit, noch bloß die Sittlichkeit, noch bloß die Schönheit, sondern das Gemeinsame aller, und leitet sie aus einem Urquell her''.

Die späte, an Schelling anknüpfende Kunstphilosophie Heideggers gestand der poetischen Sphäre — etwa Hölderlins — zwar den höchsten Rang zu; das in der Dichtung „anwesende'' und sich „lichtende'' Sein des Seienden jedoch kann sich im Rahmen dieser Philosophie nur „entbergen'' durch Nichtung des vergegenständlichen Begriffsdenkens der gesamten abendländischen Metaphysik seit Sokrates.

Darin entspricht Heidegger seinem Gegner und Antipoden Adorno, der gleichfalls diesem vergegenständlichen Denken die Ursünde der Menschheit anlastet und der gleichfalls in der Kunst die einzige Möglichkeit zur Kritik und Überwindung der Entfremdungsprozesse, zur Konstituierung einer herrschaftsfreien Gesellschaft sieht, die „Glück'' ermöglicht.

Philosophie arbeitet hier an ihrer eigenen Abschaffung im Namen der „Kunst'', die allein Freiheit verspricht durch kritische Entlarvung bestehender und in der Philosophie begrifflich sedimentierter Herrschaftsverhältnisse. Kunst wird — bei Heidegger wie bei Adorno — verklärt zur Überwinderin des vergegenständlichenden, herrschaftbegründenden „System''-Denkens der abendländischen Philosophie. Die klassische bzw. traditionelle Depravierung der Kunst gegenüber der Philosophie wird abgelöst durch eine Hypostasierung und Stilisierung der Kunst zur Erlöserin und Befreierin der Menschheit kraft ihrer kritischen, alles Gegebene utopisch transzendierenden, visionären Einsicht in die Widersprüche des Vorhandenen, kraft ihrer prophetischen Gabe, das Menschliche dem Unmenschlichen des Systems, dem „Ganzen'', das das „Unwahre'' sei, entgegenzusetzen.

Kunst wird damit dem Schein nach der Philosophie übergeordnet. De facto aber wird sie wiederum ihr unterworfen. Denn der Philosoph ist es, er und er allein, der diese Befreiungstat der Kunst erkennt und bewußt macht. Sie selbst muß interpretiert, in den philosophischen Kontext Heideggers, bzw. Adornos, eingebracht werden, um diese ihre — ihr selbst unbewußte Befreiungstat sichtbar zu machen.

Diese absurden Verkehrungen der Positionen wurden nur dadurch möglich, daß die in der Kunst selbst enthaltenen Erkenntnisleistungen übersehen oder in ihren weitreichenden Bedeutsamkeiten und Konsequenzen nicht erkannt oder nicht ernst genug genommen wurden:

Die Dichtung wurde und wird als „Ausdruck'' oder als Zeichen, Chiffre, Symbol, Allegorie bestimmter psychischer, geistiger, sozialer Phänomene und Zuständlichkeiten verstanden und in diesem Sinne auch als Mittel benutzt, diese realen vorgegebenen Phänomene und Zuständlichkeiten zu erkennen. Die Dichtung blieb wie bei Aristoteles Mimesis der Wirklichkeit, die zugleich auch durch diese Mimesis erkannt und aufgeschlossen werden konnte. Die Dichtung als Spiegel, als „Widerspiegelung'' der historischen Realität wurde zum Instrument der Interpretation dieser Realität. Sie war „zweite Natur'', eine zweite Objektwelt, durch die sich geistiges „ausdrückt''. Sie wurde nie selber Subjekt der Erkenntnis.

Für Heidegger wurde sie zur Sphäre, in der das „Sein'' selber anwest, geahnt, geschaut, ergriffen werden kann. Sie selber aber war nicht die Anschauende, Ergreifende und Begreifende. Für Adorno wurde sie zum Medium, gesellschaftliche Zustände und Vorgänge anschaubar und bewußt zu machen. Er gestand ihr zwar ein „kritisches'' Potential zu, jedoch nur in dem Sinne, daß sie die Widersprüche und Unmenschlichkeiten der Gesellschaft anzeigt und — durch die kritische Gestaltung dieser Widersprüche und Barbareien — ein Bewußtsein davon weckt und auch in sich selbst erhält, wie gesellschaftliche Wirklichkeit *nicht* sein darf. Die über bloße Widerspiegelung hinausgehenden Momente der Kunst, die in kritische Abrechnung mit dem Vulgärmarxismus von Adorno scharf betont und herausgearbeitet werden, sind von ihm in die Sphäre „utopischer" Ahnungen und Hoffnungen verwiesen, die niemals artikuliert werden dürfen, da sie sonst selber dem Vergegenständlichungsprozeß der Gesellschaft verfielen, Kunst in Kitsch verwandeln würden. Kunst wird zur kritischen Negation des Bestehenden, zum permanenten hartnäckigen Protest, vor allem durch ihre Gestaltung der abgesprengten, vom Zwangssystem der Gesellschaft unterdrückten, von ihr verworfenen und zugedeckten, dem System sich nicht beugenden Realitätsmomente (Theorie des das System sprengenden oder entlarvenden „Fragments" bei Adorno und Walter Benjamin). Eine eigene Erkenntnisstiftung kann der Kunst jedoch nicht zugestanden werden, da ihre sämtlichen Gestaltungsmomente der vorhandenen gesellschaftlichen Realität (auch deren Fragmenten und Trümmern) zugeordnet bleiben, zwar in Form einer kritisch bewußt machenden Spiegelung) jedoch immer nur eine Spiegelung.

Damit berührt sich Adorno paradoxerweise mit der von ihm verachteten bürgerlichen Geisteswisseschaft, die der Kunst eigene, gesellschaftsunabhängige geistige Qualitäten zugesteht, diese Qualitäten aber ableitet aus historisch vorgegebenen weltanschaulichen, religiösen, philosophischen Strömungen, sie gleichfalls zum Spiegel außerkünstlerischer Phänomene depraviert.

Inwiefern aber kann Kunst Subjekt der Erkenntnis sein? Offensichtlich nicht durch die in ihr dargestellten Inhalte, nicht durch die Gegenstände oder die Thematik der Malerei und der Musik, nicht durch die in einer Dichtung formulierten Aussagen oder gar philosophischen Reflexionen, die tatsächlich nur Spiegelung vorgegebener historischer Philosopheme, also bloßer bearbeiteter „Stoff" sein können, sondern ausschließlich durch ihre Form, durch das, was man seit einigen Jahrzehnten die „Struktur" eines Kunstwerkes nennt.(. . .)

Literarische Formen, Strukturen, Stile, Techniken usw. können niemals vorgegebene Realität „spiegeln", sondern — wie bereits die Worte besagen — wird umgekehrt diese Realität durch sie „strukturiert", „geformt", wie auch der Philosoph und der Wissenschaftler, wenn auch auf völlig andere Weise, die Wirklichkeit durch Begriffe, Kategorien, mathematisch-physikalische Formeln usw. strukturiert, um zu ihrer Erkenntnis zu gelangen. Das Mißverständnis literarischen Formungen gegenüber entsteht nur dadurch, daß sie nicht „abstrakt" sind wie die begrifflichen Strukturen oder Formeln der Philosophie und der Wissenschaft, sondern permanent die konkrete Erscheinungswelt in sich aufnehmen und daher den Anschein erwecken, sie seien deren Spiegelung oder gar deren bloße erkenntnislose „Reproduktion". In Wahrheit strukturiert auch der Literat die physische, psychische, geistige und soziale Wirklichkeit, um zu ihrer Erkenntnis zu gelangen.

Seine Formen können sogar — unter steter Beibehaltung ihrer sinnlichen Qualitäten — einen hohen Grad von Abstraktheit erreichen, der dem Grad der Abstraktheit philosophischer Begriffe, die ja bekanntlich ohne Anschauungen „leer" sind, in nichts nachsteht. Die enge Verbindung konkreter Bildlichkeiten mit begrifflicher Abstraktheit im allegorischen Gestaltungsverfahren ist offenkundig und hat viele Jahrhunderte die Gestaltungsformen der Literatur und der bildenden Künste bestimmt. Ihre Ehrenrettung durch Walter Benjamin hat auch ihre philosophische Relevanz — gegenüber ihrem ästhetischen Verdikt durch und seit Goethe — erwiesen (vgl. die „Erkenntniskritische Vorrede" zu seinem Buch: ‚Ursprung des deutschen Trauerspiels').

Aber auch die dem allegorischen Verfahren scheinbar entgegengesetzte symbolische Gestaltungsform ist von hoher philosophischer Relevanz. Dies bezeugt gerade die bekannte Definition, die Goethe dem Symbol zukommen läßt in scharfer Abgrenzung gegen die Allegorie:

„Die Allegorie verwandelt die Erscheinung in einem Begriff, den Begriff in ein Bild, doch so, daß der Begriff im Bilde immer noch begrenzt und vollständig zu halten und zu haben ist und an demselben auszusprechen sei. — Die Symbolik verwandelt die Erscheinung in Idee, die Idee in ein Bild und so, daß die Idee im Bild immer unendlich wirksam und unerreichbar bleibt und, selbst in allen Sprachen ausgesprochen, doch unaussprechlich bliebe."

Die symbolische Kunst ist also nicht Mimesis der Erscheinungswelt, sondern deren Verwandlung in Idee, genau wie im philosophischen Denken. Indem jedoch die Idee nicht wie im philosophischen Verfahren in diskursiver Reflexion artikuliert wird, sondern selbst wiederum „verwandelt" wird in ein erscheinendes, anschaubares Bild, öffnet sich ein Abgrund zwischen Philosophie und Dichtung, aus dem alle oben geschilderten Konfusionen hervorgegangen sind: Verwechslungen der zum Bild gewordenen Idee mit bloßer Nachahmung der Natur, mit „zweiter Natur". Ferner — und dies erst macht eigentlich den Abgrund aus zwischen Dichtung und Philosophie — entzieht sich die durch die symbolische Kunst ins Bild verwandelte Idee jeder sprachlichen Formulierung. Sie bleibt „unerreichbar", obgleich „immer unendlich wirksam". Ihre Erkenntnisleistung mußte daher mit Notwendigkeit dem Bewußtsein der Philosophen, Ästhetiker und Literaturwissenschaftler verschlossen bleiben, da es unmöglich ist, sie in eine adäquate Sprache zu übersetzen. Sie kann zwar „in allen Sprachen ausgeprochen" werden, aber immer inadäquat und letztlich „unaussprechlich" oder wie es Goethe in seinem Aufsatz über Tischbeins Idyllen ausdrückt: „Das sind gerade die schönsten Symbole, die eine vielfache Deutung zulassen, indes das dargestellte Bildchen immer dasselbe bleibt." Goethe formuliert damit die literarhistorische Tatsache, daß Dichtung unendlich interpretierbar ist, daß keine Deutung jemals restlos ihren Bedeutungsinhalt auszuschöpfen vermag, daß vielmehr ständig — von der antiken Homer-Interpretation bis heute — jede Deutung wiederum von anderen überholt und abgelöst wird. Aber obwohl ihre ins Bild verwandelte Idee nie adäquat formuliert werden kann, bleibt sie „immer unendlich wirksam".Ihr muß also die erstaunliche Fähigkeit zugeschrieben werden, etwas zu gestalten, was immer wieder zu neuen Deutungen herausfordert, was offenbar auch immer wieder unsere eigene Wirklichkeit betrifft. Denn ihre im Bild erscheinende „Idee" ist kein irreales, phantastisches Wahngebilde, vielmehr die Idee der konkreten Erfahrungswelt selbst: Die „Erscheinung" wird durch die Kunst der „Idee" verwandelt. Der Kunst wird die Fähigkeit zugeschrieben, der irdischen Erscheinungswelt zu Erkenntnis und Anschaung ihrer selbst zu verhelfen, ihrer eigenen Wesenheit und Wahrheit in der Form der künstlerisch erscheinenden Idee bewußt zu werden, nicht anders wie durch die Philosophie und die Wissenschaft die in der Wirklichkeit der Natur und der Geschichte verborgenen Gesetze und Sinnzusammenhänge enthüllt werden, freilich mit völlig anderen Erkenntnismitteln und Forschungsmethoden.

Es geht also in diesen künstlerischen Konfigurationen von Ideen um die Gestaltung von Bewußtseinsstufen, durch die bestimmte „Wahrheiten" menschlichen Seins enthüllt werden. Die jeweils gewonnene oder nicht gewonnene Bewußtseinsstufe ist entscheidend für die Formung oder Nichtformung künstlerischer Ideenkonfigurationen. Im gleichen Zeitraum können — wie in der Klassik von heute — verschiedenartige neben- und gegeneinander entstehen. Das berührt und relativiert nicht ihren Wahrheitsgehalt. Sie sind alle „wahr". Denn sie artikulieren tatsächliche Gegebenheiten und „Urphänomene" menschlichen Seins. Sie können gar nicht relativiert werden, denn sie sind nicht abhängig von sich wandelnden Ideologien und Interpretationen menschlicher Wirklichkeit, sondern sie formen und repräsentieren diese Wirklichkeit selbst. Erst in der Art und Weise, wie innerhalb dieser Ideenkonstellation der Wirklichkeit diese gegebenen Urphänomene im einzelnen inhaltlich gedeutet werden, dringen zeitgebundene Ideologeme in die Trauerspiele ein und markieren die geschichtlichen Differenzen zwischen den einzelnen Trauerspielen barocker, romantischer usw. Prägung, können aber den in der künstlerischen Ideenkonfiguration geformten Wahrheitsgehalt nicht ändern oder umstoßen.

Die Kunst ist — in ihrer Form — nicht Spiegel oder Abbild ständig sich ändernder geschichtlicher Wirklichkeiten, sondern umgekehrt deren Artikulierung und Formung kraft eines Bewußtseins, das dem philosophischen Bewußtsein im Range nicht nachsteht, da es — wie dieses — den Grund menschlicher Natur und Geschichte transparent macht.

Daher kann weder eine vergangene Philosophie noch eine vergangene Kunst durch eine spätere Philosophie oder spätere Kunst überholt oder überwunden werden. Sie bleiben tatsächlich durch ihre Ideen und künstlerischen Konfigurationen „ewig" mitten im sich wandelnden Strom der Geschichte. Daran ändern auch die intensivsten Relativierungsbemühungen unserer Historiker nichts. Daran zerschellt das Gerede vom „Überbau" und dessen Abhängigkeit vom „Unterbau", dessen inhaltliche Momente zwar im Überbau erscheinen, aber nicht in Form von Spiegelungen, sondern, wie es Goethe formulierte, „verwandelt" zur bleibenden „Idee", die umgekehrt den Unterbau erhellt: Tyrannen, Märtyrer, Intriganten haben in jeder Epoche und innerhalb der verschiedenartigsten Gesellschaftssysteme völlig andere Gesichter, Masken, Positionen, Methoden und Erscheinungsweisen, begründen auch ihre Macht, ihr der Macht Widerstand zu leistendes Freiheitsverlangen, ihr kalkulierendes Intrigantentum mit gänzlich unterschiedlichen Ideologien. Aber ihre wechselseitigen Korrelationen, ihre Konfiguration basieren auf harten, unverrückbaren Grundtatsachen und Grundwahrheiten (Tod; Zwang zum Leben und damit zur Vernichtung anderer; Ethos der Freiheit und damit des sittlichen Widerstandes; rational vergegenständlichendes, Natur und Umwelt sich unterwerfendes Denken, das mit der Existenz des Menschen selber von Uranfang untrennbar verknüpft ist). Diese Grundwahrheiten formend, vermag die Dichtung die ideologische Verbrämung der jeweiligen Gesellschaft und der in ihr Herrschenden zu entlarven, die Lügen zu zerreißen, durch die Macht, unter dem Vorwand, der Freiheit und dem Wohl aller zu dienen, sich absichert und ungehindert mordet, die Bedingungen der Möglichkeit zu entwickeln und zu beschreiben, wahre Freiheit zu realisieren, ja sogar die Lebensformen und Bewußtseinsstrukturen zu gestalten, in denen sich wahre Freiheit konkret artikuliert.

Diese in der Dichtung erscheinende Differenz zwischen Idee und Ideologie ist zugleich die entscheidende Voraussetzung zur Bestimmung ihrer Qualität. Eine rein ideologisch orientierte Dichtung, die ihre Ideologien nicht an Ideen mißt, sondern sie ungeprüft „affirmativ'' übernimmt, ist keine Dichtung. Sie verschwindet mit den Ideologien, denen sie entsprang. Nur durch Konfrontation mit den beharrenden Ideen kann auch Dichtung beharren im Zeitstrom, dem sie — notwendigerweise — Ideologien entnimmt, was ihre unentrinnbare Geschichtlichkeit begründet, die zugleich eine zeitüberdauernde Geschichtlichkeit ist, legitimiert durch die unzerstörbare Wahrheit der in ihr erscheinenden Ideen. Die Urbilder solcher Dichtung „sind nicht Schatten, die der Wahn erzeugte, Ich weiß es, sie sind ewig, denn sie sind'' (Tasso, V. 1103 f.). Das menschliche „Sein'' selbst garantiert und begründet ihre „Ewigkeit'' und ihre „Wahrheit''.

28. WERNER LEINFELLNER

Ästhetische Welterkenntnis

Wissenschaftliche Welterkenntnis, d. h. symbolisch begriffliche Darstellungen, Realisationen und ästhetische Welterkenntnis, d. h. ästhetisch-symbolische Darstellungen, Realisationen („symbolisch'' wieder im weiteren Sinne verstanden, vgl. 1.) haben gemeinsam, daß sie beide erkennende Zugänge des Menschen zu seiner inneren und äußeren Welt sind. Trotz ihres analogen Aufbaus, den schon Kant hervorhebt, sind sie doch vom Standpunkt des Erkenntnistheoretikers aus gesehen grundverschieden, ja sogar gegensätzlich. Eine Wissenschaft der Erkenntnis, d. h. eine Erkenntnistheorie, muß beide Zugänge kritisch unterscheiden und darstellen. Es soll hier nur ein Abriß einer Wissenschaft von der ästhetischen Welterkenntnis, -erfahrung und -darstellung gegeben werden, von der man unter Umständen fordern kann, daß sie als Wissenschaftslehre betrachtet werden soll. Die Bezeichnung „Wissenschaftslehre'' soll natürlich nicht bedeuten, daß der Gegenstand der Ästhetik, die Kunst, bzw. die künstlerischen Gegenstände, selbst wissenschaftlicher Natur ist. Betreibt man heute Ästhetik, so ist eine Explikation des Wortes „Ästhetik'' notwendig. Schon bei Baumgarten finden wir es in zweifacher Bedeutung: 1. soll Ästhetik eine Wissenschaft von der niederen Sinneserkenntnis, eine Theorie des Vermögens der Empfindungen und Anschauungen sein, zum Unterschied von der Theorie des höheren begrifflichen Erkennens, 2. soll sie eine Lehre vom Schönen sein. Musterbeispiele für Punkt 2 liefern Platon, Plotin, Schelling, Hegel, Schopenhauer. Meist stellt man hier einen metaphysisch formulierten Schönheitsbegriff an den Anfang, vom dem her man deduktiv das konkrete Schöne als Spezialfall des höchsten Allgemein-Schönen begreifen soll. So lehrt Platon, daß die Schönheit eines Dinges auf seiner Teilhabe (METHEXIS) an der Idee des Schönen beruhe, und nach Hegel ist das Schöne das Absolute in sinnlicher Existenz (das Unendliche im Endlichen), die Idee in begrenzter Erscheinung. Faßt man nun, wie es hier im weiteren geschehen wird, Ästhetik als Lehre von der ästhetischen Welterkenntnis, -erfahrung, -darstellung auf, dann muß man sich stets fragen, wie man dieses Schöne bestimmen könne.Soll man inhaltlich vorgehen und dann verschiedene Schönheitsbegriffe behandeln, wie etwa den griechischen, den byzanthinischen, den der Gotik? Oder soll man doch das Schöne nur ideell begrifflich erfassen? Von der Ästhetik als Theorie des idealen Schönen könnte man dann das verlangen, was man von der klassischen Physik verlangte, daß nämlich ihre Aussagen ewige Gültigkeit haben sollten. Sollten die Gesetze der klassischen Physik das Stetige, Harmonische der Natur ausdrücken, so verlangte die Ästhetik als Theorie des Schönen, daß die Kunst das Schöne als Einheit in der Mannigfaltigkeit, als Harmonie, Symmetrie, Gleichgewogenheit der Teile, räumliche und zeitliche Wahlordnung repräsentiere. Die wachsende Kritik am zeitlos Schönen wurde vor allem durch die Entwicklung der Kunst seit ca. 50 Jahren ausgelöst. Das Schöne stellt nach F. Kainz heute gegenüber dem ästhetisch Wirksamen und Wertvollen nur eine Teilkonzeption dar, von scheinbar reichem Inhalt, die aber in Wirklichkeit eine Beschränkung ist. Soll man die späten Quartette Beethovens, die expressionistische Malerei etc. nur wegen eines starren Schönheitsideals aus der Kunst verbannen? Daß die Ästhetik im Grunde genommen nach Kant und Hegel lange Zeit stagnierte und daß ein chronischer Mangel an wirklich neuen ästhetischen Konzeptionen und Methoden zur Erfassung der Kunst herrschte, kann darauf zurückgeführt werden, daß man an der autotitären Meinung festhielt, die Ästhetik sei primär eine Theorie des Schönen. Etwas vom Schiffbruch der verabsolutierten klassischen Physik hat auf diese Form der Ästhetik übergegriffen; aber Heideggers Versuch, anstelle der sinnlichen Offenbarung der Idee des Schönen (in der Kunst) etwa die Offenheit des Seins zu setzen, hat zu einer Begründung der Ästhetik als Wissenschaft wenig beigetragen. Denn wenn auch in der Kunst „Das Sein des Seienden in das Ständige seines Scheinens kommt'', so trifft dies doch nicht für die Kunst allein zu, und ebenso nicht, daß Kunst „das sich ins Werk Setzen der Wahrheit des Seienden ist''. Erfährt man, daß die Wahrheit des Seienden die Unverborgenheit des Seienden ist, und Kunst „das sich ins Werk Setzen der Unverborgenheit des Seienden'' — was wiederum auf alles paßt, das von Menschenhand geschaffen ist — dann scheint man sich im Kreise zu bewegen. Beim späten Heidegger wird die Kunst vom Offenbarwerden des verborgenen Sinnes des geschichtlichen Seins abhängig gemacht, womit einer der umstrittensten, weil außerordentlich umfänglichen und vieldeutigen Begriffe der Philosophie zur Begründung der Kunst herangezogen wird. Daß der Sinn der Geschichte von jedermann nachträglich zur Rechtfertigung seines jeweiligen Tuns benützt werden kann, ist klar, und daß man damit alles Beliebige über die Kunst aussagen kann, auch. Weder die Ästhetik als Theorie des Schönen allein, noch Heideggers Ansicht haben zur Aufstellung brauchbarer Kriterien der Funktion des ästhetischen Produzierens und Erlebens usw. beigetragen. Wie kann man aber eine Ästhetik aufbauen, die wissenschaftlich einwandfrei ist?

Aus diesen Gründen soll hier ein anderer Weg eingeschlagen werden und die Ästhetik weder als Theorie des Schönen noch mit Hilfe heideggerscher Bestimmungen dargestellt werden. Zunächst muß aber die Verschiedenartigkeit der wissenschaftlich-theoretischen und der ästhetischen Welterkenntnis erörtert werden. Ganz allgemein zerfällt das Verhältnis des Menschen zur Wissenschaft genau wie das zur Kunst in einen aktiven und einen passiven Teil. Derjenige, der eine Wissenschaft erlernt, braucht deswegen nicht ein schöpferischer Wissenschaftler zu sein, und derjenige, der ein Kunstwerk ästhetisch erlebt, muß natürlich nicht selbst Künstler sein. Der Künstler realisiert (repräsentiert) seine ästhetische Welterfahrung im Kunstwerk und seinen Strukturen; der erkennende Wissenschaftler repräsentiert Beobachtungen und Messungen in theoretisch-begrifflichen Konstruktionen und Strukturen. Vom Standpunkt der symbolischen Repräsentation aus sind sowohl ästhetische wie theoretisch-begriffliche Darstellungen Erkenntnis. Eine Philosophie der symbolischen Formen würde daher einen philosophischen Überbau über ästhetische und wissenschaftliche Darstellungen liefern. Nun ist die ästhetische Welterfahrung, -darstellung, -erkenntnis Jahrtausende älter als die wissenschaftliche. In ihnen lebte der Mensch viel früher; mit Hilfe umfassender ästhetisch-mythischer Weltbilder entstanden Hochkulturen, und relativ erst sehr spät lösten sich von den mythisch-ästhetischen Weltdarstellungen die wissenschaftlichen ab. Man könnte daher meinen, wissenschaftliche Erkenntnis und Weltdarstellungen würden einmal vollständig die ästhetischen ersetzen. Dies ist jedoch nicht möglich.Denn gerade dort, wo dem Menschen aus psychologisch leicht zu erklärenden Gründen die wissenschaftliche Weltdarstellung als ungenügend erscheint, setzt die ästhetische ein. Beide ergänzen sich daher komplementär. So bedeutet wissenschaftliche Welterkenntnis Fokussierung auf bestimmte Basisgebiete, auf Ausschnitte aus der Außen- und Innenwelt des Menschen *(D_i);* die ästhetische Welterkenntnis kann wesentlich umfassender und allgemeiner sein. Eine soziologische, eine psychologische und eine biologische Theorie sind drei verschiedene Theorien mit drei verschiedenen Basisgebieten; ein Roman kann soziologische, psychologische und biologische Weltbilder vereinen. Der grundlegende Unterschied zwischen wissenschaftlicher und ästhetischer Welterkenntnis ist jedoch folgender: Die Wissenschaft besitzt per se Kriterien für die Richtigkeit ihrer Aussagen, z. B. das Kriterium der Widerspruchslosigkeit und das Kriterium der empirischen Bestätigbarkeit. In der Kunst gibt es nichts dergleichen. Einfach ausgedrückt: spricht man als Erkenntnistheoretiker über die wissenschaftliche Erkenntnis, dann ist das Objektgebiet der Erkenntnistheorie selbst wissenschaftlicher Natur. Spricht man als Erkenntnistheoretiker über die Kunst, dann ist das Objektgebiet von unwissenschaftlichem Charakter. Daß man über Kunstwerke, ästhetische Probleme etc. dennoch wissenschaftlich urteilen kann, sollen die folgenden Ausführungen beweisen. Der Ausdruck „Kunstwerk" soll im folgenden durch den Ausdruck „Artefakt" ersetzt werden, um den Gegensatz zum Naturafakt auszudrücken, das niemals als Kunstwerk betrachtet werden, wohl aber sowohl vom Künstler wie vom Nicht-Künstler ästhetisch erlebt werden kann.

Grundkonzeption einer Prozeßästhetik

Die Grundkonzeption einer Prozeßästhetik fußt auf der ersten Bedeutung des Wortes „Ästhetik" bei Baumgarten, wonach diese eine Art Erkenntnistheorie ist, d. h. eine wissenschaftliche Darstellung der Bedingungen, Voraussetzungen, der Funktion der niederen sinnlichen — hier: ästhetischen — Erfahrungen usw. Auch bei Kant tritt sehr deutlich hervor, daß die ästhetischen Darstellungen eine Art nicht-wissenschaftlicher Erkenntnis sind. In der „Kritik der Urteilskraft",die analog der „Kritik der reinen Vernunft" aufgebaut ist, betrachtet Kant das Vermögen des ästhetischen Urteilens als ein Erkenntnisvermögen des Menschen. Die ästhetischen Urteile stehen nach ihm zwischen der Verstandeserkenntnis und dem praktischen Entscheiden und Bewerten. So sind also nach Kant Verstand, Urteilskraft (ästhetische und teleologische) und Vernunft drei völlig voneinander getrennte Vermögen des Menschen, mit denen er der Welt gegenübertritt. Mittels des ersteren stellt er be-

griffliche Gesetzmäßigkeiten auf; mittels der Urteilskraft formuliert er Urteile, d. h. Aussagen aus dem freien Spiel der Vorstellungen und gefühlsmäßiger Lust-Unlust-Bewertung; und die Vernunft schließlich ist nach Kant das Vermögen freier sittliche Entscheidungen. Unter welchen Bedingungen und Voraussetzungen kann man nun Kunst als ästhetische Welterfahrung, -erkenntnis, -darstellung ansehen? Dies läßt sich in einer Prozeßästhetik aufweisen. Demnach erfaßt die Ästhetik als Wissenschaft einen ästhetischen Prozeß, dessen erste Phase durch den produzierenden Künstler bezeichnet wird (ästhetische Produktions-, Realisations- oder Repräsentationsphase). Der Künstler, der in einem individuell schöpferischen Prozeß das Artefakt produziert, erlebt zunächst ästhetisch die Innen-und/oder Außenwelt und repräsentiert sie dann in symbolischen Formen (= Zeichen), d. h. er realisiert seine Erfahrung im Artefakt. In der Transitionsphase, die sich zwischen der Produktionsphase und der Konsumationsphase befindet, wird die ästhetische Weltdarstellung in Form des Artefakts der Gesellschaft, bzw. dem einzelnen Betrachter, Hörer etc. übermittelt. In der dritten Phase, der Phase der Konsumation, wird das Produkt der ersten Phase ästhetisch wiedererlebt, d. h. es setzen ästhetische Wahrnehmungen und ästhetischer Genuß ein. Während der „Konsument'' einer wissenschaftlichen Theorie zwar nicht wissenschaftlich schöpferisch, aber doch wohl wissenschaftlich geschult sein muß, gilt dies nicht für den Konsumenten eines Artefaktes.
Letzterer muß nur eine gewisse Fähigkeit zum ästhetischen Erleben, bzw. eine Lernfähigkeit dazu mitbringen. Dies erklärt auf einfache Weise die außerordentliche gesellschaftliche kulturelle Bedeutung der Kunst, die die gesellschaftliche kulturelle Bedeutung der Wissenschaft heute noch bei weitem übersteigt.

Schließlich und endlich kann auch der Konsument aus seiner ursprünglichen Passivität heraustreten und kritisch das Artefakt beurteilen. Solange dieses Urteil sozusagen privat bleibt, kann es als Bestandteil fast jeder ästhetischen Konsumation betrachtet werden. Antreibendes Moment eines ästhetischen Prozesses als Steuerungsprozeß wird es gewöhnlicherweise erst dann, wenn es öffentliche Kritik wird, d. h. wenn das Urteil des Konsumenten dem Künstler übermittelt wird. Man muß zwei Arten von öffentlicher Kritik unterscheiden, die wissenschaftliche und die nicht-wissenschaftliche. Wissenschaftliche Kritik erfordert eine wissenschaftliche Ästhetik. Private Kritik allein schließt den Steuerungsprozeß sozusagen kurz, öffentliche Kritik schließt ihn. Erst dann überhaupt kann der ästhetische Prozeß als Ganzes als sich selbst organisierender Prozeß angesehen werden. Die Selbststeuerung garantiert die Weiterentwicklung der Kunst in den jeweiligen Kulturen. Regulierungsfaktoren dieses Prozesses sind, wie gesagt, die Kritik, aber auch die heute übliche Kommerzialisierung, die Beeinflussung durch Propaganda etc.
Mit dieser Konzeption des ästhetischen Prozesses, dem in bezug auf die Wissenschaft die Konzeption des wissenschaftlichen Fortschrittes (vgl. das Prozeßobligat 2.3) entspricht, wird man der gesellschaftlichen Aufgabe der Kunst bei weitem gerechter als durch die ontologische Auffassung, daß es ein ideales Kunstschöne gebe, eine Auffassung, mit der man den Veränderungen des Schönheitsideals oder sogar seinem Fehlen hilflos gegenüber steht. Wird der ästhetische Prozeß als Steuerungsprozeß aufgefaßt, dann fallen auch die teleologischen Erklärungen der historischen Entwicklung der Kunst weg, d. h. Erklärungen eines Prozesses mittels — meist unbekannter — idealer Endparameter. Anstelle der teleologi-

schen Erklärungen kann man nun empirische Grundlagen setzen, z. B. Untersuchungen der geistigen, materiellen etc. Situation der Gesellschaft.

Um die Prozeßästhetik besser zu illustrieren, sei folgende Übersichtstafel gegeben:

Der ästhetische Prozeß als sich selbst organisierendes System
(Steuerungssystem)

1. Produktionsphase (Realisations-, Repräsentationsphase) als individueller schöpferischer Prozeß; besteht aus: a. ästhetischem Erleben der Innen- und/oder Außenwelt, b. eigentlicher Repräsentation, bzw. Realisation, bzw. Produktion; Produkt: Artefakt	→	2. Transitionsphase; Transtionsmittel: Artefakt
↑		↓
4. Phase der öffentlichen Kritik, Kritik als Steuerung der Produktionsphase; zwei Arten von öffentlicher Kritik: a. nicht-wissenschaftliche öffentliche Kritik, b. wissenschaftliche öffentliche Kritik	←	3. Konsumationsphase als gesellschaftlich-kulturelle Prozeßphase; besteht aus: a. ästhetischem Erleben (passiv), b. privater Kritik (aktiv)

Die erste Phase des ästhetischen Prozesses, die Produktions-, Realisations- oder Repräsentationsphase

Ästhetisches Erleben und ästhetische Produktion sind natürlich nicht dasselbe. Man muß annehmen, daß jeder Mensch mehr oder minder über die Fähigkeit verfügt, ästhetische Erlebnisse zu haben. Nur wenige Menschen dagegen besitzen die Fähigkeit und das handwerkliche Können — „handwerklich'' im weitesten Sinne genommen — diese Erlebnisse symbolisch, d. h. in materiellen Formen, wie Farben, Töne, Stein, Bewegungen, Sprachzeichen, zu repräsentieren. Dies ist eine Sache des produktiven Künstlers. Was ist nun dieses ästhetische Erleben, d. h. wie funktioniert es? Es ist zunächst die Basis der ästhetischen Weltdarstellung und Welterfahrung. Es besteht aus einem Wahrnehmungserleben, bzw. auch aus Imaginationen, simultan verbunden mit einer ästhetischen Wertung dessen, was man innerlich oder äußerlich wahrnimmt. Die Wahrnehmung kann eine ganz einfache Sinneswahrnehmung sein, wenn z. B. ein Maler eine Landschaft nach der natürlichen Landschaft malt oder einen Menschen nach einem Modell. Sie kann aber auch eine innere Wahrnehmung, z. B. eine Vorstellung von etwas empirisch Gegebenem sein. Selbstbeobachtung, d. h. Beobachtung eigener psychischer Zustände u. ä. Von den Imaginationen, d. h. den reinen Phantasievorstellungen kann man sagen, daß auch sie stets Elemente der Wahrnehmung enthalten. Selbstverständlich muß man Mischformen annehmen. Es ist wichtig festzuhalten, daß alles und jedes Gegenstand des ästhetischen Erlebens sein kann, empirisch existierende Dinge, Phantasievorstellungen, ja sogar abstrakte Begriffe. Das ästhetische Erleben liegt aber erst dann vor, wenn zu den Wahrnehmungen, Imaginationen simultan die ästhetische Bewertung hinzutritt. Was ist Werten? Bewerten ist immer das Aufstellen einer Rangordnung von Gegenständen der Wahrnehmung, von Imaginationen. Ein ästhetischer Wert ist eine Stelle in dieser Reihe, die gegenüber einer anderen Stelle dadurch gekennzeichnet ist, daß der Gegenstand, dem der Wert zugeschrieben wird, gegenüber anderen Gegenständen dem Menschen ein Plus oder Minus an Lebensgefühl, Lust vermittelt. Kant, der mit dieser Konzeption von Lust und Unlust operiert, bezeichnet den sprachlichen Ausdruck solch einer Bewertung als „ästhetisches Urteil''. Ist das ästhetische Urteil jedoch — als Bewertung — Bestandteil des ästhetischen Erlebens, dann muß es nicht sprachlich ausgedrückt werden, sondern geht direkt in das Artefakt ein. So drückt sich z. B. im Falle der äußeren Wahrnehmung die simultane Bewertung dadurch aus, daß sich das Artefakt vom Wahrnehmungsbild unterscheidet (Verschiebung, bzw. Verzerrungseffekt). D. h. das Wahrnehmungsbild wird durch die Bewertung deformiert, die Wahrnehmungsordnung wird verändert (z. B. Längung der Figur in der gotischen Plastik, Verzerrung der Farbe in der Malerei Noldes usf. Auf dasselbe weist für die Literatur der Ausdruck „licentia poetica'' hin usw.). Während das Ideal der Wissenschaft die isomorphe Abbildung der Innen- und Außenwelt ist, ist das ästhetische Darstellen mit einer subjektiven Verschiebung, Verzerrung behaftet, die auf die ästhetische Bewertung zurückgeht. Der Konsument des Artefakts erlebt die subjektive Verzerrung wieder, d. h. auch er verbindet mit dem einfachen Wahrnehmungserlebnis simultan eine ästhetische Bewertung nach Lust und Unlust. Man kann sagen, daß das Artefakt die objektivierte Festlegung einer ästhetischen Wertordnung ist. Das ästhetische Erleben kann auch als ein Intuieren angesehen werden, als ein wertmäßiges, ganzheitliches Erfassen der äußeren und inneren Welt, bzw. von Ausschnitten derselben. Die Welt kann, wie beim mythischen Weltbild, vollständig in ästhetischen Wertreihen geordnet werden. Von hier aus kann man die Prävalenz des Schönen so erklären, daß es ästhetische Wertreihen gibt, deren oberster Wert die Idee (Vorstellung) des Schönen ist. Nichts läßt aber darauf schließen, daß dies in sämtlichen möglichen ästhetischen Wertreihen ebenfalls so sei.

Das ästhetische Erleben ist also immer aus einem Wahrnehmungserlebnis innerer und/oder äußerer Art, Imaginationen und einer simultanen ästhetischen Bewertung seines Inhaltes zusammengesetzt. Erst darauf kann sich die ästhetische symbolische Repräsentation aufbauen. Die begrifflich-symbolische Repräsentation der Wissenschaft und die ästhetische symbolische Repräsentation der Kunst seien nun schematisch festgehalten ($\sim$ lies hier „ähnlich''):

theoretische (wissenschaftliche) Welterkenntnis		ästhetische Welterkenntnis
Wahrnehmungserlebnisse von gewisser Konstanz, Messungen	~	ästhetische Erlebnisse, d. h. innere und/oder äußere Wahrnehmungserlebnisse, Imaginationen plus ästhetischer Bewertung
Repräsentation in begrifflich-theoretischen symbolischen Formen, Repräsentationsraum *Y* raum-zeitlicher Art	~	Repräsentation in ästhetischen symbolischen Formen, wie Töne, Farben Gebärden, Sprache, Repräsentationsgefüge räumlicher und/oder zeitlicher Art
theoretisch begrifflicher Zusammenhang, dargestellt in bestätigbaren Hypothesen und Theorien, theoretische Strukturen, gebildet aus begrifflich-sprachlichen symbolischen Formen	~	Zusammenhang ästhetischer Formen im Artefakt, ästhetische Strukturen, gebildet aus ästhetischen symbolischen Formen

29. EDMUND HUSSERL

Erkenntnis von Personen

Das Subjekt findet in seiner Umwelt bewußtseinmäßig aber nicht nur Dinge vor, sondern auch andere Subjekte; es sieht sie als Personen, sich in ihrer Umwelt betätigend, durch ihre Gegenstände bestimmt und immer von neuem bestimmbar. In dieser Einstellung fällt es ihm gar nicht ein, den Geist dem Leibe „einzulegen'', d. i. ihn als etwas am Leib, als in ihm Fundiertes, mit dem Leibe zu einer Realität Gehöriges zu betrachten, also die betreffende reale Apperzeption (die naturale) zu vollziehen. Tun wir das, dann ist der Mensch selbst gesetzt als eine Sache. Da kommt der Geist als Person, gleichgeordnet unserer Person, wie sie Glied des Personenverbandes ist, nicht zu seinem Rechte. Da fungiert er nur als seelisches Sein in Sinne der Naturbetrachtung, als kausal Abhängiges vom Leibe, dem er aufgepfropft erscheint.

Menschen und Tiere „als bloße Sache behandeln'', das hat freilich einen verschiedenen Sinn: einen rechtlichen und moralischen, andererseits einen wissenschaftlichen. Aber beides hat doch etwas gemein. Moralisch-praktisch behandle ich einen Menschen als bloße Sache, wenn ich ihn nicht als moralische Person nehme, als Glied im moralischen Verbande von Personen, in dem sich eine moralische Welt konstituiert. Ebenso behandle ich einen Menschen nicht als Rechtssubjekt, wenn ich ihn nicht als Glied der Rechtsgemeinschaft, der wir beide angehören, sondern als bloße Sache, als rechtlos wie ein bloßes Ding, nehme. Wiederum analog behandle ich einen Menschen *theoretisch* als Sache, wenn ich ihn nicht einordne dem Verband von Personen, mit Beziehung auf den wir *Subjekte einer gemeinsa-*

men Umwelt sind, sondern ihn als bloßen Annex von Naturobjekten als puren Sachen und somit selbst als Sachliches behandle. Das hat innerhalb gewisser Grenzen sein Recht, und zum Unrecht wird es nur, wenn ich überhaupt verkenne, daß die Naturalisierung von Personen und Seelen nur gewisse Abhängigkeitsverhältnisse der objektiven Existenz und Sukzession zur Erkenntnis bringen kann, die eben zwischen der naturalen Sachenwelt und den personalen Geistern bestehen, sofern beide zur Einheit der objektiven raum-zeitlichen Realitätenwelt gehören; daß aber Geister noch eine andere und bedeutsamere Forschungsweise ermöglichen und fordern, eben nach der Hinsicht, daß sie selbst-eigenes Sein als Ichsubjekte haben und als das erforderlich sind für alle Sachlichkeiten und Sachforschungen als Gegenglieder, sich als solche in ihrem internationalen Leben auf die Welt in Form ihrer Umwelt beziehen. Wer überall nur Natur sieht, Natur im Sinne und gleichsam mit den Augen der Naturwissenschaft, ist eben blind für die Geistessphäre, die eigentümliche Domäne der Geisteswissenschaften. Er sieht keine Personen und aus personalen Leistungen Sinn empfangende Objekte — also keine ,.Kultur''-Objekte — er sieht eigentlich keine Personen, obschon er sich mit Personen in der Einstellung des naturalistischenPsychologen zu schaffen macht. — Aber das bedarf noch gründlicher Ausführung. In der *komprehensiven Erfahrung vom Dasein des Anderen* verstehen wir ihn also ohne weiteres als personales Subjekt und dabei auf Objektitäten bezogen, auf die auch wir bezogen sind: auf Erde und Himmel, auf Feld und Wald, auf das Zimmer in dem „wir'' gemeinsam weilen, auf ein Bild, das wir sehen usw. Wir sind in Beziehung auf eine gemeinsame Umwelt — wir sind in einem personalen Verband: das gehört zusammen. Wir könnten für Andere nicht Personen sein, wenn uns nicht in einer Gemeinsamkeit, einer intentionalen Verbundenheit unseres Lebens eine gemeinsame Umwelt gegenüber stünde; korrelativ gesprochen: eins konstituiert sich wesensmäßig mit dem anderen. Jedes Ich kann für sich und andere erst zur Person im normalen Sinn, zur Person im personalen Verband werden, wenn Komprehension die Beziehung auf eine gemeinsame Umwelt herstellt.

Die *gemeinsame* Umwelt erhält Gemeinsamkeiten neuen und höherstufigen Sinnes durch die auf Grund wechselseitiger Komprehensionen vonstatten gehenden Akte der personalen Wechselbestimmung. Mit dieser ergeben sich Möglichkeiten nicht nur für ein parallel laufendes und wechselseitig verstandenes Verhalten zu Gegenständen als solchen der gemeinschaftlichen Umwelt, sondern auch für ein verbunden-einheitliches Verhalten der Personen zu solchen Gegenständen, ein Verhalten, an dem sie gemeinsam beteiligt sind wie Glieder eines verbundenen Ganzen. Personen fassen sich nicht nur komprehensiv auf in der allerdings ersten und grundlegenden Weise, daß der Eine die zu seiner Umwelt gehörige Leiblichkeit des Anderen und deren geistigen Sinn als Leib versteht, hierbei Mienenspiel, Gesten, gesprochene Worte als Kundgebung persönlichen Lebens deutend, sondern auch so, daß sie „einander bestimmen'', gemeinsam und nicht nur einzeln, also personal verbunden tätig sind.

So wie nach dem oben Ausgeführten bloße physische Dinge „motivieren'', nämlich als erscheinende, als erfahrene Wirklichkeit auf das Subjekt der Erfahrung Reize üben, es zu einem Verhalten „veranlassen'' (was phänomenal eine unmittelbare Erfahrungsbeziehung ist zwischen einem Weltobjekt als Gegenstand der Erfahrung und einem Subjekt der Erfahrung) — so üben Menschen aufeinander in gleichem allgemeinen Sinn „unmittelbare'' personale Wirkungen, anschauliche Wirkungen. Sie haben für einander „motivierende

Kraft". Aber sie wirken nicht in der bloßen Weise von physischen Erfahrungsdingen, in der bloßen Form von Reizen, obschon gelegentlich auch das (ich sehe z. B. einen unleidlichen Menschen und gehe ihm aus dem Wege, so wie ich einem ekelhaften Ding aus dem Weg gehe). Es gibt eben noch eine *andere* Form des Wirkens von Personen auf Personen: sie *richten* sich in ihrem geistigen Tun *aufeinander* (das Ich auf den Anderen und umgekehrt) sie vollziehen Akte in der Absicht, von ihrem Gegenüber verstanden zu werden und es in seinem verstehenden Erfassen dieser Akte (als in solcher Absicht geäußerter) zu gewissen persönlichen Verhaltensweisen zu bestimmen. Umgekehrt kann der so Bestimmte auf diese Einwirkung willig eingehen oder sie unwillig ablehnen und seinerseits, dadurch, daß er nicht nur danach handelt, sondern die Willigkeit oder Unwilligkeit durch Mitteilung verständlich macht, den ihn Bestimmenden wieder zu Reaktionen bestimmen. Es bilden sich so *Beziehungen des Einverständnisses:* auf die Rede folgt Antwort, auf die theoretische, wertende, praktische Zumutung, die der Eine dem Anderen macht, folgt die gleichsam antwortende Rückwendung, die Zustimmung (das Einverstanden) oder Ablehnung (das Nicht-einverstanden), ev. ein Gegenvorschlag usw. In diesen Beziehungen des Einverständnisses ist eine bewußtseinsmäßige *Wechselbeziehung* der Personen und zugleich eine einheitliche Beziehung derselben zur gemeinsamen Umwelt hergestellt. Diese kann übrigens nicht bloß eine physische und animalische (bzw. personale), sondern auch eine ideale Umwelt sein, z. B. die mathematische „Welt". Die jeweilige Umwelt umspannt ja die Gesamtheit der „Objektitäten" — auch der idealen —, die der Person (jeder der miteinander kommunizierenden Personen) „gegenüberstehen" als bewußtseinsmäßig dieselben, und auf die sie in ihren intentionalen Verhaltungsweisen reagiert.

Die sich im Erfahren von den Anderen, im Wechselverständnis und *im Einverständnis konstituierende Umwelt* bezeichnen wir als *kommunikative.* Sie ist ihrem Wesen nach relativ zu Personen, die sich selbst in ihr finden und sie als ihr Gegenüber finden. Das gilt also von ihr so wie von der „egoistischen Umwelt" der vereinzelt gedachten Person, d. i. von der Person, die in ihrer Umweltbezogenheit abstraktiv so gedacht ist, daß sie keine Beziehungen des Einverständnisses mit anderen Personen (keine des sozialen Verbandes) befaßt. Jede Person hat, idealiter gesprochen, innerhalb ihrer kommunikativen ihre egoistische Umwelt, sofern sie von allen Einverständnisbeziehungen und den darin gründenden Apperzeptionen „abstrahieren", oder vielmehr diese abgesondert denken kann. In diesem Sinne besteht also „einseitige Ablösbarkeit" der einen in Beziehung auf die andere Umwelt, und macht die egoistische einen Wesenskern der kommunikativen Umwelt aus, also derart, daß es von dieser aus erst abstrahierender Prozesse bedarf, wenn die erstere zur Abhebung kommen soll.

Denken wir ein bloß vereinzeltes Subjekt, also auch die bloße egoistische Umwelt desselben herausabstrahiert, so gewinnt diese hinterher, wenn wir die Abstraktion aufheben, neue intentionale Schichten mit dem Auftreten von Beziehungen des Einverständnisses, es konstituiert sich der Personenverband und die zu ihm relative kommunikative Welt, *seine* Umwelt, die nicht nur umgebende, äußere, sondern ihn selbst mitumfassende ist. Es ist hierbei zu beachten, daß wie zu einer egoistischen Umwelt schon Personen, so zu einer kommunikativen Umwelt außerkommunikative Personen gehören können, das heißt hier: außerhalb des betreffenden sozialen Personenverbandes stehende Personen. Die dem sozialen Verband zugehörigen Personen sind füreinander gegeben als *„Genossen",* nicht als

Gegenstände, sondern Gegensubjekte, die „mit" - einander leben, verkehren, aufeinander bezogen sind, aktuell oder potentiell, in Akten der Liebe und Gegenliebe, des Hasses und Gegenhasses, des Vertrauens und Gegenvertrauens usw. Die Akte der *sozialen Wechselbeziehung* sind nach dem oben Dargestellten unter den Akten des einseitigen Hineinverstehens in fremdes Ichleben besonders ausgezeichnet. Es genügt nicht, daß die Anderen als Personen verstanden werden, und daß der Verstehende sich einseitig zu den Anderen so und so verhält, sich nach ihnen richtet; dabei brauchte kein Einverständnis mit den anderen zu bestehen. Aber darauf gerade kommt es an. Die Sozialität konstituiert sich durch die *spezifisch sozialen, kommunikativen Akte,* Akte in denen sich das Ich an andere wendet, und dem Ich diese Anderen auch bewußt sind als die, an welche es sich wendet, und welche ferner diese Wendung verstehen, sich ev. in ihrem Verhalten danach richten, sich zurückwenden in gleichstimmigen oder gegenstimmigen Akten usw. Diese Akte sind es, die zwischen Personen, die schon voneinander „wissen", eine höhere Bewußtseinseinheit herstellen, in diese die umgebende Dingwelt als gemeinsame Umwelt der stellungnehmenden Personen einbeziehen; und auch die physische Welt in dieser apperzeptiven Einbezogenheit hat sozialen Charakter, sie ist Welt, die geistige Bedeutung hat.

Wir haben bisher den Begriff der *Umwelt* sehr *eng* gefaßt, als Welt des Gegenüber eines persönlichen, bzw. eines im kommunikativen Verband stehenden Ich, alle Gegenständlichkeiten umfassend, die für es *durch seine „Erfahrungen",* durch seine dinglichen, axiologischen, praktischen Erfahrungen (in welcher also auch axiologische und praktische Auffassungen eingehen) konstituiert ist. Diese Umwelt ist, wie früher gesagt wurde (S. 185f.), ein sich beständig Veränderndes mit dem Fortschreiten aktueller Erfahrung, aktueller Betätigung des Subjekts in natürlicher Erfahrung, in theoretischem Denken, im Werten, Wollen, Schaffen, im Gestalten immer neuer Objekte usw.

Für jedes persönliche Individuum konstituiert sich aber *eine Umwelt mit offenem Horizont*, die Objektitäten umspannend, die im Zusammenhang mit dem Gange seiner aktuellen Konstituierung von umweltlichen Objekten (Dingen, Wertobjekten etc.) sich weiterhin darbieten *könnten* und unter gegebenen Umständen darbieten *würden*. Die aktuell vollzogenen Erfahrungen motivieren Möglichkeiten für neue Erfahrungen: die Gegenstände für das Subjekt sind von ihm erfahren als solche, die ihr Dasein haben, ihre Seinsordnungen, ihre Abhängigkeiten, denen man nachgehen kann. Die miteinander kommunizierenden Subjekte gehören wechselseitig füreinander zur Umwelt, die relativ ist zu dem jeweilig von sich aus umblickenden, *seine* Umwelt konstituierenden Ich. Und dieses selbst gehört vermöge des Selbstbewußtseins und der Möglichkeit des auf sich selbst gerichteten mannigfaltigen Verhaltens zu seiner eigenen Umwelt: das Subjekt ist *„Subjekt-Objekt"*. Andererseits konstituiert sich im intersubjektiven Verbande eine *einzige Welt*, in der es Stufen gibt: die miteinander kommunizierenden Subjekte konstituieren personale Einheiten höherer Stufe, deren Gesamtinbegriff, soweit wirkliche und mögliche personale Bande reichen, die Welt der *sozialen Subjektivitäten* ausmacht. Von dieser Welt der sozialen Subjektivitäten ist zu unterscheiden die ihr korrelative, von ihr untrennbare Welt *für* diese Subjektivitäten, die *Welt der sozialen* Objektivitäten, wie wir sagen.

Wir haben hier also *verschiedene Begriffsbildungen nötig*. Zunächst schieden wir oben ein *Subjekt und seine Umwelt.* Wir mußten dann auch unterscheiden einen *Subjektverband und seine Umwelt,* wobei das Subjekt als für sich selbst objektivierbares und objektiviertes zugleich zu seiner Umwelt gehört. Also reichen wir mit jener Scheidung nicht aus, so notwendig sie ist. Für einen Freundeskreis, für einen Verein ist seine „Außenwelt" die ganze übrige Welt, also die übrigen Geister, geistigen Gemeinschaften, die physischen Dinge, auch die Kulturobjekte, Wissenschaften, Künste, soweit sie eben Objekte seiner Interessen, Beschäftigungen usw. sind. Zur Umwelt eines solchen Kreises und überhaupt einer sozialen Subjektivität (eines kommunikativ konstituierten Subjektverbandes) gehört wiederum diese Subjektivität selbst, sofern sie auch für sich selbst zum Objekt werden kann in der Rückbeziehung des Verbandes auf sich selbst, so wie auch jedes Einzelsubjekt desselben zum Objekt werden kann. Es ist daher nützlich zu scheiden, beim Einzelsubjekt ebensowohl wie bei einem Subjektverband (als sozialer Subjektität), zwischen *Umwelt im vollen Sinn* und Umwelt im Sinn von *Außenwelt,* welch letztere also das objektivierte Subjekt ausschließt.

Jetzt gilt es aber, in eins *zusammenzunehmen alle sozialen Objektitäten* (mit dem Grenzfall des ideell möglichen isolierten Individuums), die miteinander in Kommunikation sind. Es ist hierbei zu bemerken, daß die *Idee der Kommunikation* offenbar vom singulären persönlichen Subjekt sich *auch auf soziale* Subjektverbände erstreckt, die selbst personale Einheiten höherer Stufe darstellen. Alle solche Einheiten, soweit ihre faktisch hergestellte oder gemäß ihrem eigenen, unbestimmt offenen Horizont herzustellende Kommunikation reicht, konstituieren nicht nur eine *Kollektion* sozialer Subjektivitäten, sondern schließen sich zu einer mehr oder minder innig organisierten sozialen Subjektivität zusammen, die ihr gemeinsames Gegenüber hat in einer Umwelt, bzw. Außenwelt, in einer Welt, die *für* sie ist. Ist es eine Umwelt, die keine Subjekte mehr enthält (keine die also im praktisch möglichen Bereich einer herzustellenden aktuellen Kommunikation stehen, wie die eventuellen Menschen auf dem Mars, und die wie diese selbst ihrer Wirklichkeit nach offen sind), sondern bloße Objekte, so sind es immer noch Objekte für die verbundenen Personen und höheren personalen Einheiten, Objekte, die jede solche Subjektität in *ihrer* Umwelt, und zwar als solche finden kann, die auch jeder „Genosse" in der seinen finden könnte. Dieses *Können* gehört als ideelle Potentialität wesentlich mit zu dem Umweltsinn. Zugleich konstituiert sich die Idee der Welt als *Geisteswelt* in der Form des Gesamtinbegriffes der miteinander in aktueller oder teils aktueller, teils potentieller Kommunikation stehenden sozialen Subjekte niederer und höherer Stufe (wobei wir die einzelne Person als Grenzfall Null der sozialen Subjektität mit einschließen) in eins mit dem zugehörigen Gesamtinbegriff der sozialen Objektitäten. Für jedes Subjekt, das in dieser Weise Glied eines sozialen Gesamtverbandes ist, konstituiert sich eine und dieselbe, obschon vom „Standpunkt" dieses Subjekts mit einem entsprechenden (also von Subjekt zu Subjekt wechselnden) Auffassungssinn aufgefaßte und gesetzte Geisterwelt: eine verbundene Vielheit von Subjekten, von Einzelgeistern und geistigen Gemeinschaften, bezogen auf eine Dingwelt, eine Welt von „Objekten", d. i. eine Wirklichkeit, die nicht Geist, aber Wirklichkeit *für* den Geist ist, andererseits doch als Wirklichkeit für den Geist immerzu auch begeistete, *geistig bedeutsame* ist, geistigen Sinn in sich tragend und für immer neuen solchen Sinn empfänglich.(. . .)

30. BERNHARD WELTE

Was heißt personal?

Was meinen wir, wenn wir vom personalen Zug des Verhaltens sprechen? Wir können dies am besten sagen, indem wir auf die Handlungen, vor allem die menschlichen Sprachhandlungen, eingehen, in denen der personale Zug hervortritt. Wenn wir z. B. einen anderen Mitmenschen mit Du anreden, dann bewegt sich diese anredende Handlung offenbar im personalen Bereich, vielleicht eröffnet sie gar den personalen Bereich. Die Du-Anrede ist die Sprachhandlung, in der der personale Zug mit Vorzug sich zeigt. Wir können sagen: Personen sind solche Seiende, die wir sinnvollerweise mit Du anreden können. Im Vollzug der Du-Anrede erscheint das Personale.

Diese Handlung, die Du-Anrede, ist ein elementares und einfaches Geschehen. Es setzt nichts voraus und beginnt mit sich selbst. Und es ist auch nicht zusammengesetzt, obwohl es mehrere Aspekte und mehrere Momente umfaßt. Geschieht es, so ist es durchaus einfach.

Wir wollen trotzdem versuchen, die phänomenalen Gehalte der Du-Anrede begrifflich auseinanderzulegen, damit der Gehalt dieser Anrede deutlich wird. Nur wollen wir uns darüber klar sein, daß dies eine indirekte Methode ist. Sie drückt notwendig das Elementare und Einfache, was geschieht, wenn ein Mensch einen anderen mit Du anredet, auf die Seite, um die darin enthaltenen Momente einzeln herauszuheben. Im Geschehen selber aber sind sie nicht einzeln herausgehoben, sondern es geschieht das Ganze ganz einfach. Wir nehmen diesen Umstand hin, um über die Zusammenhänge klarer zu werden. Aber wir müssen am Ende alles wieder ins Einfache und Unmittelbare des Geschehens, des Ereignisses, des Erlebens selber zurückübersetzen.

a) Selbstvollzug

Die Du-Anrede redet den Angeredeten als *ihn selbst* an. Sie bezieht sich auf das Selbst des Angeredeten und vollzieht auf ihre Weise dieses Selbst: Du selbst.

Das Selbst ist darin verstanden als ein rückbezügliches. Es wird vollzogen als eines, das sich auf sich selbst zurückbezieht, indem es für sich da ist und in sich gelichtet ist und weiter, indem es sich auch vollzieht und sich aus sich selber als es selbst bewegt. Du meint ein Selbst, das sich selbst besitzt und sich selbst vollzieht.

b) Anfangen können

Von Menschen, die man mit Du anreden kann, d. h. als sich selbst helle und sich selbst vollziehende, von denen erwartet man, daß sie *antworten* können. Die Anrede Du hat nur einen Sinn, wenn sie mit der Möglichkeit einer Antwort rechnet. D. h., sie versteht ihren Partner als einen, der von sich selber aufbrechen und als er selbst sich uns gegenüber äußern kann.

Zu dem, was das Wort Du als wirklich gesprochenes also meint, gehört also auch die Fähigkeit der Antwort und damit die Fähigkeit des Aufbruchs, des Anfangenkönnens, der Ursprünglichkeit. Es gehört dazu der antwortende Ur-sprung, der nichts voraussetzt als das frei sich selbst gehörende Selbst und der aus dieser Freiheit aufbricht und aufspringt und antwortend zu mir spricht. Es ist wichtig zu sehen, daß das Antwortenkönnen, das zum Du gehört, nichts voraussetzt und also nicht verstanden werden kann und nicht verstanden wird als Folge eines vorliegenden und feststellbaren Zustandes. Es ist freier Anfang oder freier Ursprung aus dem Selbst.

Man mag dabei wohl daran denken, daß ein solcher antwortender Anfang in einen Komplex von vorausliegenden Bedingungen eingewoben ist, z. B. solchen psychologischer oder sozialer Art. Dann legt sich freilich einiges über bestimmte Züge der zu erwartenden Antwort nahe und läßt sich sogar vielleicht voraussagen. Entscheidend aber ist es auch dann und gerade dann für das Verständnis des personalen Du, daß im Rahmen solcher Komplexe doch *Du selbst* anfängst und antwortest und damit doch wieder ein reiner Ursprung, wie sehr dieser Anfang auch eingebettet sein mag in determinierende Zusammenhänge.

Dies wird vor allem deutlich daran sichtbar, daß in dem Falle, in dem wir nur mit solchen psychologischen oder sozialen Determinanten zu tun haben und mit sonst nichts, das Du als personale Kategorie gar nicht erscheint und auch nicht am Platze ist. Denn dann geht es nur um sachliche Feststellbarkeit: es ist so und so; es ist dies und jenes zu erwarten. Sobald in solchen Es-Aussagen aber das Du auftritt, überschreitet es diese sachlichen Zusammenhänge, wie sehr es mit ihnen auch rechnen mag, in einen qualitativ neuen Horizont hinein: den der freien Ursprünglichkeit des Personalen.

So können wir sagen: Das personale Du meint sich selbst besitzende und aus sich selbst aufbrechen könnnende Ursprünglichkeit.

c) Kommunikation

Das Personale hat darüber hinaus den eigens ihm zugehörigen *Ort;* es gehört in den Zusammenhang von Person und Person, in das Geschehen der personalen Begegnung, in die lebendige Kopersonalität. Schon die einfache Anrede Du ist eine Rede, in der *ich zu dir* Du sage und sich also eine Begegnung zwischen zwei Personen ereignet. Es wird aus diesem Zusammenhang sichtbar, daß nur in einer solchen ko-personalen Begegnung sich das Du ereignen kann. Sie ist der spezifisch zugehörige Ort, der es ermöglicht, daß das Du und damit die Personalität sich ereignet und in Erscheinung tritt. Das personale Selbst ist wesentlich dialogisch konstituiert.

Findet sich also eine Person bloßen Sachen gegenüber und ohne die Möglichkeit einer dialogischen Kommunikation, dann ist sie ortlos, und als ortlose ist sie sie selbst nur in einem defizienten Modus. Ihrer Personalität fehlt in diesem Fall ein integrierendes Moment, nämlich die Möglichkeit der personalen Antwort. Die Dinge der Welt stehen dann nur so herum, und keines von ihnen berührt mich, keines von ihnen ruft mich an. Ich bin zwar auch in diesem Falle ich selbst, ich bin es aber wie in einem leeren Raum, es fehlt mir der spezifisch zu mir gehörige Ort oder die zu mir gehörende Gegend: der Dialog.

Darum müssen wir sagen: Person ist ein sich selbst besitzender Ursprung, der wesentlich in einen dialogischen Zusammenhang gehört, in den Zusammenhang der Begegnung von Ursprung mit Ursprung.

d) Welthorizont

Personen haben aber darüber hinaus auch noch einen zu ihnen gehörigen *Horizont*. Das Du und auch der Zusammenhang von Ich und Du sind keine isolierten Punkte oder isolierten Pole. Indem ich dich anrede, rede ich dich ja an *wegen etwas im Bezugsgefüge meiner Welt*. Ich sage nicht Du allein. Ich sage vielleicht: Du, ich will dir etwas zeigen. Oder: Du, gib acht und hüte Dich vor jenem. Oder ähnliches. Indem ich das Du ausspreche, spreche ich es in einem Horizont von Welt aus, in dem ich mich bewege dir gegenüber. Und ich verstehe auch dich als welthabend, sonst könnte ich nicht so zu dir sprechen. Das personale und das ko-personale Leben stehen von vornherein in einem Weltzusammenhang. Das Sagen des Du ist eine Bewegung in meiner Welt, und das Antworten oder Antwortenkönnen von dir her ist eine Bewegung in deiner Welt, und indem Anrede und Antwort geschehen, wird aus deiner Welt und meiner Welt eine einzige Welt, unsere Welt. In ihr bewegen sich Anrede und Antwort, in ihr geschieht das personale Geschehen.

Der Welthorizont, der im personalen Geschehen je und je mitvollzogen wird, ist also der Horizont meiner und deiner und schließlich unserer Welt. Ich nehme an deiner Welt teil, und du nimmst an meiner Welt teil. Gerade in solcher gegenseitigen Teilnahme wird die Welt unsere Welt. Im Geschehen der dialogischen Begegnung bleiben wir bezogen auf die Welt, und die Welt bleibt bezogen auf uns. Und gerade so sind wir auch jeweils auf uns selbst und zugleich aufeinander bezogen.

Der Welthorizont, der zu allen personalen Bezügen dazugehört, ist grundsätzlich unbegrenzt. Er erscheint zwar zunächst in seinen Grenzen. Aber wir können ja nicht miteinander über die Grenzen etwa unseres Wissens oder unseres Könnens sprechen, wenn wir nicht diese Grenzen ziehen würden in einen Bereich, der je weiter ist als die Grenzen und der sie überschreitet. Der zum Personalen gehörende Horizont ist grundsätzlich unbegrenzt, sonst könnte überhaupt nicht von Grenze gesprochen werden. Und darum können Personen miteinander über alles Denkbare und sogar auch über alles Undenkbare miteinander sprechen.

In diesem Zusammenhang ist es besonders wichtig zu sehen, daß im Welthorizont das personale und dialogische Leben eine besonders intensive und ausgezeichnete Form des Lebens und damit des Seins des Seienden darstellt. Das Gespräch zwischen dir und mir, dieses Hinüber und Herüber und Zwischen *ist* etwas, ist also Sein des Seienden, und zwar u. U. von der größten und dichtesten Bedeutsamkeit: von der Bedeutsamkeit von Freundschaft oder Liebe oder auch Streit oder Schicksal und vielem anderen. Gerade im personalen Leben glüht und leuchtet das Sein des Seienden.

Und was den Welthorizont des Seins des Seienden angeht, so muß gesagt werden, daß der ganze Welthorizont seine entscheidende Bedeutsamkeit vom personalen Leben und vom Geflecht der personalen Bezüge erhält. Das Personale strahlt sozusagen das Licht und die Farbe der Bedeutsamkeit übers Ganze der Welt aus. Von ihm her und auf es hin erschließt sich erst die Bedeutsamkeit des Seins des Seienden der Welt zusammen mit der Bedeutsamkeit von Du und Ich und Wir.

Als bloß materiell Vorhandenes ist das Sein des Seienden leer und blind und ohne Bedeutsamkeit, solange es nur für sich ist und nur für sich betrachtet wird. Sobald aber Personen auftauchen und personale Bezüge, dann kann die eine Person der anderen Person alles

Vorhandene und alles Denkbare der Welt *zeigen*. Und dann erscheint gerade im Lichte solches ko-personalen Zeigens das Ganze der Welt in der Helle, Bestimmtheit und Bedeutsamkeit seines Seins. Erst jetzt kann gesagt werden: Siehe, alles dies ist da; und in diesem „siehe" liegt zugleich der Sinn: wie merkwürdig, wie wichtig, wie bedeutsam ist das.
In diesem Sinne kann gesagt werden: Die personalen Vollzüge entfalten mit ihrem eigenen Sein auch das Sein der ganzen Welt oder des Seins des Seienden im ganzen und dies vor allem hinsichtlich der Bedeutsamkeit. Personen haben einen Welthorizont, und sie erschließen allererst den Sinn und die Bedeutsamkeit der Welt und damit des Seienden im ganzen. Personen sind also sich selbst gehörende Ursprünge, die in einen Zusammenhang von Ursprung und Ursprung gehören und als solcher zugleich das Sein des Seienden im ganzen hinsichtlich seiner Bedeutsamkeit erschließen.
Wenn man dies so sagt, erscheint dies sehr kompliziert. Aber alles dies geschieht in dem einfachen Geschehen, in dem ein Mensch einen anderen mit Du anspricht. Die Personalität ist so zugleich das Einfachste und das Reichste, was es gibt.
Auf diese Zusammenhänge ist in neuerer Zeit öfters aufmerksam gemacht worden, vor allem von Franz Rosenzweig, von Ferdinand Ebner und von Martin Buber und ihnen folgend neuerdings von Bernhard Casper und von Michael Theunissen. Es ist auch in dieser Zeit von eminenter Bedeutung, darauf aufmerksam zu machen. Denn mit der Objektivität der wissenschaftlichen Welt und mit ihrer Erscheinung als Weltanschauung wird weitgehend ein rein sachliches und funktionales Modell des Seinsverständnisses über das Ganze ausgebreitet, so daß alles nur als das Vorhandene und in seiner Feststellbarkeit erscheint. Aber dies ist eine Täuschung, die schon daraus hervorgeht, daß auch die Wissenschaft den größten Wert darauf legen muß, sich mitzuteilen. Damit bewegt sie sich oft, ohne es zu merken und eigens darauf einzugehen, im ko-personalen Raum. Dieser ist also für das Weltverständnis im ganzen unentbehrlich und grundlegend.

31. CARL FRIEDRICH VON WEIZSÄCKER

Ich-Du und Ich-Es in der heutigen Naturwissenschaft

In der klassischen Naturwissenschaft kommt nicht nur das Du nicht vor, im Grunde kommt auch das Ich in ihr nicht vor. In ihr gibt es nur das Es. Ich sehe zwar diese Tulpe rot. Die Empfindung „rot" ist aber, so meinte man seit dem 17. Jahrhundert, nur subjektiv. In der Natur gibt es gewisse chemische Substanzen, die wir Farbstoffe nennen und die aus in bestimmte Moleküle angeordneten Atomen aufgebaut sind. Die Atome sind raumerfüllend und genügen der Mechanik. Ihre geometrischen und mechanischen Eigenschaften heißen primäre Qualitäten der Dinge. Sie sind das eigentlich Wirkliche. Zur Welt der selben Wirklichkeit gehören auch die Lichtwellen, die die Farbstoffe aussenden und mit denen sie in unserer Netzhaut gewisse chemische Reaktionen auslösen. Man stritt ein paar Jahrhunderte, ob das Licht aus Teilchen oder aus Wellen bestehe, beide aber sind Wirklichkeiten derselben Art. Die Farbe Rot hingegen ist eine sekundäre Qualität, d. h. sie ist „nur" ein Erlebnis, das ich habe. Schreibe ich sie den Dingen selbst zu, so verfalle ich in den Fehler der Subjektivität. Das Subjekt hat aber in der Wissenschaft nichts zu suchen, die Wissenschaft ist objektiv, sie kennt nur Objekte.

Es hat nicht der Physik des 20. Jahrhunderts bedurft, um das Unzureichende dieser Denkweise zu sehen. In einer sehr tiefsinningen Weise hat Kant, in einer leichter verständlichen Weise haben Hume und Mach darauf hingewiesen, daß Objekte, so wie wir von ihnen allein sinnvoll reden können, die Objekte eines Subjekts bleiben. Gleichwohl hat es einen wichtigen Schritt bedeutet, daß die Physik unseres Jahrhunderts, zumal die Quantentheorie, diese Gedanken brauchte, um ihre Erkenntnisse auch nur vernünftig aussprechen zu können. Für uns sind Teilchen und Welle Beschreibungsweisen, die sich auf mögliche Experimente, also mögliche willentlich herbeigeführte Wahrnehmungsakte beziehen. Sie beschreiben Phänomene, sie beschreiben nicht Dinge an sich. Alle Qualitäten, von denen die Physik redet, sind der heutigen Physik nach von ähnlicher Art wie die Farbe Rot. Es wäre demnach sinnlos, sie sekundär zu nennen. Die geometrischen und mechanischen Qualitäten sind auf eine Stufe eingerückt, die sich von der der Farbqualitäten nicht mehr grundsätzlich unterscheidet.

In einem Phänomen erscheint jemandem etwas. Schon der Begriff des Phänomens führt also die Beziehung Ich-Es ein. Ein bemerkenswerter Logiker unserer Tage, Gotthard Günther, hat nun hervorgehoben, daß die heutige theoretische Physik das Ich in doppelter Weise kennt. Die klassische Physik sprach vom Es. Die klassische Philosophie, für welche als Kronzeugen hier Hume und Kant im gleichen Rang stehen dürften, reflektierte darauf, daß dies Es das Es eines Ich sei. Sie kannten also die Spannung von Ich und Es. Die heutige Physik beschreibt in jedem Begriff, der auf ein Experiment bezogen ist, schon in ihrem gegenständlichen Denken den Zusammenhang des Es mit dem experimentierenden Ich. Sofern der Physiker aber, wie er es heute schwer vermeiden kann, zugleich selbst der Philosoph ist, der darauf reflektiert, was er als Physiker tut, tritt das Ich des theoretischen Physikers, der das Experiment als Vorgang zwischen dem Objekt und dem Experimentator beschreibt, ebenfalls ins Licht der Reflexion. Insofern haben wir nach Günther in der Physik zweierlei Ich: den Experimentator und den Theoretiker. Der Theoretiker steht an einer Stelle, die verglichen werden könnte mit dem Kantschen Ich, aber ein Teil von dessen Funktionen hat auch der Experimentator übernommen. In einer ganz rudimentären Weise meldet sich hier die Beziehung von Ich und Du.

Sie meldet sich auch etwa in folgender Überlegung: Bohr wird nicht müde zu betonen, daß die Begriffe der klassichen Physik auch heute unentbehrlich sind, weil wir von den Atomen nur durch Experimente wissen und weil wir unsere Apparate mit den Begriffen der klassichen Physik beschreiben. Soweit ist mit diesem Gedanken nur die soeben geschilderte Situation unter einem neuen Aspekt deutlich gemacht. Fragt man nun aber, ob diese Begriffe der klassischen Physik nicht nachträglich eliminiert werden könnten, so bekommt man die Antwort, man müsse ja doch den Apparat dem Mechaniker, der ihn bauen soll, in verständlicher Sprache beschreiben können. Die Sprache der klassischen Physik steht hier als eine Präzisionssprache, in der das Allgemeinverständliche, dasjenige, was zur Verständigung notwendig ist, festgehalten wird. Die Einbeziehung des Mechanikers erinnert daran, daß Physik ein soziales Phänomen ist. In vergangenen Jahrhunderten konnte man sich einen einsamen Naturforscher noch gut vorstellen. Heute ist Zusammenarbeit Bedingung des Erfolgs. Dies ist eine der Tatsachen, die die vielen verkannten Genies nicht begriffen haben, deren Briefe jeder Physiker kennt und die von ihren Fehlern zu überzeugen fast unmöglich ist.

Physik setzt also in einer sehr abstrakten Weise schon in ihren Grundbegriffen und in einer sehr massiven Weise im praktischen Vollzug die Beziehung der Menschen untereinander voraus. So wie sie aber aus Gründen, denen historisch nachzugehen der Mühe wert wäre, einstmals den Wunsch hatte, vom Ich abzusehen und nur das Es anzuschauen, so neigt sie dazu, das Ich, von dem sie jetzt nicht mehr absehen kann, in einer möglichst vereinfachten und insofern unwirklichen Weise zu betrachten. Im technischen Betrieb eines Instituts kommt die Beziehung von Ich und Du nur in der Ergänzung der Handgriffe und im Austausch von Gedanken ins Spiel. Alles andere ist „Privatangelegenheit''. Vielleicht dienen die Atombomben dazu, unserer ganzen technischen Zivilisation klarzumachen, daß wir hiermit zu wenig vom Du gesehen haben.

Es wird nicht die Aufgabe der Physik sein, das Du in seiner Fülle zu sehen. Es wird aber ihre Pflicht sein, sich klarzumachen, daß es ihr methodisches Verfahren ist, welches diese Fülle ausschließt, und daß nicht etwa das, was sie nicht sieht, nicht existiert.

32. MARTIN BUBER

Die Abgrenzung wissenschaftlichen und religiösen Erkennens

Das Wort „erkennen'' wird in einem zwiefachen Sinn gebraucht: 1. Nach dem üblichen Sprachgebrauch heißt „erkennen'' soviel wie „ein Ding betrachten als Gegenstand''. Ihm liegt das Verhältnis von Subjekt und Objekt zugrunde. (Philosophische Weltanschauung.) 2. Einen anderen Sinn hat das Wort „erkennen'' in dem biblischen Satze: „Adam *erkannte* sein Weib Eva.'' Hier ist die Beziehung von Wesen zu Wesen gemeint, in der wirkliches *Erkennen von Ich und Du* geschieht, nicht aber von Subjekt zu Objekt. Dieses Erkennen begründet die religiöse Weltanschauung.

Die erste Art des Erkennens, die philosophische, ist zwar eine unabwendbare Notwendigkeit und Pflicht der menschlichen Existenz. Sie gewährleistet die Denkkontinuität, durch die der Mensch seine Sonderstellung in der Natur erwirbt, sie begründet den Erfahrungs- und Denkzusammenhang der Menschheit. Aber sie ist erkauft durch den Verzicht auf die dauernde Ich-Du-Beziehung, sie vermag insbesondere keine Gemeinschaft zu stiften. Subjekt und Objekt sind notwendige Kunstprodukte des Denkaktes. Das lebendige Zueinander kennt diese Scheidung nicht. Der Mensch, der im Subjekt-Objekt-Verhältnis erkennt, also vor allem der philosophische Mensch, beginnt damit von seiner *konkreten Situation* abzusehen. Die Philosophie ist die Anwendung dieses Subjekt-Objekt-Verhaltens auf den Totalitätszusammenhang des Seins. Sie ist gegründet auf den Glauben an die Allmacht des Denkens, sie totalisiert das Partielle, die Teilfunktion des Denkens. Kants bahnbrechende Entdeckung war es, daß wir im Subjekt-Objekt-Erkennen, also im philosophisch-wissenschaftlichen Erkennen, nur das erkennen, was in unseren Denkkategorien vorher geformt ward. Auch die Phänomenologie betrachtet nur die Denkgehalte in ihrer Determiniertheit als Denkgehalte, sie ist die Praxis zu der Kantschen Erkenntnistheorie.

Die großen Denksysteme sind nun deshalb aber nicht fiktiv: sie sind Bekundungen *wirklicher* Denkbeziehungen zum Seienden. Aber sie können nur möglich werden durch Herstellung des Objekt-Subjekt-Verhältnisses, also durch das Eintreten in die sterbliche Erkenntnispflicht. Das Sein, insofern es sich den menschlichen Denkgehalten zuteilt, ist *auch* im Denken des Menschen, und der erkennerische Geist ist ein Funke des Pneuma, wenn auch ein abgelöster Funke — Geist in der Haltung der Selbstanschauung. Denn bei aller Pflicht zu diesem Denken bleibt bestehen: *alles* wissenschaftliche und philosophische Denken zerreißt im Akt des Absehens nicht bloß die Ganzheit der konkreten Person, sondern es reißt auch Gott und Mensch auseinander. Geschichtswissenschaft z. B. wird mit Notwendigkeit getrieben, als ob es kein Wirken Gottes gäbe. Wenn Ernst gemacht wird mit der Anerkennung des Wirkens Gottes in der Geschichte, ist Geschichtswissenschaft nicht möglich, nämlich in der Situation dieses Ernstmachens. Es gibt ein gläubiges Wissen um das Wirken Gottes in der Geschichte, aber nicht innerhalb der Philosophie und Wissenschaft: es gibt keine Gläubigkeit innerhalb der wissenschaftlichen Haltung. Religionsgeschichte hat es nicht mit dem Wirken Gottes, sondern mit Religion als *menschlicher* Lebensäußerung zu tun; nicht mit der göttlichen Seite der Geschichte, sondern mit dem Material der religiösen Erfahrung. Die Legitimität der Wissenschaft ist darauf gegründet, daß sie nichts von jenseits der Wissenschaft in die wissenschaftliche Betrachtung einbezieht. Aber erlaubt und aufgegeben ist dem Wissenschaftler der Hinblick auf seine Grenze, der Ausblick auf die konkrete Situation und auf das konkrete göttliche Wirken. Wenn die Wissenschaft diesen echten Blick auf ihre Grenze hat, wenn sie also weiß, was sie tut, und ihre Grenze nicht überschreitet, dann verliert sie zwar nicht die Problematik des Subjekt-Objekt-Verhältnisses, aber sie bleibt doch eingestellt in die Beziehung von Ich und Du und entgeht dem besonderen Sündenfall des Denkens unserer Zeit: der falschen Autonomie, der Verhärtung vor Gott. Jenseits dieser Grenze von Philosophie und Wissenschaft, einzig und unableitbar erhebt sich das Einmalige des mir von Gott zugereichten Welt-Konkretums: die ewige Schöpfung in jedem Augenblick. Diese religiöse Situation, die mich antrifft, ist nicht vorsehbar und vorwißbar, daher in keine religiöse Weltkontinuität und in keine religiöse Weltanschauung einzufangen. Ich muß in die religiöse Situation *eintreten,* muß im Angesicht des zugereichten Weltkonkretums *standhalten.* Wenn die Philosophie, auch jede Religionsphilosophie auf die Objekt-Subjekt-Beziehung als das Sein gerichtet ist, auf sie reflektiert, so ist Religion nicht auf die Beziehung gerichtet, sondern auf das Du; sie *übt* die lebendige Beziehung des Ich-Du.

Worin unterscheiden sich nun die wissenschaftlich-philosophische und die religiöse Aussage?

Alle wissenschaftlich-philosophische Aussage steht unter dem Satz des Widerspruchs: A ist nicht = Non-a. Die religiöse Aussage steht schlechthin nicht unter dem Satz des Widerspruchs. Wenn Theologen glaubten, über Gott Aussagen unter dem Satz des Widerspruchs machen zu können, handelten sie nicht von der Religion her. Auch für die negative Theologie Karl Barths gilt dies: es ist nicht erlaubt zu sagen, Gott sei das ganz Andere, ohne daß Gott auch zugleich als das ganz Nahe, Vertraute anerkannt wird. Die religiöse Situation ist schlechthin die Stätte der *gelebten Complexio oppositorum.* In der religiösen Situation ist es nicht erlaubt zu sagen: „Gott ist transzendent und nicht immanent" oder umgekehrt; er ist beides. Alle religiöse Aussage ist ein Wagnis, das gewagt werden darf, wenn es in der lebendigen Complexio oppositorum geschieht, als Hinweis auf die Situation, in der Gott sich nur biographisch bekundet. Auch der Glaube ist nicht Glaube, daß etwas ist, nicht inhaltliche Erkenntnis, sondern faktisches Ereignis, gelebtes Leben im Zwiegespräch: im Angesprochenwerden durch Worte und Zeichen, im Antworten durch Tun und Lassen, durch Standhalten und Verantworten im gelebten Alltag. Die religiöse Aussage ist Zeugnis dieses Zwiegesprächs.

Spricht der philosophisch-wissenschaftliche Mensch von dem unerkannten Geheimnis, so doch immer nur als von dem „an sich" erkennbaren Geheimnis. Der Religiöse kennt nur das Geheimnis, zu dessen Wesen die Unerforschlichkeit gehört, und zu dem nur das Standhalten und der Einsatz den Zugang erschließen.

Diese unmittelbare Beziehung bedeutet personhaft das Ganzwerden der Seele. Denn nur mit ganzer Seele können wir in das Konkrete eingehen. Die Verselbständigung der verschiedenen Seelenkräfte kennzeichnet unsere heutige Notlage. Diese unmittelbare Beziehung zum Geheimnis bedeutet aber auch das Ganzwerden des geistigen Lebens: die verselbständigten einzelnen Geistessphären *einen* sich, wenn es wieder echtes religiöses Gemeinschaftsleben gibt. Die Trennung der Geistesphären hat zur modernen Vielgötterei geführt. Das Heillose unserer Situation liegt aber darin, daß die Religion als *ein* Aspekt der geistigen Welt betrachtet wird. Jedes Martytrium ist der Religion zuträglicher als diese Freiheit, sich als eine der geistigen Sphären neben anderen auswirken zu dürfen. Noch viel weniger freilich ist Religion eine Synthese der Geistessphären.

Konkret gesehen, stellen sich uns die heutigen sogenannten „Weltanschauungen" dar als Fluchtsysteme, als Versicherungen gegen die Pflicht, die Welt wirklich anzuschauen. Echte religiöse Welt-*Erfassung* aber schließt ein: das Ausgehen von der jeweiligen konkreten Zuständlichkeit und Situation der Person; das Eingehen in die jeweilige Weltsituation als der Sprache Gottes an mich; das Schauen alles mir Zugereichten und seiner Ursprunghaftigkeit, Mitgeschaffenheit („Wir sehen die Dinge in Gott"); und die verantwortende Antwort des Menschen, die liebende Heiligung der Dinge im Alltag.

VI. ERKENNEN INNERHALB DER SUBJEKT-OBJEKT-RELATION UND ÜBER SIE HINAUS

Einführung

„Die Subjekt-Objekt-Korrelation ist für die Erkenntnistheorie derart konstitutiv, daß man sagen kann: ein jeder Gedankengang nimmt in dem Moment, einen erkenntnistheoretischen Charakter an, in welchem diese Korrelation als eine wenn auch nur stillschweigende Voraussetzung hineingerät." So schreibt Karl Mannheim in dem Zusammenhang, dem der Text 33 entnommen ist (S. 59). Diese Erkenntnis müßte bei der Behandlung der in den übrigen Texten angesprochenen Probleme gewonnen worden sein. Der Rang dieser erkenntnistheoretischen Grundfigur rechtfertigt es, sie zum Gegenstand einer eigenen Textzusammenstellung zu machen. Einleitend dazu sollen im Anschluß an ein Hegel-Zitat die elementaren Voraussetzungen zum Verständnis der Texte formuliert und die Intention ihrer Zusammenstellung erläutert werden.

Im Paragraph 2 der Einleitung zur „philosophischen Propädeutik" schreibt Georg Wilhelm Friedrich Hegel (1770—1831) zur Aufgabe der Philosophie innerhalb der Erkenntnistheorie:

„In der Philosophie werden die Bestimmungen des Wissens nicht einseitig nur als Bestimmungen der Dinge betrachtet, sondern zugleich mit dem Wissen, welchem sie wenigstens gemeinschaftlich mit den Dingen zukommen; oder sie werden genommen nicht bloß als objektive, sondern auch als subjektive Bestimmungen oder vielmehr als bestimmte Arten der Beziehung des Objekts und Subjekts aufeinander."[1] In dieser grundsätzlichen Äußerung ist die Subjekt-Objekt-Problematik als „Phänomenologie des Geistes" offengelegt. Eine Interpretation der Stelle kann hervorheben:

1. Die „natürliche" Einstellung — von Hegel „unser gewöhnliches Wissen" genannt — geht davon aus, daß Wissen ein Abbilden von Gegenständen sei, wobei unterstellt wird, daß die Gegenstände als mit sich identische, als „Dinge an sich" erfaßt werden können. Diese Auffassung wird jedoch der komplexen Struktur von Erkenntnis und Wissen nicht gerecht.

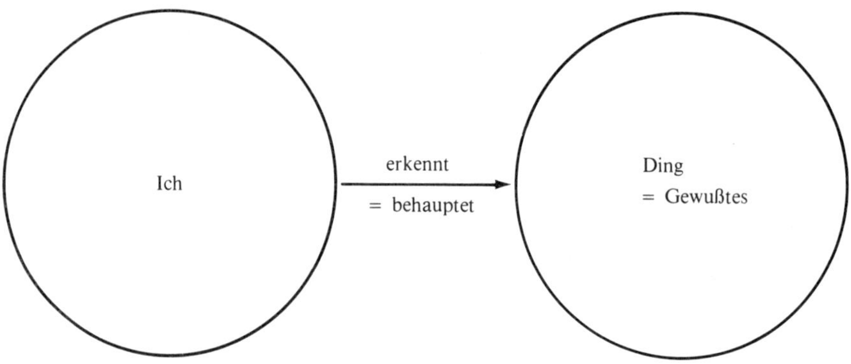

2. Wenn von „Wissen" die Rede ist, ist eigentlich von etwas innerhalb des erkennenden Subjekts, innerhalb des Bewußtseins, Vorhandenem zu reden. Das Subjekt spielt eine auf den Gegenstand einwirkende Rolle, bringt in der Erkenntnisbeziehung in sich etwas hervor, was dann Wissen heißt. Die Philosophie — so Hegel — betrachtet das Ergebnis von Erkenntnisprozessen, nämlich das Wissen, nicht nur nach seiner gegenständlichen Seite (als in der Welt vorfindliche Tatsache), sondern auch nach der subjektiven Seite (als Bewußtseinsinhalt).

1 Hegel-Studienausgabe Band 3, Fischer Verlag, TB 878, Frankfurt 1968, S. 102.

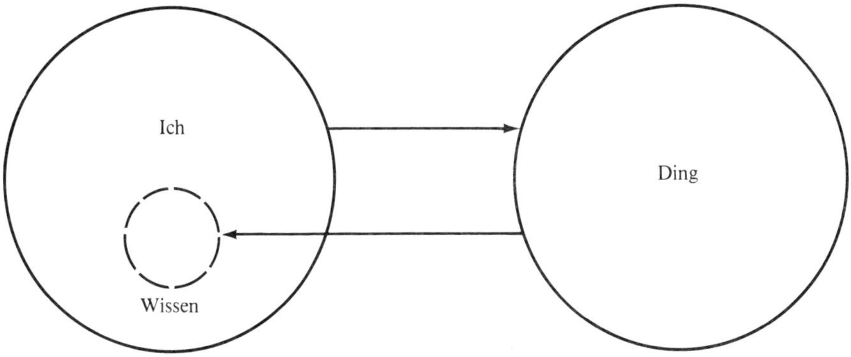

3. Beide Aspekte können nicht apriori als identisch angesehen werden. Vielmehr muß davon ausgegangen werden, daß Gegenstand und Bewußtseinsinhalt (Wissen) sich je nach der Einstellung des Ich (= Subjekt) und der „objektiven" Gegebenheit des Gegenstandes verändern: Es gibt verschiedene und in der jeweiligen Erkenntnisrelation „bestimmte Arten der Beziehung des Objekts und Subjekts" aufeinander, so daß die Möglichkeit eines Erkennens vom empirischen „Gegenständen an sich" problematisch wird und die Reflexion darüber die eigentliche Aufgabe der Erkenntnistheorie. Das Ich geht nicht als Ganzes in den Erkenntnisprozeß ein, sondern es konstituiert sich je nach der Art der Beziehung von Subjekt einer- und Objekt andererseits eine „bestimmte" Subjektivität und eine „bestimmte Objektivität. In einem von Hegel abweichenden Sprachgebrauch könnte man sagen: „Subjekt" ist nicht gleich „Ich", sondern eine erst im Erkenntnisprozeß sich bildende Möglichkeit des Ich; „Objekt" ist nicht gleich „Gegenstand", „Ding", sondern ein bestimmter „Aspekt", den der Gegenstand dem Ich darbietet, wenn es ihn in einer bestimmten Perspektive betrachtet. Beide, Subjekt und Objekt in diesem Verständnis sind aufeinander bezogen, sind Korrelate. Im gültig vollzogenen Wissen entsprechen sie einander (Wahrheitsrelation der sogenannten Korrespondenztheorie). Diese Deutung des Subjekt-Objekt-Verhältnisses läßt sich auf folgende Weise darstellen:

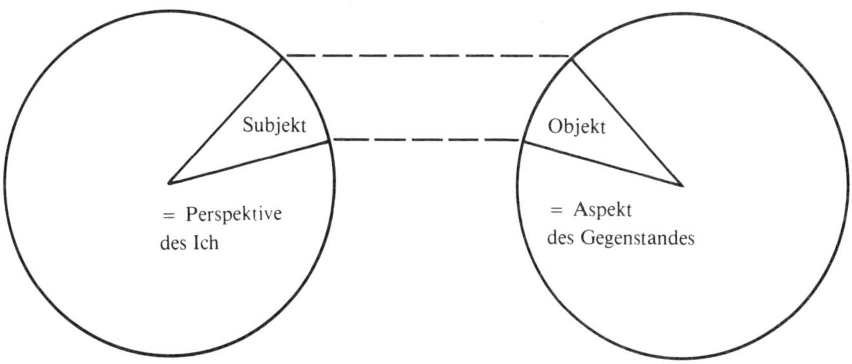

Bis zu diesem Punkt folgt Hegel in obigem Zitat der Kantschen Erkenntniskritik. Erst in der nächsten These beschreibt er die Differenz einer realistischen und einer idealistischen Sicht des Erkenntnisproblems und entscheidet sich für die idealistische.
Die in diesem Abschnitt zusammengestellten Texte können dazu dienen, „Subjektivität" und „Objektivität" in obigem Sinn zu bestimmen. Es handelt sich dann um eine die anderen Abschnitte kon-

zentriert zusammenfassende Reflexion des Erkenntnisproblems. Die Texte sind jedoch mit einer weiteren Intention ausgewählt. Sie sollen die Diskussion der Fragestellung ermöglichen, wie das Verhältnis von Subjekt und Objekt über den Tatbestand seiner Fundamentalität für das Erkennen hinaus bestimmt wird, vor allem, (1) ob die Subjekt-Objekt-Spaltung eine unhintergehbare Grundgegebenheit menschlicher Erkenntnis und — darüberhinaus — menschlicher Existenz ist, (2) ob es Möglichkeiten der Vermittlung beider miteinander in Theorie oder Praxis gibt oder (3) ein Aufgehen beider in einem Dritten, das Subjekt und Objekt überschreitet (transzendiert). Gerade bei diesen Fragestellungen zeigen sich die tiefsten Differenzen erkenntnistheoretischer Systeme und philosophischer Standpunkte. Sie reichen bis in anthropologische und metaphysische Grundentscheidungen hinein. In der folgenden Skizze werden die in den Texten vertretenen Grundauffassungen — anknüpfend an die oben wiedergegebenen Strukturskizzen veranschaulicht. Dabei wird durch die „Parabeln" einem zusätzlichen Gesichtspunkt Rechnung getragen: Das Ich geht nicht in den Möglichkeiten, Subjekt zu sein, auf, sondern stellt in seiner bis ins Unbewußte reichenden und sich selbst nie vollständig durchsichtigen Eigenart eine „offene" Struktur dar. Ebenso kann ein Erkenntnisgegenstand nicht in seinen vielen Weisen, wie er als Objekt erscheint — auch nicht in der Summe seiner Aspekte —, voll erfaßt werden. Er bleibt für das Erkennen eine unendliche Aufgabe, ein Sachverhalt, den Kant in die Unterscheidung des Dinges als Erscheinung und als „Ding an sich" gefaßt hat. Auf der Grundlage dieser Ergänzung lassen sich die Auffassungen von Buber (T. 32), von Habermas (T. 35) — der hier nicht nur durch Bezugnahme auf Marx eine neomarxistische Position erkennen läßt (vgl. auch den Text 34 von Eichhorn) —, ferner die von Adorno (T. 36), Jaspers (T. 37) und Heidegger (T. 38) in einer gemeinsamen Skizze verorten:

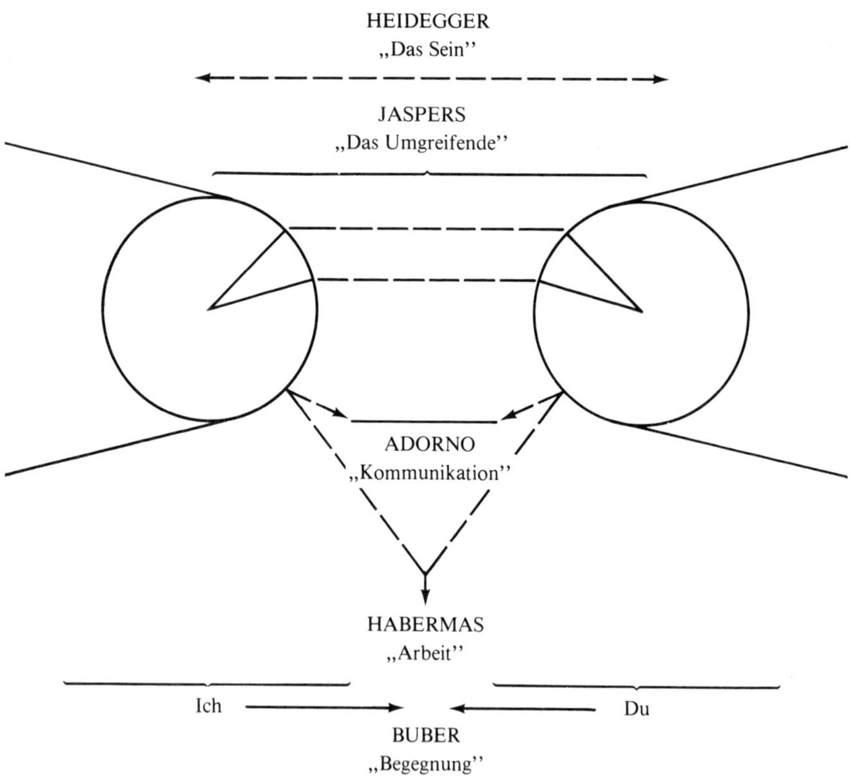

Der Text von Karl Mannheim (T. 33) führt grundlegend in die Problematik von Subjekt und Objekt ein und kann dazu dienen, bisher schon gewonnene Erkenntnisse über Erkenntnis in der Terminologie der erkenntnis-theoretischen Grundkonstellation als Objekt-Subjekt-Korrelation anzusprechen und die entsprechenden Begriffe aufzubereiten. Es wird sich im Hinblick auf die von den anderen Autoren verwandte Terminologie als notwendig erweisen, für das philosophische Gespräch Vereinbarungen über die Verwendung der Begriffe zu treffen, da die Autoren sie durchaus in verschiedener Bedeutung verwenden.
Der Text von William S. Haas (T. 39) führt die Subjekt-Objekt-Problematik in einer weiteren Richtung fort: Er soll wenigstens im Ansatz ermöglichen, die Divergenz des sogenannten westlichen vom sogenannten östlichen Denken zu behandeln. Die Aufnahme empfiehlt sich nicht zuletzt durch die Aktualität, die das „östliche Denken" sowohl in seinen abendländischen Aneignungsformen wie in seinen politischen und wirtschaftlichen Folgen in den letzten Jahren gewonnen hat und sicher noch in zunehmendem Maße gewinnen wird. Er ist auch interessant durch seine Theorie der Entstehung der Subjekt-Objekt-Spaltung, die zu der des Marxismus (vgl. T. 17) in Gegensatz steht.

33. KARL MANNHEIM

Die Subjekt-Objekt-Korrelation

Bisher haben wir versucht, ausschließlich auf Grund einer Analyse der Aufgabe der Erkenntnistheorie ihre Grenzen und ihr Verhältnis zu ihren jeweiligen Grundwissenschaften zu schildern. Jetzt müssen wir danach trachten, auf demselben Wege auch zu jenen spezifischen Momenten zu gelangen, die mit der bloßen Stellung jener Aufgabe sozusagen mitgesetzt sind. Was setzen wir zugleich notwendigerweise — so müssen wir fragen —, indem wir die erkenntnistheoretische Aufgabe stellen? Die Frage läßt sich auch folgendermaßen formulieren: was geschieht mit einer Wissenschaft bzw. mit der Wissenschaft überhaupt, indem sie zum Gegenstande der erkenntnistheoretischen Fragestellung wird? Die Wissenschaft an und für sich betrachtet ist eine Fixierung gewisser Vorstellungen in Form von Tatsachen. Die Erkenntnistheorie bezieht sich dadurch auf diese „Tatsachen", daß sie dieselben, ohne sie auch nur im mindesten inhaltlich und der Form nach zu verändern, zu *Erkenntnissen* stempelt. Aus der einfachen „Tatsachenposition" versetzt sie dieselben in die Position des Erkanntseins. Was enthält die Behauptung, daß hier etwas aus der Tatsachenposition in die Position des Erkanntseins verlegt wird? Es bedeutet, daß mit dem Begriffe der Erkenntnis zugleich auch die Setzung der Subjekt-Objektkorrelation mitgemeint ist. Die Erkenntnistheorie setzt dadurch, daß sie die Tatsachen der Wissenschaften zu Erkenntnissen stempelt, sie zwischen die beiden Glieder der Subjekt-Objekt-Korrelation. Zur Erkenntnis wird etwas dadurch, daß es außer ihr ein Objekt gibt, welches von einem Subjekt in ihr erkannt wird.

Aber schon an dieser Stelle müssen wir eine Einschränkung machen. Die Begriffe des Subjekts und Objekts sind — wenigstens ihrem Inhalte nach — keineswegs so eindeutig und klar gegebene Begriffe, als daß man sich auf sie wie auf einstimmig Definiertes berufen könnte. Der Begriff des Subjektes z. B. hat einen stets verschiedenen Inhalt in der Logik, Psychologie und Ontologie, und bedeutet ganz etwas anderes in der Aesthetik als in der Ethik. Dazu ist das empirische Ich etwas viel zu Unbestimmtes, als daß es als Ausgangspunkt dienen könnte und dies umso weniger, da aus der gründlichen Analyse seines Gebrauches klar wird, daß wir darunter von Fall zu Fall verschiedenes verstehen: einmal den verdunkelten Typus des ontologischen Substanzbegriffes, dann den des psychologischen und den des logischen Ichbegriffes.

Von welchem Ichbegriff spricht also die Erkenntnistheorie? Vergleichen wir die verschiedenen Erkenntnistheorien, so müssen wir uns überzeugen, daß ihre Ichbegriffe von Fall zu Fall verschieden sind; sie haben aber alle den gemeinsamen Zug, daß sie jeweils aus der Disziplin geliehen sind, auf die, als auf ihre Grundwissenschaft, sich die betreffende Erkenntnistheorie stützt: werden die letzten Voraussetzungen der Erkenntnis als logische betrachtet, so treffen wir ein logisches Subjekt an, werden sie als psychologische oder ontologische betrachtet, so finden wir ein psychologisches bzw. ein ontologisches Subjekt.

Demgemäß müssen wir nun unsere Behauptung, daß das Spezifische der erkenntnistheoretischen Begriffsbildung durch die Setzung der Subjekt-Objekt-Begriffe sich bekundet, modifizieren. Sind nämlich auch die jeweiligen Begriffe des Subjekts und Objekts ein jedes Mal geliehen, so gibt es dennoch etwas in der Erkenntnistheorie, was beständig ist: das ist jene logische Spannung, die zwischen diesen beiden Gliedern besteht, die Korrelation der beiden Begriffe als eine für sich intendierbare logische Einheit. Zu der strukturellen Eigenart der Korrelation überhaupt gehört es, daß die inhaltliche Veränderung ihrer beiden Glieder die in ihr enthaltene Beziehung keineswegs beeinflußt. Dieser korrelative Bezug ist auch für sich als solcher intendierbar, vermag zum selbständigen Gegenstande eines darauf gerichteten Denkaktes zu werden, ohne daß die durch ihn verknüpften Begriffe zugleich inhaltlich erfüllt wären; ihren inhaltlichen Erfüllungen gegenüber stellt die Korrelation eine funktionelle logische Einheit dar.

Diese noch unerfüllte Subjekt-Objektkorrelation gibt die Erkenntnistheorie *aus sich* zu den von der Grundwissenschaft geliehenen Elementen hinzu, in ihr besteht das letztlich Spezifische der erkenntnistheoretischen Begriffsbildung. In dem Ausdrucke „Erkenntnistheorie'' ist mit der Bedeutung „Erkenntnis'' zugleich dieses noch unerfüllte Korrelationsverhältnis mitgesetzt. Gleichsam zwischen die beiden Fugen dieser zunächst noch unausgefüllten Korrelation schiebt die Erkenntnistheorie das Faktum der Wissenschaft, indem sie dasselbe als Erkenntnis betrachtet.

Wenn wir jedoch dieses aus der bloßen Analyse des Erkenntnisbegriffes gewonnene Ergebnis mit den einzelnen geschichtlichen Realisierungen der Erkenntnistheorie vergleichen, so wird es uns keineswegs gelingen, es mit den dort auftretenden Resultaten in völligen Einklang zu bringen; wir werden dadurch noch einmal auf das vorige Ergebnis zurückgelenkt. Eine nochmalige, gründliche Analyse desselben zeigt uns, daß es ferner auch an einem *inneren* Widerspruche leidet. Auf die Hervorhebung und Beseitigung dieser doppelten Schwierigkeit müssen wir jetzt unsere Aufmerksamkeit lenken.

Der in unserem Endergebnis enthaltene Widerspruch besteht vor allem in folgendem: wir haben einerseits behauptet, daß die Wissenschaften Fixierungen subjektiver Vorstellungen in Form von Tatsachen sind; zu ihrem so gearteten Wesen gehört demnach eine maximale Desubjektivation. Indem sie das, was vorher subjektiver Zustand war, zu objektiv wissenschaftlichem Gehalt machen, merzen sie an ihm alles aus, was noch an das Subjekt gemahnen könnte. Der Grund dafür, daß jede Wissenschaft Objektivation, möglichste Desubjektivation ist, liegt darin, daß eine jede Wissenschaft eine logische Struktur hat[1]. Wenn aber wirklich jede Wissenschaft maximale Desubjektivation ist, wie konnten wir dann behaupten, daß die Erkenntnistheorie das zur Erfüllung ihrer eigenartigen Korrelation erforderliche Subjekt aus irgendeiner Wissenschaft herleiht? Diese können ja infolge ihres desubjektivierenden Aufbaues ein Subjekt gar nicht aufweisen!?

Die andere von seiten der Tatsachen der geschichtlich realisierten Erkenntnistheorien her sich erhebende Schwierigkeit, die auch ihrerseits uns darauf hinweist, daß unser Gedankengang einer erneuten Korrektur bedarf, ist die folgende: in den vereinzelten erkenntnistheoretischen Systemen kommt zwar der Begriff des Subjekts oft vor, aber dennoch stellen sich dieselben am seltensten ihr Problem in der zu erwartenden Form: „wie verhält sich das *Subjekt* zum Objekt?'', vielmehr treten an Stelle dieser Formulierung jene anderen, in denen nach dem Verhältnis von *Wahrheit* und *Sein* oder, noch prägnanter gefaßt, als die nach der Beziehung zwischen *Objektivität* und *Realität* entgegen.

Wenn wir beide Schwierigkeiten nun vergleichen, so zeigt es sich, daß der immanente Wi-

1 Über den desubjektivierenden Charakter des Logischen, vgl. u. a. Lotzes Logik, Leipzig, Meiner 1912. S. 15 ff.

derspruch, in den wir durch unsere Analyse des Erkenntnisbegriffes geraten sind, und die mangelnde Übereinstimmung mit den historischen Tatsachen auf dasselbe hinauslaufen. Denn aus denselben Gründen kann das Ich innerhalb der einzelnen Wissenschaften nicht fungieren, aus denen die einzelnen historisch realisierten Erkenntnistheorien die Frage des Verhältnisses von Subjekt-Objekt nicht auf das Ich zugespitzt stellen, sondern vielmehr an dessen Stelle die Termini Bewußtsein, Wahrheit, Objektivität setzen.

Der gemeinsame Grund dafür ist nämlich darin zu suchen, daß, so oft die Erkenntnistheorie die Analysen der Logik oder Psychologie für sich in Anspruch nimmt, sie in diesen auf kein Ich stoßen kann, sondern vielmehr nur auf dessen Objektivationen: auf Gegebenheiten, die bereits durch eine wissenschaftliche Desubjektivierung entstanden und als solche vergegenständlichter Gehalt sind. Sogar in der Psychologie, in dieser scheinbar am meisten an das Subjekt beginnenden Wissenschaft, tritt nicht „das Erlebnis'' selbst auf, sondern die durch kategoriale Funktionen des Denkens desubjektivierten, in Gestalt von Bedeutungen objektivierten „Erscheinungen.'' Die Gesamtheit der objektivierten Erscheinungen ist in der Psychologie das Bewußtsein, in der Logik die Objektivität (welche als solche den Inbegriff aller geltenden Sätze bedeutet). Das ist der Grund, weshalb wir in den Erkenntnistheorien an Stelle des Ich entweder das Bewußtsein oder die Objektivität antreffen.

Das Wesen der einzelnen objektivierenden Disziplinen besteht darin, daß sie desubjektivieren, Bedeutungen hervorbringen, und indem die Erkenntnistheorie von diesen Gebrauch macht, kann sie Bedeutungen nur Bedeutungen gegenüberstellen. Das Subjekt als solches ist niemals „erkennbar'', weil es keine (theoretisch) objektivierbare Einheit ist, „Träger'' eines jeden „Erlebnisses'', jedoch kein Element zwischen den gegebenen Elementen. Mit all dem aber haben wir die eigentliche Schwierigkeit nur noch mehr hervorgehoben: denn was ist also das, was wir in der Logik und in der Psychologie Ich nennen? Denn zu leugnen, daß dort davon die Rede ist und auch mit Recht sein kann, ist keineswegs unsere Absicht. Die Lösung ist folgende: in den Wissenschaften tritt das Subjekt allerdings als erkennbares Objekt niemals auf, aber zu den logischen, zu den psychologischen Objektivationen können wir jedesmal ein Subjekt *konstruieren,* — und das ist es, was wir kurz logisches, bzw. psychologisches Subjekt zu nennen pflegen[2]. Es sind das nicht „wirklich'' (in diesem Sinne des Wortes) „direkt erkannte'', „erschaute'', sondern nur konstruierte Subjekte. Aber warum und worin unterscheiden sich diese voneinander? Warum unterscheidet sich denn überhaupt das logische Subjekt von psychologischen, wenn es jedesmal in jeder dieser Disziplinen von der Seite der Objektivation her rekonstruiert ist? Wenn eine jede Wissenschaft in gleicher Weise stets aus Objektivationen aufgebaut ist, kann man doch wohl zu diesen immer nur ein gleiches Subjekt rekonstruieren. Hier dürfen wir jedoch eines nicht außer acht lassen: nämlich ist es zwar wahr, daß eine jede Wissenschaft objektiviert, jedoch nicht alle in gleichem Maße. Die Möglichkeit des Grades der Objektivierbarkeit hängt von der Besonderheit jener metalogischen Urgegebenheit ab, die wir jeweils aus dem „Erlebnisstrome'' herauszuheben und zu objektivieren wünschen. Jede Bedeutung bedeutet etwas, und je weiter die Materie von der totalen Objektvierbarkeit ab-

2 Bei dem ontologischen Subjekt scheint die Sachlage viel verwickelter und das hier Gesagte nicht *ohne weiteres* anwendbar zu sein.

liegt, je inniger sie mit dem subjektiven „Erlebnisstrom'', aus dem wir sie objektiviert haben, verwachsen ist, um so subjektiveren Charakter haben die ihr entsprechenden Bedeutungen. Den Bedeutungen haftet das Maß ihres Objektiviertseins in Form eines größeren oder geringeren Grades von Rückbezogenheit auf den subjektiven „Erlebnisstrom'' an, und dies ist stets klar von ihnen abzulesen.

Die Vorgegebenheit der Psychologie, die in ihrer Ursprünglichkeit nicht einmal genannt werden kann und mit dem Worte „Erlebnis'' nur approximativ, durch Hinweisung bezeichnet wird, ist in viel kleinerem Maße desubjektivierbar als das logische Grundfaktum, und von unserem Standpunkte aus lassen sich zwischen diesen zwei Extremen die ästhetischen und ethischen Grundfakta stufenweise einordnen.

Die verschiedenen Wissenschaften weisen zwar in gleicher Weise Bedeutungen auf, — diese ihre Bedeutungen aber tragen das Zeichen des Maßes ihrer Verwobenheit mit dem Erlebnisstrom durchweg an sich: sie weisen stets auf den „Urgrund'' zurück, aus dem heraus sie objektiviert worden sind. Das Maß dieses Verwobenseins wechselt von Wissenschaft zu Wissenschaft, und demgemäß wechselt auch der Begriff des zu ihrem objektiven Gehalt rekonstruierten Subjekts. Die Erkenntnistheorie macht dann von diesen — aus ihren jeweiligen Grundwissenschaften geliehenen und daselbst stets rekonstruierten — Subjekten insofern Gebrauch, als sie durch sie die ihr spezifisch eigene Korrelation inhaltlich erfüllt. Diese Subjekte sind „konstruiert'' (was nichts gegen ihren Wahrheitswert besagt), da wir sie nicht als Objektivierungen eines irgendwie vorgegebenen Inhaltes gewinnen; sie treten nicht *innerhalb* der Reihe der Objektivationen auf, sondern wir *rekonstruieren* sie zu den Objektivationen, ihrer Bestimmtheit und dem Grade ihrer Desubjektiviertheit gemäß.

Nur auf einem so komplizierten Wege ist die Setzung eines so eigenartigen Subjekts wie des „Bewußtseins überhaupt'' bei Kant erklärbar. An seiner Struktur und an seinem Inhalt sieht man deutlich das Rekonstruiertsein: es ist der pure Träger allgemein gültiger Formen, — kein aus dem normalen Erkenntnisverlauf durch Objektivation entsprungener, sondern ein zu jener Allgemeingültigkeit als subjektives Korrelat *rekonstruierter* Begriff.

34. WOLFGANG PETER EICHHORN

Subjekt-Objekt-Dialektik in marxistischer Sicht

Subjekt-Objekt-Dialektik — ein theoretisch und praktisch wichtiges Problem der marxistisch-leninistischen Philosophie, das für die marxistisch-leninistische Weltanschauung, für den historischen Materialismus und für die Erkenntnistheorie von großer Bedeutung ist. Die Subjekt-Objekt-Dialektik ist ein allgemeines Problem der gesellschaftlichen Praxis oder Tätigkeit. Indem der Mensch in ein praktisch-tätiges, aktives, zweckmäßiges, erkennendes Verhältnis zu der ihn umgebenden Welt tritt, setzt er diese Welt als Umwelt und als handelndes Subjekt; es entsteht eine dialektische Einheit von Subjekt und Objekt.

Die Subjekt-Objekt-Dialektik ist nur in der Gesellschaft möglich; sie stellt ein gesellschaftliches Verhältnis bzw. einen gesellschaftlichen Prozeß dar. Das dialektische Verhältnis von Subjekt und Objekt entwickelt sich historisch. Das Subjekt ist der Mensch als Ensemble gesellschaftlicher Verhältnisse bzw. die vergesellschaftete Menschheit auf bestimmter geschichtlicher Entwicklungsstufe, mit ihren produktiven, intellektuellen und sonstigen Kräften und Fähigkeiten. Dieses Subjekt entwickelt sich in der praktischen gesellschaftlichen Tätigkeit, indem es immer neue Bereiche der Welt zum Objekt seiner Tätigkeit und seiner Erkenntnis macht, indem es seine Kräfte und Fähigkeiten vergegenständlicht, objektiviert und auf diese Weise eine sich geschichtlich entwickelnde objektive gesellschaftliche Welt schafft. Das Wechselverhältnis von Subjekt und Objekt wird auf diese Weise reicher, differenzierter, komplizierter und entfaltet sich auf geschichtlich immer höherer Stufe.

Die heutige Bedeutung der Begriffe „Subjekt'' und „Objekt'' hat sich in einem geschichtlich langen Prozeß entwickelt und ist der ursprünglichen Bedeutung direkt entgegengesetzt. In der *Antike* war „Subjekt'' (lat.) entweder die Materie, die umgeformte Substanz oder das Geformte, Gegenständliche. In der *mittelalterlich-scholastischen Philosophie* erfolgt die Entgegenstellung von Subjekt und Objekt, wobei das Subjektive als das Gerichtetsein auf einzelne, real existierende Gegenstände und das Objektive als Ausrichtung auf die aus dem Denken hervorgehenden Dinge verstanden wurde. Im *17. und 18. Jahrhundert* entwickelte sich ein neues Herangehen an die Problematik. Sie stand im Zusammenhang mit dem Bestreben der *klassischen bürgerlichen Philosophie,* den Menschen als vernünftiges, autonom denkendes und tätiges Individuum, als Subjekt, das zu selbständigem Denken und Handeln fähig ist, zu erfassen. Vor allem durch die *klassische* deutsche *Philosophie* wurde ein neues Verständnis der Begriffe erreicht. „Subjekt'' wurde als aktive Selbsttätigkeit des Geistes und „Objekt'' als deren Gegenstand gefaßt. In HEGELS Philosophie nimmt die Problematik von Subjekt und Objekt, die er in ihrem dialektischen Verhältnis analysiert, einen zentralen Platz ein. Insbesondere versucht HEGEL, die Gesellschaft und die geschichtlichen Erscheinungen als Prozeß zu erklären, der unausgesetzt aus der menschlichen Tätigkeit aus der Arbeit hervorgeht. Subjektive Tätigkeit, die sich objektiviert oder entäußert und diese Entäußerung zugleich aufhebt, die sich in ihr Anderes versenkt, dieses Andere jedoch zugleich als das Andere aufhebt und sich so als Selbstbewegung verwirklicht — darin sah HEGEL den inneren Gehalt der historischen Entwicklung. Diese Subjekt-Objekt-Dialektik ist jedoch bei HEGEL spekulativ-idealistisch aufgefaßt: Das Subjekt ist eine Bestimmung der Idee, die subjektive Tätigkeit ist eine rein geistige, die Entäußerung ist keine realgegenständliche, und die ganze Entwicklung, die zustande kommt, ist plötzlich eine Selbstbewegung der Idee. Die *Klassiker des Marxismus-Leninismus* haben die Auffassung HEGELS über die Einheit von Subjekt und Objekt hoch gewürdigt, ihren rationellen Inhalt verwertet und ihren idealistischen Charakter kritisiert. Voraussetzung für ein richtiges Verständnis der Subjekt-Objekt-Dialektik war auch eine *Weiterentwicklung des Materialismus.* Die Materialisten vor MARX vermochten es nicht, den Materialismus auf die Gesellschaft anzuwenden. Daher faßten sie den Menschen als ein abstraktes, ungeschichtliches Wesen und die ihm gegenüberstehende Wirklichkeit lediglich als Objekt der Anschauung auf.

Für das Verständnis der Subjekt-Objekt-Dialektik in der Sicht des *Marxismus-Leninismus* ist vor allem die konsequente Durchführung des Materialismus auch in bezug auf das gesellschaftliche Leben und die Geschichte der Menschheit wesentlich. Damit wird die Bedeutung der materiellen gesellschaftlichen Praxis (Tätigkeit) und die sich in ihr vollziehende Subjekt-Objekt-Dialektik als ursprünglich, primär, grundlegend hervorgehoben. MARX (Erg I, 577) sprach von der „Subjektivität *gegenständlicher* Wesenskräfte, deren Aktion daher auch eine *gegenständliche* sein muß''. In diesem Sinne gegenständlich sind sowohl die äußere Welt und der Mensch in ihrem Verhältnis zueinander als auch die materiellen Produktionsmittel, der sachgemäße Einsatz, d. h. das System der Produktivkräfte und die gesellschaftlichen Produktionsverhältnisse. Die Entwicklung dieser Gegenständlichkeit ist zugleich Prozeß der Entwicklung von objektiven Bedingungen, Formen, Möglichkeiten, Mitteln und Erfordernissen der menschlichen Subjektivität. Subjekt ist der ganze Mensch als gesellschaftliches Wesen oder die vergesellschaftete Menschheit auf bestimmter Entwicklungstufe. Es tritt als dialektische Einheit individueller und kollektiver menschlicher Kräfte auf. Subjektivität ist die bewußte, zweckmäßige, in eine gegenständliche gesellschaftliche Entwicklung ausmündende Aktion der Menschen, die ihre Kräfte und Fähigkeiten, ihre Kenntnise, ihre Kultur, ihre Ideologie organisiert einsetzen zur Aneignung und Veränderung der Welt. Dieser Prozeß vollzieht sich in der produktiven Arbeit, in der Praxis des Klassenkampfes und der sozialen Revolution. Er erlangt im Sozialismus eine qualitativ höhere Stufe, da sich hier die bewußte Aneignung und Beherrschung der gegenständlichen Welt nicht nur auf die Beziehung des Menschen zur Natur, sondern auch auf seine Beziehungen zu den gesellschaftlichen Verhältnissen erstreckt.

Die Dialektik von Subjektivität und Gegenständlichkeit ist in historisch materialistischer Sicht der Kern der Subjekt-Objekt-Dialektik. Letztere entwickelt sich auf der Grundlage der Ersteren. Sie nimmt außerordentlich vielgestaltige Formen an, und es ist daher stets wichtig, genau zu bestimmen, von welchem Subjekt-Objekt-Verhältnis jeweils die Rede ist. Ein Subjekt-Objekt-Verhältnis erzeugt der Mensch nicht nur in der praktisch-gegenständlichen Tätigkeit, in der materiellen Produktionstätigkeit, sondern auch bei der theoretischen-geistigen oder praktisch-geistigen Aneignung der Welt. Beispielsweise ist das aktive Verhältnis des einzelnen Menschen zur kulturellen Entwicklung der Menschheit oder seiner Klasse ein Subjekt-Objekt-Verhältnis. Auch der Erkenntnisprozeß entwickelt sich als eine allgemeine Subjekt-Objekt-Dialektik, die sich hier vor allem als theoretisch-geistiges Verhältnis realisiert. Dabei werden unter anderem Bereiche der materiellen Welt zum Objekt des menschlichen Subjekts, die dieses noch nicht oder prinzipiell nicht zu ändern vermag, die jedoch für den Menschen infolge des einheitlichen Zusammenhangs der materiellen Welt irgendwelche Bedeutung gewinnen.

Das allgemeine Verhältnis von Subjekt und Objekt darf nicht einfach mit dem Verhältnis von Bewußtsein und Materie gleichgesetzt werden. Das Verhältnis von Bewußtsein und Materie ist allerdings ein Subjekt-Objekt-Verhältnis, dessen Inhalt durch die dialektisch-materialistische Lösung der Grundfrage der Philosophie entschlüsselt wird. Ferner besteht ein enger Zusammenhang zwischen der Grundfrage der Philosophie und der Subjekt-Objekt-Dialektik, insofern die idealistische Beantwortung der Grundfrage von vornherein das wirkliche Verständnis des Subjekt-Objekt-Verhältnisses unmöglich macht. Im allgemeinen aber wäre die Identifizierung des Verhältnisses von Bewußtsein und Materie einerseits und des Subjekt-Objekt-Verhältnisses andererseits schon in Anbetracht der Tatsache falsch, daß auch Erzeugnisse des Bewußtseins, die Kultur, die Moral einer Klasse usw., zum Objekt für ein menschliches Subjekt werden können. Auch in bezug auf die Gesellschaft darf das Verhältnis von Subjekt und Objekt nicht mit der Grundfrage der Philosophie verwechselt werden. Die hauptsächliche gesellschaftliche Subjekt-Objekt-Dialektik vollzieht sich als materieller gesellschaftlicher Lebensprozeß, als Prozeß der Entwicklung materieller Produktivkräfte und Produktionsverhältnisse, als Erzeugung und Entwicklung eines materiellen gesellschaftlichen Seins, das vom gesellschaftlichen Bewußtsein unabhängig ist und von diesem widergespiegelt wird. In bezug auf die theoretische Erfassung des gesellschaftlichen Lebens durch den historischen Materialismus ist es wichtig, die Verschiedenartigkeit und zugleich die Einheit beider Fragen — der Grundfrage nach dem Verhältnis von Materiellem und Ideellem in der Gesellschaft einerseits und der Frage nach dem Verhältnis von Subjekt und Objekt andererseits — zu beachten. So können die Grundkategorien der materialistischen Gesellschafts- und Geschichtstheroie — wie z. B. Produktivkräfte, Produktionsverhältnisse, gesellschaftliches Sein, Gesetzmäßigkeit, Klassen, Revolution usw. — nur richtig verstanden werden, wenn sie als begriffliche Zusammenfassung der geschichtlich und gesellschaftlich entscheidenden Prozesse und Strukturen einer realen, geschichtlich-konkreten Subjekt-Objekt-Dialektik begriffen werden. Anderenfalls würden die materiellen gesellschaftlichen Lebensbedingungen, die gesellschaftlichen Prozesse und Gesetze als eine mystische Welt außerhalb der menschlichen Tätigkeit erscheinen. Zugleich würde damit das menschliche Subjekt entleert, und der Mensch erschiene als ein abstraktes, unhistorisches, unreales Wesen.

Die historisch-materialistische Auffassung der Subjekt-Objekt-Dialektik ist besonders wichtig für die theoretische Erfassung der praktischen Probleme des sozialistischen und kommunistischen Aufbaus. Es ergibt sich daraus generell, daß alle Grundfragen des gesellschaftlichen Lebensprozesses (so der Ökonomie, der Politik, der Kultur und Ideologie) und seiner wissenschaftlichen Leitung Probleme der menschlichen Subjektivität, also Probleme des Lebens und Handelns, der Fähigkeiten, Interessen, der Organisation werktätiger Menschen sind. Keine dieser Fragen kann insofern, losgelöst von der Subjekt-Objekt-Dialektik erfaßt werden. Die Gestaltung der entwickelten sozialistischen Gesellschaft erfordert, daß sich die Werktätigen unter Führung der Arbeiterklasse zum bewußten historischen Subjekt erheben und die objektiven Bedingungen ihres gesellschaftlichen Produktions- und Lebensprozesses immer besser zu leiten und zu beherrschen lernen.

35. JÜRGEN HABERMAS

Die Vermittlung von Subjekt und Objekt in der gesellschaftlichen Arbeit

Die „Einheit von Subjekt und Objekt'' bringt der Mensch weder als Geist noch als Naturwesen von Haus aus schon mit; erst im arbeitsamen Austausch mit der Natur, als deren wechselseitigem Bildungsprozeß, wird sie praktisch hergestellt. Alle mögliche Erfahrung ist im Horizont dieser Praxis einbehalten, ist, auf ihrem Grunde, also stets auch interessierte Erfahrung.

Wohl wird die in interessierter Erfahrung gegebene Einheit von Subjekt und Objekt durch die von den Wissenschaften methodisch herbeigeführte Trennung von Subjekt und Objekt formalisiert, niemals aber ganz suspendiert. Die Arten der Erfahrung und der Grad ihrer Wissenschaftlichkeit unterscheiden sich nur danach, in welchem Maße die Interessenbindung formalisiert werden kann. Nun ist das Interesse an der Verfügbarmachung realer Prozesse allerdings in hohem Grade formalisierbar; es ist fundamental und in fast allen geschichtlichen und gesellschaftlichen Lagen virulent. Überdies wird das Interesse in dem Maße, in dem es zur Beherrschung, zunächst der Natur, tatsächlich führt, durch die Erfolge rückwirkend bestätigt, also durch einen Kreisprozeß stabilisiert. Darum kann dieses Interesse so selbstverständlich werden, daß es erst einmal im Erkenntnisansatz investiert, „verschwindet''. Gleichwohl muß es im Bereich der Gesellschaftswissenschaften problematisch werden. Was mit der Natur „selbst'' geschieht, indem sie durch den Zugriff des kategorialen Apparats der Wissenschaften (Physik) sowie des technischen Apparats angewandter Wissenschaften (Technik) verfügbar wird, erfahren wir nicht, brauchen es auch nicht zu erfahren, da wir am „Schicksal'' der Natur als solcher nicht „praktisch'' interessiert sind. Wohl aber an dem der Gesellschaft. Denn wenn wir uns auch im Erkennen (fiktiv) außerhalb des gesellschaftlichen Lebenszusammenhangs stellen und ihm gegenüber, so gehören wir ihm, noch im Erkenntnisakt Subjekt und Objekt zugleich, doch als ein Teil an. Das im Erkenntnisansatz wissenschaftlicher Theorien zunächst nur investierte Interesse an der Verfügung über Gesellschaft interferiert mit einem gleichzeitigen Interesse an der Gesellschaft „an sich''. In die Grundbegriffe des theoretischen Systems schießt darum immer auch ein aus interessierter Erfahrung stammendes Vorverständnis der gesellschaftlichen Totalität ein.

Wenn aber mit Notwendigkeit situationsgebundene Erfahrungen auch in den streng wissenschaftlichen Erkenntnisansatz mit eingehen, müssen die erkenntnisleitenden Interessen unter Kontrolle gebracht, als objektive Interessen legitimiert werden, es sei denn, man wollte den Prozeß der Rationalisierung willkürlich abbrechen. Gleichviel, ob etwa die Integrationstheorie (aus der Erfahrung der Unsicherheit gesellschaftlicher Krisen) das soziale System als ein Gefüge ausgeglichener und dauerhafter Ordnung, oder ob die Konflikttheorie (aus Erfahrungen einer täuschenden Sicherheit politischer Zwangsintegration) dasselbe System als einen durch innere Gegensätze stets offen und in Fluß gehaltenen Herrschaftsverband versteht — immer geht in die Wahl der fundamentalen Kategorien eine vorgreifende Deutung der Gesellschaft im ganzen ein. Bezeichnenderweise ist dies ein Vorverständnis davon, wie Gesellschaft als Totalität zugleich ist und sein soll — die interessierte Erfahrung in gelebter Situation trennt nämlich „Sein'' so wenig von „Sollen'', wie sie das ihr Begegnende in Fakten auf der einen und Normen auf der anderen Seite zerlegt.

Die dialektische Interpretation begreift das erkennende Subjekt aus den Zusammenhängen gesellschaftlicher Praxis, aus seiner Stellung sowohl im Prozeß der gesellschaftlichen Arbeit als auch im Prozeß der Aufklärung der politischen Kräfte über deren eigene Ziele. Diese doppelte Reflexion charakterisiert nach Horkheimer die „kritische'' Theorie im Unterschied zur „traditionellen'': „Die traditionelle Vorstellung der Theorie ist aus dem wissenschaftlichen Betrieb abstrahiert, wie er sich innerhalb der Arbeitsteilung auf einer gegebenen Stufe vollzieht. Sie entspricht der Tätigkeit des Gelehrten, wie sie neben allen übrigen Tätigkeiten in der Gesellschaft verrichtet wird, ohne daß der Zusammenhang zwischen den einzelnen Tätigkeiten unmittelbar durchsichtig wird. In dieser Vorstellung erscheint daher nicht die reale gesellschaftliche Funktion der Wissenschaft, nicht was Theorie in der menschlichen Existenz, sondern bloß was sie in der abgelösten Sphäre bedeutet, wo sie unter den historischen Bedingungen erzeugt wird. ... Während der Fachgelehrte als Wissenschaftler die gesellschaftliche Realität mitsamt ihren Produkten für äußerlich ansieht und als Staatsbürger sein Interesse an ihr durch politische Artikel, Mitgliedschaft bei Parteien oder Wohltätigkeitsorganisationen und Beteiligung an den Wahlen wahrnimmt, ohne diese beiden und noch einige andere Verhaltungsweisen seiner Person anders als höchstens durch psychologische Interpretation zusammenzubringen, ist das kritische Denken durch den Versuch motiviert, die Spannung real zu überwinden, den Gegensatz zwischen der in den Individuen angelegten Zielbewußtheit, Spontaneität, Vernünftigkeit und der für die Gesellschaft grundlegenden Beziehungen des Arbeitsprozesses aufzuheben.''

Für Marx hat sich das Problem eines solchen „materialistischen'' Selbstbewußtseins der Kritik nicht aus den immanenten Schwierigkeiten der positiven Wissenschaften ergeben, sondern in Anbetracht der politischen Folgen der zeitgenössischen Philosophie — und ihrer Folgenlosigkeit. Die Sozialwissenschaften hatten damals noch keineswegs einen Stand erreicht, auf dem sie der dialektischen Theorie den Spiegel ihrer aus dem Konkurs der Philosophie sehr wohl zurückbehaltenen Erbmasse hätte vorhalten können. In die Fragestellungen der Ökonomie des 18. Jahrhunderts und des beginnenden 19. war so viel philosophische Substanz eingegangen, daß die Kritik der Politischen Ökonomie auf deren eigenem wissenschaftlichen Boden stehen konnte, um von dort aus dem falschen Wissenschaftsanspruch der Philosophie den Prozeß zu machen. Die phänomenologische Erfahrung des Geistes sollte durch die kritische des gesellschaftlichen Lebenszusammenhangs ihres ideologischen Selbstverständnisses überführt, Philosophie sollte *als* Philosophie überholt werden. Heute kommen, umgekehrt, die positiven Wissenschaften mit der damaligen Philosophie in jenen „idealistischen'' Momenten überein, in denen überhaupt die traditionelle Theorie sich von der kritischen unterscheidet. Diese hält eine eigentümliche Stellung zwischen Philosophie und Positivismus derart inne, daß eine kritische Selbstaufklärung des Positivismus in die gleiche Dimension hineinführt, in die Marx sozusagen von der entgegengesetzten Seite hineingelangt ist.

36. THEODOR W. ADORNO

Kein Drittes jenseits von Subjekt und Objekt

a) Die Polarität von Subjekt und Objekt

erscheint leicht als eine ihrerseits undialektische Struktur, in der alle Dialektik statthaben soll. Aber beide Begriffe sind entsprungene Reflexionskategorien, Formeln für ein nicht zu Vereinendes; kein Positives, keine primären Sachverhalte, sondern negativ durchaus, Ausdruck einzig der Nichtidentität. Trotzdem ist die Differenz von Subjekt und Objekt auch nicht ihrerseits einfach zu negieren. Weder sind sie letzte Zweiheit, noch verbirgt hinter ihnen sich letzte Einheit. Sie konstituieren ebenso sich durch einander, wie sie vermöge solcher Konstitution auseinandertreten. Würde der Dualismus von Subjekt und Objekt als Prinzip zugrunde gelegt, so wäre er, gleich dem Identitätsprinzip, dem er sich weigert, abermals total, monistisch; absolute Zweiheit wäre Einheit. Hegel hat das ausgenutzt für den Zweck, die Subjekt-Objekt-Polarität, die nach beiden Seiten zu entwickeln er als seinen Vorrang vor Fichte und Schelling empfand, schließlich doch ins Denken hineinzunehmen. Als Seinsstruktur wird ihm zufolge die Dialektik von Subjekt und Objekt Subjekt*. Beide sind als Abstraktionen Denkprodukte; die Supposition ihres Gegensatzes erklärt unabdingbar Denken zum Ersten. Aber der Dualismus weicht auch nicht dem Wink des puren Gedankens. Solange dieser Gedanke bleibt, vollzieht er sich gemäß der Dichotomie, die zur Form des Denkens geworden ist und ohne die Denken vielleicht nicht wäre. Jeglicher Begriff, noch der des Seins, reproduziert die Differenz von Denken und Gedachtem. Sie wurde dem theoretischen Bewußtsein von der antagonistischen Verfassung der Wirklichkeit eingebrannt; soweit sie diese ausdrückt, ist die Unwahrheit des Dualismus die Wahrheit. Losgelöst davon indessen würde der Antagonismus zur philosophischen Ausrede seiner Ewigkeit. Nichts ist möglich als die bestimmte Negation der Einzelmomente, durch welche Subjekt und Objekt absolut entgegengesetzt und eben dadurch miteinander identifiziert werden. Subjekt ist in Wahrheit nie ganz Subjekt, Objekt nie ganz Objekt; dennoch beide nicht aus einem Dritten herausgestückt, das sie transzendierte. Das Dritte tröge nicht minder. Unzulänglich die Kantianische Auskunft, es als Unendliches von der positiven, endlichen Erkenntnis wegzuziehen und diese mit dem Unerreichbaren zu unermüdlicher Anstrengung anzuspornen. An der Zweiheit von Subjekt und Objekt ist kritisch festzuhalten, wider den Totalitätsanspruch, der dem Gedanken inhäriert. Zwar ist die Trennung, die das Objekt zum Fremden, zu Beherrschenden macht und es aneignet, subjektiv, Resultat ordnender Zurüstung. Nur bringt die Kritik des subjektiven Ursprungs der Trennung das Getrennte nicht wieder zusammen, nachdem es einmal real sich entzweite. Das Bewußtsein rühmt sich der Vereinigung dessen, was es erst mit Willkür in Elemente aufspaltete; daher der ideologische Oberton aller Rede von Synthese. Sie ist Deckbild der sich selbst verhüllten und zunehmend tabuierten Analysis. Die Antipathie des vulgär edlen Bewußtseins gegen diese hat zum Grund, daß die Zerstückelung, die verübt zu haben der bürgerliche Geist seinen Kritikern vorwirft, sein eigenes unbewußtes Werk ist. Ihr Modell sind die rationalen Arbeitsprozesse. Sie bedürfen der Zerlegung als Bedingung der Waren-

* „Das Begreifen eines Gegenstandes besteht in der That in nichts Anderem, als daß Ich denselben sich zu eigen macht, ihn durchdringt, und ihn in seine eigene Form, d. i. in die Allgemeinheit, welche unmittelbar Bestimmtheit, oder Bestimmtheit, welche unmittelbar Allgemeinheit ist, bringt. Der Gegenstand in der Anschauung oder auch in der Vorstellung ist noch ein Aeußerliches, Fremdes. Durch das Begreifen wird das An- und Fürsichseyn, das er im Anschauen und Vorstellen hat, in ein Gesetztseyn verwandelt; Ich durchdringt ihn denkend. Wie er aber im Denken ist, so ist er an und für sich; wie er in der Anschauung und Vorstellung ist, ist er Erscheinung; das Denken hebt seine Unmittelbarkeit, mit der er zunächst vor uns kommt, auf, und macht so ein Gesetztseyn aus ihm; dieß sein Gesetztseyn aber ist sein An- und Fürsichseyn, oder seine Objektivität. Diese Objektivität hat der Gegenstand somit im Begriffe, und dieser ist die Einheit des Selbstbewußtseyns, in die er aufgenommen worden; seine Objektivität oder der Begriff ist daher selbst nichts Anderes, als die Natur des Selbstbewußtseyns; hat keine andere Momente oder Bestimmungen, als das Ich selbst." (Hegel WW 5, a. a. O., S. 16.)

produktion, die dem allgemeinbegrifflichen Verfahren der Synthese gleicht. Hätte Kant das Verhältnis seiner Methode zur Theorie, das des erkenntnistheoretisch untersuchenden Subjekts zum untersuchten, in die Vernunftkritik hineingezogen, so wäre ihm nicht entgangen, daß die Formen, welche das Mannigfaltige synthesieren sollen, ihrerseits Produkte der Operationen sind, welche der Aufbau des Werkes, aufschlußreich genug, transzendentale Analytik betitelt.

. . .

b) Die Trennung von Subjekt und Objekt

ist real und Schein. Wahr, weil sie im Bereich der Erkenntnis der realen Trennung, der Gespaltenheit des menschlichen Zustands, einem zwangvoll Gewordenen Ausdruck verleiht; unwahr, weil die gewordene Trennung nicht hypostasiert, nicht zur Invarianten verzaubert werden darf. Dieser Widerspruch in der Trennung von Subjekt und Objekt teilt der Erkenntnistheorie sich mit. Zwar können sie als getrennte nicht weggedacht werden; das ψεῦδος der Trennung jedoch äußert sich darin, daß sie wechselseitig durcheinander vermittelt sind, Objekt durch Subjekt, mehr noch und anders Subjekt durch Objekt. Zur Ideologie, geradezu ihrer Normalform, wird die Trennung, sobald sie ohne Vermittlung fixiert ist. Dann usurpiert der Geist den Ort des absolut Selbständigen, das er nicht ist: im Anspruch seiner Selbständigkeit meldet sich der herrschaftliche. Einmal radikal vom Objekt getrennt, reduziert Subjekt bereits das Objekt auf sich; Subjekt verschlingt Objekt, indem es vergißt, wie sehr es selber Objekt ist. Das Bild eines zeitlich oder außerzeitlich ursprünglichen Zustands glücklicher Identität von Subjekt und Objekt aber ist romantisch; zuzeiten Projektion der Sehnsucht, heute nur noch Lüge. Ungeschiedenheit, ehe das Subjekt sich bildete, war der Schrecken des blinden Naturzusammenhangs, der Mythos; die großen Religionen hatten ihren Wahrheitsgehalt im Einspruch dagegen. Übrigens ist Ungeschiedenheit nicht Einheit; diese erfordert, schon der Platonischen Dialektik zufolge, Verschiedenes, dessen Einheit sie ist. Das neue Grauen, das der Trennung, verklärt denen, die es erleben, das alte, das Chaos, und beides ist das Immergleiche. Vergessen wird über der Angst vor der gähnenden Sinnlosigkeit die einst nicht geringere vor den rachsüchtigen Göttern, welche der epikureische Materialismus und das christliche Fürchtet euch nicht von den Menschen nehmen wollten. Anders nicht als durch Subjekt ist das vollziehbar. Würde es liquidiert, anstatt in einer höheren Gestalt aufgehoben, so bewirkte das Regression des Bewußtseins nicht bloß sondern eine auf reale Barbarei. Schicksal, die Naturverfallenheit der Mythen, stammt aus totaler gesellschaftlicher Unmündigkeit, einem Zeitalter, darin Selbstbesinnung noch nicht die Augen aufschlug, Subjekt noch nicht war. Anstatt jenes Zeitalter durch kollektive Praxis zur Wiederkehr zu beschwören, wäre der Bann des alten Ungeschiedenen zu tilgen. Seine Verlängerung ist das Identitätsbewußtsein des Geistes, der repressiv sein Anderes sich gleichmacht. Wäre Spekulation über den Stand der Versöhnung erlaubt, so ließe in ihm weder die ununterschiedene Einheit von Subjekt und Objekt noch ihre feindselige Antithetik sich vorstellen; eher die Kommunikation des Unterschiedenen. Dann erst käme der Begriff von Kommunikation, als objektiver, an seine Stelle. Der gegenwärtige ist so schmählich, weil er das Beste, das Potential eines Einverständnisses von Menschen und Dingen, an die Mitteilung zwischen Subjekten nach den Erfordernissen subjektiver Vernunft verrät. An seiner rechten Stelle wäre, auch erkenntnistheoretisch, das Verhältnis von Subjekt und Objekt im verwirklichten Frieden sowohl zwischen den Menschen wie zwischen ihnen und ihrem Anderen. Friede ist der Stand eines Unterschiedenen ohne Herrschaft, in dem das Unterschiedene teilhat aneinander.

37. KARL JASPERS

Zur Idee des Subjekt und Objekt Umgreifenden

Ich dränge hinaus aus der Spaltung zwischen Subjekt und Objekt, zwischen dem Ich und dem Gegenstand, und damit aus den Alternativen, die man zwischen Subjektivität und Objektivität aufstellt in dem immer wiederholten Ausspielen der einen gegen die andere. Die These ist: Wirklichkeit ist weder das Objekt noch das Subjekt, sondern das beide Umgreifende, das sich erhellt in der Spaltung von Subjekt und Objekt. In dieser Spaltung aber haben beide ihre wechselnden Gestalten, die zueinander gehören. So gehört im faktischen Dasein die sinnliche Objektivität der Umwelt zur leiblich-vitalen Subjektivität des Lebewesens. So gehört im Bewußtsein überhaupt das allgemeine überall identische „ich denke" des Subjekts zu der Objektivität des richtig gedachten Gegenstandes. So gehört in der Existenz zur Freiheit des Subjekts und seiner Verantwortung die Transzendenz, die sie in ihrer Freiheit zu sich selbst kommen läßt. Ich fahre nicht fort mit diesen bloßen Nennungen. Für unseren Zusammenhang ist die Hauptsache, daß es, je nach der Weise des Umgreifenden, grundsätzlich verschiedene Weisen des Gegenständlichen für ein Subjekt gibt. Diese Weisen dürfen nicht verwechselt werden, wenn Verwirrung überwunden werden soll. Die Transzendenz der Gottheit ist für mögliche Existenz und nur für diese, nicht für Bewußtsein überhaupt oder Dasein. Da aber unser Bewußtsein alles, was wir umgreifend sind, in eins zusammentreffen läßt, spricht die Objektivität der Transzendenz zur Existenz nur im Medium des Denkens des Bewußtseins überhaupt und dem der Sinnlichkeit des Daseins, ohne damit diese selber zu werden.

Hier steht der erkenntnistheoretisch entscheidende Punkt in Frage. Wissenschaftliches Erkennen ist gegenständliches Erkennen, das im Gegenstand selber sein Ziel hat. Philosophieren ist in dem stets gegenständlichen Denken ein Transzendieren über das Gegenständliche.

Wenn alles, was wir erkennen, als Gegenstand angemessen gefaßt werden soll, dann geht diesem Erkennen die eigentliche Philosophie verloren. Zur Rettung unseres philosophischen Bewußtseins, der Gehalte des jahrtausendealten Philosophierens, des Rechtes zu philosophischen Denkvollzügen, die unser Leben tragen, suchte ich zu verstehen, welche Denkmethoden in der Philosophie von jeher tatsächlich angewandt wurden. Sie alle denken in Gegenständen so, daß sie dabei auf ein Ungegenständliches gerichtet sind, während die Wissenschaften in den Gegenständen als solchen schon ihre Sache selbst haben.

Die philosophische Grundoperation des Denkens ist es daher, uns herauszuschwingen aus der Subjekt-Objekt-Spaltung, in der wir als einer unbefragten Selbstverständlichkeit leben, hinein in das, was vor ihr als das sie Umgreifende ist, das sich hell wird in der Spaltung, aber auf einem unvollendbaren Weg. Aus dem Umgreifenden kommen die Antriebe und die Erfüllungen, die in der Subjekt-Objekt-Spaltung dem Objektiven zugleich mit dem zu ihm gehörenden Subjektiven ihren Sinn geben.

Als ich in der Jugend Kants Ideenlehre studierte (im Anhang zu meiner „Psychologie der Weltanschauungen" der Abdruck eines Seminarreferates, das ich als Student gehalten hatte), wurde mir Kants Verfahren deutlich: Die Idee denkt er erstens in ihrer objektiven Bedeutung, zweitens als subjektive Triebkraft, drittens als methodischen Ursprung systematischer Forschung. Diese Idee verschiebt in dieser dreifachen Bedeutung, entsprechend dem Zusammenhang der Erörterungen, ihren Sinn, aber derart, daß ein Ganzes erwächst, in dem die Idee diesen notwendigen Wandel der Bedeutung durchmacht.

Was ich hier an einem Einzelfall begriff, wurde mir grundsätzlich in seinen umfassenden philosophischen Folgen erst nach der Ausarbeitung meiner „Philosophie" klar. Das Umgreifende vor aller Subjekt-Objekt-Spaltung findet in der Spaltung seine Erhellung und bleibt der Grund, das Ziel, das Nährende und Bewegende in aller Spaltung, in der es sich nie erschöpft. Das Umgreifende ist im Objekt, im Subjekt und in der Beziehung beider aufeinander gegenwärtig. Dieses Umgreifende wird in der Sprache auf mannigfache Weise berührt, meistens in subjektivierenden Wendungen, aber auch objektivierend: „das sagt mir mein Gefühl" — man spricht von „Zustand", „Stimmung", „Innerer Verfassung" —, es gibt ein „Einsfühlen mit der Natur" — es ist die Rede von Pneuma, dem Geist, der uns bewegt, von Inspiration.

Was so psychologisch subjektiviert, damit als etwas Zufälliges und Vorübergehendes beiläufig wurde, oder metaphysisch objektiviert, damit als übersinnliche Gewalt angesprochen wurde, das sollte mit dem Begriff des Umgreifenden in seinem ganzen Umfang getroffen werden. Ich habe versucht, es in seinem Sinn zu umschreiben. Wir wollen uns nicht mit dem „Gefühl" in irgendeiner Gestalt begnügen, sondern es erhellen durch Entfaltung zugleich im Objektiven und Subjektiven, eins gebunden an das andere. Dadurch erst gewinnen wir den Weg zu uns selbst durch Mitteilbarwerden, Kommunikation, Wiedererkennen. Dann aber ist zu erfahren, daß das Umgreifende in mehrere Weisen — dem Dasein, dem Bewußtsein überhaupt, der Existenz, dem Geist, der Welt — gegenwärtig ist, und daß alle Weisen auf eine zeigen, auf das Umgreifende alles Umgreifenden, das nirgends endgültig ergriffen und zum Besitz wird, und das doch überall führt, wo unser Weg seine wesentliche Möglichkeit erreicht. Daher versuchte ich, das Umgreifende in seiner Vielfachheit und in seiner Einheit zu erhellen. Es sollte in Analogie zum Kantischen transzendentalen Denken als Bedingung aller Möglichkeit vergewissert werden. Der Begriff sollte mit seiner Ausarbeitung ermutigen durch die in ihm getroffene Wirklichkeit, die alles begründet, was wir sind, und was ist. Er sollte beanspruchen mit der Forderung, dahin zu hören. Was unberechenbar von dorther spricht, soll nicht gleichgültig übergangen und beiseite gelassen werden. Die Entfaltung dieses Begriffes sollte allen Gehalt unseres Daseins, Wissens, Existierens vergewissern lehren. Er sollte verwehren, eine bloße Subjektivität zu kultivieren oder an eine bloße Objektivität sich zu verlieren. Er sollte zum Bewußtsein bringen, daß alles, was wir sind und was für uns ist, Gewicht und Gehalt nur hat durch das Umgreifende, und daß es diesen Gehalt verliert durch Abgleiten in bloße Subjektivität oder bloße Objektivität. Er sollte philosophisch dazu erziehen, in der Spaltung über sie hinaus zu sein, von dorther Kraft und Ruhe zu gewinnen, aber stets in die Spaltung hinein zu drängen, die alle Verwirklichung, Entfaltung, Klarheit doch erst möglich macht.

Aber das Umgreifende ist selber kein Gegenstand. Kann man denn überhaupt es denken und von ihm reden? Wenn das möglich ist, so jedenfalls nur indirekt. Da unser Denken in jedem Augenblick an Gegenstände gebunden ist, kann von diesem Ungegenständlichen nur am Leitfaden gegenständlichen Denkens gesprochen werden. Das ist mir wiederum zuerst klar geworden an Kants Methode, wie er sie faktisch übt (ohne sie selber als solche auszusprechen). In seiner berühmten transzendentalen Deduktion der Möglichkeit aller Gegenständlichkeit und allen Erkennens geht er so vor, daß er am Leitfaden psychologischer, logischer, methodologischer, metaphysischer Objektivierungen das denkt, was keine von diesen Objektivierungen, aber Bedingung ihrer aller ist, das, was selber weder Subjekt noch Objekt ist. Darauf beruht es, daß Kants Texte dort, wo sie diese Fragen — nach seiner Aussage das Kernstück seiner Philosophie — berühren, so ungemein schwer verständlich sind. Mancher Leser weiß sich in der Verwirrung nicht zu helfen. Die Interpretationen neigen dazu, einen der Leitfäden für die Sache selbst zu halten, und dann die anderen bei Kant als nicht überwundene abirrende Denkungsweisen kritisch auszuschalten. So gab es die psychologische Interpretation (Fries), die logische (Lask), die methodologische (Cassirer), die metaphysische (Paulsen). Mir schien, daß Kants transzendentales Denken nur verstanden werde, wenn man diese auf eindeutige gegenständliche Geleise lenkenden Interpretationen verwirft und sich mit Kant hineinstürzt in die Gleichnissprache an vielfachen Leitfäden, deren einer dem anderen widerspricht, falls man die Leitfäden als direkte Aussage nimmt. Man versteht erst, wenn man mit Kant sich dessen vergewissert, was in allen Leitfäden berührt, in keinem getroffen, aber im ganzen dieses nur scheinbar verwirrenden Verfahrens wunderbar hell wird. Ob ich nun Kant damit historisch und sachlich richtig oder nicht richtig verstehe (meine Kant-Interpretation habe ich noch nicht veröffentlicht, obgleich ich sie seit dreißig Jahren lehre), das, was mir dadurch als einem ersten Falle aufgegangen ist, ist die Methode des Denkens des Umgreifenden.

Die Grundfrage wurde: sollen wir uns begnügen, gegenständliche Objekte zu erkennen, und alles Denken, was darüber hinausgeht, zu verwerfen als „leeres Gerede", „romantische Schwärmerei", als „Metaphysik"? Mit anderen Worten: sollen wir nur Wissenschaften treiben und nicht Philosophie und den edlen Namen der Philosophie überflüssigerweise verwenden für etwas, das in der Tat Wissenschaft ist und nichts mehr besitzt von dem Charakter der mehr als tausendjährigen Philosophie? Es würde sich als ein Neues besser nach seinem neuen Inhalt benennen: als Logistik, Phänomenologie, Anthropologie, unter deren Namen in der Tat wissenschaftliche Erkenntnisse gewonnen werden, wenn auch zumeist vermischt mit nicht mehr wissenschaftlichen, sich selbst verborgenen philosophischen Antrieben.

Anders lautet diese Grundfrage: sollen wir auf die Grundoperation verzichten, weil sie uns nicht gleich gelingt und damit in den Banden der für absolute Realität gehaltenen Objekte oder der für absolute Gültigkeit gehaltenen Sätze bleiben?

Die Antwort ist durch die Weise dieses Fragens schon vorweggenommen. Dazu kommt aber noch dieses: Jenes Sichbegnügen und dieser Verzicht sind gar nicht möglich, auch nicht für den, der will. Denn wer das Philosophieren verwirft, treibt unausweichlich doch Philosophie, nur gedankenlos eine unbemerkte schlechte Philosophie. Es zeigt sich, ist aber hier auszuführen nicht möglich, daß bei der Verabsolutierung der Wissenschaft entweder unbemerkte Voraussetzungen stattfinden, die jenen schlechten philosophischen

Charakter haben, oder daß die wirklich strenge, nicht nachlassende Auflösung unbegründeter Voraussetzungen in die Bodenlosigkeit führt, weil nichts mehr gewiß ist in einem absoluten Sinne, sondern nur in dem relativen: wenn ... dann.

Wenn aber die Philosophie selber ergriffen wird, dann wird heute verlangt, was Philosophie von jeher forderte: Die Umkehr oder die Umwendung oder die Wiedergeburt im Denken. Die Seite des Denkens in dieser Umwendung ist zu formulieren etwa: die philosophische Grundoperation zu vollziehen, in Gegenständen gegenstandslos zu denken, im Denken über den eigenen Schatten zu springen, in Methoden zu denken, die mit dem Verstand über den Verstand hinausgehen. Diese Umwandlung kann nun wieder allzuleicht mißverstanden werden. Sagen wir: über den Verstand hinausgehen, so müssen wir sogleich hinzufügen: ohne den Verstand zu verlieren. Das heißt in der Breite des Philosophierens: Wissenschaften bleiben Voraussetzung des Philosophierens, nicht durch Begründung philosophischer Wahrheit, nicht als die höhere Instanz, von der Philosophie in Abhängigkeit stünde, sondern als das Unumgängliche, Unverletzliche, und heute als das weltgeschichtlich Neue der modernen Wissenschaften, das allem Philosophieren einen anderen Grad methodischer Helligkeit und eine andere Weite der gegenständlichen Orientierung gibt, als sie früher jemals vorhanden war. Die Philosophie hat dadurch heute eine neue große Chance, die sie keineswegs bisher überzeugend in dem hohen Rang ihrer eigenen ursprünglichen Herkunft ergriffen hat. Die Philosophie hat die Wissenschaften zur Voraussetzung, ohne selber Wissenschaft zu sein und ohne selber die Ansprüche der Wissenschaft zu erheben. Aber sie tritt auf mit den höheren Ansprüchen aus dem Umgreifenden. (. . .)

38. MARTIN HEIDEGGER

Das Denken des Seins jenseits der Subjekt-Objekt-Spaltung

Wir bedenken das Wesen des Handelns noch lange nicht entschieden genug. Man kennt das Handeln nur als das Bewirken einer Wirkung. Deren Wirklichkeit wird geschätzt nach ihrem Nutzen. Aber das Wesen des Handelns ist das Vollbringen. Vollbringen heißt: etwas in die Fülle seines Wesens entfalten, in diese hervorgeleiten, producere. Vollbringbar ist deshalb eigentlich nur das, was schon ist. Was jedoch vor allem „ist", ist das Sein. Das Denken vollbringt den Bezug des Seins zum Wesen des Menschen. Es macht und bewirkt diesen Bezug nicht. Das Denken bringt ihn nur als das, was ihm selbst vom Sein übergeben ist, dem Sein dar. Dieses Darbieten besteht darin, daß im Denken das Sein zur Sprache kommt. Die Sprache ist das Haus des Seins. In ihrer Behausung wohnt der Mensch. Die Denkenden und Dichtenden sind die Wächter dieser Behausung. Ihr Wachen ist das Vollbringen der Offenbarkeit des Seins, insofern sie diese durch ihr Sagen zur Sprache bringen und in der Sprache aufbewahren. Das Denken wird nicht erst dadurch zur Aktion, daß von ihm eine Wirkung ausgeht oder daß es angewendet wird. Das Denken handelt, indem es denkt. Dieses Handeln ist vermutlich das Einfachste und zugleich Höchste, weil es den Bezug des Seins zum Menschen angeht. Alles Wirken aber beruht im Sein und geht auf das Seiende aus. Das Denken dagegen läßt sich vom Sein in den Anspruch nehmen, um die

Wahrheit des Seins zu sagen. Das Denken vollbringt dieses Lassen. Denken ist l'engagement par l'Être pour l'Être. Ich weiß nicht, ob es sprachlich möglich ist, dieses beides („par" et „pour") in einem zu sagen, nämlich durch: penser, c'est l'engagement de l'Être. Hier soll die Form des Genitiv „de l' ..." ausdrücken, daß der Genitiv zugleich ist gen. subiectivus und obiectivus. Dabei sind „Subjekt" und „Objekt" ungemäße Titel der Metaphysik, die sich in der Gestalt der abendländischen „Logik" und „Grammatik" frühzeitig der Interpretation der Sprache bemächtigt hat. Was sich in diesem Vorgang verbirgt, vermögen wir heute nur erst zu ahnen. Die Befreiung der Sprache aus der Grammatik in ein ursprünglicheres Wesensgefüge ist dem Denken und Dichten aufbehalten. Das Denken ist nicht nur l'engagement dans l'action für und durch das Seiende im Sinne des Wirklichen der gegenwärtigen Situation. Das Denken ist l'engagement durch und für die Wahrheit des Seins. Dessen Geschichte ist nie vergangen, sie steht immer bevor.

Die Geschichte des Seins trägt und bestimmt jede condition et situation humaine. Damit wir erst lernen, das genannte Wesen des Denkens rein zu erfahren und das heißt zugleich zu vollziehen, müssen wir uns frei machen von der technischen Interpretation des Denkens. Deren Anfänge reichen bis zu Plato und Aristoteles zurück. Das Denken selbst gilt dort als eine *téchnē*, das Verfahren des Überlegens im Dienste des Tuns und Machens. Das Überlegen aber wird hier schon aus dem Hinblick auf *práxis* und *póiesis*, gesehen. Deshalb ist das Denken, wenn es für sich genommen wird, nicht „praktisch". Die Kennzeichnung des Denkens als *theoría* und die Bestimmung des Erkennens als des „theoretischen" Verhaltens geschieht schon innerhalb der „technischen" Auslegung des Denkens. Sie ist ein reaktiver Versuch, auch das Denken noch in eine Eigenständigkeit gegenüber dem Handeln und Tun zu retten. Seitdem ist die „Philosophie" in der ständigen Notlage, vor den „Wissenschaften" ihre Existenz zu rechtfertigen. Sie meint, dies geschehe am sichersten dadurch, daß sie sich selbst zum Range einer Wissenschaft erhebt. Dieses Bemühen aber ist die Preisgabe des Wesens des Denkens. Die Philosophie wird von der Furcht gejagt, an Ansehen und Geltung zu verlieren, wenn sie nicht Wissenschaft sei. Dies gilt als ein Mangel, der mit Unwissenschaftlichkeit gleichgesetzt wird. Das Sein als das Element des Denkens ist in der technischen Auslegung des Denkens preisgegeben. Die „Logik" ist die seit der Sophistik und Plato beginnende Sanktion dieser Auslegung. Man beurteilt das Denken nach einem ihm unangemessenen Maß. Diese Beurteilung gleicht dem Verfahren, das versucht, das Wesen und Vermögen des Fisches danach abzuschätzen, wieweit er imstande ist, auf dem Trockenen des Landes zu leben. Schon lange, allzu lang sitzt das Denken auf dem Trockenen. Kann man nun das Bemühen, das Denken wieder in sein Element zu bringen, „Irrationalismus" nennen?

. . .

Die „Logik" versteht das Denken als das Vorstellen von Seiendem in seinem Sein, das sich das Vorstellen im Generellen des Begriffes zustellt. Aber wie steht es mit der Besinnung auf das Sein selbst und das heißt mit dem Denken, das die Wahrheit des Seins denkt? Dieses Denken trifft erst das anfängliche Wesen des *lógos*, das bei Plato und Aristoteles, dem Begründer der „Logik", schon verschüttet und verloren gegangen ist. Gegen „die Logik" denken, das bedeutet nicht, für das Unlogische eine Lanze brechen, sondern heißt nur: dem logos und seinem in der Frühzeit des Denkens erschienenen Wesen nachdenken, heißt: sich erst einmal um die Vorbereitung eines solchen Nach-denkens bemühen. Was sollen uns alle noch so weitläufigen Systeme der Logik, wenn sie sich und sogar ohne zu wissen, was sie tun, zuvor der Aufgabe entschlagen, nach dem Wesen des *lógos* auch nur erst zu fragen? Wollte man Einwände zurückgeben, was freilich unfruchtbar ist, dann könnte man mit größerem Recht sagen: der Irrationalismus als Absage an die ratio herrscht unerkannt und unbestritten in der Verteidigung der „Logik", die glaubt, einer Besinnung auf den *lógos* und auf das in ihm gründende Wesen der ratio ausweichen zu können.

Das Denken gegen „die Werte" behauptet nicht, daß alles, was man als „Werte" erklärt — die „Kultur", die „Kunst", die „Wissenschaft", die „Menschenwürde", „Welt" und „Gott" — wertlos sei. Vielmehr gilt es endlich einzusehen, daß eben durch die Kennzeichnung von etwas als „Wert" das so Gewertete seiner Würde beraubt wird. Das besagt: durch die Einschätzung von etwas als Wert wird das Gewertete nur als Gegenstand für die Schätzung des Menschen zugelassen. Aber das, was etwas in seinem Sein ist, erschöpft sich nicht in seiner Gegenständigkeit, vollends dann nicht, wenn die Gegenständlichkeit den Charakter des Wertes hat. Alles Werten ist, auch wo es positiv wertet, eine Subjektivierung. Es läßt das Seiende nicht: sein, sondern das Werten läßt das Seiende lediglich als das Objekt seines Tuns — gelten. Die absonderliche Bemühung, die Objektivität der Werte zu beweisen, weiß nicht, was sie tut. Wenn man vollends „Gott" als „den höchsten Wert" verkündet, so ist das eine Herabsetzung des Wesens Gottes. Das Denken in Werten ist hier und sonst die größte Blasphemie, die sich dem Sein gegenüber denken läßt. Gegen die Werte denken, heißt daher nicht, für die Wertlosigkeit und Nichtigkeit des Seienden die Trommel rühren, sondern bedeutet: gegen die Subjektivierung des Seienden zum bloßen Objekt die Lichtung der Wahrheit des Seins vor das Denken bringen.

39. WILLIAM S. HAAS

Jenseits von Subjekt und Objekt — das Andere im östlichen Denken

In der magischen Welt (waren) Subjekt und Objekt nicht durch deutliche Grenzlinien voneinander getrennt. Sie hatten beide teil an Eigenschaften, die in der folgenden Entwicklung zunehmend vom Subjekt monopolisiert wurden. Außerdem trat das Subjekt den Teilpersonen, aus denen es bestand, gegenüber, und zwar nicht, als ob es die seinen, als ob sie das ganze Subjekt selbst wären, sondern als ob sie die gleichen Beziehungen zu ihm hätten wie alle anderen Objekte.

In diesem fein ausgewogenen Gleichgewicht der Beziehungen zwischen Komponenten von wesentlich gleicher Art war die Gleichstellung von Subjekt und Objekt offensichtlich der empfindlichste Punkt. Je mehr sich sein Bewußtsein entwickelte, um so mehr wuchs im Menschen die Tendenz, sich zu orientieren und sich zu behaupten. In dem Maße, in dem sich dieser Riß in der Struktur erweiterte, drängte die Entwicklung zu einer klaren Trennung von Subjekt und Objekt. So beginnt das ganze Gebäude der magischen Welt zu schwanken. Indem der Mensch, das Subjekt, sich selbst behauptet, werden seine Einheit und seine Identität mit sich selbst fest etabliert. Seine Konturen und sein innerer Gehalt werden bestimmter. Er kann die Koexistenz von gleichsam unabhängigen Teilpersonen in seinem Innern nicht länger dulden, er möchte in der Lage sein, auf eine unmißverständliche Art *ich* und *mein* zu sagen.

Mit dieser Kristallisation des *Ego*-Subjekts beginnt der Zerfall der magischen Welt. Das Subjekt löst sich aus dem Gleichgewicht des magischen Universums und erhebt sich über das Netzwerk der dynamischen Korrespondenzen. Es gestaltet sich ein eigenes Zentrum. Indem es sich selbst formt und stabilisiert, wird es zum Katalysator der Welt. Denn mit der Herauslösung des Subjekts ist notwendigerweise die Formierung des Objekts als unabhängige Einheit verbunden. Dinge beginnen klare und dauerhafte Aspekte anzunehmen, die dynamischen Einflüsse weichen neutralen Kräften, und die allgegenwärtige Verwandelbarkeit aller Dinge hört auf zu bestehen. Und so ist der Weg offen zu neuen Weltentwürfen.

Diese neuen Entwürfe mußten ausgehen von einer neuen Beziehung zwischen Subjekt und Objekt. Nachdem er die magische Welt zerstört hatte, die ihn auf der gleichen Ebene wie alle übrigen Wesen in Bann gehalten hatte, trat der Mensch der Welt nun als dem Objekt gegenüber. Zur gleichen Zeit strebte er nach einer Vorherrschaft, die der magischen Vorstellung fremd war. Die Beziehung zwischen Subjekt und Objekt wurde problematisch. Sie mußte neu bestimmt werden. Diese Aufgabe war um so bedeutungsvoller, als die Betonung in der magischen Welt auf den dynamischen Korrespondenzen gelegen hatte — den Beziehungen. Die Pole, das heißt Subjekte und Objekte, hatten einen Platz von sekundärer Bedeutung eingenommen und waren gewissermaßen von jenen gleichsam autonomen Beziehungen absorbiert gewesen. Nun treten diese Pole aus ihrer bescheidenen Position hervor. Sie kommen in den Vordergrund und machen sich daran, sich über die verbindenden Korrespondenzen zu erheben.

Was sich nun vollzieht, ist die dramatische Evolution des Bewußtseins des Menschen. Die magische Einheit, die die Subjekt-Objekt-Pole unter dem Zauberbann der dynamischen Korrespondenzen umfaßt hatte, stellte eine eigentümliche Form des Bewußtseins dar. Weil es dem Subjekt an Einheit mangelte und die Objekte am bewußten Leben teilhatten, erhob sich das Bewußtsein über Subjekt wie Objekt und absorbierte beide. Aus dieser seltsamen Form des Bewußtseins, die zu rekonstruieren für uns außerordentlich schwer ist und immer vage und doppelsinnig erscheinen muß, führte der Weg zu einem Bewußtsein, das sich auf das getrennte Erscheinen von Subjekt und Objekt konzentrierte. Nachdem dieser Prozeß feste Form gewonnen hatte, entwickelte sich die neue Vorstellung deutlich zu zwei großen Typen. Die Betonung konnte entweder auf das Subjekt oder auf das Objekt gelegt werden.

An die Stelle dieser unpersönlichen Feststellung kann eine anders formulierte treten, die die gleiche Tatsache vom Subjekt her gesehen ausdrückt. Das autonome Subjekt, das, sich entwickelnd, sich selbst postuliert, könnte weiterhin gegenüber dem sich entwickelnden Objekt sich selbst akzentuieren. Andererseits könnte es sich sofort dem Objekt zuwenden, um sein spezifisches Selbstbewußtsein durch die Gegenüberstellung mit diesem Objekt Farbe und Kraft gewinnen zu lassen. Die eine Alternative ist der Standpunkt, den der Osten einnahm, mit gewissen unbedeutenden Zugeständnissen an die einzelnen östlichen Kulturen. Die zweite Alternative ist die Hauptlinie des Denkens und Handelns im Westen. Der westliche Geist fixiert das Objekt als *ob-iectum,* — das, was gegen das Subjekt geworfen ist, — mit einem Wort, als Gegenteil. Die Welt, die das Subjekt umgibt, ist eine objektive Welt. Sie ist vom Subjekt unabhängig. Dies trifft vor allem aber keineswegs ausschließlich, auf die materielle Welt zu. Das immaterielle Reich des Verstandes und des Geistes folgt der gleichen Tendenz, wenn auch in unterschiedlichem Ausmaß. Die Objekte des religiösen Denkens und Verehrens betrachten wir in ihrer Existenz als unabhängig vom Menschen. Und so ist es mit dem Absoluten in den meisten philosophischen Systemen, genauso wie wir leicht der Versuchung unterliegen, mit der Unzahl von „Ismen" zu verfahren, als ob sie verschiedene Substanzen wären. So hat die westliche Kultur von Anfang an darauf bestanden, sowohl die sichtbare als auch die unsichtbare Welt durch die ununterbrochene Entdeckung und Schaffung neuer Objekte zu bereichern. Nichts könnte besser illustrieren, was die Postulierung oder Fixierung des Objekts als der entscheidende Akt für den westlichen Geist bedeutet, als die produktive Beschäftigung mit der Welt der Objekte und ihre Anerkennung als eine Realität. Dies ist der Haupttrend des westlichen Erlebens und Denkens.

Anders im Osten. Der Osten durchschnitt nicht so radikal die Nabelschnur zwischen Subjekt und Objekt. Ungleich dem Westen ließ er es nicht zu, daß sich das Objekt in ein Reich fortentwickelte, das sich selbständig gegenüber dem Subjekt erhob. Dies bedeutet natürlich, daß der Osten trotz seiner Trennung von der magischen Welt ihr näher blieb als der Westen. Um diese Tatsache unmißverständlich klarzumachen, wäre es ratsam, in bezug auf den Osten überhaupt nicht von einem Objekt zu sprechen. Denn der Ausdruck Objekt bezeichnet notwendigerweise, und im westlichen Gebrauch mit voller Berechtigung, das dem Subjekt gegenüberstehende Entgegengesetzte. Was im Westen dem Objekt entspricht, wird im Osten besser das *Andere* genannt. Dieser Ausdruck zeigt an, daß, wie groß auch immer die Entfernung zwischen dem Subjekt und dem *Anderen* sein mag, sie nie zu der Kluft werden kann, die im Westen Subjekt und Objekt voneinander trennt. Zwischen den beiden bleiben ein gewisses Band und eine gewisse Affinität bestehen, die gleicherweise die finsteren und freundlicheren Aspekte der Welt und der Natur umfassen. Daher die Ruhe und Würde, die trotz aller Schicksalsschläge und der Gewalt der Leidenschaften — beide gewiß nicht minder häufig und stark als im Westen — den Osten durchdringen und die Schöpfungen seiner Kunst und seines Denkens färben. Die Nähe des Nicht-Subjekts zum Subjekt — wie wir um alle irreführenden Bezeichnungen zu vermeiden, sagen möchten — scheint ein Überrest der magischen Welt zu sein. Daraus folgt, daß der Osten, ebenso entschieden wie der Westen von der magischen Welt abgeschnitten, manche lebhafte Erinnerung an seinen Vorfahren bewahrt hat. Doch impliziert der entscheidende Akt, der den östlichen Geist und die östliche Kultur begründet — die Postulierung oder Fixierung des Subjekts — die Idee, daß eine Existenz, die vom Subjekt gänzlich getrennt und von ihm unabhängig ist, nicht vorgestellt werden kann. So findet das, was im westlichen Geist und in der westlichen Kultur das autonome Objekt wird, im Osten seine Parallele in dem *Anderen,* das mit dem Subjekt verbunden ist und durch das Subjekt in der Existenz gehalten wird. Diese Beziehung zwischen dem Subjekt und dem *Anderen,* die ja von der magischen Welt herstammt, läßt sich nicht exakt umschreiben. Doch diese Unmöglichkeit einer exakten Definition vermindert nicht die eindeutige Realität des Phänomens an sich. (. . .)

Von welcher Seite wir uns auch dem nähern, was im Osten Erkennen heißt, — es ist nicht der „Begriff", der Erkenntnis beinhaltet oder selbst Erkenntnis ist. Das liegt daran, daß die grundsätzlich wichtigen Einsichten nicht durch die Kraft des Denkens allein gewonnen werden können. Sie erfordern außerdem als Voraussetzung einen Geisteszustand, der etwas anderes ist als ein intellektueller Akt. Je höhere Stufen der Einsicht wir erreichen, desto mehr verliert dieser Geisteszustand den Charakter einer Voraussetzung und wird zu einem Mittel, Wissen zu erlangen. Schließlich, auf den Gipfeln der *philousia,* ist dieser Zustand selbst das Wissen. „Sein ist gleich Wissen" und „kein Wissen ohne das entsprechende adäquate Sein".

Obwohl die divergierenden Strukturen die Kulturen in der Ganzheit ihrer historischen Erscheinung durchdringen, kommen sie am klarsten in der Philosophie und in der *philousia* zum Ausdruck. Denn dort beschäftigt sich der Geist ausschließlich mit sich selbst, und dort können die Formen des Erkennens in voller Klarheit erfaßt werden. Wenn wir durch die mannigfaltigen Übergänge zum gewöhnlichen Leben hinabsteigen, verlieren sie, obwohl sie noch immer am Werk sind, ihre Reinheit und ihre Macht.

In der vorangehenden Erörterung war das Hauptthema die Beziehung des Subjekts zum *Anderen,* dargestellt als das Gegenteil der Subjekt-Objekt-Beziehung. Es war nicht ausdrücklich betont worden, obwohl es stillschweigend darin enthalten war, daß dieser Ausdruck Subjekt in beiden Strukturen nicht die gleiche Bedeutung tragen kann. Das Subjekt, das dem Objekt gegenübersteht, ist nicht das gleiche Subjekt, das das *Andere* eng an sich hält. In der Tat neigt diese Subjekt-das-*Andere*-Beziehung dazu, auf das Subjekt den gleichen mildernden Einfluß auszuüben, den es auf das Nicht-Subjekt hat. Dann steht das Subjekt, obwohl es seine unbestrittene Vorherrschaft behält, nicht im Gegensatz zu dem *Anderen.* Es behält seine Überlegenheit, indem es in seine Sphäre das Nicht-Subjekt als eine mehr oder weniger ferne Beziehung einläßt.

Diese subtile Beziehung weist entschieden zurück auf die magische Welt. Durch eine verständige Einsicht sichert das Subjekt nicht nur endgültig seine Position, sondern auch die Möglichkeit einer ungestörten Entwicklung. Die Geschichte der östlichen *philousia* zeigt, daß das Subjekt im Osten nicht entfernt den Entwurzelungen und den Verneinungen ausgesetzt ist, die nicht nur in der westlichen Philosophie und Psychologie, sondern im gesamten Leben des Abendlandes sein Schicksal sind. Auch kennt der Osten nicht die unbeschränkte, vielleicht übertriebene Bewertung des Subjekts, wie sie von der Geschichte des westlichen Geistes untrennbar ist.

Der westliche Mensch wird gekennzeichnet durch seine Unwilligkeit, sich seiner inneren und äußeren Umgebung einzufügen. Er ist im Wesen ein Rebell. Daher nimmt seine Evolution die Gestalt mehr oder weniger revolutionärer Wandlungen mit entsprechenden Änderungen der Selbst-Erfahrung an. Die Philosophie ist dabei sowohl Antriebskraft als auch Ausdruck. Bis zu einem gewissen Grad bleiben dem östlichen Menschen diese teils theoretischen, teils tatsächlichen Störungen erspart. Das liegt an dem konservativen Element, das sowohl seine Vorstellungen als auch sein Leben und seine Handlungen durchdringt. Solange es Elastizität bewahrt, findet es seine stärkste Stütze in bestimmten Eigenschaften. Die Veranlagung des östlichen Menschen, die sich folgerichtig aus der Nähe des *Anderen* zum Subjekt ergibt, ist darauf gerichtet, den Schock der Veränderungen in der äußeren und inneren Umgebung zu verhüten und wenn nötig zu absorbieren. Das Subjekt erwirbt diesen Schutz um den Preis der Herabminderung des Wertes, den es der Einzigartigkeit und Unveränderlichkeit der Persönlichkeit zuspricht, ein Gedanke, auf den unsere westliche Welt so großes Gewicht legt. Dieser Mangel wird jedoch durch das aufgewogen, was im eigentlichen Bereich des Ostens erreicht wird, das heißt im Subjekt selbst. So geschützt geht der östliche Mensch auf dem Gebiete des Bewußtseins Abenteuern entgegen, die von denen des Westens verschieden sind.

Denn die Erfahrungen des westlichen Menschen sind fast immer auf die Umwandlung der äußeren und der psychischen Umwelt gerichtet oder doch wenigstens untrennbar mit ihr verbunden. Um nur ein wichtiges Beispiel zu nennen: Schon von früher Zeit an tritt die Philosophie des Westens in enger theoretischer und praktischer Verbindung mit Versuchen auf, die vorhandenen Bedingungen zu beeinflussen. Indem sie die Regierung von Stadtstaaten übernahmen, gaben die Pythagoreer das Vorbild für Platons Versuch, seine politischen Ideale zu materialisieren. Von da ab gab es nur wenige führende Philosophen, die kein schöpferisches Interesse an politischen und sozialen Problemen nahmen. Sogar die Religion mußte sich dem Druck der Objektivation unterwerfen. Die katholische Kirche, der Protestantismus und der Calvinismus, sie alle wurden militante *ecclesiae* und wetteiferten mit der weltlichen Macht darin, ihre eigenen politischen und sozialen Theorien zu entwickeln. Auch wenn man das seltsame Bild der mittelalterlichen Bischöfe, die als Kriegsherren kämpften, außer acht läßt, so spielten damals die großen Gestalten der Kirche und selbst Mönche und Heilige als Minister und Ratgeber im politischen Leben eine führende Rolle. Sie riefen sogar selbst zu politisch-religiösen Bewegungen wie den Kreuzzügen auf und schufen so eine Tradition, in der ihnen die anderen Glaubensbekenntnisse folgten.

Wenn man die Bemühung des Westens betrachtet, die politischen und sozialen Ideen ihrer Philosophien und Religionen zu verwirklichen, dann erscheinen die seltenen Beispiele aktiven Interesses der östlichen *philousia* an Versuchen, gegebene Bedingungen zu reformieren, wie Inseln in einem Ozean. Im Osten war man völlig auf die Hinnahme der traditionellen Formen des gesellschaftlichen und politischen Lebens eingestellt. Mazdaks durchdachte Idee einer auf Religion gegründeten kommunistischen Gesellschaft (um 500 n. Chr.) ist eines der wenigen Beispiele, daß zumindest ein kurzlebiger Versuch gemacht wurde, eine politisch-soziologische Theorie in die Praxis umzusetzen. Und bezeichnenderweise geschah dies mit Zustimmung des persischen Königs, der offensichtlich die Folgen seiner Entscheidung nicht erkannt hatte. Fast alle anderen Theorien begnügten sich damit, entweder die Monarchie in ihrer absolutistischen Form zu rechtfertigen oder die Tugenden und Pflichten des idealen Herrschers und die entsprechenden Qualitäten des Volkes zu erforschen. Dies gilt sogar für die chinesischen Denker, die sich doch so intensiv mit politischen und sozialen Problemen beschäftigten. Aber wie hätte auch eine Philosophie, die König und Staat identifizierte, den Gedanken einer drastischen Reform hervorbringen können!

Dieser Nachdruck, der auf das Subjekt gelegt wird, bedeutet nicht, daß der Osten den Wirklichkeiten der Welt fremd gegenübersteht. Nur der Weg ist ein anderer. Während im Westen Erfahren und Handeln mit dem objektivierenden Begriff verbunden sind, liegt im Osten die Erfahrung in einer direkten Beziehung zwischen Welt und Subjekt und daher in einem unmittelbaren Einfluß, der vom Subjekt auf das Nicht-Subjekt ausgeübt werden muß. Daher ist es die vornehmste Aufgabe der *philousia,* das Subjekt und seine Möglichkeiten zu erforschen. Da aber für den Osten das Subjekt im wesentlichen Bewußtsein ist, wird die Aufgabe der *philousia* besser definiert, wenn sie als eine Erforschung des Reiches des Bewußtseins und seiner Möglichkeiten bezeichnet wird. Kehren wir nun zum Problem des Erkennens zurück, so drängt sich die Schlußfolgerung von selbst auf: *Östliches Erkennen ist am Bewußtsein selbst interessiert, westliches Erkennen an den Objekten des Bewußtseins.*

. . .

Die Entdeckung des reinen Subjekts ist das oberste Ziel des östlichen Erkennens. Das reine Subjekt ist das Äquivalent des reinen Bewußtseins und das, was übrigbleibt, nachdem alle physischen und psychischen Phänomene den abbauenden Prozeß durchgemacht haben. Die Möglichkeit, dieses Ziel des Ostens zu erreichen, und das Begreifen seiner Bedeutung führen die Phantasie nicht aufs Glatteis, wie es das Ziel des Westens tut. Die wichtige Frage ist: Was wird aus dem *Anderen* in diesem Prozeß des Abbauens? Es wird sich wandeln, wie das Subjekt sich wandelt, und, während das Subjekt auf dem Wege zum reinen Bewußtsein fortschreitet, an Wirklichkeit und an Bedeutung verlieren. Das ist die Folge der Nähe des *Anderen* zum Subjekt und seiner Abhängigkeit von ihm. Ist dieser Zustand des reinen Bewußtseins einmal erreicht, wird es kein *Anderes* mehr geben, oder es wird nur noch die Bedeutung einer leeren Hülle haben.

Die weitere Frage, ob man von einem Subjekt sprechen darf, wenn das *Andere* eliminiert worden ist, ist sinnlos. Im Unterschied zum westlichen Subjekt, das kraft des Subjekt-Objekt-Antagonismus schicksalhaft mit seinem Objekt verbunden ist, hält das östliche Subjekt seine Souveränität in bezug auf das *Andere* aufrecht. Es steht ihm frei, sich mit sich selbst zu beschäftigen und, wenn es will, eine Verwandlung durchzumachen. Ob ein Zustand reinen Bewußtseins mit der Fortdauer eines persönlichen Selbstbewußtseins vereinbar ist, läßt sich nicht beantworten. Aber viel wichtiger ist es zu erkennen, daß dieser Zustand unserer Erfahrung keineswegs so fern liegt, wie dieser Satz anzudeuten scheint. Wenn wir ihn auch nicht in nur annähernder Vollkommenheit realisieren können, so können wir doch vorbereitende Zustände von ziemlich analogem Charakter erreichen. Sie sind in der Literatur häufig geschildert worden.

ARBEITSHINWEISE

(Vorbemerkung: Die Arbeitshinweise ermöglichen eine Auswahl und Behandlung der Texte unter anderen thematischen Gesichtspunkten, als sie in der Textzusammenstellung dieses Heftes vorgeschlagen werden. Die erste Ziffer bedeutet jeweils die Nummer des Textes. Die zweite Ziffer bezeichnet die Seite, auf der sich eine gefüllte Aussage zum jeweiligen Stichwort oder Problemzusammenhang findet. Es ist jeweils nur eine Seite angegeben, auch wenn sich weitere prägnante Stellen im Kontext finden. Auch die Stichworte können nur als ungefähre Hinweise auf die Inhalte der Textstelle gelten. Die Gliederung der Hinweise folgt einem Schema, das in den Richtlinien mehrerer Bundesländer als praktikable Hilfe zur Ermittlung von Kurs- und Reihenthemen empfohlen wird.)

I. Schlüsselbegriffe der Erkenntnistheorie (Begriffe, Begriffspaare)

analytisch-synthetisch

12,62 (Kant) Der Unterschied analytischer und synthetischer Urteile
13,69 (Hegel) Hegels Interpretation der beiden Begriffe
16,84 (Kraft) Logische bzw. außerlogische Grundlage für Aussagen
23,118 (Habermas) Die Unterscheidung der Urteilsarten ist weder willkürlich noch zwingend

apriori-aposteriori

11,57 (Hume) Es gibt keine Erkenntnis a priori
12,60 (Kant) Bezug beider Begriffe auf Erfahrung
15,82 (Scheler) Apriorismus der Phänomenologie
23,121 (Apel) Das Apriori der idealen Kommunikationsgemeinschaft (bzw. der unbegrenzten Verständigung)

Begriff

4,31 (Bochenski) Unterscheidung von subjektiven und objektiven Begriffen
12,61 (Kant) Verstandeskategorien als Bedingung apriori der Erfahrungserkenntnis

Erfahrung, Empirie

10,54 (Locke) Erfahrung als Ursprung aller Bewußtseinsinhalte
11,57 (Hume) Kausalbeziehungen nur durch Erfahrung vermittelt
12,60 (Kant) Erfahrung ist Wahrnehmung und eigenes Erkenntnisvermögen
13,67 (Hegel) E. ist innere und äußere Gegenwart; ihr fehlten Allgemeinheit und Notwendigkeit
16,85 (Kraft) Erlebnisaussagen im Aufbau von wahren Aussagesystemen
24,122 (Apel) Wissenschaftliche, hermeneutische, reflexive Erfahrung
28,149 (Leinfellner) Ästhetische Erfahrung
39,188 (Haas) Differenz des Erfahrungsbegriffs im östlichen und westlichen Denken

Erklären und Verstehen

21,108 (Comte) Positivismus: Erklärung von Tatsachen
24,121 (Apel) Letztbegründung von Philosophie durch transzendentale Reflexion auf die Bedingungen der Möglichkeit und Gültigkeit des Verstehens
29,153 (Husserl) Verstehendes Erfassen des anderen

Geist

2,20 (Descartes) Selbstgewißheit des Geistes
3,25 (Popper) „Kübeltheorie" des Geistes
4,31 (Bochenski) „Objektiver Geist" Hegels
9,52 (Leibniz) Alle Ideen sind dem Geiste angeboren
13,73 (Hegel) Geist ist „wissende Wahrheit"
26,136 (Hartmann) Geist ist real und hat Geschichte
29,151 (Husserl) Geist als Sache und als Person
32,163 (Buber) Menschlicher Geist: das Ganzwerden der Seele in der religiösen Beziehung

II. Problemfelder der Erkenntnistheorie

1. Probleme des Erkennens allgemein: Ursprung, Wesen, Funktion und Leistung

23,115 (Habermas) Erkenntnisleitende Interessen der empirisch-analytischen, der historisch-hermeneutischen und der kritisch-reflexiven Wissenschaften
24,120 (Apel) Transzendentalphilosophische Begründung der Erkenntnisinteressen

2. *Zur Eigenart wissenschaftlichen Erkennens* (vgl. Phil. Kolleg 1)

3,24 (Popper) Alltagsverstand und Wissenschaft
4,34 (Bochenski) Ziel der W.: Aufstellung von wahren Aussagen (Sätzen)
7,49 (Aristoteles) W.: theoretisches Wissen, Analyse der Ursachen
12,61 (Kant) Wissenschaften mit reinen Urteilen apriori und mit synthetischen Urteilen apriori
21,108 (Comte) Das wissenschaftliche Stadium menschlichen Erkennens als das „positive"
22,111 (Scheler) W.: Ordnen der Erscheinungen in einer mathematischen Symbolik (Motiv, Akt, Ziel, Persönlichkeitstyp, soziale Gruppe, historischer Wandel)
23,115 (Habermas) Drei Formen von Wissenschaft und ihre erkenntnisleitenden Interessen
27,145 (Leinfellner) Wissenschaftliche und ästhetische Welterkenntnis (vgl. 26 — Emrich —)
30,159 (Welte) W. braucht den ko-personalen Raum der Mitteilung
31,159 (v. Weizsäcker) Objektivität als Ich-Es-Relation
32,161 (Buber) W. als Erkennen in der Ich-Es-Relation (Subjekt-Objekt)
33,168 (Mannheim) W. als Setzung der Subjekt-Objekt-Relation bei maximaler Desubjektivierung
37,179 (Jaspers) Wissenschaftliches Erkennen als gegenständliches Erkennen; Abgrenzung von Philosophie und Wissenschaft

3. *Eigenart und Legitimierbarkeit nichtwissenschaftlichen Erkennens*
(vgl. Phil. Kolleg 6, Metaphysik)

a) Ethisches Erkennen (vgl. Phil. Kolleg 3, Ethik)

13,68 (Hegel) Sittliche Normen erscheinen dem Empirismus als zufällig und nicht wahrheitsfähig
25,134 (Geiger) Sittliche Werturteile beruhen auf sozialer Mißbilligung
26,136 (Hartmann) Das Prinzip des Guten; das Reich der Werte in seinem idealen An-sich-Sein
33,168 (Mannheim) Das ethische Subjekt als Ursprung ethischer Urteile

Werte — Werturteile — Werterkenntnis

25,130 (Geiger) Werturteile als Geschmacksurteile?
26,136 (Hartmann) Werte als metaphysisches Problem; Eigenart des Werterfassens; Wertwandel
28,150 (Leinfellner) Ästhetische Werte
38,184 (Heidegger) Werten beraubt das Sein seiner Würde, ist falsche Subjektivierung

Sein und Sollen

4,30 (Bochenski) Seiendes: Sosein und Dasein, Wesen und Existenz
13,68 (Hegel) Sein und Empirismus. Sollen und Spekulation
26,138 (Hartmann) Werte: ideales Sein und indeterminiertes Sollen
35,175 (Habermas) Keine Trennung von Sein und Sollen in der gesellschaftlichen Praxis

b) Ästhetisches Erkennen

12,65 (Kant) Ä. als Wissenschaft von den Regeln der Sinnlichkeit
15,83 (Scheler) Ästhetische Erkenntnis als innere Wahrnehmung von „Gegebenem"
25,133 (Geiger) Künstlerisch-ästhetische Werturteile
27,140 (Emrich) Ästhetische Theorien der Philosophiegeschichte; Kunst als Konstruktion menschlicher Wirklichkeit
28,145 (Leinfellner) Prozeßästhetik
33,168 (Mannheim) Das ästhetische Subjekt

c) Personales Erkennen (vgl. Phil. Kolleg 4, Anthropologie)

29,151 (Husserl) Die Eigenart des Person-Erkennens
30,156 (Welte) Strukturmerkmale von Personalität
31,159 (v. Weizsäcker) Das personale Moment in der wissenschaftlichen Welterfassung
32,161 Personales Erkennen und religiöses Erkennen
33,170 (Mannheim) Erkennen des Ich vs. Objektivationen des Ich; Unerkennbarkeit des Subjekts an sich

d) Religiöses Erkennen (vgl. Phil. Kolleg 8, Religionsphilosophie)

13,68 (Hegel) Religion ist im Empirismus ohne Objektivität und innere Wahrheit
15,81 (Scheler) Religion hat „Einleben'' zur Voraussetzung
21,108 (Comte) Das theologische Stadium des menschlichen Erkennens
22,111 (Scheler) Religion: Verstehen der Welt aus personalen Ursachen (Motiv, Akt, Ziel, Persönlichkeitstyp, soziale Gruppe, historischer Wandel)
32,162 (Buber) Eigenart religiöser Aussagen
39,186 (Haas) Religiöse Objekte werden im westlichen Denken als Objekte unabhängig vom Menschen verstanden

4. Selbstverständnis und Rechtfertigung von Philosophie als einer Form von Erkenntnis

3,24 (Popper) P. ist aufgeklärter Alltagsverstand
7,45 (Platon) P. als Ideenschau
8,49 (Aristoteles) P. als Wissen um erste Ursachen und Prinzipien
13,68 (Hegel) P. Hat es mit dem Sein, nicht mit dem Sollen zu tun
15,80 (Scheler) P. ist nicht Dienerin der Wissenschaften
23,117 (Habermas) P. hat ein Interesse an Mündigkeit, unterstellt Mündigkeit
24,121 (Apel) Transzendentalhermeneutische Letztbegründung von P.; P. als transzendentale Geltungsreflexion; als Selbstreflexion
27,140 (Emrich) P. und Dichtung
32,160 (Buber) P. als Anwendung des Subjekt-Objekt-Verhältnisses auf den Totalitätszusammenhang des Seins
35,176 (Habermas) Falscher Wissenschaftsanspruch der P. im 19. Jahrhundert
37,179 (Jaspers) P. als Denken, das das Gegenständliche transzendiert
38,183 (Heidegger) Sache der P. ist das Denken des Seins
39,187 (Haas) Philosophie und Philousia

5. Das Problem der Vermittlung von Theorie und Praxis

3,24 (Popper) Die Theorien des Alltagsverstandes und wissenschaftliche Theorien
3,29 (Popper) Alle Wahrnehmungen sind theoriegetränkt
8,48 (Aristoteles) Die Rückbindung von Theorie an Praxis
13,72 (Hegel) Erkennen und Wollen: die theoretische und die praktische „Tätigkeit'' der Idee
14,78 (James) Wahre Gedanken sind Mittel zum Handeln
16,84 (Kraft) Logische Theorien und empirische Hypothesen im Aufbau der Wissenschaft
18,89 (Horkheimer) Praxis ist von der Theorie nie rein zu trennen, ist Kriterium der Theorie
19,98 (Albert) Tatsachen in ihrer Bedeutung für die Theoriebildung; Die Einheit theoretischer und praktischer Vernunft
23,116 (Habermas) Theorien in verschiedenen Wissensformen; Begriff und Funktion
24,124 (Apel) Erkenntnisinteressen als Praxisbezüge der Erkenntnis
25,130 (Geiger) Eigenart theoretischer Aussagen
38,183 (Heidegger) Theorie und Praxis fallen bei einer technischen Interpretation des Denkens auseinander
39,188 (Haas) Die Praxisorientierung westlich-europäischen Denkens

III. Zu Methodenproblemen des Erkennens

IV. Erkenntnistheoretische Richtungen und Standpunkte

LITERATURHINWEISE

Unter I findet sich grundlegende und hinführende Literatur zur Erkenntnistheorie. Die weiteren Abschnitte enthalten ergänzende Hinweise auf Literatur zu den sechs thematischen Blöcken dieser Textsammlung.

Zur Ergänzung und Vertiefung der in den ausgewählten Texten angesprochenen Probleme sei in erster Linie auf die Werke hingewiesen, denen die Texte entnommen sind.

Weitere Literatur über die unten angeführten Titel hinaus finden sich

a) zur Erkenntnistheorie in den „Jahreskatalogen Philosophie", die im Abstand von zwei Jahren im Verlag Werbegemeinschaft Elwert und Meurer, 1 Berlin 62, herausgegeben werden;

b) zur Didaktik der Erkenntnistheorie im Philosophieunterricht in dem Band: Peter Vogel/Ingrid Stiegler, Bibliographisches Handbuch zum Philosophieunterricht. Einführung in die philosophiedidaktische Diskussion und systematischer Literaturnachweis 1800 bis 1979 (Verlag für Pädagogische Dokumentation), Duisburg 1980.

I. Grundlegende Literatur zur Erkenntnistheorie

Bollnow, Otto Friedrich, Philosophie der Erkenntnis. Das Vorverständnis und die Erfahrung des Neuen, Stuttgart 1970.

Brentano, Franz, Versuch über die Erkenntnis. Hrsg. aus dem Nachlaß Alfred Kastil. (Philos. Bibl. 194), 2. erw., neu eingel. Aufl. von Franziska Mayer-Hillebrand, Hamburg 1970.

Cassirer, Ernst, Phänomenologie der Erkenntnis, Philosophie der symbolischen Formen, 3. Teil, Darmstadt ^{7}1977.

Mannheim, Karl, Die Strukturanalyse der Erkenntnistheorie, unveränderter Neudruck d. Ausg. Berlin 1922, Vaduz/Liechtenstein 1978.

Prauss, Gerold, Einführung in die Erkenntnistheorie (Die Philosophie. Einführungen in Gegenstand, Methoden und Ergebnisse ihrer Disziplinen), Darmstadt 1980.

Reinisch, Leonhard, Grenzen der Erkenntnis, Freiburg 1969.

Sandkühler, Hans-Jörg, Die Wissenschaft der Erkenntnis und die Erkenntnis der Wissenschaft. Studien zur Wissenschafts- und Erkenntnistheorie, Stuttgart 1978.

Schneider, Friedrich, Die Hauptprobleme der Erkenntnistheorie mit besonderer Berücksichtigung der Naturwissenschaften, München/Basel 1959.

Ders., Kennen und Erkennen. Ein Lehrbuch der Erkenntnistheorie, Bonn ^{2}1967.

Simon, Josef, Wahrheit als Freiheit. Zur Entwicklung der Wahrheitsfrage in der neueren Philosophie, Berlin/New York 1978.

Skirbekk, Gunnar, Seminar: Wahrheitstheorien. Aus den Diskussionen über Wahrheit im 20. Jahrhundert, Frankfurt/Main 1977.

Stegmüller, Wolfgang, Glauben, Wissen und Erkennen. Das Universalienproblem einst und jetzt (1956 und 1957), Darmstadt 1974.

Ders. (Hrsg.), Das Universal-Problem (Wege der Forschung, 83), Darmstadt 1978.

Toulmin, Stephen, Menschliches Erkennen, Bd. I: Kritik der kollektiven Vernunft, Frankfurt 1978.

Varga von Kibéd, Alexander, Einführung in die Erkenntnislehre. Die Grundrichtungen und die Grenzen der Erkenntnis der Wahrheit, München/Basel ^{3}1979.

Wetzel, Manfred, Erkenntnistheorie. Die Gegenstandsbeziehung und Tätigkeit des erkennenden Subjekts als Gegenstand der Erkenntnistheorie, München 1978.

II. Erkenntnistheorien der klassischen Tradition

Artikel „Erkennen, Erkenntnis" und „Erkenntnistheorie, Erkenntnislehre, Erkenntniskritik" im Historischen Wörterbuch der Philosophie, hrsg. von Joachim Ritter, Bd. 2, Basel 1972 (auch: WBG) Sp. 643—682 und 683—690. (In den Anmerkungen und Literaturhinweisen zu den Artikeln findet sich eine große Zahl von Hinweisen auf Fundstellen von Texten, so daß hier aus Raumgründen auf Angaben zu Texten aus der philosophischen Tradition verzichtet wird. — Kurztexte finden sich in Bd. 2 des Philosophischen Kollegs unter dem Titel „Was ist Wahrheit").

Cassirer, Ernst, Das Erkenntnisproblem in der Philosophie und Wissenschaft der neueren Zeit. 4 Bde. (1906—1920), Darmstadt 1973/74.

Peters, Klaus / Schmidt, Wolfgang / Holz, Heinz, Erkenntnisgewißheit und Deduktion. Zum Aufbau der philosophischen Systeme bei Descartes, Spinoza, Leibniz, Philosophische Texte, Bd. 3, Neuwied 1975.

III. Gegenwärtige Positionen

1. Analytik

Bubner, Rüdiger (Hrsg.), Sprache und Analysis. Texte zur englischen Philosophie der Gegenwart (KVR 275), Göttingen 1968.

Pap, Arthur, Analytische Erkenntnistheorie, Wien 1955.

2. Dialektik (Marxismus)

Buhr, Manfred / Schreiter, Jörg, Erkenntnistheorie — kritischer Rationalismus — Reformismus. Zur jüngsten Metamorphose des Positivismus, Berlin (Ost) 1979.

Gössler, Klaus, Zum Verhältnis von individuellem und gesellschaftlichem Erkenntnisprozeß, Berlin (Ost) 1974.

Orudshew, S. M., Dialektik als System. Zum Verhältnis von Dialektik, Logik und Erkenntnistheorie. Übersetzung aus dem Russischen, Berlin (Ost) 1979.

Röd, Wolfgang, Dialektische Philosophie der Neuzeit. Bd. 1: Von Kant bis Hegel; Bd. 2: Von Marx bis zur Gegenwart (Beck'sche Schwarze Reihe), München 1974.

Sandkühler, Hans-Jörg, Praxis und Geschichtsbewußtsein. Studie zur materialistischen Dialektik, Erkenntnistheorie und Hermeneutik, Frankfurt 1973.

Ders. (Hrsg.), Marxistische Erkenntnistheorie. Texte zu ihrem Forschungsstand in den sozialistischen Ländern (problemata 28), Stuttgart o. J.

Schmidt, Alfred (Hrsg.), Beiträge zur marxistischen Erkenntnistheorie, Frankfurt [4]1972.

Simon-Schaefer, Roland, Dialektik. Kritik eines Wortgebrauchs, Stuttgart 1973.

Wittich, Dieter / Gössler, Klaus / Wagner, Kurt, Marxistisch-leninistische Erkenntnistheorie, Berlin (Ost) 1978.

3. Hermeneutik

Apel, Karl-Otto, u. a., Hermeneutik und Ideologiekritik. Theorie-Diskussion, Frankfurt 1971.

Apel, Karl-Otto, u. a., Neue Versuche über Erklären und Verstehen, Frankfurt 1978.

Ders., Die Erklären-Verstehen-Kontroverse in transzendental-pragmatischer Sicht, Frankfurt 1979.

Gadamer, Hans-Georg, Wahrheit und Methode, Tübingen [4]1975.

Ders., Vernunft im Zeitalter der Wissenschaft. Aufsätze, Frankfurt 1976.

Ders. und Boehm, Gottfried (Hrsg.), Seminar: Die Hermeneutik und die Wissenschaften, Frankfurt 1978.

Dies., Seminar: Philosophische Hermeneutik, Frankfurt ²1979.

4. Ideologiekritik

Lenk, Kurt (Hrsg.), Ideologie, Ideologiekritik und Wissenssoziologie, Darmstadt ⁸1978.

Topitsch, Ernst, Vom Ursprung und Ende der Metaphysik (dtv 4105), München 1972.

Ders., Erkenntnis und Illusion. Grundstrukturen unserer Weltauffassung (Kritische Wissenschaft), Hamburg 1979.

5. Kritizismus

Albert, Hans, Traktat über kritische Vernunft, 3. erw. Aufl., Tübingen 1975.

Ders., Kritische Vernunft und menschliche Praxis (UB 9874), Stuttgart 1977.

Ebeling, Gerhard, Kritischer Rationalismus. Zu H. Alberts „Traktat über kritische Vernunft'', Tübingen 1973.

Popper, Karl, Objektive Erkenntnis. Ein evolutionärer Entwurf, Hamburg 1973.

Feyerabend, Paul, Wider den Methodenzwang. Skizze einer anarchistischen Erkenntnistheorie. Aus dem Englischen übersetzt von Hermann Vetter, Frankfurt 1976.

6. Kritische Theorie

Adorno, Theodor W., Negative Dialektik, Frankfurt 1970.

Ders., Zur Metakritik der Erkenntnistheorie. Drei Studien zu Hegel. Gesammelte Schriften, Bd. 5, Frankfurt 1975.

Ders., Zur Metakritik der Erkenntnistheorie. Studien zu Husserl und die phänomenologischen Antinomien (es 590), Frankfurt 1972.

Habermas, Jürgen, Technik und Wissenschaft als Ideologie (es 287), Frankfurt 1968.

Ders., Erkenntnis und Interesse (stw 1), 5. Aufl. mit einem neuen Nachwort, Frankfurt 1979.

Horkheimer, Max, Die gesellschaftliche Funktion der Philosophie. Ausgewählte Essays (BS 391), Frankfurt 1974.

Ders., Zur Kritik der instrumentellen Vernunft (TB 4031), Kronberg 1974.

7. Neopositivismus

Carnap, Rudolf, Der logische Aufbau der Welt (1928) (Materialien 35007), Berlin 1979.

Schlick, Moritz, Allgemeine Erkenntnislehre (1925) (stw 269), Frankfurt 1979.

8. Phänomenologie

Funke, Gerhard, Phänomenologie — Metaphysik oder Methode? (Mainzer philosophische Forschungen, Bd. 1), Bonn ³1979.

Husserl, Edmund, Ideen zu einer reinen Phänomenologie und phänomenologischen Philosophie. Allgemeine Einführung in die reine Phänomenologie. Tübingen 1980.

Landgrebe, Ludwig, Der Weg der Phänomenologie. Die Probleme einer ursprünglichen Erfahrung, Gütersloh 1978.

Scheler, Max, Schriften aus dem Nachlaß I: Zur Ethik und Erkenntnislehre (bes.: Phänomenologie und Erkenntnistheorie), Bern und München ^{2}1957; Bd. II: Erkenntnislehre und Metaphysik, ebd. 1979.

9. Philosophie des Dialogs

Berk, Ulrich, Konstruktive Argumentationstheorie (problemata 72), Stuttgart 1979.

Bubner, Rüdiger, u. a. (Hrsg.), Dialog als Methode. Neue Hefte für Philosophie, Heft 2/3, Göttingen 1972.

Lorenzen, Paul / Lorenz, Kuno, Dialogische Logik, Darmstadt 1978.

Völzing, Paul-L., Begründen, Erklären, Argumentieren. Modelle und Materialien zu einer Theorie der Metakommunikation (UTB 886), Heidelberg 1979.

10. Semiotik

Bense, Max, Vermittlung der Realitäten. Semiotische Erkenntnistheorie, Baden-Baden 1976.

11. Strukturalismus

Dumasy, Annegret, Restloses Erkennen. Die Diskussion über den Strukturalismus des Claude Levi-Strauss in Frankreich (Soziologische Schriften 8), Berlin 1972.

Naumann, Hans (Hrsg.), Der moderne Strukturbegriff. Materialien zu seiner Entwicklung, Darmstadt 1973.

Schiwy, Günter, Neue Aspekte des Strukturalismus (dtv 4135), München 1973.

12. Transzendentalphilosophie

Bubner, Rüdiger u. a. (Hrsg.), Zur Zukunft der Transzendentalphilosophie (Neue Hefte für Philosophie 14), Göttingen 1978.

Floch, Werner / Holzhey, Helmut (Hrsg.), Erkenntnistheorie und Logik im Neukantianismus. Eine Textauswahl, Hildesheim 1980.

Reininger, Robert, Metaphysik der Wirklichkeit, 2. gänzlich neu bearbeitete und erweiterte Auflage, Bd. I und II, Wien 1947 und 1948.

Ders., Einführung in die Probleme und Grundbegriffe der Philosophie. Aufgrund des nachgelassenen Manuskripts hrsg. von Karl Nawratil, Wien 1978.

Rickert, Heinrich, Der Gegenstand der Erkenntnis. Einführung in die Transzendentalphilosophie, 6. verb. Auflage, Tübingen 1928.

IV. Die Lehre von den drei Wissensformen

Albert, Hans, Transzendentale Träumereien. Karl-Otto Apels Sprachspiele und sein hermeneutischer Gott, Hamburg 1975.

Ders., Kritische Vernunft und menschliche Praxis (Aufsätze), mit einer autobiographischen Einleitung (UB 9874), Stuttgart 1977.

Ders., Traktat über rationale Praxis, Tübingen 1978.

Apel, Karl-Otto, Transformation der Philosophie, Band I: Sprachanalytik, Semiotik, Hermeneutik, Band II: Das Apriori der Kommunikationsgemeinschaft (stw 164 und 165), Frankfurt.

Ders., Die Erklären-Verstehen-Kontroverse in transzendentalpragmatischer Sicht, Frankfurt 1979.

Scheler, Max, Die Wissensformen und die Gesellschaft, Bern und München 1960.

Ders., Philosophische Weltanschauung, 3. durchges. Aufl. (Dalp TB 301), Bern 1968. (Darin bes.: Philosophische Weltanschauung, und: Die Formen des Wissens und die Bildung.)

V. Nichtwissenschaftliches Erkennen

1. Werterkenntnis

Albert, Hans/Ernst Topitsch (Hrsg.) Werturteilsstreit, Darmstadt 1971.

Drexler, Hans, Begegnungen mit der Wertethik: M. Scheler, J. Hessen, H. E. Hengstenberg, D. von Hildebrand, I. Kant, H. Rickert, N. Hartmann, G. Patzig, K. Lorenz, A. Gehlen, Göttingen 1978.

Oelmüller, Willi (Hrsg.), Transzendental-philosophische Normenbegründungen, Materialien zur Normendiskussion Band 1 (UTB 779), Paderborn 1978.

2. Ästhetisches Erkennen

Henckmann, Wolfhart (Hrsg.), Ästhetik (Wege der Forschung Band 31), Darmstadt 1979.

Nibbrig, Christian L. (Hrsg.), Ästhetik. Materialien zu ihrer Geschichte. Ein Lesebuch (st 491), Frankfurt 1978.

3. Erkennen von Personen

Buber, Martin, Urdistanz und Beziehung, Heidelberg 1951.

Löwith, Karl, Das Individuum in der Rolle des Mitmenschen, München 1928.

Sartre, Jean-Paul, Marxismus und Existentialismus. Versuch einer Methodik (rde 196), Reinbek bei Hamburg 1964.

Theunissen, Michael, Der Andere. Studien zur Sozialontologie der Gegenwart, Berlin ^{2}1977.

4. Religiöses Erkennen

Bochenski, Joseph M., Logik der Religion, Köln 1968.

Grabner-Haider, Vernunft und Religion. Ansätze einer analytischen Religionsphilosophie, Graz/Wien/Köln 1978.

Martin, James A., Philosophische Sprachprüfung der Theologie, München 1974.

Peukert, Helmut, Wissenschaftstheorie — Handlungstheorie — Fundamentale Theologie. Analysen zu Ansatz und Status theologischer Theoriebildung, Düsseldorf 1976.

Poser, Hans (Hrsg.), Philosophie und Mythos. Ein Kolloquium, Berlin 1979.

VI. Erkennen innerhalb der Subjekt-Objekt-Relation und über sie hinaus

Beck, Ulrich, Objektivität und Normativität. Die Theorie-Praxis-Debatte in der modernen deutschen und amerikanischen Soziologie, Reinbek bei Hamburg 1974.

Bubner, Rüdiger, Theorie und Praxis — eine nachhegelsche Abstraktion (Wissenschaft und Gegenwart 49), Frankfurt 1971.

Theunissen, Michael, Die Verwirklichung der Vernunft. Zur Theorie-Praxis-Diskussion im Anschluß an Hegel, (Philos. Rundschau, Beih. 6) Tübingen 1970.

AUTOREN- UND STELLENREGISTER

Adorno, Theodor W., geb. 1903 in Frankfurt (Main), dort gestorben 1969, Soziologe und Philosoph, gründete mit Max Horkheimer (s. u.) das Frankfurter Institut für Sozialwissenschaften, nach Emigration 1933 (New York) 1949—1969 Professor in Frankfurt; seine gesellschaftskritische Philosophie beschreibt auf dem Boden einer pessimistischen Geschichtsbetrachtung das unvermeidbare Ende des abendländischen Denkens und des bürgerlichen Subjekts in einer total technisierten und bürokratisierten Welt.
Text 36: a) Negative Dialektik, Suhrkamp Verlag, Frankfurt 1966, 174/175.
b) Zu Subjekt und Objekt, in: Stichworte, Kritische Modelle 2, Suhrkamp Verlag, es 347, Frankfurt 1969, 151—168, hier: 152/153.

Albert, Hans, geb. 1921, Professor für Soziologie und Wissenschaftslehre in Mannheim, arbeitet vor allem an den Grundlagen der Sozialwissenschaften, vertritt einen „kritischen Rationalismus'' (s. Popper) gegen metaphysische, neomarxistische, hermeneutische Positionen.
Text 19: Traktat über kritische Vernunft, Mohr Verlag, Tübingen 1969, 15—17, 21—24, 30—33, 52—54.

Apel, Karl Otto, geb. 1922 in Düsseldorf, Professor für Philosophie in Kiel, bemüht sich um eine kritische Weiterentwicklung und Überwindung der angelsächsischen pragmatistischen und analytischen Philosophie einerseits und der phänomenologisch-hermeneutischen Philosophie andererseits.
Werke: Band 2 seiner „Transformation der Philosophie'' trägt den bezeichnenden Titel: Das Apriori der Kommunikationsgemeinschaft. Darin wird u. a. „Sprache als Thema und Medium der transzendentalen Reflexion'' behandelt.
Text 24: Transformation der Philosophie. Einleitung, in: Transformation der Philosophie, Band 1, Sprachanalytik, Semiotik, Hermeneutik, Suhrkamp Verlag, Frankfurt 1973, 59—62, 66—70, 75—76.

Aristoteles, ca. 384—324 v. Chr., (griechischer Philosoph) neben Platon der bedeutendste griechische Philosoph, wandte sich im Gegensatz zu diesem der Betrachtung der realen, empirischen Welt zu; von größtem Einfluß auf die mittelalterliche Philosophie, Theologie und Naturwissenschaft.
Text 8: Metaphysik I, 1 (= 980 a ff.), in: Hauptwerke, ausgewählt, übersetzt und eingeleitet v. Wilhelm Nestle. KTA 129, Alfred Kröner Verlag, Stuttgart ^{8}1977, 37—43.

Bocheński, Joseph M., geb. 1902 in Polen, Dominikaner, Philosoph, vor allem Logiker und Kenner des Kommunismus, Professor für Philosophiegeschichte der neuesten Zeit und Direktor des Osteuropainstituts in Freiburg i. Ue.
Text 4: Die zeitgenössischen Denkmethoden. UTB 6, Francke Verlag, München^{6} 1973, 9—15.
Text 5: Wege zum philosophischen Denken. H-B 62, Verlag Herder, Freiburg^{13} 1976, 46—57.

Buber, Martin, geb. 1878 in Wien, gest. 1965 in Jerusalem, jüdischer Religionsforscher und -philosoph, bemühte sich besonders um das jüdische Erbe (Bibelübersetzung, Sammlung der „Erzählungen des Chassidim'') und übte großen Einfluß auf die pädagogische Bewegung nach dem 1. und 2. Weltkrieg aus (Pädagogik der Begegnung).
Text 32: Philosophische und religiöse Weltanschauung (1928), in: Nachlese, Schneider Verlag, Heidelberg 1965, 128—133.

Chisholm, Roderick M., geb. 1916, amerikanischer Philosoph, Professor in Providence (Rhode Island) und in Graz.
Text 6: Erkenntnistheorie, hrsg. und übersetzt von Rudolf Haller, dtv, München 1979, 15—19.

Comte, Auguste, geb.1798 in Montpellier, gest. 1857 in Paris, seit 1818 für sieben Jahre engster Mitarbeiter des Grafen Saint-Simon, der ihn mit seinen sozialistischen Ideen vertraut machte. Seit 1829 hielt er vor einem Kreis von Anhängern Privatvorlesungen und schrieb sein Hauptwerk „Cours de philosophie positive'' in 6 Bänden. Er prägte die Begriffe „Soziologie'' und „Positivismus''. Sein hierarchisch aufgebautes System der Wissenschaften ergänzte er durch die Lehre einer „Religion der Humanität'', deren Prinzip die Liebe, deren Grundlage die Ordnung und deren Ziel der Fortschritt sein sollte.

Text 21: Die Soziologie. Die positive Philosophie im Auszug, hrsg. von Friedrich Blaschke, Kröner Verlag, Stuttgart² 1974, 1—6.

Descartes, René, (lat. Cartesius), 1596—1650, französischer Philosoph und Mathematiker, Begründer neuzeitlichen Denkens (d. h. vom Subjekt aus und mit den Mitteln der Vernunft).
Text 2: Abhandlung über die Methode. Übersetzt und mit Anmerkungen hrsg. von Arthur Buchenau. Ph B. 26a, Verlag Felix Meiner, Hamburg 1957, 27—33.

Eichhorn, Wolfgang, geb. 1923, Studium der Sozialwissenschaften in Jena, 1966 Professor an der Humboldt Universität in Berlin (DDR), Leiter der Abteilung Historischer Materialismus am Zentralinstitut für Philosophie der Akademie der Wissenschaften. Werke: Von der Entwicklung des sozialen Menschen (1964), Wie ist Ethik als Wissenschaft möglich?
Text 34: Artikel „Subjekt-Objekt-Dialektik'', in: Marxistisch-leninistisches Wörterbuch der Philosophie, Band 3, Rowohlt Taschenbuch Verlag (TB 6157), Reinbek (erweiterte Neuauflage von 1971, Lizenzausgabe des gleichen Werkes, Leibzig 1964, ⁸ 1971)1979, 1190—1192.

Emrich, Wilhelm, geb. 1909 bei Thionville in Lothringen/Frankreich, 1953—56 Professor in Köln, seit 1959 an der Freien Universität Berlin, veröffentlichte Untersuchungen zur neueren deutschen Literatur und befaßte sich mit Problemen der Interpretation und der Literaturkritik. Werke u. a.: Geist und Widergeist. Wahrheit und Lüge in der Literatur (1965).
Text 27: Philosophie und Dichtung, in: Alexander Schwan (hrsg.), Denken im Schatten des Nihilismus, Wissenschaftliche Buchgesellschaft, Darmstadt 1975, 453—456, 457—459, 467—469.

Geiger, Theodor, geb. 1891 in München, gest. 1952 in Dänemark, 1928 Professor für Soziologie in Braunschweig, 1933 Emigration nach Dänemark, Professor in Arhus. Nach einer vorwiegend marxistischen Orientierung in Deutschland wandte er sich in der Emigration der empiristisch-positivistischen Denkrichtung zu. Werke: Aufgabe und Stellung der Intelligenz in der Gesellschaft (1949), Ideologie und Wahrheit (1953), Demokratie ohne Dogma (1963).
Text 25: Das Werturteil — eine ideologische Aussage (1953), in: Hans Albert und Ernst Topitsch (Hrsg.), Werturteilsstreit, Wissenschaftliche Buchgesellschaft, Darmstadt 1971, 33—43.

Haas, William S. , geb. 1883 in Nürnberg, gest. 1956 in New York, studierte Philosophie, Psychologie und Soziologie, war im Ersten Weltkrieg im Auswärtigen Amt in Berlin in der Nachrichtenstelle für die Islamischen Länder und Indien tätig, 1923 Professor in Berlin, 1933 (Emigration) bis 1939 Berater des persichen Unterrichtsministeriums, seit 1940 an verschiedenen amerikanischen Universitäten, zuletzt am Near and Middle East Institute der Colombia Universität in New York. Werke: Die Seele des Orients. Grundzüge einer Psychologie des orientalischen Menschen (1916), Die psychische Dingwelt (1921), Kraft und Erscheinung (1922) u. a.
Text 39: Östliches und westliches Denken. Eine Kulturmorphologie, Rowohlt Verlag, Reinbeck 1967, 77—80, 136—139, 159.

Habermas, Jürgen, geb. 1929 in Düsseldorf, lehrte Philosophie und Soziologie in Heidelberg und Frankfurt (Main), jetzt Direktor am Max-Planck-Institut zur Erforschung der Lebensbedingungen der wissenschaftlich-technischen Welt in Starnberg, entschiedener Kritiker des (Neo-) Positivismus und der spätkapitalistischen Gesellschaft, sucht von einem neomarxistischen Ansatz her nach einer kritisch-emanzipatorischen Theorie des gesellschatlichen Wandels.
Text 23: Erkenntnis und Interesse (1965), Frankfurter Antrittsvorlesung vom 28. 6. 1965, in: ders.,Technik und Wissenschaft als „Ideologie'', Suhrkamp Verlag (es 287), Frankfurt 1968, 341-349.
Text 35: Theorie und Praxis. Sozialphilosophische Studien, Suhrkamp Verlag (st 9), Frankfurt 1971, 241—244.

Hartmann, Nicolai, geb. 1882 in Riga, gest. 1950 in Göttingen, 1931 Professor für Philosophie in Berlin, 1945 in Göttingen. Er begründete die „Neue Ontologie'', eine realistische Erforschung der Erscheinungswelt und beschrieb diese nach den „Seinsschichten'' des Anorganischen, des Organischen, des Psychischen und des Geistigen, von denen die jeweils höhere in der niederen wurzelt, jedoch von ihr unabhängig ist. In seiner Ethik führt er Ansätze der materialen Wertethik Max Schelers fort. Wer-

ke: Grundzüge einer Metaphysik der Erkenntnis (1921), Ethik (1926), Neue Wege der Ontologie (1942), Teleologisches Denken (1951).
Text 26: Systematische Selbstdarstellung, in: Hermann Schwarz (Hrsg.), Deutsche systematische Philosophie nach ihren Gestaltern. Junker und Dünnhaupt Verlag, Berlin 1931, 323—328.

Hegel, Georg Friedrich Wilhelm, geb. 1770 in Stuttgart, gest. 1821 in Berlin, Professor in Jena, Heidelberg und Berlin, entwickelte auf dem Boden des deutschen Idealismus eine systematische Philosophie, in der das Seiende als in dialektischer Entwicklung befindliche absolute Vernunft begriffen wurde, die sich im Menschen ihrer selbst bewußt wird („subjektiver Geist''), im Staat und in der Kultur Verwirklichung findet („objektiver Geist'') und letztlich mit Gott identisch ist („absoluter Geist'').
Text 13a: Enzyklopädie der philosophischen Wissenschaften im Grundriß, hrsg. von Friedhelm Nicolin und Otto Pöggeler. Ph B 33, Meiner Verlag, Hamburg ^{6}1959, 64—67, 83—85;
Text 13b: a. a. O. 182—185, 188—189, 354.

Heidegger, Martin, geb. 1889 in Meßkirch (Baden), gest. 1976 in Freiburg, gilt neben Jaspers als Hauptvertreter der deutschen Existenzphilosophie; bei der Analyse der Daseinsweise des Menschen („Sein und Zeit'') ging es ihm um den in der abendländischen Geistesgeschichte verlorengegangenen Bezug des Menschen zur Wahrheit des Seins, den er eher in vorsokratischer Philosophie und in der Dichtung als in der Wissenschaft und Philosophie vorfand. Er beschrieb den neuzeitlichen Weg der Wissenschaft als „Seinsvergessenheit''.
Text 38: Über den Humanismus, Klostermann Verlag, Frankfurt 1947, 5—6, 34—35.

Horkheimer, Max, 1895—1973, Soziologe und Philosoph, arbeitete mit Th. W. Adorno u. a. am Frankfurter Institut für Sozialwissenschaften bis zur NS-Zeit und nach der Emigration (New York) als Professor an der Universität Frankfurt am Main an einer „Kritischen Theorie der Gesellschaft'' („Frankfurter Schule'').
Text 18: Zum Problem der Wahrheit, in: Kritische Theorie. Eine Dokumentation, hrsg. v. Alfred Schmidt, Bd. 1, Suhrkamp Verlag, Frankfurt a. M. 1968, 245—249.

Hume, David, 1711—1776, schottischer Philosoph, bedeutendster der englischen Aufklärung und des englischen Empirismus.
Text 11: Eine Untersuchung über den menschlichen Verstand, hrsg. von Raoul Richter. Ph B 35, Verlag Felix Meiner, Hamburg 1964, 35—41 und 59.

Husserl, Edmund, geb. 1859 in Prossnitz/Mähren, gest. 1938 in Freiburg i. Br. kam über eine Kritik des erkenntnistheoretischen Psychologismus, der alle Erkenntnis als lediglich psychische Vorgänge und Gebilde auffassen wollte, zur sogenannten Phänomenologie, die vermittels der anschaulichen Selbstgegebenheit der Gegenstände ihre Wesenhaftigkeit erfassen will. Hauptwerk: Ideen zu einer reinen Phänomenologie und phänomenologischen Philosophie (1931).
Text 29: Ideen zu einer reinen Phänomenologie und phänomenologischen Philosophie, Zweites Buch: Phänomenologische Untersuchungen zur Konstitution. Husserliana Band IV, Nijhoff Verlag, Den Haag 1952, (Niemeyer Verlag, Tübingen 1952), 190—197.

James, William, 1842—1910, nordamerikanischer Philosoph, Professor an der Harvard University, Cambridge/ Massachusetts, Empirist und Begründer des Pragmatismus, von großem Einfluß auf die Nachwelt.
Text 14: Der Pragmatismus, Hamburg 1977. Zitiert nach: G. Skirbekk (Hrsg.), Wahrheitstheorien. Eine Auswahl aus den Diskussionen über Wahrheit im 20. Jahrhundert, stw 210, Suhrkamp Verlag, Frankfurt a. M. 1977, 35—39.

Jaspers, Karl, geb. 1883 in Oldenburg, gest. 1969 in Basel, Prof. für Philosophie in Heidelberg bis zu seiner Amtsenthebung 1937. Wiedereinsetzung 1945, seit 1948 Prof. in Basel, neben Heidegger bedeutendster Denker der Existenzphilosophie, befaßte sich auch stark mit Fragen der Religion und Wissenschaft.
Text 37: Paul Arthur Schilpp (Hrsg.), Karl Jaspers, Kohlhammer Verlag, Stuttgart (Evanston, Ill. USA) 1957, 786—790.

Kant, Immanuel, 1724—1804 in Königsberg, als Begründer der sogenannten Transzendentalphiloso-

phie einer der bedeutendsten und folgenreichsten Philosophen überhaupt; gab eine neue Begründung der Erkenntnistheorie, der Naturwissenschaften, der Ethik; überwand damit die traditionelle, dogmatische Metaphysik, den Empirismus und den Rationalismus der Aufklärung.
Text 12a: Kritik der reinen Vernunft, hrsg. von Ingeborg Heidemann. UB 6461—6470 a/b, Philipp Reclam jun., Stuttgart ²1973, 49—55, 58—63 (= B 1 — B 7, B 10 — B 13).
Text 12b: a. a. O. 119—121 (= B 74 — B 76).
Text 12c: a. a. O. 165—169 (= B 121 — B 127).

Kosing, Alfred, geb. 1915 in Wolfsdorf/Ostpreußen, Studium der Geschichte und Philosophie in Halle und an der Humboldt-Universität Berlin (DDR), 1964—1969 Direktor des Instituts für Philosophie an der Karl-Marx-Universität Leipzig, Professor für Dialektischen Materialismus, am Institut für Soziologie des Zentralkomitees der SED seit 1969.
Text 17: aus dem Artikel „Wahrheit", in: Marxistisch-leninistisches Wörterbuch der Philosophie, hrsg. von Georg Klaus und Manfred Buhr, Rowohlt Taschenbuch Verlag, Reinbek 1979 (erweiterte Neuauflage v. 1971), 1273 f. (Lizenzausgabe des gleichen Werkes, Leipzig 1964, ⁸1971).

Kraft, Victor, 1880—1975, österreichischer Philosoph, Professor in Wien, der neopositivistischen Schule nahestehend, besonders Wissenschafts- und Erkenntnistheoretiker.
Text 16: Erkenntnislehre, Springer Verlag, Wien 1960, 255—257, 366, 369, 374 f.

Leibniz, Gottfried Wilhelm, geb. 1646 in Leipzig, gest. 1716 in Hannover. Philosoph, Mathematiker, Physiker, Historiker, Diplomat. Vernunft, Harmonie, Individuum, Gott bildeten die Brennpunkte seines Denkens und seiner vielen Gelegenheitsschriften.
Text 9: Metaphysische Abhandlung. Übersetzt und mit Vorwort und Anmerkungen hrsg. von Herbert Herring, Ph B 260. Verlag Felix Meiner, Hamburg 1958, 65—71.

Leinfellner, Werner, geb. 1921 in Graz, studierte Chemie, Physik, Philosophie in Graz und Wien, war 1947—1954 in der chemischen Forschung tätig, Lehraufträge an verschiedenen Instituten und Universitäten, 1967 Professor in der University of Nebraska, seit 1976 an der Technischen Universität Wien. Werke: Struktur und Aufbau wissenschaftlicher Theorien (1965), Ontologie, Systemtheorie und Semantik (1978).
Text 28: Einführung in die Erkenntnis- und Wissenschaftstheorie, Hochschultaschenbücher Band 41, Bibliografisches Institut, Mannheim ³1980, 183—189.

Locke, John, 1632—1704, englischer Empirist, der gegen die angeborenen Ideen des Rationalismus polemisiert und Staatstheorien gegen den Absolutismus vertritt.
Text 10: Über den menschlichen Verstand. Aus dem Englischen übersetzt von Th. Schultze, Reclam, Leipzig o. J. (1897), 100—103.

Mannheim Karl, geb. 1893 in Budapest, gest. 1947 in London, als Soziologe Schüler Max Webers, bis 1933 Professor in Frankfurt, dann in London, verstand in seiner Wissenssoziologie Erkenntnis nicht als Denken, sondern als gesellschaftliche Praxis. In diesem Zusammenhang steht auch seine Lehre vom Wesen und der Funktion der Ideologie. Werke: Ideologie und Utopie (1929), Wissenssoziologie (1931), Mensch und Gesellschaft im Zeitalter des Umbaus (1935), Freiheit und demokratische Planung (1960).
Text 33: Die Strukturanalyse der Erkenntnistheorie (1922), Topos Verlag, Vaduz/Liechtenstein 1978, 53—59.

Platon, 427 (oder 428)—347(oder 348) v. Chr., griechischer Philosoph in Athen, Schüler des Sokrates, Lehrer des Aristoteles, mit seinen Schriften und seiner „Akademie" Begründer der abendländischen Philosophietradition und des idealistischen Suchens nach dem Wahren, Schönen, Guten.
Text 7: Der Staat (Politeia). Eingeleitet, übersetzt und erklärt von Karl Vretska. UB 8205—12, Philipp Reclam jun., Stuttgart 1958, 313—318 (VII, 1—3 = 512 a — 518 b).

Popper, Karl Raimund, geb. 1902 in Wien, 1937—1945 in der Emigration (Neuseeland), seit 1945 Professor an der Universität London. Bedeutender Wissenschaftstheoretiker, Kritiker des Neopositivismus und revolutionärer Gesellschaftsutopien, vertritt einen „Kritischen Rationalismus".
Text 3: Zwei Seiten des Alltagsverstands: ein Plädoyer für den Realismus des Alltagsverstands und ge-

gen die Erkenntnistheorie des Alltagsverstands, in: ders., Objektive Erkenntnis. Ein evolutionärer Entwurf, Hoffmann und Campe Verlag, Hamburg 1973, 45—47, 74—78, 120 f.

Scheler, Max, geb. 1874 in München, gest. 1928 in Frankfurt, 1919—1928 Professor für Philosophie in Köln, 1928 in Frankfurt, wandte die von Edmund Husserl entwickelte phänomenologische Methode auf die Bereiche der Ethik, der Religions- und der Kulturphilosophie an. Scheler ist einer der Begründer der modernen philosophischen Antropologie. Werke: Der Formalismus in der Ethik und die materiale Wertethik (1913), Vom Ewigen im Menschen (1921), Schriften zur Soziologie und Weltanschauungslehre (1923/24), Die Wissensformen und die Gesellschaft (1926), Die Stellung des Menschen im Kosmos (1927).
Text 15: Phänomenologie und Erkenntnistheorie, in: Schriften aus den Nachlaß, Bd. I: Zur Ethik und Erkenntnislehre, Francke Verlag,[2] 1957, 380—384.
Text 22: Über die positivistische Geschichtsphilosophie des Wissens (Dreistadiengesetz), in: Schriften zur Soziologie und Weltanschauungslehre, Francke Verlag, 1963, 27—35.

Sextus Empiricus, griechischer Arzt und Philosoph, ca. 200—250 n. Chr. in Alexandrien und Athen. Vertreter des klassischen Skeptizismus in der Nachfolge Pyrrhons von Elis (ca. 360—270 v. Chr.).
Text 1: Grundriß der pyrrhonischen Skepsis, in: Geschichte der Philosophie in Text und Darstellung, hrsg. von Rüdiger Bubner, Bd. 1: Antike, hrsg. von Wolfgang Wieland. UB 9911 (5), Philipp Reclam jun., Stuttgart 1978, 349—357.

Strolz, Walter, geb. 1927 in Vorarlberg, lebt in Freiburg i. Br., Dr. phil., Verlagslektor und freier Schriftsteller.
Text 20: Der vergessene Ursprung. Das moderne Weltbild, die neuzeitliche Denkbewegung und die Geschichtlichkeit des Menschen, Verlag Herder, Freiburg 1959, 30—37.

Weizsäcker, Carl Friedrich von, geb. 1912 in Kiel, 1957—1969 Prof. für Physik und Philosophie in Hamburg, von 1969 bis 1979 Direktor am Max-Planck-Institut zur Erforschung der Lebensbedingungen der wissenschaftlich-technischen Welt in Starnberg, wichtige Beiträge zu den Grundlagen der Quantentheorie, zur Verantwortung des Wissenschaftlers im Atomzeitalter, zur Friedensforschung und zur Geschichte der Naturwissenschaften.
Text 31: Paul Arthur Schilpp und Maurice Friedman (Hrsg.), Martin Buber, Kohlhammer Verlag, Stuttgart 1963, 535—537.

Welte, Bernhard, geb. 1906, 1951—1937 Professor für Religionsphilosophie an der Universität Freiburg, bemühte sich um eine Synthese zwischen der katholisch-thomistischen Theologie und der Heideggerschen Philosophie. Werke: Auf der Spur des Ewigen (1965), Zeit und Geheimnis (1975).
Text 39: Religionsphilosophie, Herder Verlag, Freiburg 1978, 116—122.